U0917665

国家社会科学基金一般项目（批准号：14BGJ002）

政治环境研究的路径与方法

『一带一路』视角下的东南亚国家比较研究

周方冶◎著

The Path and Method of Political Environment Research:
A Comparative Study of Southeast
Asian Countries in the View of Belt and Road

中国社会科学出版社

图书在版编目(CIP)数据

政治环境研究的路径与方法："一带一路"视角下的东南亚国家比较研究/周方冶著.—北京：中国社会科学出版社，2018.4

ISBN 978-7-5203-2123-5

Ⅰ.①政… Ⅱ.①周… Ⅲ.①政治—对比研究—东南亚 Ⅳ.①D733

中国版本图书馆 CIP 数据核字（2018）第 037795 号

出 版 人 赵剑英
责任编辑 陈雅慧
责任校对 王 斐
责任印制 戴 宽

出 版 中国社会科学出版社
社 址 北京鼓楼西大街甲 158 号
邮 编 100720
网 址 http://www.csspw.cn
发 行 部 010-84083685
门 市 部 010-84029450
经 销 新华书店及其他书店

印 刷 北京明恒达印务有限公司
装 订 廊坊市广阳区广增装订厂
版 次 2018 年 4 月第 1 版
印 次 2018 年 4 月第 1 次印刷

开 本 710×1000 1/16
印 张 22
插 页 2
字 数 308 千字
定 价 88.00 元

凡购买中国社会科学出版社图书，如有质量问题请与本社营销中心联系调换
电话：010-84083683

序　言

随着“一带一路”建设稳步推进，我们对沿线国家的理解与认知开始变得更为迫切。近年来，我们的政府和企业在“走出去”过程中遭遇诸多风险与挑战，其中很重要的影响因素就是信息不对称，难以有效把握对象国的情势变化。于是，如何全面客观准确评估对象国的政治风险，也就成为新时代比较政治学的重要研究课题。周方冶博士的《政治环境研究的路径与方法——“一带一路”视角下的东南亚国家比较研究》一书对此做出了积极探索与重要创新。

周方冶博士在书中构建了国家发展路径选择以及政治权力结构转型的研究范式，并在此基础上提出了开放性、稳定性、协调性、有效性、自主性、包容性的六维度政治环境评估体系，以及“双六边形叠加法”的风险评估办法，从而为国别研究与比较政治学的合作对接，提供了更规范的学术路径。这对更好地理解和掌握对象国情势具有重要意义。

我们始终强调比较政治学研究的科学化，也就是要区分政治哲学与政治科学。前者是关于政治价值观的论述，属于政治意识形态。从方法论的角度看，政治哲学是设定目标去论证，是对历史进程进行抽象和概括并对其中的问题做思辨的、推理的逻辑性解决。后者是关于政治现象、政治事物间因果联系及相关性的认识，是客观存在可验证的。从方法论角度看，政治科学是在解决实际问题的过程中探索和归纳政治的规律性，从经验事实中抽象出理论。

长期以来，我国的比较政治学研究都更多偏向于政治哲学，而不是政治科学。通过套用西方政治理论的民主、选举、政党等术语概念，大而化之地讨论对象国的政体与国体问题，而对于更深层的结构性问题视而不见，甚至是一无所知。究其原因，除了主观意识上的不求甚解之外，更重要的是受语言门槛限制，难以获得对象国的研究素材特别是一手资料，仅能利用西方学者戴着“有色眼镜”仔细筛选后的二手资料，从而得出与西方学者相似甚至相同的研究结论。这对我们在“一带一路”建设中理解和把握对象国而言，明显难以满足需求。

事实上，早在2008年，我们就在中国社会科学院政治学研究所、亚太与全球战略研究院、清华大学、北京大学等机构支持下，组建了东亚比较研究的学术团队，旨在为国别专家与比较政治学者搭建合作平台，从而形成1+1>2的化学反应效果。近年来，我们先后完成了《自由·威权·多元：东亚政治发展研究报告》与《民主与发展：亚洲工业化时代的民主政治研究》研究成果，得到了业界的认可与好评。周方冶博士的《政治环境研究的路径与方法——“一带一路”视角下的东南亚国家比较研究》正是在这一合作平台上取得的又一重要成果。通过反复尝试，我们深刻体会到国别专家与比较政治学者开展跨领域学术合作的重要性、必要性与可行性。

对国别专家而言，合作有助于拓宽视野，从而跳出对象国桎梏。研究国家就不能仅仅研究一个国家。有位国外政治学者说得好：只研究一个国家实际上相当于没有研究过国家。国别专家通常很熟悉对象国的语言文化与社会习俗，因此会经常自觉不自觉地采用当地的观察视角与思维习惯，从而很难发现新现象与新问题，更多的是习以为常与淡然处之。通过参与比较政治学研究工作，将有助于国别专家在跨国比较中，重新发现对象国的独特之处，从而激发新的学术兴趣。我对当初与国别专家结伴赴东南亚国家调研的情景记忆犹新。由于我此前从未到过东南亚国家，因此很多体验都相当新奇，其中就有不少国别专家熟视无睹的政治与社会现象。于是，从调研途中开始，我们就一直处于头脑风暴的交锋状态，并产生了很多影响到后续研究的智慧火花。我们在泰国调研时，曾问过周方冶博士两个问题，一个是为什么泰国国王有这么大影响力？另一个是为什么他信流亡了还能引发这么多冲突？当时周博士的解释旁征博引，形式上相当正统，既符合西方政治理论普适性，又兼顾了泰国国情特殊性，但是，无论是周博士本人还是我们参与讨论者，都对相关解释感觉隔靴搔痒，意犹未尽。两年后，周方冶博士的《王权·威权·金权：泰国政治现代化进程》一书出版，方才令我们在更深层次上读懂了泰国政治与政局，终于有了酣畅淋漓之感。对此，周博士坦言，正是当初在泰国调研的头脑风暴，促使其最终完成了书稿的核心理论建构。

对比较政治学者而言，合作有助于深化认知，从而做出更符合实际的理论创新。比较研究总体上有两种类型：一是直接学习和效仿。二是从对象的实践的经验教训中了解事物发展进程以及内在问题、困难和矛盾，理解事物内在发展规律性，从而获得启示。直接的学习和效仿是较少的，需要相同或相似的条件，难度较大。因此，通过比较研究了解研究对象实践历程以及其中遇到的困难和挫折，就成为比较研究最大的价值所在。比较研究相对简单和表面化的成果是了解研究对象成功与合理的做法，即了解研究对象正确性。而失败是成功之母，正确是从大量错误中汲取经验教训的结果，是克服困难、解决问题的结果。如果仅是知道正确的结果与结论，而不知为获得正确而经历的失误和错误，其认识是肤浅的、低价值的。了解错误比了解正确更重要、更有意义。了解正确和了解错误是“知其然”和“知其所以然”的关系，即不仅了解正确的结论，也懂得正确的结论是如何获得的。这是认识的深化。了解前人的挫折和失败，了解了前人的经验和教训，可以帮助自己在遇到困难和矛盾时尽量避免失误，可以使自己获得克服矛盾和困难的启示。为此，就需要国别专家从政治、经济、文化、社会等诸多方面为比较研究学者提供原汁原味的一手素材，尽可能复原对象国发展进程的客观映像，从而协助后者更准确地理解和把握其中的客观规律。

不过，从我们促进国别专家与比较政治学者的合作来看，最为重要的障碍就是缺乏一致的话语体系，难以满足各方在交流与沟通过程中的精准表述需要。我们在东亚比较研究过程中，曾采取头脑风暴方式，反复就特定概念进行阐释与辩论，力求使各方的理解与认知趋于一致。不过，由于受到时间与精力限制，此种方法仅能在小范围内偶尔为之，很难就研究所涉及的概念逐一讨论，因此在最终成果的撰写过程中，还是采取了各自表述的折中方式。

“一带一路”建设对比较政治学提出的新时代要求，使我们有必要在更大范围内鼓励国别专家与比较政治学者的学术合作。于是，构建具有内在一致性的话语体系，也就成为相当迫切的前置工作，否则就会因为交流与沟通困难，直接影响跨领域学术合作的规模与成效。周方冶博士的《政治环境研究的路径与方法——“一带一路”视角下的东南亚国家比较研究》一书在话语体系建构方面迈出了重要一步。尽管从目前来看，话语体系建构尚处于起步阶段，有待进一步的探索与磨合，并不是几个人、几本书、几次尝试就能达成，但我相信，随着社会各界对我们工作的理解与认可，将会有更多学者参与合作，共同打造具有中国气派的比较政治学话语体系！

中国社会科学院政治学所所长

房宁

2018 年 1 月 15 日于北京

目　录

第一章 绪论

作为新时期中国对外开放的重要组成部分，“一带一路”建设日益成为国内外各界普遍关切的重要议题。近年来，我国学界对“一带一路”建设的研究取得了诸多成果，尤其是对其重要性、必要性与可行性进行了多层次、多领域的探讨和论证，从而为推广互利共赢的发展理念与合作共识起到了重要的促进作用。

不过，随着周边国家对“一带一路”建设的理解与认同不断加深，相关工作开始由积极倡议逐渐转入务实操作，原本集中于战略层面的应然研究开始难以满足现实需求，迫切需要进一步转向更具操作性的实然研究。其中，有关“一带一路”建设的海外风险尤其是政治风险问题，开始引起各界的高度关切。迄今为止，虽有不少研究涉及风险防范，但大多仅限于原则性探讨，缺乏系统性的案例分析，难以在实际工作中发挥规范化和具体化的指导作用。

有鉴于此，本书旨在通过对泰国、越南、柬埔寨、缅甸、印度尼西亚、马来西亚、菲律宾等东南亚国家的实证研究，构建更具规范性与系统性的政治环境分析框架，并在此基础上为“一带一路”建设的政治风险防范提供一个更具操作性的研判工具。

第一节 “一带一路”建设的机遇与挑战

一 “一带一路”建设的重大意义

2013 年 9 月和 10 月，中国国家主席习近平在出访中亚和东南亚国家期间，先后提出共建“丝绸之路经济带”和“21 世纪海上丝绸之路”的重大倡议，得到国际社会高度关注。2013年11月，中共十八届三中全会在《中共中央关于全面深化改革若干重大问题的决定》中明确提出“推进丝绸之路经济带、海上丝绸之路建设，形成全方位开放新格局”。2015年3月，国家发改委、外交部、商务部联合发布了《推动共建丝绸之路经济带和21世纪海上丝绸之路的愿景与行动》，为“一带一路”建设提出了发展规划。① 2017年5月，推进“一带一路”建设工作领导小组办公室发布《共建“一带一路”：理念、实践与中国的贡献》，一方面总结了“一带一路”建设取得的重要成就，另一方面也为深化“一带一路”建设指明了发展方向。②

当今世界，随着经济社会的快速发展，各国之间的利益联系不断密切，共同面临的挑战也日益增多：世界经济增长乏力，传统增长引擎对经济的拉动作用减弱；全球化面临新的艰难险阻，符合全人类利益的开放合作理念面临威胁；全球经济治理体系未能反映客观变化，体制机制革新进展缓慢；发达经济体进入后工业化阶段，一些发展中国家却尚未开启现代化的大门；全球贸易投资体系有待完善，互利共赢的全球价值链尚未成形；相当多的国家基础设施不足，区域、次区域发展面临瓶颈制约。为此，中国提出了共建“一带一路”的合作倡议。

作为促进全球和平合作和共同发展的中国方案，“一带一路”建设是所有国家不分大小、贫富，平等相待、共同参与的合作；是公开、透明、开放，为世界和平与发展增添正能量的合作；是传承丝绸之路精神，追求互利共赢和优势互补的合作；是各国共商共建共享，共同打造全球经济治理新体系的合作；是推动要素高效流动和市场深度融合，实现多元、自主、平衡和可持续发展的合作；是推动地区发展，促进繁荣稳定，扩大文明对话和互学互鉴的合作。

从国际层面看，“一带一路”建设顺应世界多极化、经济全球化、

① 国家发改委、外交部、商务部：《推动共建丝绸之路经济带和21世纪海上丝绸之路的愿景与行动》，人民网，2015年3月28日。

② 推进“一带一路”建设工作领导小组办公室：《共建“一带一路”：理念、实践与中国的贡献》，中国网，2017年5月10日。

文化多样化、社会信息化的潮流，有助于弘扬开放的区域合作精神，有利于切实维护全球自由贸易体系和开放型世界经济。从国内层面看，“一带一路”建设有助于中国更紧密地结合经济全球化和区域经济一体化发展新形势，更合理地统筹国内发展和对外开放，更有效地利用国际国内两个市场两种资源，从而更积极主动地适应和引领经济发展“新常态”，保持经济在合理区间运行，并在此基础上“以经促政，以合作促发展、促安全”，推动构建更加公平、合理、开放的地区合作新秩序。

二　“一带一路”建设与地区合作

“一带一路”建设有五大方向：丝绸之路经济带有三大走向，一是从中国西北、东北经中亚、俄罗斯至欧洲、波罗的海；二是从中国西北经中亚、西亚至波斯湾、地中海；三是从中国西南经中南半岛至印度洋。21 世纪海上丝绸之路有两大走向，一是从中国沿海港口过南海，经马六甲海峡到印度洋，延伸至欧洲；二是从中国沿海港口过南海，向南太平洋延伸。

这就意味着，东南亚地区对“一带一路”建设而言，具有至关重要的地缘战略意义。其中，半岛东南亚国家是南方丝绸之路经济带的必经之路，从战略规划上直接关系到中国—中南半岛经济走廊与孟中印缅经济走廊建设的兴衰成败；海岛东南亚则是 21 世纪海上丝绸之路的咽喉要道，无论是向西经马六甲海峡到印度洋，延伸至欧洲，还是向南太平洋延伸，都要经过南海地区。于是，“一带一路”建设能否在东南亚地区扎实推进，将在很大程度上直接影响其中长期建设成效，特别是在中东、北非、欧洲、南太平洋等地区的可持续发展。

作为推进沿线各国开放合作的宏大经济愿景，“一带一路”与沿线地区合作尤其是中国—东盟合作存在相辅相成的互动关系。一方面，中国—东盟合作的发展成就，将为东南亚地区的“一带一路”建设营造良好氛围。中国—东盟合作在过去的“黄金十年”中取得了显著成效，相继签署了全面经济合作框架协议、货物贸易协定、服务贸易协定、投资协定，并建成中国—东盟自由贸易区，成为全球最大的发展中国家自由贸易区。中国—东盟双边贸易总额增长10倍，年均增长达23.6%。中国连续多年成为东盟最大贸易伙伴，而东盟则成为中国第三大贸易伙伴。[①] 2013年10月，李克强总理在第16次中国—东盟领导人会议上，着重阐述了中国—东盟“2+7合作框架”，从而为开启中国—东盟合作“钻石十年”描绘了发展路线图。中国—东盟合作开始进入全方位、多领域、深层次的发展新阶段。

另一方面，“一带一路”的“五通”建设，尤其是基础设施互联互通将有助于切实弥补地区合作中存在的结构性短板，从而为中国—东盟合作注入新的动力，切实推进中国—东盟自贸区升级版的发展与完善。由于国际金融危机深层次影响的继续显现，全球经济复苏缓慢，中国—东盟合作也在一定程度上受到拖累。统计显示，2014年中国—东盟双边贸易总额为4801.25亿美元，同比增长8.23%，部分国家对华贸易呈现低速增长甚至是负增长；新增双向投资总额121.8亿美元，其中东盟国家对华新增直接投资63亿美元，同比下降24.5%，中国在东盟国家新增直接投资58.8亿美元，小幅增长2.5%。[②] 这就意味着，中国—东盟合作到2020年能否达成双边贸易总额1万亿美元，双向投资总额1500亿美元的发展目标，将在很大程度上取决于“一带一路”建设能否有效创造新的增长点和发展契机。具体来看，这主要体现在以下方面。

（一）“一带一路”建设将为东盟国家的基础设施互联互通提供资金、技术以及人才等全方位支持，有助于东南亚发挥战略通道优势，推动沿线地区社会经济发展

东南亚地处战略要冲，坐拥沟通两洋连接亚非欧的区位优势，但是，相对落后的基础设施互联互通建设，却在很大程度上限制了东南亚有效发挥战略通道的作用，不仅延缓了东南亚国家社会经济发展与东盟一体化进程，而且阻碍了东西方经济文化的交流与合作。

① 《中国—东盟收获“黄金十年”开拓“钻石十年”》，中国新闻网，2013年9月3日。

② 中国—东盟中心：《中国与东盟2014年经贸合作简况》，中国—东盟中心网站，2015年3月16日。

以铁路建设为例，早在1995年，马来西亚总理马哈蒂尔就在第五届东盟领导人会议上提出修建一条从马来半岛南端的新加坡，经马来西亚和中南半岛五国，延伸到中国云南的“泛亚铁路”的倡议，并得到东盟各国领导人与中国政府积极响应。但是，时至今日，“泛亚铁路”东盟通道建设依然停留在纸面规划，并未得到有效落实。

事实上，即使曾被誉为“亚洲四小虎”的泰国，其铁路建设也差强人意，更遑论发展水平相对落后的其他中南半岛国家。据统计，泰国现有铁路总里程4363公里，仅比70年前增加了1000多公里，并有3755公里铁路依然为单线；铁路车辆设备老旧，线路缺乏管理维护，致使运营效率低下且安全堪忧，客运与货运时速仅为50公里/小时与29公里/小时，而且事故频发，呈逐年上升趋势。[①] 与此相比，印尼作为东南亚地区的大国，其铁路建设更是乏力。据统计，从1980年到2012年，印尼铁路总里程从6458公里降至4684公里，并且设备线路老化现象严重。

从成因来看，东南亚地区基础设施互联互通的建设步伐明显落后于社会经济发展，主要是面临市场狭小、融资困难，以及技术与人才储备不足等客观因素影响。基础设施互联互通建设投资大、施工难、收益慢，规模经济效应明显，因此对东南亚的中小国家而言，很难在缺乏外力支持的情况下启动相关建设。

“一带一路”建设将为东盟国家的基础设施互联互通建设提供战略契机。在市场方面，“一带一路”贯穿亚欧非大陆，一端是包括中国在内的活跃的东亚经济圈，另一端是发达的欧洲经济圈，中间广大腹地国家经济发展潜力巨大，从而为东南亚地区的战略通道建设提供了广阔市场预期；在资金方面，“一带一路”框架下创设的亚洲基础设施投资银行等机构将为东盟国家基础设施互联互通建设提供有效融资渠道；在技术与人才储备方面，中国不仅有能力提供全方位支撑，还将通过技术转让与人才培养，协助东盟国家经由“干中学”的方

① ［泰国］黄斌：《加快泰国铁路建设，打造东盟交通枢纽》，（泰国）《星暹日报》2014年12月22日，A2版。

式充实技术与人才储备。

依托“一带一路”建设推动基础设施互联互通，不仅能在短期内有效刺激“一带一路”沿线东南亚各国经济增长，而且在中长期也将有利于切实改善东盟国家互联互通的硬件条件，发挥东南亚地区的战略通道优势，促进东盟一体化进程，并为深化中国—东盟合作提供硬件层面的有效保障。

（二）“一带一路”建设将为东盟国家产业结构调整提供发展契机，有助于推动创造性产业转移，并在此基础上形成更公平、合理、高效的区域产业分工体系

作为全球最大的“南南型”区域合作组织，中国—东盟自由贸易区自2002年成立以来，制造业内部关税持续下降，从1990年的0.576降至2010年的0.017，年均降幅达到16.24%，从而有力推动中国—东盟双边贸易增长；与此同时，中国—东盟区域内产业空间布局也发生明显变化，从2002年到2010年，中国制造业产值在区域内所占比重以年均2.39%的速度递增到88.17%，东盟国家制造业产值所占比重则逐年下降。①

从资源优化整合的角度来看，现有的区域产业分工体系的确是在一定程度上提高了资源配置的有效性，从而切实推动了中国与东盟各国社会经济发展。但是，这种产业链的延伸与资源优化整合，更多是基于市场化尤其是跨国公司的中短期成本—收益考虑，因此很容易导致企业市场化短期行为与国家战略性长期诉求的配对错位，并在中长期形成结构性发展瓶颈。

长期以来，中国与东盟各国都参与跨国公司的产业链，并处在价值链低端，所获得的产业附加值普遍很低，难以有效分享资本与技术红利。② 在工业化起步阶段，依托跨国公司产业链的区域产业分工体系表现出强劲活力，有效支撑了东亚经济持续繁荣与增长。但是，随

① 余振、葛伟：《经济一体化与产业区位效应：基于中国东盟自贸区产业层面的面板数据分析》，《财贸经济》2014年第12期，第87页。

② 张蕴岭：《打造中国—东盟自由贸易区升级版》，《东南亚纵横》2014年第10期，第53页。

着东亚地区特别是中国成为全球制造中心，区域产业分工错配的负面影响日益凸显，并在很大程度上引发了结构性的发展不平衡问题，从而不仅影响到中国与东盟各国产业结构调整与升级，而且成为深化中国—东盟合作的瓶颈障碍。

2008 年，美国发生“次贷危机”，此后演变成遍及全球的金融危机和经济危机，从而在根本上动摇了长期以来东亚与美国之间“危险的平衡”，东亚地区生产扩张不能再主要靠美国市场的需求。这就使得东亚地区不得不进行调整，努力开拓内部市场和其他市场，大力调整生产结构和拉动内需，转变发展方式。[①] 对中国—东盟合作而言，这既是严峻挑战，也是构建更加公平、合理、高效的区域产业分工体系的重要契机。

“一带一路”建设，将有利于沿线各国开展经济发展战略的积极沟通与有效对接，并通过更具有针对性的双多边贸易与投资便利化安排，有序引导跨国产业链合理布局，在宏观层面主动化解市场行为与国家战略的结构性错配。在合作建设中，尤其要改变传统的替代性产业转移模式，摒弃市场化的低成本、高污染、产能过剩的跨国产业短期投资行为，积极鼓励和推进创造性产业转移，从而在互利共赢的投资建设过程中，为打造中国—东盟自贸区升级版创造有利条件。[②]

（三）“一带一路”建设将为中国与东盟国家提供更广泛、更丰富、更多元的人文交流与合作平台，有助于深化各国民众相互理解与认同，推动命运共同体意识的形成与发展

从区域合作理念来看，亚太地区与欧洲地区存在显著差异，后者的合作思想源自区域主义认同，而前者的合作思想则是开放环境下的市场联系与合作。作为引导亚太区域合作的核心理念，“开放的区域主义”并不是传统意义上的区域主义概念，而是一种新的基于利益考

① 张蕴岭：《亚太经济一体化与合作进程解析》，《外交评论》2015 年第 2 期，第 4 页。

② 张蕴岭：《海外投资应进行创造性转移》，新华网，2015 年 4 月 21 日。

量的合作理念。[①] 这就使得亚太地区的双多边合作普遍呈现利益导向的弹性架构，很容易在求同存异的前提下开展务实合作，但却很难形成有约束力的规范支撑。

对于中国—东盟合作而言，灵活务实的弹性架构曾在“黄金十年”的起步阶段发挥过重要作用，有力助推了经贸交流与合作，但是，随着中国—东盟合作步入“钻石十年”的深化阶段，弹性架构的缺陷开始日益显现，难以在推进全面合作尤其是重点和敏感领域合作中形成有效支撑，因此需要依托命运共同体意识进一步夯实民意，并在此基础上，构造更具执行力与稳定性的合作架构。

近年来，中国通过积极主动的双多边合作，为周边国家展现了独特的文化观、价值观、义利观、近邻观以及和平观，从而为命运共同体意识注入了深厚的文化内涵。[②] 不过，命运共同体存在于各种复杂交错的关系之中，依托的是基于共同利益的合作共处。[③] 因此，命运共同体意识的形成与发展，还需要东盟各国各阶层民众的共同参与，从而在中国—东盟合作的互学互鉴基础上，形成兼容并蓄的理解与共识。

“一带一路”建设将会为中国与东盟各国提供领域更广泛、资源更丰富、形式更多元的人文交流与合作平台。文化交流、学术往来、人才交流合作、媒体合作、青年与妇女交往、志愿者服务等，都将成为传承与弘扬海上丝绸之路友好合作精神的重要载体，并将为增进各国各阶层民众的认知与认同，促进命运共同体意识的形成与发展，提供必要前提与有利条件，从而为深化中国—东盟合作奠定坚实的民意基础。

① 张蕴岭：《亚太经济一体化与合作进程解析》，《外交评论》2015 年第 2 期，第 5—6 页。

② 石源华：《亚洲命运共同体的文化内涵》，《世界知识》2015 年第 2 期，第 18—19 页。

③ 张蕴岭：《中国与周边关系：命运共同体的逻辑》，《人民论坛》2014 年 2 月下期，第 38 页。

三　“一带一路”建设的主要挑战

作为横跨亚欧非的宏大倡议构想，“一带一路”建设势必引起从大国博弈到周边关系，从国家权力到国民利益的深层次、全方位、跨领域的结构性调整。因此，从中长期看，“一带一路”建设将有助于在根本上保证东南亚地区的繁荣与稳定，但在短期内，阻碍中国—东盟合作的诸多瓶颈难题很可能进一步加剧，从而影响到地区合作与“一带一路”建设的前进步伐。具体来看，主要表现在以下方面。

（一）战略互信缺失

对于中国—东盟合作而言，最主要的发展瓶颈就是缺乏战略互信，使得很多互利共赢的计划和项目，都停留在口头或纸面，难以得到贯彻落实。近年来，中国始终坚定不移地走和平发展道路，积极推动地区多边安全机制建设，并明确提出了“共同、综合、合作、可持续”的新亚洲安全观，从而一定程度上改善了中国与周边国家的战略互信。但是，作为全球第二大经济体，中国的综合国力强势提升，还是在客观上引发了地区秩序与大国均势的深刻调整。这就使得国力与中国相去甚远的东盟国家很容易受到传统的大国平衡意识影响，进而在对华合作尤其是战略合作方面有所保留，难以与中国的“一带一路”倡议形成有效对接与积极互动。

21 世纪前十年，作为地区大国博弈主线，中美关系基本呈现相互兼容、互不干涉的并存格局。2008 年金融危机后，中美经济走势的反差日益明显，从而改变了美国对东亚战略格局的基本判断，美国转而采取“亚太再平衡”战略，力求遏制中国的发展态势，巩固其在东亚的战略主导地位。菲律宾、越南等东盟国家更是在美国的挑动和支持下，再次掀起南海主权争端，从而在一定程度上对中国—东盟合作产生了负面影响。

“一带一路”建设将为中国打通直入印度洋的战略大通道，从而在根本上瓦解美国构筑的东亚战略包围网，因此必将引起美国明显的应激反应，使得中美在东亚的战略博弈进一步加剧。与此同时，日本、印度、俄罗斯等大国也将更加积极主动地参与东亚地区的战略博弈，以期在地区新秩序的构建过程中占据有利地位，从而分享更多的东亚经济增长的发展红利。[①] 从长期来看，东亚地缘政治格局的多极化发展趋势，将有助于构建更公平、合理、有序的地区新秩序，从而为“一带一路”建设提供有利环境，但在短期内，多国博弈的复杂利益纠葛将延缓新形态的大国均势格局的形成，使得东盟国家更多采取待价而沽的观望态度，从而影响“一带一路”建设进程。

（二）治理能力不足

“一带一路”建设为中国—东盟合作的深化发展提供了重要契机，也对各国的治理能力提出了更高要求。无论基础设施互联互通，还是贸易与投资便利化，抑或人文交流与合作，都需要进行有针对性的体制改革与机制创新，以有效应对建设过程中的各类现实诉求。这就使东盟各国普遍面临的治理能力不足问题表现得更为突出，并有可能因为改革开放的发展诉求，引发新旧利益集团的政治权力冲突。

对东盟国家而言，治理能力受多重因素影响，但就体制机制改革而言，最根本的影响因素在于利益结构板结引起的保守化与不作为。从国家整体来看，基于对外开放诉求的体制机制改革将产生可持续的发展红利，从而足以在中长期弥补改革产生的相关成本，但是，对于不同群体而言，改革开放的成本—收益分布并不均衡。通常情况下，更具有市场竞争力的新兴利益集团，尤其是新兴产业集团将在改革开放过程中，获得更多的发展红利，因此会对改革开放持积极态度；与此相对，掌握国家政治主导权的既得利益集团，尤其是传统产业集团、城市中产阶级，以及行政官僚集团等，更可能倾向于放缓改革开放步伐，以争取更长的改革适应期用于转嫁成本。[②]

从中长期来看，“一带一路”建设将为新兴利益集团提供自下而上倒逼改革，甚至直接掌权主导改革的重要外部动力，从而有助于切实推动东盟国家治理能力的提升，为深化中国—东盟合作提供有利条

① 谷源洋：《大国汇聚亚洲与中国“经略周边”——对“一带一路”建设的思考》，《全球化》2014 年第 12 期，第 38 页。

② 周方冶：《新旧利益集团的政治博弈——基于权力结构“同心圆”模型的东亚政治转型研究》，《探索》2013 年第 5 期，第 71—74 页。

件；但在短期内，无论保守派的既得利益集团有意或无意的政治不作为，抑或是新旧利益集团权力博弈引发的政治动荡，都有可能使得相关国家治理能力进一步下降，从而影响“一带一路”建设的贯彻落实。

（三）多元文化冲突

“一带一路”建设尤其是交通基础设施的互联互通，一方面将有效促进中国—东盟合作的人员跨国跨地区流动，从而有利于区域资源整合，另一方面也将显著提升区域内多元文化的交流与碰撞，从而加剧摩擦，甚至引发冲突。

东南亚自古就是多族群、多宗教并存的多元文化地区。近现代以来，东盟各国先后开始工业化进程，并普遍形成了城乡分化、地区分化的不平衡发展格局，从而使得原本就相对复杂的文化版图，进一步产生了现代城市文化与传统乡村文化的结构性分野。不过，由于长期以来交通基础设施建设相对落后，东南亚地区未曾经历过多元文化的大碰撞、大冲突、大融合，而是在彼此间保持着一定的距离与隔阂，形成了相当微妙的多元文化平衡格局。

随着“一带一路”建设对东南亚地区交通条件的有效改善，超大规模的人员流动将会在根本上突破多元文化间的距离与隔阂，进而将所有的多元文化主体都卷入区域一体化进程。这就使得东南亚社会特别是相对传统的乡村社会，很有可能面临前所未有的多元文化冲击，尤其是在中国特色社会主义文化与西方民主文化都依托互联互通建设开始大规模进入东南亚腹地后，多元文化的摩擦与冲突很可能会变得更加频繁。

从中长期来看，多元文化的相互沟通、理解与认同，将会为区域一体化发展提供更加坚实的共识基础；但在短期内，多元文化碰撞引发的摩擦与冲突将呈上升趋势，如果缺乏及时有效疏导，就会妨碍命运共同体意识的形成与发展，从而影响“一带一路”建设的客观效果。

第二节　发展路径、战略支点与政治风险

一　"一带一路"建设的路径创新

对于中国—东盟合作而言，"一带一路"建设一方面提供了重要的战略契机，以及中长期的可持续发展路线图，另一方面也对有效克服发展瓶颈提出了更高要求，并在客观上增加了难度。因此，在东南亚地区推动"一带一路"建设过程中，有必要深刻理解和贯彻习近平主席提出"以点带面，从线到片，逐步形成区域合作"的工作思路，并在此基础上及时总结地区合作的发展经验，积极开拓深化合作的发展路径。具体来看，以下发展路径有待加强探索与创新。

（一）"以双边推动多边，以多边巩固双边"的交互式发展路径

东盟各国在族群构成、宗教文化、经济水平、政治体制、安全认知尤其是对华安全认知方面都存在明显差异，再加上各国在东盟一体化进程中形成的"协商一致"传统，使得"一带一路"建设的多边磋商面临诸多障碍，难以在短期内取得突破性进展。

对此，可以考虑采取双边与多边相辅相成的交互式发展路径。一方面，积极推进与东盟的部分国家开展双边探路者合作，并以此为战略支点，通过样板效应引导和激励其他东盟国家参与合作，从而形成以双边促进多边的"以点带面"态势。另一方面，通过中国—东盟合作的多边磋商平台，将双边探路者合作中取得的相关成果多边化和机制化，从而有效降低双边合作的不确定性，避免因对象国政治或安全因素变化引起双边合作进程倒退。

（二）"以项目创新规则，以规则引导项目"的滚动式发展路径

"一带一路"建设深入发展，需要参与各方积极进行体制改革与机制创新，以形成更加契合区域合作发展需要的运行规则。但从目前来看，规则创制面临两方面难题：一是破除各国原有体制机制的运行规则，将会在利益集团板结化影响下，面临系统惰性阻碍，难以形成"破旧"合力；二是构建新的运行规则，将会面临新规则的合理性与可行性质疑，尤其是在无法照搬西方现成规则的情况下，很难形成

“立新”共识。

对此，可以考虑采取立足项目建设推动规则创新的滚动式发展路径。首先是要依托“一带一路”建设的大型基建项目红利，激发各国新兴利益集团的革新诉求，从而形成瓦解系统惰性的中坚力量；其次要在项目建设过程中，针对新规则的合理性与可行性进行反复验证，并及时修正与调整；最后将验证有效的新规则融入既有体系，引导新项目建设，形成“项目—规则—项目”的良性循环。

（三）“以互信促进共生，以互鉴塑造共识”的浸润式发展路径

“一带一路”建设的可持续发展需要夯实命运共同体意识的民意基础，但在东南亚多元文化并存且存在微妙平衡的复杂环境下，任何自上而下的共识建构，尤其是外来文化掌握主动权的共识建构，都很难取得理想成效，甚至有可能引发本土文化的不满情绪与抵制行动。

对此，可以考虑采取在共识构建过程中有序引导本土文化积极性与主动性的浸润式发展路径。一方面，贯彻“求同存异”原则，在“一带一路”建设的文化碰撞中，坚持自我克制与互谅互让，努力提升中国特色社会主义文化与本土文化的互信关系，从而为和谐共生营造良好社会氛围；另一方面，通过人文交流与合作，为满足本土文化发展诉求积极提供支持，切实提高本土文化精英的开放性与包容性，并在此基础上鼓励其主动参与和发起多元文化间的互学互鉴，从而为自下而上塑造命运共同体意识创造有利条件。

二 “一带一路”建设的支点选择

就“一带一路”建设而言，在贯彻落实“以点带面，从线到片，逐步形成区域合作”的工作思路过程中，首要任务就是构建坚实可靠的战略支点。所谓“战略支点”，是指在次区域的、区域的、跨区域的，或全球的多边合作框架下，通过战略性的双边互动、交流与合作，能有效发挥全局的或关键的支撑作用，并能对多边合作其他各方产生积极的示范、引导和激励效应，从而切实保证多边合作进程稳定、和谐、有序的国家或地区。

从“一带一路”的战略支点建设来看，应当着重把握以下基本

要点。

（一）战略支点建设具有阶段性，要有合理功能定位，切实保证诉求、能力与目标相互契合

作为横跨欧亚沟通两洋的宏大发展愿景，“一带一路”建设将是循序渐进的长期过程，很难在短期内一蹴而就，需要分阶段逐步落实。这就使得战略支点建设需要依据总体战略进展情况，分步骤、有重点、见实效地有序推进，从而集中力量突破“一带一路”建设的发展瓶颈。

从理想状态看，战略支点的建设起步越早越好，数量越多越好，进展越快越好；但问题在于，任何战略支点建设都需要包括资金、技术、人才等在内的大量资源投入，否则很难取得预期成果，甚至会适得其反。我国是全球第二大经济体，但在有效满足国内社会经济需求后，可用于“走出去”战略的资源依然相对有限，难以保证所有潜在战略支点共同建设的需要，唯有选取更有价值的国家（地区）率先构建战略支点，而后再进一步延伸和拓展。

对于“一带一路”建设而言，起步阶段的首要目标是开辟从我国内陆直达印度洋的战略大通道。这一方面有助于为中国—东盟合作开拓更广阔的发展空间，并为“一带一路”建设引入新的合作伙伴提供有利条件，另一方面有助于改变东亚地区封闭的地缘政治格局，缓和在中美大国博弈影响下日趋紧张的地区局势。① 因此，现阶段“一带一路”在跨区域的、区域的、次区域的战略支点选择，应当以印度洋战略大通道建设为首要依据。

在跨区域层面，“一带一路”建设将会为我国“向西开放”进一步深化跨区域交流与合作铺平道路，从而在根本上瓦解美国对我国进行包围与遏制的战略意图，并会在一定程度上对目前有利于西方的国际产业分工体系产生解构作用，因此在印度洋战略大通道建设方面，很难期望西方国家提供实质性协助，甚至可能面临以美国为首的部分

① 周方冶：《中泰关系—东盟合作中的战略支点作用——基于21世纪海上丝绸之路的分析视角》，《南洋问题研究》2014年第3期，第20页。

西方国家的干涉和阻碍。[①]

在区域层面，作为东盟大国，印尼是最有价值成为“一带一路”战略支点的东南亚国家。2014 年 10 月，印尼新任总统佐科在就职演讲中强调，“我们必须竭尽全力，让印尼恢复成为一个海洋强国。我们已经忽略海洋、海峡和海湾太久了，而海洋、海峡和海湾是我们文明的未来。现在恰逢其时，让祖先的口号‘纵横四海’重新响彻云霄”[②]。在海洋开发方面，印尼与我国存在着共同的战略诉求。双方在维护南海稳定、保证马六甲航道安全、加快海港建设、促进海上经贸往来、推动海洋资源综合利用与开发等方面拥有广阔的合作空间。[③]

在次区域层面，战略支点选择应着眼于中南半岛和马六甲海峡。从我国大陆前往印度洋主要有两条路线：其一是海路，从我国东南沿海出发，渡南海，经马六甲海峡，进入印度洋；其二是陆路，从我国西南内陆出发，穿越中南半岛，直达印度洋入海口。海路是现成的，但要支撑起“一带一路”建设，还需要化解马六甲困境，进一步加强海港建设和保障航道安全。因此，除印尼外，地处马六甲海峡的马来西亚也很有价值成为“一带一路”起步阶段的战略支点。新加坡在地缘上具有重要价值，但是樟宜美军基地的长期存在，使其很难真正成为“一带一路”的战略支点。陆路是待建的，还需要通过中南半岛的铁路网建设和印度洋东海岸的港口建设，方能形成战略通道。因此，地处中南半岛的缅甸与泰国也很有价值成为“一带一路”起步阶段的战略支点。我国先后于 2011 年和 2012 年与缅甸和泰国建立了全面战略合作伙伴关系，从而为战略支点建设提供了有利的合作平台。

---

① 全毅、汪洁、刘婉婷：《21 世纪海上丝绸之路的战略构想与建设方略》，《国际贸易》2014 年第 8 期，第 7 页。

② 许利平等：《从贫民窟到总统府——印尼传奇总统佐科》，社会科学文献出版社 2015 年版，第 194—195 页。

③ 刘赐贵：《发展海洋合作伙伴关系推进 21 世纪海上丝绸之路建设的若干思考》，《国际问题研究》2014 年第 4 期，第 4 页。

（二）战略支点选择具有曲折性，要立足于长远规划，将可持续发展作为评判得失的根本标准

战略支点建设要经历从相互接触到相互认知，再到相互信任，最后相互交融的发展过程，其间由于文化差异、利益分歧、外部大国阻碍等因素影响，难免产生各种误解、摩擦、冲突等不利情况，从而使得建设道路曲折难行，甚至会不时出现反复。2014 年 7 月，缅甸单方面宣布无限期搁置中缅高铁建设项目，不仅严重影响中南半岛的印度洋战略通道建设，而且在一定程度上损害了中缅长期以来的政治互信。

作为负责任的大国和“一带一路”的倡议者，我国在战略支点建设上必须有恒心、耐心和信心。一方面要充分理解相关国家在对华合作中的患得患失——既想要搭乘中国经济的“顺风车”，又担心中国崛起后的地缘政治和安全风险——从而宽容对待相关国家的犹豫、反复和“搞平衡”；另一方面要立足长远规划，坚持“亲诚惠容”方针，将双边关系做实、做细、做深，通过实际行动化解相关国家的顾虑和担忧，夯实双方互利共赢的合作基础。战略支点建设要坚持可持续发展原则，严防“短期红利”和“抄近路”带来的利益冲动，尤其在经济合作中，要更加重视环境保护、劳工保障、社区交流等看似费时费力的“赔钱工作”。唯有如此，方能自下而上形成良好的民意基础，进而为战略支点建设提供可持续的发展动力。

（三）战略支点建设具有开放性，要着眼于多边合作，发挥双边合作的示范、引导、激励作用

“一带一路”建设的目标在于打造开放、包容、均衡、普惠的区域经济合作架构，从而为沿途国家尤其是发展中国家提供互利共赢的良好发展环境，因此其建设成效在很大程度上取决于沿途国家参与的广泛程度。这就使得“一带一路”的战略支点建设，必须在积极推进双边合作的基础上，进一步将着眼点延伸到多边合作，充分发挥双边合作的示范、引导、激励作用，促使其他国家共同参与“一带一路”建设。

具体来看，一是要在双边合作中积极树立成功典范，产生“用事

实说话”的示范效应，从而在根本上瓦解美日等西方国家利用媒体和非政府组织歪曲我国形象的不实之词，化解其他国家的担忧和顾虑；二是要在双边合作中进一步摸索和完善适用于发展中国家的合作模式，并在此基础上积极引导其他国家理解和接受“一带一路”的多边合作框架；三是要在双边合作中合理运用外溢效应，从而对其他国家形成有效激励，既要避免以邻为壑引起其他国家抵制，也要避免不受约束的“搭便车”现象，促使其他国家明确意识到，唯有参与“一带一路”建设，方能最大限度地获得共同发展的合作收益。

三 “一带一路”建设的风险防范

对“一带一路”建设而言，“以点带面，从线到片，逐步形成区域合作”将是长期不断探索与磨合的渐进式发展过程，其间必然会面临各式各样的不确定性因素，这些因素甚至有可能演化为影响建设进程稳定性、有效性与可持续性的各类风险，尤其是会直接影响双边关系的政治风险。

我国在对外交往中始终坚持互利共赢原则。因此，如果从理性选择的角度出发，基于国家利益与国民福祉，任何对象国政府都会将对华战略合作作为基本方略。但问题在于，战略性政治决策是权力博弈的结果，受到个人野心、派系私利、舆论压力、大国意志等诸多不确定因素的负面影响，尤其是在权力运作失衡的情况下，理性选择很容易被扭曲，从而妨碍对华战略合作的政策落实，甚至动摇对华战略合作的政策立场。

缅甸与泰国都与我国建立了全面战略合作伙伴关系，但在落实过程中明显受制于国内政治影响。缅甸国内的政治民主化，使得各派势力都时不时地打“中国牌”，借以鼓动民族情绪或争取西方国家青睐，甚至罔顾国计民生。2011 年 9 月，缅甸政府宣布暂时搁置在建的密松水电站，使得中缅双方都遭受了巨大损失；2014 年 7 月，缅甸政府宣布搁置中缅高铁项目，结果使中缅战略合作再次遭遇寒流。泰国国内的政治冲突，使得中泰战略合作备受影响，中泰高铁项目更是在反政府运动中一波三折，直到军方上台才得以重启。

故而，在“一带一路”建设，尤其在战略支点建设过程中，最关键的是要切实防范政治风险，并在此基础上有效保证双边关系长期稳定，避免在不确定性因素影响下双边关系出现波动甚至倒退，否则“一带一路”倡议就很难为双边战略合作提供有效和可持续的支撑作用。我国坚持不干涉别国内政的原则，但并不意味着就会忽视“周边命运共同体”关系下的大国责任。战略支点建设不会“天上掉馅饼”，必须主动谋划，努力进取。① 不过，需要强调的是，开展风险防范的相关工作必须讲究方式方法，否则就有可能事倍功半，甚至适得其反。具体来看，这主要体现在以下方面。

一要“戒急用忍”，作为全球第二大经济体和地区大国，我国在对外工作中的一举一动都会引起周边国家的关注与猜测，因此在开展风险防范工作时要稳扎稳打，循序渐进，从经济文化等非敏感议题入手逐渐过渡到政治安全等敏感议题，从微末议题起步逐渐延伸到核心议题，切不可急功冒进，期望一蹴而就地解决“一带一路”建设面临的各类风险尤其是政治风险。事实上，部分政治风险很可能将贯穿“一带一路”建设全过程，成为我国与对象国改善双边关系的持久命题。

二要“借力打力”，通过积极扶持和有序引导，逐步壮大对象国的本土亲华力量，并以此为依托开展风险防范工作，渐进地改善对象国权力结构，塑造有利于地区合作的开明政治环境，从而既能有效瓦解本土保守力量和亲西方力量在“一带一路”建设中的负面影响，亦能切实避免我国被无端指责干涉他国内政。诚然，培养对象国的本土亲华力量需要一个过程，短期内很难见到明显效果，但从中长期来看，拥有了自我权利意识与独立利益诉求的本土亲华力量，将会形成内生性的自主发展，并成为对象国推动对华合作惯性的重要保证。

三要“因势利导”，顺应对象国政治发展的内在规律，把握各方的共同利益诉求，通过建设性的务实合作，积极应对“一带一路”建设面临的各类风险尤其是政治风险，努力避免消极对抗的不利局

① 《习近平出席中央外事工作会议并发表重要讲话》，新华网，2014 年 11 月 29 日

面。从周边国家近年政治动荡的成因来看，政治动荡很大程度上都与发展问题相关，尤其是与存量改革引起的新旧利益集团冲突相关。① 因此，坚持合作共赢的发展立场，共同推动对象国社会经济发展，将有助于在增量改革条件下引导对象国权力结构有序改组，形成更加开明、理性、稳定的政治环境，从而为“一带一路”建设提供强有力的政治保障。

如果能在“一带一路”建设的风险防范工作中做到上述三点，必将有助于取得事半功倍的显著成效，但这需要满足一个先决条件，那就是对周边政治环境有全面客观的理解与认知，否则就很难透过对象国纷繁芜杂的表面乱象，准确把握其政治发展的主要矛盾和矛盾的主要方面，并在此基础上针对可能出现的各类风险尤其是政治风险做好预案和规划，从而有条不紊地加以应对和化解。因此，在“一带一路”建设过程中，加强周边政治环境研究具有重要意义。

第三节 政治环境研究的路径与方法

一 政治环境的基本概念与主要特征

由于研究目的与观察视角存在差异，有关政治环境的概念界定呈现多元特征，学术界迄今未能达成普遍共识。基于对“一带一路”建设的海外风险尤其是政治风险问题研究的需要，本书所讨论的政治环境是指：一组由各类政治的和非政治的影响因素共同构成的，有可能直接影响国家核心政治权力集团的基本立场与行为偏好，并会对国家权力运作特别是重大方针政策产生制约和引导作用的要素集合。具体而言，可以结合图 1.1 所示，从以下方面加以理解和把握。

第一，政治环境是以国家权力运作为参照对象的有限集合。

所谓环境，是指“周围的情况与条件”。② 因此，从语义角度来

① 周方治：《新旧利益集团的政治博弈——基于权力结构“同心圆”模型的东亚政治转型研究》，《探索》2013 年第 5 期，第 70—74 页。

② 《现代汉语词典》，商务印书馆 2002 年版，第 550 页。

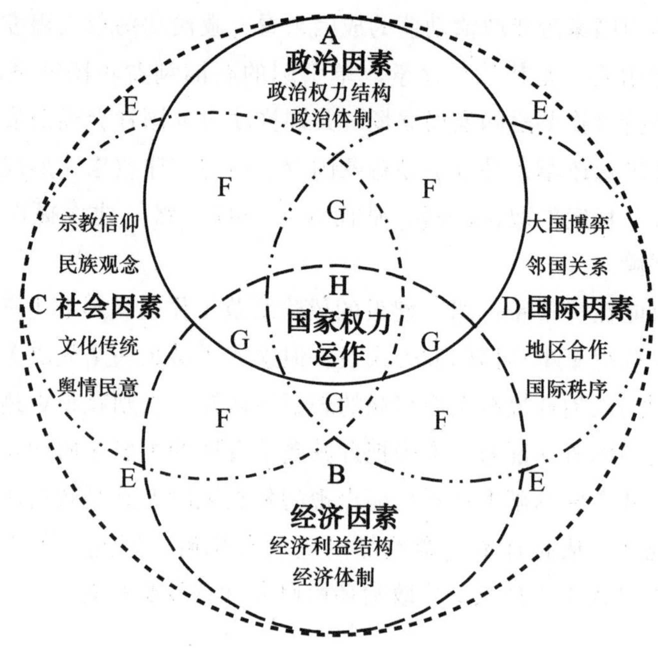

图 1.1　政治环境概念示意图

看，首先需要加以理解和把握的是政治环境的两个要点：一是“周围”的参照对象；二是“周围”的边界范围。

“周围”的参照对象需要解决的是“在谁的周围，要影响谁”的立足点问题。不同的立足点，将会产生甚至是完全不同的环境要素集合。学术界对政治环境问题界定的多元化，很大程度上就在于参照对象的选择存在差异。如果从学术研究价值来看，图 1.1 中 A 圈所示范围内有很多可选的重要参照对象，诸如国家体制、行政改革、政治文化、民主意识等，都是很有吸引力的可选项。但是，对于“一带一路”建设的海外风险尤其是政治风险而言，最核心的是国策变化，因此在对周边政治环境进行研究时，就需要将参照对象设定为国家权力运作特别是重大方针政策的形成与调适。唯有如此，方能在研究过程中提出有针对性的风险防范预案。

“周围”的边界范围需要解决的是“周围有多大，覆盖面有多宽”的研究规模设置问题。尽管从学术研究的周延性来看，研究覆盖面越广，所得到的研究结果越可能接近客观实际，于是，如图 1.1 所示，最理想的状态就是将代表对象国所有主客观因素的最外层圆圈中的相关内容，除去与国家权力运作完全无关的 E 部分的其他部分全都纳入研究，但问题在于，如果要将所有主客观因素动态的复杂因果关系进行准确描述，一方面对现有的社会科学研究手段而言缺乏可行性，另一方面对防范“一带一路”建设的海外风险尤其是政治风险的研究初衷也无必要。因此，本书讨论的政治环境将主要锁定有可能直接影响国家权力运作的相关要素，即图 1.1 所示最核心的 H 部分。

第二，政治环境是各类影响因素集合交叠形成的多元集合。

“权力—利益”关系的客观性，使得在国家权力运作过程中，必然会普遍面临非政治因素的政治化现象。如图 1.1 所示，除了政治因素集合之外，经济因素、社会因素、国际因素集合也都在 H 部分存在交集，并会对国家权力运作产生直接影响。其中，对国家权力运作影响最为明显的是“政治权力结构—经济利益结构”互动关系，以及由此产生的政治和经济的体制机制变革。此外，社会因素中的宗教信仰、民族观念、文化传统、舆情民意，以及国际因素中的大国博弈、邻国关系、地区合作、国际秩序等相关因素，也都会在很大程度上影响国家权力运作特别是重大方针政策的形成与调适。

第三，政治环境是始终处于发展与变化过程中的稳定集合。

作为直接影响国家权力运作的要素集合，政治环境的构成要素呈现明显的动态稳定性。这主要表现在两方面：一方面，从影响因素个体来看，其具有很强的发展变化性，始终随着社会经济的发展而进行相应的演化与调适，从而使其对国家权力运作的影响力与影响方式，都有可能发生显著改变。另一方面，从影响因素在集合中的相互关系来看，其具有很强的结构稳定性，彼此形成有效的互动与制衡关系，从而在很大程度上保证了国家权力运作的平衡性与有序性。尽管从长期来看，政治环境的要素集合将呈现一定的开放性，各类影响要素的对应关系将会随着时间推移，特别是在社会经济发展失衡的客观规律作用下逐渐发生改变，部分传统因素的作用衰退后，将会被新兴因素所取代，但从中短期来看，除非国际因素发生根本性改变，否则政治环境将会在很大程度上保持封闭性。这就为通过观察法对政治环境进行相关研究提供了可行性保证。

二　以政治权力集团博弈为观察视角

政治环境具有相当复杂的多面性特征。这就使得观察视角的选择相当重要，否则就有可能面临管中窥豹难题，尽管有些变量准确反映了政治环境某一方面的特征和规律，但却无法通过衡量和分析它而对政治环境形成客观而全面的评价。有鉴于此，本书选择以政治权力集团为观察视角。理由是，作为政治环境诸要素影响国家权力运行的关键载体，政治权力集团尤其是核心权力集团的行动选择与诉求分歧，将在很大程度上直观展现政治环境诸要素的内在特征、相互关系与变化规律，从而为全面评估政治环境提供有效切入点。

（一）政治权力集团的基本概念

所谓“政治权力集团”，是指由多元身份认同相似的社会公众组成的、拥有政治自觉意识，并能以可持续的方式有组织地参与政治权力博弈以实现其利益诉求的社会聚合体。

对此，有必要从以下方面加以理解和认知。[①]

1. 社会公众的身份认同是动态的多元标识序列组

所谓身份认同，实质上是在社会交往的互动过程中，用以区别我者与他者，进而规范个体行为的主观意识。除非完全与世隔绝，否则任何个体都会在社会交往过程中被逐渐固化于特定的关系网络节点，并在此基础上潜移默化地形成“我是谁”的身份认同。通过塑造身份认同，有助于社会个体更加明确地判断和把握自身在社会关系网中所处的位置、所承担的责任、所享有的权利，并在社会交往中保持恰如其分的行为举止和态度立场。

从存在形式来看，社会公众的身份认同并不是静态的单一标识，而是动态的多元标识序列组。在客观现实中，多元标识序列组具有不

---

① 周方冶等：《东亚五国政治权力集团研究》，中国社会科学出版社 2015 年版，第 2—9 页。

可穷尽性。特别是随着社会分工的细化、通信技术的发展、交通工具的便利，相较于传统社会相对简单的人际关系，现代社会的关系网变得日趋复杂，派生性社会属性不断增加，从而使社会个体的身份认同也日趋多元化和复杂化。不过，对于学术研究而言，并不需要完全呈现行为个体的所有偏好，仅把握决定其行为模式的关键社会属性即可。通常情况下，对身份认同起决定作用的主要有两类属性：

其一是体现社会经济地位的社会属性，包括职业归属、教育水平、财产状况等直接影响社会个体生存状态的社会属性。对社会个体而言，经济能力与社会声望是其开展社交的前提条件，因此在很大程度上制约着社会个体的视野范围、理解能力、行动意图。通常情况下，处在不同社会经济圈层的社会个体之间很难形成相互认同。“门当户对”并不局限于传统社会，即使是在流动性较高的现代社会，地位差异依然是客观存在的社会现实，并不因为主观意愿而改变。故而，社会公众通常都会自觉或不自觉地将社会经济地位作为身份认同的首要标识。

其二是体现意识形态的社会属性，包括政治立场、宗教信仰、族群意识等会对社会个体的行为方式产生实质性指导和制约的社会属性。尽管并不是所有社会个体都会形成自觉的意识形态，更多的不过是自发的模糊偏好，但是，如果拥有明确的意识形态，则必然成为其身份认同的首要标识，甚至在一定程度上将超越体现社会经济地位的社会属性。

此外，尽管在通常情况下，其他多元社会属性的重要性不及上述两类社会属性，从而相比之下处于隐性状态，但在特定情况下，如果有意外事态引起社会个体相关社会属性的应激反应，有可能改变社会个体的多元标识排序，从而影响社会个体的既有身份认同。不过，此类社会属性的应激性显化并不具有可持续性，通常会随着事态平息而重归沉寂，从而在中长期并不会改变前述两类社会属性的基准作用。

2. 社会聚合体是多元身份认同相似的社会公众组成的松散群体

社会聚合体的形成与发展，取决于社会个体是否能在相似的身份认同基础上产生群体认同，其表现形式是社会个体的多元标识序列组中的部分标识及其排序方式与社会聚合体相契合。由于社会个体的多元标识序列组中存在复数的标识，因此在多重契合情况下，社会个体有可能同时归属于复数的社会聚合体。对此，有四点内容值得留意：

其一，社会个体对社会属性的认同会随着排序依次减弱，因此社会个体与社会聚合体相契合的社会属性的排序越靠前，其产生的群体归属感也就越强烈，从而就越有助于提高社会聚合体的凝聚力。

其二，社会个体的身份认同是多元标识共同作用的结果，因此社会个体与社会聚合体相契合的社会属性的数量越多，其产生的群体归属感也就越强烈。不过，随着多重契合的数量增加，符合要求的社会个体数量将呈减少趋势，从而对社会聚合体的规模产生影响。

其三，社会个体的身份认同在很大程度上取决于标识排序，因此除非排序一致，否则即使社会个体与社会聚合体存在多重的相同社会属性，也难以达成有效共识。

其四，社会个体的多元标识序列组并不是静态存在，而是会在社会交往中不断调整，因此如果相关社会属性或排序方式有所改变，就有可能弱化社会个体对社会聚合体的认同感与归属感，并且促使其寻求更契合的社会聚合体。通常而言，规模越大的社会聚合体，其成员的流动性也就越高，组织结构也就越松散，难以发挥除社交平台以外的其他功能。

3. 政治权力集团需要满足组织、话语、资金三大要件

尽管社会聚合体已为政治权力集团的形成提供了最重要的前提条件，即具有初步群体认同感与归属感的人员储备，但要真正成为政治权力集团，尚需完成对组织、话语、资金三大要件的自觉建构，否则根本无法形成政治权力斗争所必需的凝聚力与执行力。因此，是否具备三大要件，也就成为一般社会聚合体与政治权力集团的根本分野。

首先是组织要件。对于政治权力集团而言，是否拥有强有力的组织体系，将在很大程度上决定政治权力斗争结果。东亚各国曾普遍经历军人集团独掌大权的威权体制，其中很重要的成因就在于，相较于其他的社会聚合体，军人集团拥有更加严密和高效的组织体系。衡量政治权力集团的组织化程度，主要有两项标准：一是动员力，即能否

通过组织网络，以本集团政治诉求为目标导向，有效发动集团成员参与政治权力斗争。二是自制力，即能否通过组织网络，有效约束和引导本集团成员，避免与其他政治权力集团发生无谓的摩擦与冲突。

其次是话语要件。长期来看，政治权力斗争的成败关键在于观念领域的交锋。尽管政治权力集团在崛起过程中，有可能通过暴力威慑或利益收买方式，扩张权力边界甚至占据政治权力结构的主导地位，但如果缺乏观念领域的话语体系建构，就会导致维持权力边界的政治成本居高不下。对于政治权力集团而言，观念领域的话语体系建构需要满足两方面要求：一是凝聚力，即通过特性话语塑造、强化本集团与成员间相契合的多元标识及其排序方式，增进本集团成员的认同感与归属感，有效提高政治权力集团的责任感与一致性。从构成来看，特性话语所包括的常见内容主要有宗教信仰、族群意识、地缘观念、阶层认知、职业归属等要素。特性话语集中回答的是以下问题：我们是什么人？为何不同于其他人？承担什么使命？拥有什么权利？从而在区别“我者”与“他者”过程中，增强本集团成员的使命感，并对其他政治权力集团产生疏离感甚至是对立感。二是感召力，即通过共性话语的塑造，提高社会公众的理解与认可，化解疏离感与对立感，从而降低本集团掌权所要付出的政治成本。共性话语的论述涵盖多方面内容，其中最核心的是权力与权利关系问题。任何权力集团，都必须在划定权力边界的时候，通过共性话语的构建令本集团成员之外的社会公众相信，遵从既定的权力边界，将会增加或至少不会减少其权利收益，否则，就可能面临权力边界的摩擦与争端，从而导致政治成本增加。

再次是资金要件。在政治权力斗争中，政治资金的多寡虽然不是决定胜负的唯一要素，但却是政治权力集团是否能参与政争的前提条件。对政治权力集团而言，政治资金的运作能力主要体现在两方面：一是政治资金筹措的稳定性，即通过构建可持续的筹募渠道，保证长期稳定的资金来源，避免因临时性短缺而对政治权力斗争产生负面影响；二是政治资金分配的有序性，即通过集团内部的制度建设，形成有规可循的资金分配模式，从而避免因派系的摩擦与争端，弱化甚至瓦解政治权力集团的竞争力。不过，有序分配方式并不一定要公平合理，但必须具有规则性，可以令本集团成员形成稳定预期，否则就有可能引起对收益分配方式的持续性内部冲突。

（二）东南亚权力集团的常见类型

由于在历史进程、文化传统、宗教信仰、社会发展阶段等方面千差万别，东南亚各国政治权力集团在总体上呈现显著的多样性特征，但在国家权力运作层面，由于现代化发展路径的相似性，各国核心政治权力集团的构成还是呈现一定的共性特征。其中，较常见的主要有以下类型：

1. 军人集团

作为东南亚各国最早受现代化影响的社会聚合体，军人集团在各国政治发展进程中，都曾扮演过重要角色。军人职业的单一社会属性，使得以军职为群体认同基础的社会聚合体边界都具有较高的稳定性，从而为政治权力集团的形成提供了有利的人员基础。不过，军人集团能够成为强势的政治权力集团，却是特定历史条件的产物。事实上，从三大要件来看，在通常情况下，军人集团除了能在组织要件方面得益于严格等级结构和高效动员机制而拥有先天优势之外，无论是话语要件，还是资金要件，都处于不利地位。

在话语要件方面，军人职业与“野蛮、暴力、破坏、死亡、杀戮”等负面认知存在天然联系，因此在安定和平的环境下很难取得社会公众的理解与认同，被公众远离，甚至受到排斥压制。不过，由于19世纪末到20世纪初，东南亚各国普遍面临西方殖民主义的现实威胁，肩负起维护国家统一和民族独立重任的军人群体，能够以“牺牲、奉献、英勇、忠诚、坚韧”等正面认知赢得社会公众的信任与拥戴，从而在抵御外辱和戡定内乱过程中，依托“爱国主义”和“民族主义”话语体系，逐渐巩固其社会地位和政治影响力。

在资金要件方面，军人职业更擅长的是“烧钱”而不是“赚钱”，因此很难期望军人群体能在市场经济环境下通过公平合法的手段满足政治资金需求。不过，对于现代化起步阶段的东南亚各国而言，社会经济发展在很大程度上依托的是国家主义的政策扶持，从而为军人集团在国家行政管理与宏观调控过程中，通过侵吞财政拨款、私分国企收益或收受私企献金等方式取得资金提供了契机。

2. 技术官僚集团

作为与军人集团同期形成并成长起来的社会聚合体，技术官僚集团在东南亚各国现代化进程中，发挥着举足轻重的引导作用。得益于在形成过程中三大要件不求外力的内生性与自立性，技术官僚集团的政治影响力尽管显得平和与低调，却具有很强的可持续性。

在组织要件方面，现代行政体系的科层制结构，使得技术官僚集团具有较为严格的等级结构与相对高效的动员机制。尽管相较于军人集团的令行禁止尚有明显差距，但与其他社会聚合体相比，却是具有明显的组织化优势，拥有很强的凝聚力与执行力。

在话语要件方面，得益于东南亚各国传统的官本位意识，以及现代化初期相对较低的教育水平，通常拥有较高文化素养特别是西方教育背景的技术官僚群体，很容易在社会公众中树立权威，并以“开启民智”、“代言民意”、“改善民生”等话语体系契合社会公众对于国家建设的迫切诉求，从而在国家主义与民本主义等观念基础上有效凝聚其现代化引导者的普遍印象。

在资金要件方面，得益于专业化的行政能力与管理技巧，技术官僚集团能从国家行政系统运作的正常流程中名正言顺地截留侵吞所需资金，而不必像军人集团那样为开列更多的军费支出而承担沉重的社会压力。

3. 城市中产阶级

从东南亚各国的政治发展来看，中产阶级都是相当重要的政治力量。不过，作为政治权力集团，中产阶级却存在明显缺陷，从而严重影响其凝聚力与执行力。

在组织要件方面，由于缺乏严密的组织架构，在通常情况下，中产阶级都表现得相当松散，难以就政治议题展开有效的动员和行动。尽管各类社会组织网络的存在有助于在一定程度上弥补中产阶级的组织缺陷，但是缺乏有效的信息交流与沟通手段，始终是制约中产阶级发展的重要障碍。无论是广场演讲，还是通过传单、报纸、广播等方式进行宣传，其信息传递都具有单向性，很难起到内部交流沟通作用，而且信息量有限，难以对现实政治做出及时的反馈。不过，信息技术的发展，尤其是手机与互联网的日益普及，在根本上改变了中产阶级的组织方式。通过虚拟空间的网络建构，中产阶级成员之间能够便捷、及时、准确地进行交流沟通，从而在短时间内筛选出对特定政治议题感兴趣的成员，并在第一时间采取行动。

在话语要件方面，由于中产阶级主要由社会精英特别是知识精英构成，相较于其他受教育水平较低的社会聚合体而言，更易于接受各种政治观念与社会思潮，从而很容易在建构本集团话语体系的过程中引发意识形态的矛盾与冲突，难以形成井然有序的主流话语体系。尽管在反对威权政府的政治运动中，城市中产阶级聚集在“民主”的旗帜下，但这更多是基于对威权话语体系的一致反对，而不是对“民主”观念的一致认同。事实上，由于出身、职业、信仰等多方面因素的影响，中产阶级在何谓“民主”的问题上从未达成一致。正是由于缺乏统一的话语体系，中产阶级在推翻威权政府后，未能进一步采取共同行动，从而在权力重构的过程中再次被边缘化。

在资金要件方面，尽管中产阶级成员相对富足，但也很难提供巨额的政治资金，而且由于缺乏有效的组织架构，成员之间很容易产生不信任感与“搭便车”倾向，使得“聚沙成塔”的小额捐款模式在实践中很难取得预期成效。不过，得益于聚居在中心城市的优势，中产阶级采取游行、集会与示威等手段既不需要过多资金，也能在一定程度上形成政治压力，进而为谋取政治利益创造有利条件。因此，中产阶级在政治权力斗争中，通常都偏好于街头政治的行动方式，尽管也能见效，但从长期来看，却是失去了通过资金运作进一步提高行动力的可能性。

4. 商人群体

商人群体在政治化的过程中，通常会在不同的社会经济发展阶段分化出不同的派生权力集团，其中常见的主要有：中小企业集团、传统产业集团、金融资本集团、高新技术集团、跨国企业集团、财阀集团等。尽管都是以商人职业作为群体认同的基准标识，但是派生权力集团对三大要件的建构却各有不同，从而在行为模式上出现差异。

在组织要件方面，商人群体通常以组建行会或协会的方式进行内部交流沟通以及对外协商联络。尽管不像官僚集团或军人集团那样存在明确的内部约束机制，但对商人个体而言，经由行会或协会一致同意做出的决定还是有较强的约束力，任何背离一致决定的举措，都可能受到报复性商业制裁，从而在本集团成员之间形成了颇为有效的互制机制。相对而言，政治权力集团规模越小，互制机制的效果越好，例如，财阀集团的利益协调通常更加有效；反之亦然，例如，中小企业集团的执行力就相对较低，通常难以保证政治行动的一致性与可持续性。

在话语要件方面，由于所从事的行业有所不同，派生权力集团的话语体系在计划与市场、福利与自由、保守与开放等核心利益诉求上存在根本差异。规模较小、技术落后、竞争力差的派生权力集团，诸如中小企业集团、传统产业集团等，通常倾向于国家保护主义，反对自由竞争的市场经济；规模较大、技术先进、竞争力强的派生权力集团，诸如跨国企业集团等，通常倾向于对外开放，要求减少政府管制，进一步完善市场经济体制。

在资金要件方面，通常情况下，商人群体都能筹集到数量可观的政治资金，但是派生权力集团的筹资能力却并不相同。随着金融服务业的蓬勃发展，能否有效利用金融工具筹募资金，逐渐成为决定派生权力集团政治影响力的关键所在。从东南亚各国的情况看，金融资本集团、高新技术集团、跨国企业集团等现代化中后期形成的派生权力集团，普遍拥有更明显的资金优势与政治发展潜力；与此相对，中小企业集团、传统产业集团等现代化初期形成的派生权力集团，则随着社会经济发展在资金方面渐呈颓势，难以长期保持政治话语权。

5. 农民群体

农民群体在多数情况下都是其他政治权力集团的依附者，缺乏必要的自主性。由于受到主客观因素制约，农民群体要满足三大要件面临诸多难题，通常要到现代化发展中后期才有可能成为独立的政治权力集团。

在组织要件方面，农民群体的散居特征是组织化建构的重要障碍。如何才能将散沙一般的农民群体有效组织起来并使他们一致行动，始终是政治精英所面临的难题。尽管通过官方或半官方的农业合作组织，以及农村地区的非政府组织，能在一定程度上发挥组织动员作用，但其覆盖面、协调性与执行力都不足以支撑现代化初期的庞大农民群体。这就使得农民群体在政治化过程中，具有相当明显的地域性特征，容易为地方豪强集团的家族势力所操控和影响。通常要到现代化中后期，随着城市化与工业化的发展，农民群体规模大幅下降，相关组织机制才有可能切实发挥整合作用。不过，现代信息技术的高速发展，特别是手机通信的便捷性在很大程度上有效增强了相关组织机制的效能，从而有可能使农民群体提前满足组织要件。

在话语要件方面，由于农民群体深受传统意识形态影响，要在现代理念基础上构建统一的话语体系，他们将会面临缺乏认同感的现实难题。对此，政治精英通常会将传统观念（诸如宗教信仰、庇护关系、宗族意识等）与现代理念（诸如福利主义、共产主义、国家保护主义等）进行杂糅，以形成有助于农民群体理解和接受的话语体系。不过，即使新兴话语得以产生，如何进行有效传播却是更进一步的现实难题。现代化初期，农民群体的受教育水平普遍偏低，为数众多的文盲与半文盲使得新兴话语的宣传和推广举步维艰。通常情况下，唯有到现代化中后期，随着整体教育水平全面提高，农民群体才有可能在自觉与自主的基础上，逐步完成话语体系的群体认同，从而为政治博弈提供统一的意识形态指导。不过，广播、电视、电影等多媒体技术的发展，很大程度上拓展了新兴话语的推广手段，降低了话语体系建构对群体教育水平特别是识字率的门槛要求，从而有可能使农民群体提前满足话语要件。

在资金要件方面，由于农业生产收益偏低，尤其是现代化初期工农业产品剪刀差的客观存在，农民群体很难通过经营活动自主筹募政治资金。现代化初期，农民群体的政治资金通常依赖于其他政治权力集团特别是商人群体的派生权力集团。这使得农民群体在政治博弈中不仅缺乏自主性，而且缺乏可持续性。除非农民群体的政治诉求契合相关政治权力集团的利益目标，否则就很难取得持续性的政治资金支持。通常情况下，唯有到现代化中后期，“工业反哺农业，城市支持农村”政策逐步推行，财政补贴开始对农村倾斜，农业生产率稳步提升，农民群体才有可能实现对政治资金的自主筹募，并且通过政治博弈获取更多的政策优惠与财政补贴，从而进一步增强资金筹募能力和政治博弈能力。

6. 马来穆斯林群体

马来穆斯林群体是“族群意识”与“宗教信仰”相互叠加形成的复合型政治权力集团，在印尼和马来西亚等民族或宗教问题较突出的国家具有很强的政治影响力。相较于前述以单一标识为群体凝聚力根本来源的政治权力集团，马来穆斯林在建构三大要件时具有一定优势，有助于其在政治博弈过程中占据有利地位。

在组织要件方面，得益于伊斯兰宗教的组织网络，马来穆斯林群体能有效进行广泛社会动员，并引导成员采取协调一致的政治行动，从而有效增强其凝聚力与执行力；在话语要件方面，得益于民族主义和伊斯兰教教义对“我者”与“他者”的明确界定，马来穆斯林群体成员能据此产生强烈的群体认同感，并对其他政治权力集团产生明显疏离感甚至对立感；在资金要件方面，得益于为数众多的高收入阶层成员特别是商业界精英，马来穆斯林群体能在不依托外力的情况下自主筹募政治资金，从而使资金渠道能保持较高的稳定性与可靠性，有助于提高其政治影响力的可持续性。

三　政治环境的评价指标与分析框架

政治权力集团博弈的观察视角，有助于更全面地理解和把握对象国的政治环境，但在具体研究过程中却并无必要面面俱到，而是要着重把握对国家权力运作尤其是对重大方针政策起决定作用的关键要素，抓住研究议题的主要矛盾和矛盾的主要方面，方能准确把握大局走势与发展脉络，进而事半功倍地解决现实难题。

具体到“一带一路”建设，有必要对周边国家政治环境进行重点把握的议题有三方面：一是战略合作议题，即对象国能否与中国就

"一带一路"建设达成战略互信，并在此基础上形成有效的战略对接；二是互利共赢议题，即对象国能否与中国在跨国跨区域合作中做到互利共赢，并在此基础上形成利益共同体；三是可持续发展议题，即对象国能否与中国保持长期交流与合作，并在此基础上形成命运共同体。

针对上述议题，本书将通过对国家发展模式、政治权力结构、地缘政治博弈、多元文化交流等关键要素的梳理与分析，构建以开放性、稳定性、协调性、有效性、自主性以及包容性等六项指标为核心的"一带一路"建设的周边政治环境评估体系。

（一）经济·发展模式的开放性与稳定性

"一带一路"建设是"沿线各国开放合作的宏大经济愿景，需各国携手努力，朝着互利互惠、共同安全的目标相向而行"。[①] 对沿线的周边国家而言，务必始终坚持对外开放的基本国策，方能在"一带一路"建设的战略框架下，有序推进与中国的政策沟通、设施联通、贸易畅通、资金融通、民心相通。因此，有必要对周边国家政治环境的开放性与稳定性加以评估。

开放性，是衡量对象国在基本国策上对外开放的偏好程度。

（1）开放性高是指对象国在道路选择上主张对外开放，并且执行中不存在例外安排；

（2）开放性较高是指对象国在道路选择上主张对外开放，但执行中存在针对性的例外安排；

（3）开放性较低是指对象国在道路选择上倾向于保守，但执行中存在对外开放安排；

（4）开放性低是指对象国在道路选择上倾向于保守，并且执行中严守对外合作壁垒。

稳定性，是衡量对象国坚持重大国策尤其是"一带一路"建设的意愿与能力。

---

① 国家发改委、外交部、商务部：《推动共建丝绸之路经济带和21世纪海上丝绸之路的愿景与行动》，人民网，2015年3月28日。

（1）稳定性高是指对象国政治权力集团拥有长期发展共识，国内领导权变动不会影响既定国策，有助于“一带一路”建设的持续稳步推进；

（2）稳定性较高是指对象国政治权力集团拥有长期发展共识，但短期目标存在一定分歧，国内领导权变动有可能引起既定国策实施方案的调整，从而使得“一带一路”建设有可能在稳步推进的总体态势下出现短暂徘徊；

（3）稳定性较低是指对象国政治权力集团拥有长期发展共识，但短期目标存在严重分歧，国内领导权变动很可能引起既定国策实施方案的修订或重制，从而使得“一带一路”建设很可能经常性地出现停顿甚至反复；

（4）稳定性低是指对象国政治权力集团缺乏发展共识，国内领导权变动很可能导致既定国策的自我否定，从而使得“一带一路”建设无所适从，难以形成持续性的发展动力。

无论是开放性，还是稳定性，所评估的都是对象国宏观层面的动态发展趋势，如果采用微观的或静态的分析方法，将很难对其进行准确把握，因此本书在评估对象国政治环境的开放性与稳定性指标过程中，将采用国家发展模式选择的动态分析框架。

国家发展模式是指一国政治权力主导集团在特定历史传统、文化习俗、社会结构、国际环境等因素影响下，基于本国民众普遍社会经济发展诉求，经由各方利益集团反复博弈产生的，以“政治体制—经济道路”互动关系为核心架构的一整套制度、观念与策略的有机组合。①

从功能角度看，构建契合本国国情之发展模式的首要价值，就在于其能够为社会经济发展过程中面临的各类问题尤其是瓶颈问题，提供结构性的系统解决方案。因此，发展模式通常具有很强的主题性，并会随着社会经济发展，尤其是瓶颈问题变化而发生调整或转换，其

---

① 周方冶：《20 世纪中后期以来泰国发展模式变革的进程、路径与前景》，《东南亚研究》2015 年第 5 期，第 17 页。

动力主要来源于新兴利益集团对进一步开拓发展空间的强烈诉求。

社会经济发展客观上具有非均衡性特征，尤其在工业与农业、城市与农村、资本与劳力等方面的发展失衡表现得更为明显。因此在社会经济发展过程中，尤其在突破既有发展瓶颈后的高速发展过程中，通常都会发生利益集团的分化与重组，进而形成相较于既得利益集团而言，更具竞争力与发展潜力的新兴利益集团。

如果既有“政治体制—经济道路”架构未能对发展模式主题进行及时转换，无法应对社会经济发展面临的新瓶颈问题，就有可能导致新旧利益集团分歧持续激化，引发国家权力结构重组，从而为发展模式的结构性变革铺平道路。

从过程来看，发展模式的结构性变革主要包括两个环节：一是在调整国家权力结构的基础上，改革政治体制，框定各派力量的决策话语权；二是在重构基本发展共识的基础上，选择经济道路，划分各利益集团在社会经济发展，尤其是瓶颈改革过程中，所需分担的成本，以及可能分享的红利。前者将为后者提供具有强制约束力的协商平台，有助于提高各派力量在经济道路的选择问题上达成共识的可能性。后者将为前者提供权力结构重组的正当性，从而增强政治体制的稳定性与执行力。两个环节相辅相成，共同保证了发展模式变革过程中的内在一致性。

具体而言，国家发展模式选择大致可以划分为首尾相继的四个动态环节（见图1.2）。

首先是跨越式增长（A）环节。国家发展模式具有相当的稳定性，通常情况下通过系统的自我调节都能适应社会经济发展的客观需要，因此，除非是面临跨越式增长所引发的结构性变化，尤其是新兴权力集团的强势崛起，否则并不会引起发展模式变革。

其次是主题性转换（B）环节。随着社会经济利益的结构性失衡加剧，新兴权力集团面临的瓶颈矛盾会进一步激化，并将最终瓦解新旧权力集团在原有“政治体制—经济道路”框架下达成的改良共识，进而在新兴权力集团推动下引发国家发展模式变革。通常情况下，国家发展模式发生“主题性转换”的可能性，与跨越式增长力度成正

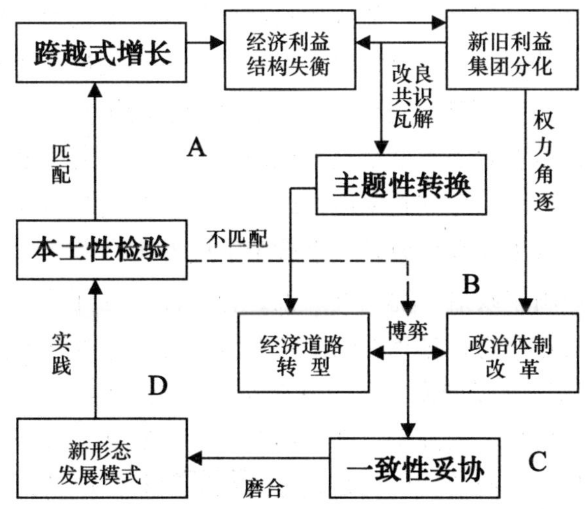

图 1.2　国家发展模式选择路径示意图

比，增长越快，越有可能发生转换；同时与国家发展模式的结构弹性成反比，弹性越高，越有可能延缓转换。

再次是一致性妥协（C）环节。通常情况下，政治权力集团在达成新形态的基本发展共识过程中，分歧主要有二：一是经济道路转型的成本分担；二是政治体制改革的权力分享。事关根本利益，因此各方都很难做出妥协与让步，从而导致“权力—利益”博弈陷入困境。通常情况下，能否有效达成一致性妥协，很大程度上将取决于以下影响因素：其一，增量改革要比存量改革更有利，因为各方在成本分担问题上，更有可能基于帕累托改进预期达成共识；其二，强势集团主导下的不对等博弈要比对等博弈更有利，因为各方在权力分享问题上，更有可能形成收敛的谈判预期，避免出现各方诉求错配的冲突和反复；其三，外部环境将产生重要影响，和谐有序、安定团结、繁荣共进的周边政治经济安全环境，有利于政治权力集团对中长期发展形成乐观预期，从而在理性选择基础上做出更加积极的让步与妥协，反之亦然。

最后是本土性检验（D）环节。通过政治权力集团博弈达成的

“政治体制—经济道路”架构，还要经受本土性的实践检验，并在此基础上进行修正和调适，方能成为具有可行性的国家发展模式。如果未能通过本土性检验，那就需要重返C环节，再次进行政治权力集团的“权力—利益”博弈。通常情况下，新形态的国家发展模式未能匹配社会经济发展客观需求的最根本原因，就在于一致性妥协未能充分兼顾各方利益诉求，尤其是未能兼顾“权力—利益”博弈过程中缺乏话语权的极少数上层群体以及大多数中下层群体。

对于周边国家政治环境（开放性，稳定性）的评估，需要建立在对其国家发展道路选择进程的动态把握基础之上，否则就有可能影响对“一带一路”建设的海外风险尤其是政治风险的判断。举例而言，同样是较高开放性、较高稳定性的即期状态，如果仅从静态评估结果来看，很容易得出政治环境风险较低的积极判断，但是，如果这一状态所处的阶段并不是国家发展道路选择进程的A环节，而是B环节，那么，从中长期来看就有可能形成大相径庭的风险判断。

尽管对短期行为而言，基于即期状态的静态评估结果并不影响风险判断的准确性，因为在政治环境变化发生前，其行为很可能就已经达成预期结果，但对中长期的“一带一路”建设而言，任何忽视发展走势的短视行为，都有可能导致严重损失。因此在评估过程中，就需要在既往历史和未来趋势的动态视野下，对当前状态的静态评估结果加以校正。

具体来看，这一校正将主要出现在两个过渡阶段，即A→B阶段与D→A阶段（见图1.2）。如果对象国是处于A→B过渡阶段，就有必要下调稳定性评价，并对开放性加以动态再评估。尽管在通常情况下，东南亚国家的发展模式选择普遍呈现从封闭到开放的总体趋势，但在B→C→D博弈过程中也不排除保守势力占上风使得开放性下降的可能性，甚至这种状态有可能持续相当长时间。如果对象国是处于D→A过渡阶段，则有必要上调稳定性评价，并对政治环境形成更加积极的预期判断。

（二）政治·权力结构的协调性与有效性

“一带一路”建设的有序推进，要求各国对外开放，对内改革。

唯有切实推动体制机制的创新与完善，方能满足“政策沟通、设施联通、贸易畅通、资金融通、民心相通”的发展需要。其中，仅就贸易畅通而言，有待解决的问题就包括加强信息互换、监管互认、执法互助的海关合作，以及检验检疫、认证认可、标准计量、统计信息等方面的双多边合作，推动世贸组织《贸易便利化协定》生效和实施；改善边境口岸通关设施条件，加快边境口岸“单一窗口”建设，降低通关成本，提升通关能力；加强供应链安全与便利化合作，推进跨境监管程序协调，推动检验检疫证书的国际互联网核查等诸多内容。[①]但是，任何事关体制机制的改革，都将或多或少地引起既得利益分配体系的调整甚至结构性调整，从而引发对象国政治权力集团对“权力—利益”的反复博弈。这就意味着，“一带一路”建设的发展进程，将在很大程度上取决于对象国政治主导集团推进改革的决心与贯彻决议的能力。因此，有必要对周边国家政治环境的协调性与有效性加以评估。

协调性，是衡量对象国在体制机制改革方面对国内利益分歧的协调能力。

（1）协调性高是指对象国能在存量改革条件下达成体制机制的改革共识，并且改革成本分担与收益分配无须回避对既得利益集团的不利影响；

（2）协调性较高是指对象国能在存量改革条件下达成体制机制的改革共识，但是改革成本分担与收益分配必须回避对既得利益集团的不利影响；

（3）协调性较低是指对象国仅在增量改革条件下才能达成体制机制的改革共识，但是改革成本分担与收益分配无须保证既得利益集团的有利地位；

（4）协调性低是指对象国仅在增量改革条件下才可能达成体制机制的改革共识，并且改革成本分担与收益分配必须保证既得利益集团

---

① 国家发改委、外交部、商务部：《推动共建丝绸之路经济带和21世纪海上丝绸之路的愿景与行动》，人民网，2015年03月28日。

的有利地位。

有效性，是衡量对象国将体制机制改革方案加以贯彻落实的执行能力。

（1）有效性高是指对象国拥有完善的监督激励机制与法治意识，体制机制改革方案能得到全面的贯彻落实，并能有效防范舞弊现象；

（2）有效性较高是指对象国拥有一定的监督激励机制与法治意识，体制机制改革方案多数都能得到贯彻落实，但是存在少量舞弊现象；

（3）有效性较低是指对象国拥有一定的监督激励机制，但是缺乏法治意识，体制机制改革方案很多都得不到贯彻落实，并且存在大量舞弊现象；

（4）有效性低是指对象国缺乏必要的监督激励机制与法治意识，体制机制改革方案基本得不到贯彻落实，并且存在常态化的舞弊现象。

从因果关系来看，对象国政治环境的协调性与有效性受到诸多要素的共同影响，但究其根本，主要还是取决于政治权力集团的“权力—利益”结构，以及由此产生的既得利益板结化现象。因此，本书将采用政治权力结构的“同心圆”模型对相关国家政治环境的协调性与有效性加以评估。

政治权力是指政治权力集团依托国家机器贯彻政治意志、提高社会地位、争取经济利益的强制支配能力。主要表现为对事关国计民生的基本国策的决定性影响力。其作用对象主要是国家资源，既包括政府直接垄断的国有资源，如财政税收、国有土地、林木矿藏等，也包括政府通过国家政策所能影响的非国有资源，如民族产业在贸易保护政策下享有的国内市场份额等。

所谓政治权力结构，是指政治系统中的政治权力集团在国家权力竞争与分配过程中的相对地位与相互关系。其形成与发展，主要取决于政治权力集团的博弈与妥协。[①] 政治权力结构的表现形式，可以通过“核心—边缘”的同心圆模型予以体现（见图1.3）。

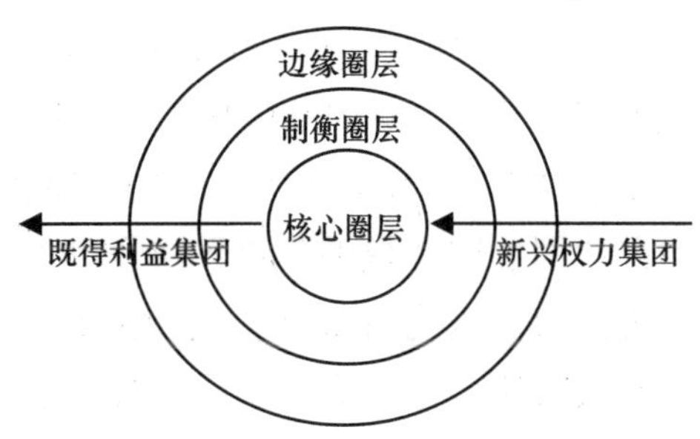

图1.3 政治权力结构的同心圆模型

政治权力结构的同心圆模型包括三个圈层，从内到外依次是核心圈层、制衡圈层、边缘圈层，其政治权力地位逐级递减，越靠近中心区域所掌握的政治权力越多，越接近外围区域所拥有的政治权力越少，甚至有可能被彻底边缘化。

核心圈层的政治权力集团在政治博弈中处于强势地位，掌握国策主导权，能够自主制定新政策，或修订或废止既有政策，并通过国家机器予以贯彻执行。

制衡圈层的政治权力集团在政治博弈中拥有常规否决权，能够以拒绝继续提供政治支持的方式，通过合法或不合法的常规渠道施加压力，迫使核心集团更改或放弃所提出的国策主张。

边缘圈层的政治权力集团在政治博弈中处于弱势地位，仅有非常规否决权，通常是被动的政策接受者，但在核心集团所提出的国策主张严重侵害其既得利益的特殊情况下，能通过暴力或准暴力的非常规渠道施加压力，迫使核心集团更改或放弃所提出的国策主张。

从发展视角来看，政治权力结构并不是静态固化的存在，而是动态演进的过程。各派政治权力集团在同心圆模型中所处的圈层，将会

① 周方冶等：《东亚五国政治权力集团研究》，中国社会科学出版社2016年版，第17页。

随着彼此势力的消长而变化更替。新兴权力集团在拥有相应的社会经济影响力后，势必要求相应的政治话语权。其目的一方面在于维护其既得的社会经济利益免受不当侵害，另一方面在于利用政治权力争取更多社会经济利益，以满足进一步发展的客观需要。如图 1.3 所示，新兴权力集团的政治权力要求将对同心圆核心圈层的既得利益集团产生“替代效应”，从而引发新旧权力集团之间的摩擦和冲突。

政治权力集团在“同心圆”模型各圈层的分布差异，将会在很大程度上影响政治环境的协调性与有效性。具体来看可分为五种形态，即单极自律形态、寡头自律形态、单极多元形态、无序多元形态，以及衡平多元形态。

（1）单极自律形态

如果单一政治集团独占核心圈层，制衡圈层不存在政治力量，其他集团都被压制在边缘圈层，即为单极自律形态（见图 1.4）。从东南亚国家来看，单极自律形态的形成与发展，通常要满足两项条件：其一是国家正处于内忧外患的特殊历史时期，有待通过独断专行的权力运作，集中国家资源以推动社会经济的跨越式发展；其二是占据主导地位的政治权力集团拥有独具魅力的杰出政治领袖，能通过国家暴力与领袖魅力的有机结合，直接获取公众认可与拥护，而不必依靠其他政治权力集团的同盟支持。

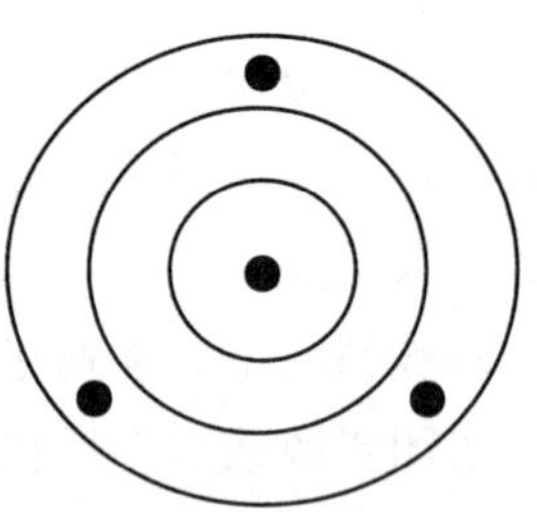

图 1.4 单极自律形态

单极自律形态通常呈现“协调性高·有效性较低”的状态。得益于权力独断地位，政治核心集团在涉及社会经济发展总体规划的国策制定问题上，能毫无掣肘地推动体制改革，突破既得利益集团的传统束缚，从而为跨越式发展创造有利条件。不过，由于在核心圈层和制衡圈层都不存在对核心集团形成有效监督的政治力量，核心集团很容易在绝对权力的侵蚀下，形成系统性的腐化堕落，难以长期保持勤勉、廉洁、高效，从而在根本上影响决策环节的合理性与执行环节的有效性。

（2）寡头自律形态

如果核心圈层被复数政治权力集团占据，制衡圈层不存在政治力量，其他集团都被压制在边缘圈层，即为寡头自律形态（见图1.5）。从东南亚国家来看，寡头自律形态的形成与发展通常要满足两项条件：其一是核心圈层政治权力集团在对等协作基础上形成相互依存关系；其二是公众在传统文化或现实威胁影响下，存在明显的保守意识形态倾向，从而使核心权力集团能借以压制其他力量涉足制衡圈层。寡头自律形态通常具有民主表象。核心权力集团在宪政体制的民主框架下长期保持政治垄断地位，一方面要依托传统的地方势力操纵选票，另一方面要借用意识形态的话语权，为其提供权力垄断的合法性依据，争取民众的认可与支持，尽可能降低执政成本。

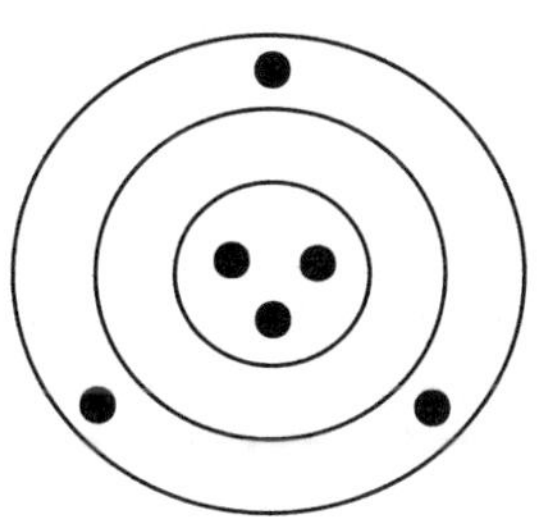

图1.5　寡头自律形态

寡头自律形态通常呈现“协调性较低·有效性较低”的状态。尽管不像单极自律形态的单一核心集团那样拥有近乎独断的决策权，但寡头自律形态下核心圈层的政治权力集团数量相对有限，而且不必顾及制衡圈层的政治掣肘，因此在决策效率方面依然具有一定优势。不过，通常很难期望寡头自律形态能够像单极自律形态那样锐意改革和勇于进取。核心圈层的政治权力集团必须在平衡各方权益后，才有可能做出相应的改革决策，因此，保证收益相对均衡而不是收益最大化，更不是社会收益最大化，将成为核心集团最主要的决策原则。

不过，尽管在寡头自律形态下，通常会依照民主政治的相关要求建构颇为规范的权力监督体系，从而在形式上有助于政府廉政建设，但问题是，由于制衡圈层缺少政治权力集团，难以形成有效的社会监督，故而所有形式上的权力监督体系，本质上都不过是核心圈层政治权力集团的自我监督。从廉政建设效果来看，权力监督体系虽然也在一定程度上起到作用，有助于约束个体行为对集团利益产生侵害，但从集团层面来看，难以起到任何作用，其自律效果甚至不如单极自律形态下的单一核心集团。

究其原因，就在于单极自律形态下，所有政治不利后果都要由单一核心集团自行承担，因此在执政预期约束下，单一核心集团还会有意识地自我约束，以免影响执政地位；而在寡头自律形态下，所有政治不利后果都是由相互存在竞争关系的各派政治权力集团共同承担，因此，基于“以邻为壑”策略，任何政治权力集团的最佳方案都是以合理或不合理的方式尽可能攫取利益，并将成本平摊给所有的核心集团，从而取得更高的相对收益，并在此基础上逐渐改变其与竞争对手的力量对比，以期最终赢得核心圈层的政治主导权。

（3）单极多元形态

如果单一政治权力集团占据核心圈层，单一或复数政治权力集团占据制衡圈层，其他政治权力集团分布在边缘圈层，即为单极多元形态（见图1.6）。从东南亚各国来看，单极多元形态的形成与发展，通常要满足两项条件：其一是民族国家面临严峻外部威胁和生存压力，从而使单一政治权力集团能在杰出领袖主持下，通过民主选举的方式临时取得社会公众授权，毫无掣肘地集中配置国家资源以渡过难关。如果单一政治权力集团在临危受命后，确实做到力挽狂澜，并能开辟可行的国家发展道路，那么，社会公众就有可能保留单一授权的

“社会契约”，支持其长期垄断核心圈层的政治主导权。其二是核心集团主要依靠基于共同体观念的国家意识凝聚民意支持率，而不是基于个人魅力的领袖崇拜。这一来有助于避免领导人更迭对核心集团执政地位的负面影响，二来也对核心集团形成意识形态的自我约束，从而为其他政治权力集团跻身制衡圈层提供保障。

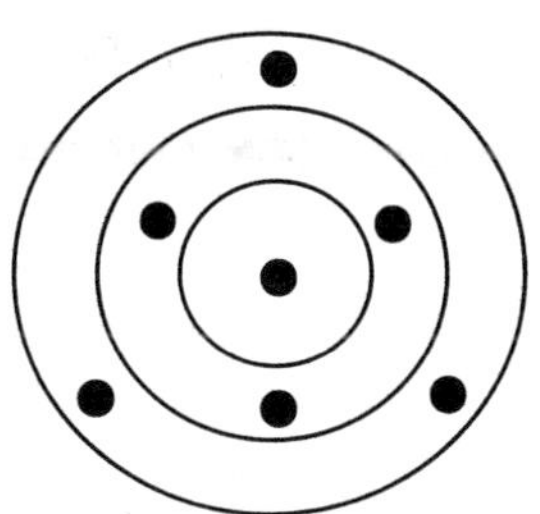

图 1.6 单极多元形态

单极多元形态通常呈现“协调性高·有效性高”的状态。得益于排他性执政地位，单极多元形态的核心集团拥有很高的决策自主性，有助于其在体制机制改革问题上锐意进取。尽管制衡圈层的政治权力集团能对核心集团的决策产生影响，但是通常而言，这种影响更多表现为正面的拾遗补阙，而不是负面的争权夺利，因此对决策的合理性与可行性具有结构优化作用。此外，由于政治决策的主动权完全为核心集团所掌握，即使部分政治权力集团出于私利而对决策加以掣肘，也不会对核心集团的最终决策产生实质影响。

事实上，制衡圈层政治权力集团存在的现实意义，更多表现在促使核心集团加强自律方面。在单极多元形态下，核心集团可以无视制衡圈层政治权力集团的无理要求，但无法忽视社会舆论与公众民意，因为在难以诉诸暴力的情况下，社会公众的选票将是决定权力归属的唯一依据。于是，核心集团在制衡集团的外部监督下，将会在系统层面产生自我约束的有效动力，旨在通过清廉、勤勉、高效的执政能力保证民意支持率。即使出现个体腐败行为，也会在系统压力下得到及时肃清，从而有效避免腐败问题的扩散与蔓延。

（4）无序多元形态

如果核心圈层缺乏主导力量，复数政治权力集团在制衡圈层争权夺利，其他政治权力集团则分布在边缘圈层，即为无序多元形态（见图1.7）。从东南亚各国来看，无序多元形态的形成与发展，通常是原有政治权力结构瓦解后，各派力量对核心圈层主导地位的权力博弈相持不下的结果。尽管在各派力量相对均势的情况下，其博弈过程有可能持续相当长时期，但并不改变其过渡性的结构本质。对于任何国家而言，无序多元形态的出现都意味着混乱与动荡，并有可能对社会经济产生严重损害。

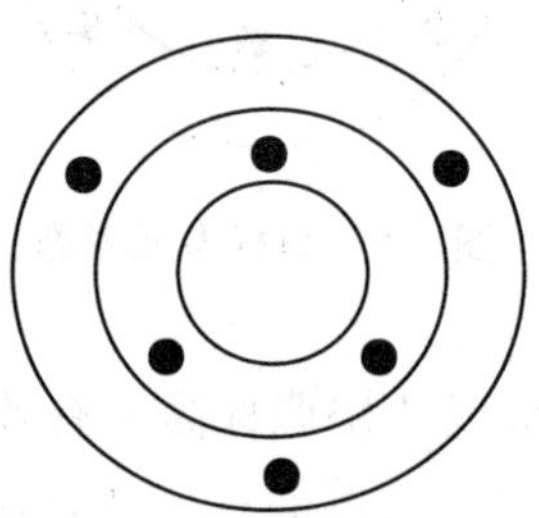

图1.7　无序多元形态

无序多元形态通常呈现“协调性低·有效性低”的状态。政府频繁更迭的无序格局，将使得各派政治权力集团很难形成长期执政预期。因此，基于本集团的发展需要，执政集团所关切的通常不是升级产业结构或改善民生等长期议题，而是有利于增加本集团收益的短期议题，甚至是以合法或者不合法的手段肆意攫取政治利益，以弥补权力斗争的政治成本，并为新一轮的政治博弈储备资源。这会在很大程度上导致系统性腐败的产生与蔓延，从而严重影响政治系统的协调与执行能力。

制衡圈层的其他政治权力集团会在一定程度上对执政集团形成监督与制约，但其目的并不在于拾遗补阙或拨乱反正，而是要取而代之，因此，政治反对派通常并不是就事论事，而是秉持为反对而反对的机械原则，单纯抵制执政集团的各项行为，从而无助于切实改善执政集团的执政能力。事实上，即使反对派掌权，其行为模式在无序多元形态下，通常也不会与先前的执政集团有本质区别。

（5）衡平多元形态

如果核心圈层与制衡圈层都存在复数政治权力集团，其他政治权力集团分布在边缘圈层，即为衡平多元形态（见图1.8）。从东南亚各国来看，衡平多元形态的形成与发展，通常要满足两项条件：其一是政治多元化程度较高，任何政治权力集团都无法在政治斗争中获得压倒性优势，唯有以结盟或共治的方式与其他政治权力集团分享核心圈层的政治主导权。其二是受传统文化或现代观念影响，社会公众政治化程度较高，习惯于通过政治参与的方式争取和维护经济社会权益，从而为制衡圈层的政治权力集团开展政治监督提供了民意支持，使得掌握政治主导权的核心集团难以形成排他性的权力垄断格局。

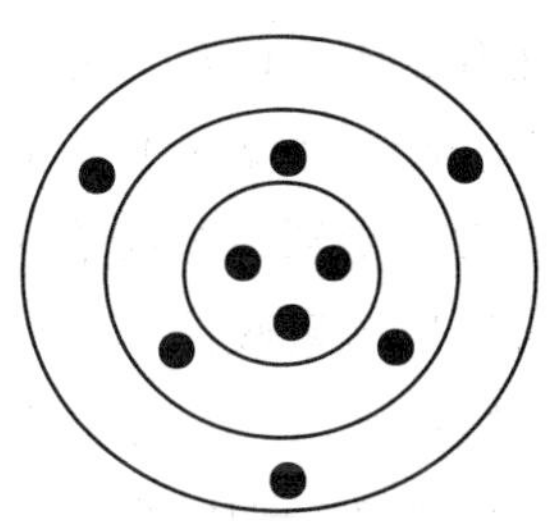

图1.8　衡平多元形态

衡平多元形态通常呈现“协调性低·有效性较高”的状态。一方面，执政派不仅要关切社会公众的民意取向，而且要顾及核心圈层与制衡圈层各派政治权力集团的利益诉求，否则就有可能在各派政治权力集团的联合抵制下举步维艰，甚至是失去执政地位。执政派在决策时，通常会受到诸多掣肘，很难做出及时、有效、合理的政治决断，尤其是在事关各方根本利益的体制机制改革问题时，更是普遍存在“多做多错，少做少错，不做不错”的不作为倾向，从而严重减缓了社会经济的改革与发展步伐。但另一方面，得益于普遍存在的权力制衡，各派力量在协调“权力—利益”关系时更习惯于采取规范化和制度化的方式，从而为法治建设提供了有利条件，不仅有助于遏制系统性腐败，也有利于体制机制改革方案在达成共识后得到切实有效的贯彻落实。

（三）外交·地缘博弈的自主性

作为横跨欧亚沟通两洋的宏大愿景，“一带一路”建设的有序推进将在很大程度上改变地缘政治格局。在东南亚地区，“一带一路”建设将有助于打通从我国到印度洋的战略大通道，从而为我国“西进”铺平道路，有利于进一步推动欧亚地区的交流与合作。但对美国而言，这将意味着对华战略遏制与包围失败。因此，美日等西方势力必将在东南亚地区就战略主导权问题，针对“一带一路”建设与我国展开全方位的博弈与角力。同时，作为印度洋地区的传统地区大国印度，以及曾在东南亚拥有重要影响力的域外大国俄罗斯，也都有意介入东南亚地区的战略博弈，以期在地缘政治格局的调整与重构过程中占据更有利的态势，拥有更多话语权，分享更多地区发展红利。对于周边国家而言，“一带一路”建设并不完全取决于国内因素，还会在一定程度上甚至很大程度上受到地缘政治因素尤其是大国博弈的外部影响。因此，有必要对周边国家政治环境的自主性加以评估。

自主性，是衡量对象国在做出“一带一路”建设的相关决策尤其是战略决策过程中受到大国博弈影响的程度。

（1）自主性高是指对象国在做出“一带一路”建设相关决策尤其是战略决策过程中，完全免疫不符合其国家利益的大国博弈的影响；

（2）自主性较高是指对象国在做出“一带一路”建设相关决策尤其是战略决策过程中，基本免疫不符合其国家利益的大国博弈的影响；

（3）自主性较低是指对象国在做出“一带一路”建设相关决策尤其是战略决策过程中，难以有效免疫不符合其国家利益的大国博弈的影响；

（4）自主性低是指对象国政权依附于相关大国，在做出“一带一路”建设相关决策尤其是战略决策过程中，完全无法免疫大国博弈的直接影响。

对于相关国家政治环境的自主性评估，有必要从主客观两方面加以理解和把握：

从客观方面来看，对象国与相关大国之间的经贸往来、文化交流与安全合作，将在很大程度上影响对象国内政外交的自主性。在全球化时代，除了极少数国家外，多数国家都在积极融入全球贸易网和产业链，从而使得各国间的关系日益密切，并在经贸往来的基础上，有力推动了文化交流与安全合作。不过，对发展中国家而言，在全球化进程中形成的国际关系从一开始就具有不对称性，西方发达国家会在经贸往来、文化交流与安全合作中占据明显优势，甚至有可能进一步形成发展中国家对西方发达国家的“依附关系”。这就为西方发达国家尤其是西方大国对发展中国家的内政外交进行干涉提供了有利条件。依托发展中国家在对外交往中形成的“亲西方”利益集团，尤其是拥有一定社会影响力与政治话语权的利益集团，西方发达国家能对发展中国家的内政外交进行相当有效的游说和施压。

通常情况下，对象国与相关大国的经贸往来、文化交流与安全合作越密切，形成的“亲西方”利益集团的影响力与话语权越大，对象国在对外关系中的政治自主性也就越低。事实上，除了少数发展中大国之外，很少有发展中国家拥有高自主性的政治环境。

从主观方面来看，对象国政治权力集团的意识形态与外交传统，将会对其免疫大国影响的能力产生重要作用。得益于发展中国家尤其是我国长期坚持“和平共处五项原则”，当今世界的国际秩序尽管还存在诸多不公正现象，但与殖民地时期和冷战时期相比已有显著改观，西方大国很难再像过去那样简单粗暴地干涉他国内政外交，唯有采取意识形态引导、社会舆情鼓动、商业利益游说等更加温和、灵活多样的手段施加影响。这就为发展中国家尤其是中小国家采取“大国平衡”策略以维护本国利益提供了现实可能。事实上，即使在经济和安全上与相关大国存在相似的依附关系，但是拥有不同意识形态与外交传统的发展中国家，依然会在对外关系上存在差异。部分发展中国家能保持较高自主性，依托“大国平衡”策略积极争取本国利益，其余的发展中国家则呈现较低自主性甚至是低自主性，很容易沦为大国博弈的棋子甚至是弃子。

通常情况下，对象国的意识形态越有特色，越能契合国情，也就越有助于执政集团抵抗西方大国以“普世价值”为旗号、依托“亲西方”利益集团施加的政治或社会压力；外交传统越有独立记忆，越能承载民族自豪感，也就越有可能达成一致对外的政治共识，积极应对地缘政治博弈，将“大国平衡”策略付诸实施。

（四）文化・多元交流的包容性

随着“一带一路”建设的有序推进，曾经长期制约我国与周边国家开展交流合作的诸多瓶颈问题，特别是交通基础设施与贸易投资服务便利化等都将得到有效改善，从而有力推动双多边贸易投资服务的蓬勃发展，并在此基础上引发大规模的跨境人员流动与多元文化交流。这一进程中，东南亚地区既有的文化差异、宗教分歧与民族矛盾等问题都会进一步复杂化和显性化，如果得不到有效协调和疏导，甚至可能过激化，并成为影响“一带一路”建设的重要障碍。有鉴于此，“一带一路”建设就需要将“民心相通”放在重要位置，务必使其与“政策沟通、设施联通、贸易畅通、资金融通”同步推进，以充分发挥人员流动与文化交流的积极效应，避免潜在的负面影响。

不过，由于历史与现实的各种原因，东南亚国家对于与外来文化尤其是中国文化共存共荣互学互鉴的必要性、可行性与紧迫性，以及华人新移民现象，存在并不一致的立场与看法，从而会在很大程度上影响到民心相通的工作成效。因此，有必要对周边国家政治环境的包容性加以评估。

包容性，是衡量对象国在对外交往中对中国文化兼容并蓄的意愿与能力。

（1）包容性高是指对象国在对外交往中积极吸纳中国文化，并对华人移民持鼓励态度。

（2）包容性较高是指对象国在对外交往中积极吸纳中国文化，但对华人移民持保留态度。

（3）包容性较低是指对象国在对外交往中并不排斥中国文化，但对华人移民持否定态度。

（4）包容性低是指对象国在对外交往中坚决排斥中国文化，并对华人移民持否定态度。

相关国家政治环境的包容性取决于宗教信仰、民族构成、社会阶层分化等诸多因素的共同作用。通常情况下，多元宗教信仰要比单一宗教信仰更易于接受外来文化，统一多民族构成要比单一民族构成更易于接受外来文化，新兴的城市中产阶级要比保守的农村中下层民众更易于接受外来文化。不过，现实情况要复杂得多，特别是诸多因素相互纠葛彼此影响，很容易产生各种不确定性，从而使条分缕析地回溯特定国家政治环境包容性的形成过程，变得相当困难。有鉴于此，本书在评估东南亚国家的政治环境包容性时，将以对象国在华人议题上的传统立场作为观察对象进行分析。

作为我国近邻，东南亚国家自古以来就有大量华人定居，从而很早就面临中国文化与本土文化共存共生互学互鉴的议题。经过长期的磨合与调整，东南亚各国基本都在本国宗教信仰、民族构成、社会阶层分化等相关因素影响下，针对华人议题形成了相当稳定的权力集团共识，并在反复的政治活动中逐渐成为习惯性的传统立场，其中包括对中国文化和华人移民的刻板印象，以及在出现分歧与摩擦时可以直接援引的行为惯例。

尽管在“一带一路”建设过程中，周边国家所面临的中国文化与华人移民情势都与过去有所不同，但对相关国家而言，传统立场依然会发挥重要作用。究其原因，一方面在个体层次上，铭刻在潜意识中的刻板印象很难改变，从而使得民众尤其是中下层民众很容易在主观上忽略新情况与以往的不同之处，依然习惯性地沿用传统立场应对变化；另一方面在集团层次上，既得利益集团通常倾向于坚持传统立场，以避免与时俱进的相关变化影响其既得利益，而新兴权力集团虽然有意推动革新，但很少会将有限的政治资源用于改善对外来文化的包容性，因为相对于其他革新议题，改善包容性的边际收益较低，无助于新兴权力集团争取更多的社会话语权与政治影响力。

由于传统立场的相对稳定性，以此为观察视角将有助于更直观地把握对象国政治环境的包容性，特别是在对象国政治权力结构基本稳定的情况下，核心权力集团的传统立场很大程度上直接决定了对象国在“一带一路”建设中对于中国文化与华人移民的政策态度。不过，需要指出的是，传统立场的观察视角存在一定局限性。由于其评判所依据的是建立在既定事实基础之上的发展惯性，对可能在外力影响下偏离惯性轨迹的发展变化缺乏有效预期。尽管短期来看，这并不影响评估的准确性，但中长期来看，就有可能对“一带一路”建设的政治风险判定产生较大影响。

在“一带一路”建设过程中出现的大规模的跨境人员流动与多元文化交流，如果能加以有序引导和规划，就有可能在对象国社会尤其是中下层社会引发对当代中国文化的“再认知”，进而潜移默化地重塑他们对中国文化和华人移民的认识，并为自下而上地改善对象国政治环境包容性创造有利条件；反之，如果缺乏约束以至于引发摩擦甚至冲突，就有可能进一步强化他们的刻板印象，甚至对中国文化产生新的负面印象，从而使得对象国变得更加缺乏包容性。

因此，在评估包容性指标的时候，不仅要从传统立场的视角，理解其历史沿革的稳定性，更要从文化互动的视角，重视其发展变化的可塑性，从而在推进“五通”尤其是“民心相通”工作中，切实做到有的放矢，积极主动改善对象国政治环境的包容性，为“一带一路”建设保驾护航。

四　政治风险的形成机制与判定方法

有关政治风险的概念界定，学术界尚未达成共识。基于“一带一路”建设的研究需要，本书将政治风险界定为，在双多边交流与合作中，对象国出现难以管控和补正的意外政治状况，使得相关交流与合作项目建设无法达成或无法全部达成预期目标的不确定性。

从形成机制来看，政治风险是两方面因素共同作用的结果：一方面是对象国政治环境存在不足，未能防范意外状况，并在意外状况出现后缺乏有效的管控和补正能力，从而使意外状况对相关项目产生负面影响；另一方面是相关项目应对不利情势的能力不足，未能积极化解意外政治状况引发的负面影响，从而无法达成或无法全部达成预期目标。为了更直观地理解和把握政治风险的形成机制，下文将在政治环境指标体系基础上，通过“双六边形叠加法”进行图示解析。

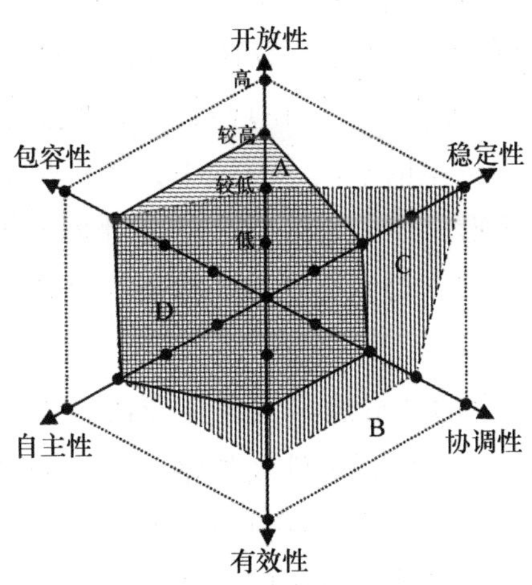

图 1.9　政治风险形成机制示意图

在图 1.9 中，从同一原点出发，按照顺时针方向依次设置 6 条坐标轴，分别代表政治环境的开放性、稳定性、协调性、有效性、自主性、包容性 6 项指标；每条坐标轴上刻画 4 个刻度，从原点起，顺次为低、较低、较高、高 4 种指标状态。由此，就构成了政治环境的平面示意图。

假定对象国政治环境指标为较高开放性、较低稳定性、较低协调性、较低有效性、较高自主性、较高包容性，① 那么将各个坐标轴上对应的坐标点用实线依次相连，就能得到一个如图 1.9 中 A 所示的实线横纹六边形。这一六边形所体现的是对象国的政治保障能力边界。在六边形的内侧，对象国在开展双多边交流与合作的过程中，将能最大限度避免发生意外政治状况，即使发生意外，对象国也能进行及时

① 假设对象国所使用的指标参照的是近年来泰国的政治环境指标，具体参见本书第二章“泰国”。

有效的管控或补正，从而避免意外政治状况对相关项目建设产生负面影响。

从理论上讲，如果对象国拥有理想化的政治环境，即所有指标都是高指标，那么，连接各坐标轴的高刻度就会形成如图 1.9 中 B 所示覆盖全图的正六边形，[①] 从而意味着在对象国开展的任何交流与合作项目建设都能如期达成目标。但在现实中，理想化政治环境并不存在，因此在各国政治环境的平面示意图中，通常都会呈现如图 1.9 中 A 所示的不规则六边形，如果相关项目建设对政治环境的要求超出了不规则六边形边界，就有可能受到意外政治状况的负面影响，从而产生政治风险。

“一带一路”建设的“五通”工作涉及诸多交流与合作项目，所要求的政治环境各不相同。通常涉及战略合作的项目对政治环境的要求较高，而主要针对民生合作的项目要求就会相对较低，从而使得不同项目在相同国家也有可能面临不同的政治风险。因此，如果要对政治风险进行评估，就必须先对项目建设对政治环境的要求有所把握。

以我国具有比较优势的高铁建设为例。尽管在具体工作中，高铁建设项目面临的客观情况不尽相同，因此对具体风险要具体问题具体分析，但从宏观层面来看，高铁建设项目对政治环境的要求还是有很强的共性。在开放性上，由于是跨国合作项目，对开放性有一定要求，但涉及面相对有限，仅需要保证较低开放性；在稳定性上，由于是基础设施项目，工程建设期与成本回收期都较长，需要保证高稳定性；在协调性上，由于涉及大规模投资红利，有可能对相关权力集团利益边界产生结构性影响，尽管在我国提供资金与技术支持的增量改革条件下，也必须兼顾权力集团的利益诉求，需要保证较高协调性；在有效性上，高铁建设有待各部门工作的有序衔接与密切配合，因此需要保证较高有效性；在自主性上，高铁建设具有重要的战略意义，

① 本书所选取的是在“一带一路”建设中最主要的 6 项政治环境指标，因此，理想化政治环境呈现的是正六边形，但在现实中，政治环境指标趋于无穷，那么，在所有指标都在示意图中加以标识的极限状态下，理想化政治环境呈现的将会是完美圆形。

容易引起美日等大国觊觎，从而使对象国承受一定外部压力，因此需要保证较高自主性；在包容性上，交通基础设施改善将会在很大程度上增加跨国人员流动与文化交流，因此需要保证较高包容性。

如果将高铁建设项目置于政治环境的平面示意图中，将项目建设对政治环境的基本要求在相应坐标轴上加以标识并用虚线依次相连，就会得到如图 1.9 中 C 所示的虚线竖纹六边形。这一六边形所体现的是相关项目建设自主应对不利情势的能力边界。在六边形内侧，相关交流与合作项目缺乏有效应对意外政治状况负面影响的能力，如果对象国出现意外政治状况，很可能使得相关项目建设无法达成或无法全部达成预期目标。

如果将代表“对象国政治保障能力边界”的实线横纹六边形 A 与代表“相关项目建设自主应对不利情势的能力边界”的虚线竖纹六边形 C 进行叠加，就能得到图 1.9 中未能被横纹区间所覆盖的竖纹区间，即 C 中除了与 A 交叠后产生的井纹区间 D 之外的区间。这一区间所体现的就是在对象国推动相关项目建设可能存在的政治风险。未覆盖横纹的竖纹区间即图中 C – D 部分的面积越大，相应的潜在政治风险也就越高，防控意外不利情势的难度也就越大。通过“双六边形叠加法”对政治风险加以评估，将有助于在“一带一路”的建设过程中遴选最合适开展特定项目的对象国，或是在特定对象国遴选最合适的建设项目，并在推进相关项目建设时更有效地预判风险点。

通过对同一项目在不同对象国，以及不同项目在同一对象国的叠加对比，优先选择在未覆盖区所示政治风险最小的对象国推进相关项目，取得成效后再进一步拓展延伸到其他项目或其他国家，将有利于降低系统性的政治风险。实践表明，相关项目建设自主应对不利情势的能力并非一成不变，而是会随着项目建设的经验积累和方法改善，逐步得到有效增强。这在图 1.9 中，将直观地表现为六边形 C 会逐渐向内侧收缩，使得未覆盖区面积相应减少，从而能在“边干边学”的过程中有效降低政治风险。

尽管从失败的项目建设中也能积累一定的经验，但相较于成功的项目建设不可同日而语，更何况取得相同经验积累付出的成本也相去甚远，因此在特定项目建设的对象国先后次序安排上，以及特定对象国合作的优先项目选择上，都应努力遵循先易后难原则，尽可能选择政治风险较小的“对象国—项目”组合优先落实。这不仅能提升优先组合本身的成功率，而且有助于通过成功经验的先期积累，提高后续“对象国—项目”组合的风险防控能力，充分发挥“边干边学”的路径优势，切实降低“一带一路”建设的总体政治风险。

需要留意的是，在判定“对象国—项目”组合的政治风险时，并不能简单加总“双六边形叠加法”所示各非覆盖区面积，而要采用级差累加的方式进行比较。政治环境的6项指标具有相对独立性，因此在“短板效应”的影响下，“对象国—项目”组合的政治风险将首先取决于面积最大的非覆盖区，而后才是其他非覆盖区的面积与数量。具体来看，如果以坐标轴上双六边形间的刻度差为计算标准，对非覆盖区面积加以近似度量，则政治风险的级差累加可表示为“坐标轴最大刻度差×最大刻度差指标数量+坐标轴第二大刻度差×第二大刻度差指标数量+……”。如图1.9所示，“对象国—项目”组合的相应政治风险算式，可以表示为“2级×1+1级×2”，其中坐标轴上的每一个刻度差代表1级。

进行不同组合间的政治风险比较时，需要从前至后逐级对比。例如，如果其他组合存在3级或4级风险，则相应组合的政治风险大于图1.9所示组合的政治风险；如果其他组合最大也是2级风险，则进一步对比其他组合是否存在1个以上的2级风险，如果有，则其他组合的政治风险大于图1.9所示组合的政治风险，反之，则对比其他组合是否存在1级风险及其数量多寡；如果级差累加结果完全一致，则其他组合与图1.9所示组合具有相似的政治风险。进行优先组合选择时，需要进一步考虑其他因素特别是市场因素的影响。

除了对不同“对象国—项目”组合进行对比，从而选择最优的项目推广或对象国合作路径之外，通过“双六边形叠加法”得到的级差累加算式，对于特定“对象国—项目”组合在落实过程中开展政治风险防控也具有重要价值。由于受到“成本—收益”限制，任何海外项目在建设与运营过程中可用于政治风险防控的资源都是相对有限的，很难进行全方位无死角的政治风险防控。这就需要做出取舍，通过放弃一些低风险点防控，将有限资源集中投入到高风险点防控，从而在政治风险防控的过程中获得更高的边际收益。

于是，如何有效甄别相关“对象国—项目”组合的高风险点，也就成为“重点防控策略”成败的关键。无论将低风险点误判为高风险点，还是将高风险点误判为低风险点，都会使得“重点防范策略”难以达成预期成效。前者会导致资源无效配置，降低政治风险防范工作的边际收益；后者则会导致高风险点上的防控疏漏，很可能造成项目建设的严重损失。依托“双六边形叠加法”的级差累加算式，有助于更全面地把握相关“对象国—项目”组合的政治风险构成，从而有针对性地进行合理取舍与有效配置，切实保证“一带一路”建设工作的有序推进。

第二章　泰国

泰国地处中南半岛腹地，北部和东北部与老挝接壤，北部和西部与缅甸交界，东部毗邻柬埔寨和暹罗湾，南部与马来西亚相连，西南部朝向印度洋，自古以来就是联系东南亚与南亚、沟通东方与西方的重要交通枢纽。

泰国国土面积 51.3 万平方公里，在东南亚地区仅次于印度尼西亚和缅甸，列第三位；全国人口 6800 万，共有 30 多个民族，泰族为主要民族，人口占总数的 40%，其余为老挝族、华族、马来族、高棉族，以及苗、瑶、克伦、掸等山地民族；全国 90% 以上的民众信仰佛教，马来族信奉伊斯兰教，另有少部分民众信仰基督教、天主教、印度教和锡克教。

泰国奉行自由经济政策，属外向型经济，20 世纪 90 年代初跻身中等收入国家，曾被誉为“亚洲四小虎”，但在 1997 年亚洲金融危机中遭受重创。2017 年，泰国国内生产总值为 4552 亿美元，人均国内生产总值达到 6700 美元，在东南亚国家中居中上水平。

对于“一带一路”建设而言，泰国具有相当重要的地缘战略意义。一方面，泰国地理上位于中国—中南半岛经济走廊的咽喉要道，成为在陆路上连通中国西南地区与马来半岛和印度洋的重要枢纽。另一方面，泰国经济发展水平较高，劳动力素质较高，有能力在跨地区产业链重构过程中成为产业转移特别是产业集群建设的重要支点。同时，中泰两国源远流长的友好合作关系，也为中泰战略合作奠定了坚实基础。因此，在“一带一路”建设过程中，有必要将泰国作为中国—中南半岛经济走廊的战略支点国家予以重视和研究。

第一节　政治权力集团

作为东南亚地区唯一的非殖民地国家，泰国社会发展与政治转型相较于周边国家而言，表现得较为平缓，未曾经历酷烈的大变革或大清洗，而是以改良主义的路径，通过小范围的权力博弈达成新旧权力集团“权力—利益”的政治妥协。这一方面使得泰国在政治转型过程中政变频繁，另一方面也使得传统权力集团得以延续，构成了泰国独特的政治多元化现象。从目前来看，活跃在泰国政坛的政治权力集团主要有王室—保皇派、军人集团、曼谷政商集团、地方豪强集团、城市中产阶级，以及新兴资本集团。

一　王室—保皇派

长期以来，王室—保皇派一直是泰国政治现代化发展的重要参与者和推动者，并在当前的泰国政治权力博弈中发挥着重要的协调与平衡作用。

19 世纪末，泰国曼谷王朝五世王朱拉隆功主导的现代化改革，不仅使泰国国力得到显著增强，避免了沦为西方殖民地的悲惨命运，而且有效促进了国家统一和民族融合，并在此基础上，促成了专制王权对封建贵族权的全面取代，使得王室—保皇派的政治影响力攀上巅峰，成为泰国统治集团的主导与核心。

不过，随着军人集团与官僚集团在泰国现代化进程中相继崛起，王室—保皇派的政治地位日益衰落。1932 年民主革命建立君主立宪制后，王室—保皇派在与军人集团的政治博弈中屡遭重创，中坚力量或是被捕入狱，或是流亡海外。1935 年拉玛七世退位，王室—保皇派政治影响力跌落谷底，甚至在二战期间沦为军人集团的陪衬。

20 世纪 60 年代，拉玛九世普密蓬国王与军人独裁者沙立·他纳叻在政治上达成默契，王室—保皇派在军人威权政府的扶持下开始复兴。70 年代初，依托普密蓬国王的个人威望，王室—保皇派在推翻军人独裁斗争中发挥了重要作用，从而奠定了其在 80 年代“半民主”

时期泰国政治权力结构中的核心地位，成为制衡军人集团和地方豪强集团的重要力量。

1992年民主运动中，王室—保皇派在城市中产阶级与军人集团的政治冲突中进行了积极斡旋，不仅化解了社会危机，而且在民众中强化了普密蓬国王作为泰国民主体制“中流砥柱”的形象，有效提升了王室—保皇派的社会影响力。20世纪90年代以来，王室—保皇派在政治上表现得较低调，但通过枢密院（国王私人咨询机构）始终保持着重要的政治话语权。

2006年以来，泰国政坛开始形成保守派“反他信”阵营与革新派“挺他信”阵营的持续性政治冲突。王室—保皇派并未直接参与既得利益集团对新兴资本集团他信派系的打击与压制，但依托普密蓬国王的个人威望为“反他信”阵营的政治行动提供了重要背书。城市中产阶级在街头运动中身着黄衫以示“效忠国王”，而王室成员则高调出席在街头冲突中丧生的“黄衫军”人士的追悼会，并给予高度评价①。军人集团更是在普密蓬国王的默许下，于2006年和2014年两次发动军事政变，夺取他信派系通过民选获得的政治主导权，从而在很大程度上左右着泰国政治权力重组的发展进程。

二 军人集团

从20世纪30年代初到80年代末，军人集团始终主导并推动着泰国的政治发展，并且迄今依然拥有重要的政治话语权。

1932年，军人集团发动军事政变，推翻了泰国君主专制政体，迫使拉玛七世下诏实行君主立宪，从而开启了泰国的政治现代化道路。随后，军人集团于1933年再次发动政变，挫败王室—保皇派通过议会斗争重掌政权的企图，并且在镇压保皇派叛乱的军事行动中，彻底瓦解了保皇派的武装力量，进而确立了军人集团的政治主导地位。

① 2008年10月13日，泰国王后诗丽吉出席了在政治流血事件中丧生的黄衫军示威者安哈娜女士的追悼会，并表示“安哈娜是好女孩，因为她协助国家维护君主政体”，明确表达了对黄衫军的支持态度。（《泰国王后参加示威者葬礼》，中新网，2008年10月14日）

二战后，军人集团曾一度在政治上被边缘化，但很快就在美国支持下通过1947年政变重新掌权，并通过1948年到1951年的一系列政变和反政变行动，肃清了自由派—文官集团以及王室—保皇派的政治影响力，再次确立了政治主导地位。20世纪60年代，通过政变上台的沙立·他纳叻元帅，更是以备受争议的“泰式民主”模式构建了军人威权体制。

70年代初，军人独裁政府在声势浩大的学生运动中倒台，使得军人集团曾一度偃旗息鼓。不过，随着70年代中期的“民主实验”失败，军人集团很快通过政变卷土重来，并在王室—保皇派支持下，于80年代“半民主”时期重掌国家行政权，直到1988年才让出总理职位和组阁权力。

1991年，军人集团发动政变，推翻地方豪强集团主导的民选政府，试图重掌立法权和行政权，但遭到城市中产阶级抵制，并引发1992年民主运动，最终在拉玛九世调停下被迫交出政治主导权。20世纪90年代，军人集团在政治上保持低调，并未直接介入政治斗争，但却始终坚守军队的自主与独立，拒绝民选政府“军队国有化”政策，从而保留了有效的政治资本。

21世纪初，新兴资本集团的他信派系强势崛起，并在通过民主选举掌握泰国立法权和行政权后，开始加强对军队的渗透，甚至以削减军费预算为手段，干预军方人事权，结果引起军方强烈不满。2006年，军人集团在王室—保皇派支持下，时隔15年再次发动军事政变，推翻了他信政府。不过，由于他信派系深得中下层选民拥护，因此在2007年军方“还政于民”后，他信派系很快就卷土重来，使得“反他信”与“挺他信”政治冲突非但无法平息，反而愈演愈烈，并多次引发街头流血冲突。2014年，军人集团再次发动政变，并提出“三步走”的民主路线图，明确表示将在军方主导下有序推动泰国全面改革，从而再次成为泰国政治发展的主导力量。

三　曼谷政商集团

曼谷政商集团的形成和发展与军人集团的权力垄断密不可分。20

世纪60年代以前，泰国奉行国家资本主义政策，各项稀缺资源都为军人集团主导的威权政府所掌握。因此，通过赠送干股或是联姻等方式，建构与政府高官和军警显贵的私人关系与利益联盟，以获得相应政治庇护和商业关照，也就成为曼谷商业家族得以在国有企业的缝隙间生存和发展的保障所在。

60年代初，泰国政府开始推行鼓励私人部门发展的“进口替代”政策，为曼谷政商集团的蓬勃发展开辟了道路。通过政治游说与商业贿赂，曼谷政商集团有效地利用了政府放松管制和鼓励投资的各项政策优惠与后门漏洞，逐步发展成为70年代泰国经济举足轻重的组成力量，并以银行业为核心，建构起彼此交错的商业和家族网络。不过，曼谷政商集团与军人集团和王室—保皇派有着千丝万缕的联系，而且老一辈政商都曾经历过威权时期的政治压制，因此在政治方面相对保守，更倾向于通过游说和贿赂的方式影响政府决策，而不是直接参与政治主导权的争夺。

90年代以来，曼谷政商集团的政治态度日趋积极。这一方面是因为新生代家族精英的参政意识要高于长辈；另一方面在于，曼谷政商集团的经济基础——家族银行业、农产品加工业，以及其他劳动密集型和资源密集型传统产业——面临“对外开放”政策的沉重压力，特别在1997年亚洲金融危机中遭受重创后，更需要国家政策的扶持和庇护，以赢得家族产业转型和升级的宝贵时间。这也就是曼谷政商集团会在2006年以来的政治冲突中，坚决抵制主张“对外开放”政策的他信派系的根本原因所在。不过，随着近年来曼谷政商集团在新兴产业方面的布局相继完成，其政治立场也开始有所缓和，从而为泰国政治和解提供了有利条件。

四　城市中产阶级

城市中产阶级在20世纪中后期的泰国政治发展中发挥着无可替代的重要作用，城市中产阶级的街头运动更是泰国历次重大政治转型过程中的独特风景线。不过，中产阶级在组织结构方面的松散性以及意识形态方面的复杂性，使其很难在泰国政治权力博弈中赢得相应的话语权，因此通常情况下他们仅是重要的监督力量，而不是政治主导力量。

20世纪60年代以来的高速经济增长和城市化进程，使得泰国的城市中产阶级逐渐形成与发展，并开始产生政治权力诉求，以及对军人威权政府的强烈不满。因此，左翼学生和知识分子在1973年掀起反对军人独裁的政治运动时，得到城市中产阶级大力支持。不过，以曼谷为首的中心城市兴起与威权政府长期坚持“重城市，轻农村”政策密切相关，因此城市中产阶级对农村中下层民众的政治话语权增加，同样存在戒备和担忧。随着70年代初左翼政治思潮涌动，以及印支地区共产主义运动发展，城市中产阶级在1976年的军事政变中，加入了王室—保皇派和军人集团组成的保守阵营，成为遏制左翼学生运动的重要力量。

80年代，随着社会经济的进一步发展，城市中产阶级的力量不断壮大。特别是在泰共衰落后，学生和知识分子逐渐放弃激进革命要求，开始融入城市中产阶级，寻求渐进的政治改良。通信技术的发展和社会团体的形成，使得城市中产阶级拥有了更有效的动员和组织能力，成为更具凝聚力的政治力量。1992年民主运动中，城市中产阶级成功组织了大规模的街头政治运动，并最终迫使军人集团放弃了重新掌权的政治意图。

90年代以来，通过街头示威集会、传媒和学术舆论造势、社会团体游说等方式，城市中产阶级开始掌握一定的政治话语权，从而有助于保持“重城市，轻农村”的利己政策。2006年以来的泰国政治动荡中，以“黄衫军”为代表的城市中产阶级，坚定支持“反他信”阵营，甚至不惜在2008年诉诸街头暴力，采取攻占总理府和封锁国际机场的极端行动，很大程度上就在于他信派系有意改变长期以来“重城市，轻农村”的政策导向，实行有利于农村发展的国家政策，从而影响到城市中产阶级的核心利益。

五　地方豪强集团

20世纪中后期以来，地方豪强集团就一直活跃在泰国政坛，迄今依然是权力博弈的重要参与方。地方豪强集团的产生是泰国政治发展中传统与现代因素彼此交错妥协的结果。泰国现代行政体系的地方建构止步于府和县，并未继续深入到乡和村。这就使得地方豪强能通过传统庇护制关系，长期把持村和乡的政治权力。他们在乡村社会被泰国政府的“重城市，轻农村”政策边缘化的过程中，形成了游离于政府的半自治体系。

从组织构成来看，地方豪强成分相当复杂，其中既有被称为“Chao Pho（教父）”的地方黑社会，也有外府华商网络的地方富豪，还有通过承包政府工程牟取暴利的政治商人，以及地方职业社团的领袖人物。不过，他们在经济利益和社会认同方面具有一致性——要么表现为要求保持地方市场的封闭以利于垄断，要求增加政府预算的外府拨款特别是基建项目拨款以利于分肥；要么表现为强调乡村庇护制关系以巩固其社会地位——使得他们在政治方面拥有相似的意识形态倾向和政策要求，致力于垄断中央权力和侵占财政预算。

尽管地方豪强集团的参政方式是民主选举，但形式上的现代性，难以掩饰其实质上的传统性。通过传统庇护制网络进行拉票和贿选，成为地方豪强集团赢得选举的关键手段。地方豪强集团对于国会议席的垄断，使得泰国政党政治长期以来一直呈现“掮客政党”的特征，各政党不过是基于庇护关系的地方豪强之间的利益分配机制，根本不存在共同的政治理念或党纪约束。

地方豪强集团从20世纪70年代初开始崭露头角，并在80年代的“半民主”时期完成了对国会权力的渗透，成功跻身泰国政治权力核心，并在80年代末迫使军人集团让出总理职位和组阁权力。随着军人集团的制衡不复存在，地方豪强集团缺乏政治责任感的缺陷暴露无遗。联合政府的脆弱、腐败与无能，成为90年代泰国政治的主旋律。1997年宪法在很大程度上就是以城市中产阶级为首的政治力量试图遏制地方豪强集团政治扩张和权力滥用的制度安排。

20世纪90年代末以来，由于1997年宪法的制度约束和新兴资本集团崛起的势力侵夺，地方豪强集团开始面临严峻的生存压力，各中小政党相继被他信派系吞并。于是，在2006年的政治冲突中，地方豪强集团加入了“反他信”阵营，支持军人集团政变推翻他信政府。不过，由于缺乏政治认同，在政治压力随着他信派系遭受重创而减弱后，地方豪强集团开始迅速分化，部分派系开始寻求与他信派系的妥协与合作，试图在“反他信”与“挺他信”的政治冲突中谋取更大好处，从而使得泰国政治权力结构的重组面临更多变数。

六　新兴资本集团

相较于其他政治权力集团，新兴资本集团登上泰国政治舞台的时间较晚，但却呈现强势崛起，并在很大程度上成为当前泰国政治权力博弈的核心力量。

新兴资本集团是20世纪80年代泰国经济发展转型的重要产物。相较于保守的曼谷政商集团，新兴资本集团的经济行为模式有明显不同：后者通常从事高附加值的资本或技术密集型行业，而前者主要从事劳动或资源密集型产业；后者的主要融资渠道是股票市场，而前者常用商业或国有银行的贷款；后者从一开始就是出口导向型产业，将市场开拓和产品创新作为发展的第一要务，而前者起初是进口替代型产业，更重视市场垄断和产业保护。

得益于产业、融资、市场方面的优势，特别是泰国股市在80年代末到90年代初的爆炸式增长，新兴资本集团在短短十数年内，就完成了曼谷政商集团数十年才实现的原始资本积累，从而拥有了雄厚的经济实力与社会资源，为其参政提供了可靠保证。泰国前总理他信·西那瓦，近乎白手起家，却在十多年时间里跃居泰国首富，成为身家数百亿泰铢的“电信大亨”，从而为踏足政坛提供了充裕的政治资金。

对于新兴资本集团而言，技术开发引进以及金融市场筹资都不是难题，唯有市场规模才是制约其发展的关键所在。因此，对外开放拓展海外市场，对内改革启动农村市场，也就成为事关新兴资本集团根本利益的重要政策要求。但问题在于，前一项要求会影响曼谷政商集团的利益，后一项要求会损害地方豪强集团的利益，因此新兴资本集团的改革开放要求，很难得到既得利益集团认可。于是，以1998年他信组建“泰爱泰党”为标志，新兴资本集团改变了以往渐进式的政治参与模式，掀起全面重组泰国政治权力结构的激进风暴，试图以政治主导者的身份直接推动改革开放进程。

新兴资本集团通过“草根政策”赢得了泰国中下层民众的拥护，并依托雄厚的政治资金，拉拢地方豪强集团的部分派系，从而掌握了民主选举的主动权。2001 年，泰爱泰党初次参选就成为泰国首个拥有众议院简单多数席位的政党，他信出任总理；2005 年，泰爱泰党囊括了众议院 3/4 议席，使得他信不仅成为泰国首位通过民选实现连任的总理，而且组建了泰国首届“一党”内阁。

新兴资本集团掌握政治主导权后，采取激进的政治改革和体制重组，试图构建以他信派系为首的权力垄断体系，从而引起了各派权力集团的强烈不满。2006 年初，城市中产阶级、地方豪强集团、王室—保皇派、曼谷政商集团、军人集团等先后加入“反他信”运动，并于同年 9 月 19 日发动政变推翻了他信政府。

尽管新兴资本集团在“反他信”运动中遭受重创，但他信派系依然掌握着雄厚的经济实力和政治资金，并得到中下层民众拥护。2007 年与 2011 年泰国众议院选举中，他信派系都以明显优势胜出，并先后将他信代理人沙玛、他信妹夫颂猜、他信幺妹英拉推上总理宝座，从而以事实印证了新兴资本集团的社会影响力与政治话语权。

第二节　政治环境评估

一　发展模式：开放性较高·稳定性较低

从国家发展道路的选择来看，泰国在过去半个多世纪里，基本遵循着从封闭到开放的发展路径（见图 2. 1）。近年来，基于对西方自由化道路的深刻反思，泰国社会开始对国家发展道路再选择，并由此引发分歧与争议。尽管在 20 世纪 90 年代推行全面自由化的进程中遭受重挫，但是泰国社会关于对外开放的发展共识并未改变，所争议的主要是对外开放的路径与步伐。因此，对“一带一路”建设而言，泰国开放性较高，将会长期坚持对外开放的国家发展道路不动摇，但短期来看稳定性较低，有可能在具体决策方面出现停顿甚至反复。

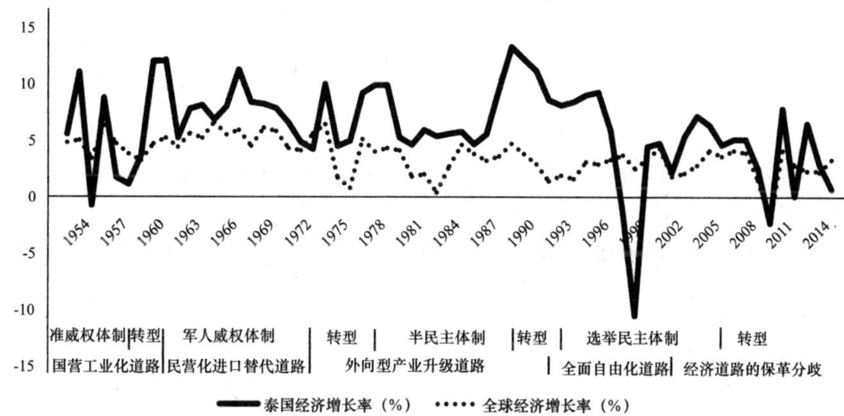

图 2.1　泰国发展模式变革进程示意图

资料来源：泰国经济数据来自泰国国家统计局网站（http：//web. nso. go. th）；

1961 年以后全球经济数据来自 United Nations Statistics Division 统计资料（http：//data. un. org）；

1961 年以前全球经济数据来自 Angus Maddison 学术网站（http：//www. ggdc. net/MADDISON/oriindex. htm）。

（一）政府主导型的对外开放道路

20 世纪中后期，泰国经济持续保持远高于全球经济平均水平的增长率，并于 90 年代中期跻身中等收入国家，被誉为“亚洲四小虎”。但是，1997 年亚洲金融危机率先在泰国爆发，使得泰国经济遭受重创，再也未能恢复高增长的发展态势，再加上 2008 年全球经济危机的影响，更是进一步延缓了泰国社会经济的发展步伐（见图 2.1）。

在过去半个多世纪的发展进程中，泰国社会经济的前进步伐一方面受制于国际经济环境变化，另一方面在很大程度上取决于能否形成有效契合不同发展阶段的国家发展模式，并依托“政治体制—经济道路”架构的良性互动为社会经济发展提供行之有效的规范、引导与协调，进而在此基础上把握历史机遇，规避外部风险，化解内部矛盾，保证社会经济稳定、高速、可持续增长。具体来看，泰国在20世纪中后期，曾先后经历三次关键性的发展模式变革，对社会经济产生了深远影响。

1. 第一次是在20世纪50年代末，陆军司令沙立先后两次发动政变，依托武力接管国家权柄，并在摒弃原有“准威权体制—国营工业化道路”模式基础上，进行了全面的发展模式改革。

在政治体制方面，沙立政府否定了1932年民主革命后仿效西方建立的宪政民主体制，开始推行被称为“泰式民主”的军人威权体制。军人集团独揽军政大权，并通过全部由任命制议员组成的制宪会议，把持了国家立法权。与此同时，1959年临时宪法第17条规定：“在贯彻落实本宪法过程中，如果总理认为面临可能危及国家安全、王权存续，以及法律秩序的紧急情况时，无论威胁是来自国外还是国内，总理都有权在内阁附议后，颁布政令或采取相应措施。相关政令和措施将被视为合法。”从而使军人总理拥有了凌驾于立法权与司法权之上的行政临机专断权。

在经济道路方面，沙立政府修正了原先的“国营工业化道路”，开始推行“民营化进口替代道路”。1961年，国家经济发展委员会在世界银行的建议下，开始实施第一个国家经济发展计划。其中最关键的举措在于，改变以往政府直接参与生产的国营工业化道路，将政府投资更多地用于基础设施建设，并通过政策引导，鼓励私人部门和外资企业投资，拓展生产经营领域。①

从成效来看，得益于“军人威权体制—民营化进口替代道路”的有序互动，20世纪60年代的泰国社会经济发展获得了新的动力，开始了期盼已久的经济腾飞，国民经济年均增长率高达8.4%，制造业年均增长率更是超过11.4%，泰国从此走上新兴工业化国家的发展道路。与此同时，“进口替代”政策也取得明显成效，相关消费品的进口比率都呈现不同程度的下降。

2. 第二次是在20世纪70年代前中期，历经三年“民主实验”

① 韩锋：《泰国经济的腾飞》，鹭江出版社1995年版，第76页。

的社会分裂与政治冲突后，军人集团通过政变再次接管国家权柄，并在协调各方利益诉求的基础上，形成了新形态的发展模式。

在政治体制方面，军人集团并未回归60年代的威权体制，而是在“民主实验”取得的经验教训基础上，构建了在国王领导下各派政治力量相互制衡的“半民主体制”。通过“非民选总理”制度，军人集团把持了泰国的行政权。与此同时，地方豪强则通过选举特别是贿选赢得国会议席，开始逐渐掌控泰国的立法权。[①] 不过，对“半民主体制”而言，最重要的还是以普密蓬国王为核心的王室—保皇派的政治平衡作用。“国王凌驾于相互对抗的政治集团之上，得到君主政体的支持是政治合法性必不可少的要件。如果未得到国王认可，任何政治领导者或政权，甚至民选政府，都不可能拥有真正的合法地位。”[②] 这就在很大程度上保证了“半民主体制”的稳定性，尤其是在挫败80年代的两次未遂政变过程中，以普密蓬国王为核心的王室—保皇派都发挥了至关重要的制衡作用。

在经济道路方面，军人集团延续并进一步修正拓展了70年代初形成的“外向型产业升级道路”。从60年代后期开始，“进口替代”政策的弊端逐渐显现。首先是在产业保护政策下发展起来的进口替代工业缺乏竞争力，因此在国内市场日趋饱和的情况下，缺乏增长潜力。其次是进口替代有效地降低了消费品进口，但却使得生产资料、中间产品和原料的进口猛增，国际收支平衡状况并未得到实质性改善。到1970年，泰国贸易赤字已经从1960年的10.1亿铢增加到122.4亿铢。再次是面临人口增长压力。从50年代起，泰国人口就呈现迅猛增长态势，到1970年已翻了一番。20多年不断增长的人口，一方面为经济提供了大量的廉价劳动力，另一方面也成为社会发展的沉重负担，迫切需要开拓新的劳动密集型产业部门，用以吸纳富

① Pasuk Phongpaichit and Chris Baker, “Chao Sua, Chao Pho, Chao Thi: Lords of Thailand's Transition”, in Ruth McVey, ed., *Money and Power in Provincial Thailand*, Nordic Institute of Asian Studies, NIAS Publishing, 2000, p. 39.

② Surin Maisrikrod, “Thailand 1992: Repression and Return of Democracy”, *Southeast Asian Affairs*, Singapore: ISEAS, 1993, p. 334.

余劳动力。因此，军人政府于1972年在“三五计划”（1972—1976年）中明确提出了“出口导向”发展战略，鼓励发展劳动密集型加工工业，在扩大工业制成品出口的同时，推动农副加工产品出口，依据外贸需要配置国内资源和生产要素。

1973年，军人政府在“10·14”民主运动中倒台，但是“外向型产业升级道路”却得以延续，并产生明显成效。据统计，从1970年到1980年，泰国出口总额从147.72亿铢猛增到1331.97亿铢，年均增幅高达24.6%，从而为泰国社会经济增长提供了强劲动力。“半民主体制”建立后，泰国政府在“四五计划”（1977—1981年）和“五五计划”（1982—1986年）进一步在外资优惠政策、产业结构升级、经济布局规划等方面，对“外向型产业升级道路”加以拓展与修正，从而为泰国有效应对80年代初的国际石油危机，以及承接80年代中后期日元升值引发的新一轮东亚产业转移奠定了坚实基础。

3. 第三次是在20世纪90年代初，“五月流血”民主运动后，军人集团被迫退出政治权力中心，泰国国会在城市中产阶级推动下，开始效仿西方自由民主，试图构建更先进的发展模式。

在政治体制方面，全面西化的“选举民主”成为城市中产阶级知识精英为泰国社会提供的唯一解决方案。1992年，城市中产阶级通过大规模民主运动，迫使泰国国会通过宪法修正案，增补规定“内阁总理必须是选举产生的众议院议员”，从而使陆军司令无法再像以往那样直接把持总理宝座，有效剥离了军人集团对行政权的长期掌控。但是，随着军人总理退出政治舞台，泰国曾经井然有序的行政管理体系很快在地方豪强主导的中小政党政争中变得混乱无序。从1992年到2001年，泰国相继更迭四任总理，执政时间最短的仅一年，严重影响国家政策有效性与执行力。

针对90年代中期的弱政府难题，泰国国会在城市中产阶级知识精英推动下，于1997年颁布了被誉为“民主里程碑”的新宪法，在制度层面对“选举民主体制”进行了更理想化的设计与安排。相较于1991年宪法制度框架，1997年宪法在公民权利对国家权力的制约、地方自治对中央集权的分化、立法权与行政权的平衡，以及独立监督体系的创制等方面，都有明显修正、完善与创新。[①]

在经济道路方面，面对全球化的机遇与挑战，泰国各派力量普遍认同了城市中产阶级知识精英基于西方经验提出的“全面自由化道路”。80 年代中后期的大规模外资涌入，有力促进了泰国社会经济繁荣，但也引起诸多发展难题。泰国“七五计划”（1992—1996 年）明确指出，尽管经济高速发展，但是增长方式存在结构性失衡，尤其是贫富差距与城乡地区差距、基础设施建设瓶颈、储蓄与投资缺口、自然资源与环境恶化等，都有可能成为长期发展的重要障碍。[②] 对此，深受西方经验影响的泰国知识精英提出了“进一步深化经济自由化”的解决方案。“七五计划”在发展规划指导原则中，反复强调“自由化”的重要性与必要性，从资本市场，到工农业生产，到基础设施建设，再到社会服务等，都要积极落实自由化改革举措，放松政府监督，利用市场力量进行资源更有效配置。[③]

得益于 90 年代初泰国金融市场尤其是股市的爆炸式增长，泰国社会各界对“全面自由化道路”普遍充满信心。泰国“八五计划”（1997—2001 年）提出要“在 2020 年成为发达国家。届时泰国将成为全球第八大经济体，以 1993 年不变价格计算，人均年收入 30 万泰铢或 1.2 万美元”。[④] 可惜，泰国的“经济自由化”迷梦，最终还是在 1997 年亚洲金融危机的残酷现实面前被彻底粉碎，国民经济发展遭受了前所未有之重创，并深刻影响泰国在 21 世纪初的国家发展道路选择。

（二）国家发展道路的保革冲突

21 世纪初，泰国开始了新一轮的国家发展模式变革，但在经历

---

① 周方冶：《泰国宪政体制多元化的进程、动力与前景》，《南洋问题研究》2013 年第 4 期，第 21—25 页。

② *The Seventh National Economic and Social Development Plan (1992 – 1996)*, National Economic and Social Development Board, Office of The Prime Minister, Bangkok, Thailand, 1991, pp. 2 – 5.

③ Ibid., pp. 13 – 14.

④ *The Eighth National Economic and Social Development Plan (1997 – 2001)*, National Economic and Social Development Board, Office of The Prime Minister, Bangkok, Thailand, 1996, p. 2.

近十年的政治动荡与社会分裂后，却依然未能形成稳定的新形态国家发展模式，致使国民经济开始在波动中进入下行通道，再次面临20世纪50年代的发展困局（见图2.1）。

从国家发展模式变革的演化路径来看，泰国的本轮发展模式变革应视为上一轮变革的历史延续。因为90年代形成的“选举民主体制—全面自由化道路”架构未能通过本土性检验，所以在1997年亚洲金融危机后，国家发展模式变革从本土性检验环节返回一致性妥协环节（见图1.2），再次进行各方“权力—利益”博弈，以期达成新的“政治体制—经济道路”架构。

如果就国家发展模式变革的主题而言，本轮变革与上一轮基本相同，依然是在全球化的背景下有效应对贫富分化、城乡分化、地区分化的发展瓶颈。但是，相较于90年代初在相对较短的时间内就达成一致性妥协，各方利益集团在“政治体制改革—经济道路选择”问题上的本轮博弈，却显得异常艰难，始终无法达成一致性妥协。究其原因，一是泰国在经历了1997年亚洲金融危机重创后，经济增长放缓，不再拥有90年代初“增量改革”的优势，特别是在对未来经济走势缺乏信心的情况下，各方权力集团都无意对“存量改革”做出实质性让步；二是随着新兴资本集团在农民群体的支持下，通过民主选举拥有了重要的甚至决定性的政治话语权，各方在“权力—利益”博弈中的诉求多元化趋势变得日益明显，因此很难在缺乏强势力量约束的情况下，通过自律的对等协商达成让步与妥协。

在经济道路方面，各方权力集团的分歧主要在于是选择保守主义的“充足经济道路”，还是革新主义的“他信经济道路”。

1997年亚洲金融危机后，各方权力集团都普遍认识到“全面自由化道路”的缺陷与弊端，因此针对危机后经济结构调整的存量改革难题，各方相继提出了代表本方利益诉求的经济发展道路方案。其中最具代表性的有二：一是普密蓬国王倡导的“充足经济道路”，重视自力更生，规避全球化风险，提倡渐进式结构调整，强调通过精神文明建设缓和社会矛盾，得到城市中产阶级、传统产业集团、王室—保皇派等保守派力量支持。[①] 二是前总理他信推行的“他信经济道路”，重视对外开放，积极应对全球化的机遇与挑战，提倡“草根政策”，保证中下层民众公平分享社会发展红利，有效弥合社会差距，得到新兴资本集团与农民群体等革新派力量的拥护。[②]

从他信首次出任总理时签发的“九五计划”（2002—2006 年）开始，“充足经济道路”就一直被泰国五年计划视为国家社会经济发展的指导原则，[③] 并于 2007 年被“反他信”阵营明确写入泰国宪法。但在政策层面，由于他信派系始终掌握政府决策的主导权，因此无论是对内改革，还是对外开放，都在很大程度上贯彻了“他信经济道路”。由于事关切身根本利益，保革双方在经济结构调整的存量改革议题上，始终未能达成妥协。

2006 年以来，他信派系革新阵营的“民主选举体制—他信经济道路”与“反他信”保守阵营的“政治协商体制—充足经济道路”的结构性分歧，使得泰国发展模式变革在一致性妥协环节陷入博弈僵局，并引发了持续政治冲突与严重社会分裂。在近十年的政治博弈中，他信派系与“反他信”阵营曾有数次机会达成妥协，但却因为彼此间缺乏有效制衡，最终还是发展成为“钟摆式”反复，使得泰国社会为此付出了沉重代价。

2014 年“5·22”军事政变后，泰国政治紧张局势趋于缓和。各派力量在军方戒严令的压制下，保持了隐忍和克制。以巴育上将为首的政变集团，也并未像 2006 年政变集团那样刻意保持低调，而是以相当高调的态度，表达出主持和推动国家改革的强硬立场，从而为国家发展模式的一致性妥协创造了契机。

不过，“存量改革”始终是横亘在军人集团面前的重要难题。对

---

① 周方冶：《全球化进程中泰国的发展道路选择——“充足经济”哲学的理论、实践与借鉴》，《东南亚研究》2008 年第 6 期，第 37—39 页。

② 李峰：《他信经济学及其对后他信时代泰国经济政策的影响》，《南洋问题研究》2009 年第 4 期，第 34—40 页。

③ *The Ninth National Economic and Social Development Plan (2002 - 2006)*, National Economic and Social Development Board, Office of The Prime Minister, Bangkok, Thailand, 2001, pp. 1 - 2.

军人集团而言，解决存量改革难题，要么通过强制性手段迫使反对派放弃利益诉求，但要付出沉重代价，并且会进一步扩大社会裂痕；要么依托外部资源，推动社会经济发展从“存量改革”转为“增量改革”，进而在不损害各方既得利益的基础上达成发展共识。

2014 年 9 月 12 日，巴育总理在国家立法议会上发表了首份报告，重点阐释了过渡政府内阁的施政纲领，其中包括捍卫与尊崇王室；维持国家稳定与促进外交合作；缩小贫富差距；改进教育和维护宗教与文化建设；提升国民生活质量；提升国家经济实力；加强泰国在东盟共同体中的地位和作用；促进科技发展研究、应用与创新；保护国家资源，实现可持续性发展；促进廉政建设与加强肃贪；优化法律与司法体系 11 个部分。①

尽管巴育政府提出了兼顾各方利益的施政纲领，但是发展资源的局限性，却成为施政纲领具体落实的重要障碍。他信派系掌权时期留下高达 7000 亿泰铢（约合 230 亿美元）的政府债务，更是成为巴育政府的沉重负担。因此，巴育政府迫切需要新的增长点，借用外部资源推动泰国社会经济发展，从而实现国内的增量改革。

对泰国而言，“一带一路”建设恰逢其时，从地区互联互通，到贸易与投资合作，都将为泰国的社会经济发展注入新的增长活力。因此，无论他信派系英拉政府，还是军人集团巴育政府，都将中泰战略合作作为重中之重。

二　权力结构：协调性较低·有效性较低

随着新兴资本集团的强势崛起，泰国 20 世纪 90 年代形成的衡平多元形态的政治权力结构瓦解。但是，依托“新兴资本集团的资金”与“中下层民众的选票”政治联盟，他信派系却未能如愿构建起单极多元形态的稳定权力结构，反而引发各方既得利益集团的联手压制，使泰国在 2006 年以来的八年多时间里，始终处于无序多元形态的政治乱局。2014 年，泰国军人集团在王室—保皇派支持下，发动

---

① 《泰国新总理巴育阐述施政纲领》，国际在线，2014 年 9 月 12 日。

政变夺取了国家权力，并依托军队武力和国王权威，开始建构寡头自律形态的政治权力结构。

从目前来看，对“一带一路”建设而言，泰国的协调性较低，军人集团对各派权力集团拥有一定压制力，但很难在存量改革条件下推动战略性决策，同时有效性较低，难以切实保证相关决策的贯彻落实，并且面临反腐倡廉的严峻挑战。

（一）不合时宜的衡平多元形态

20 世纪 80 年代末，军人集团在民主化运动压力下放弃总理职位，但是部分军方高层并不甘心就此退出政治权力核心。1991 年，军方政变推翻民选政府，并高举“反腐败”旗帜压制地方政客，试图借此重掌内阁权柄。但是，1992 年城市中产阶级的大规模民主运动，却使得军人集团未能如愿。“五月流血”事件后，军人集团被迫退出权力核心，从而为 90 年代泰国政治权力结构衡平多元形态的形成铺平了道路（见图 2.2）。

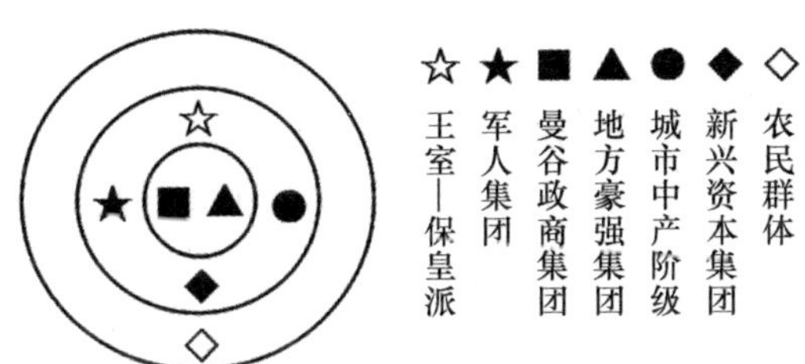

图 2.2　20 世纪 90 年代泰国权力结构的衡平多元形态

地方豪强集团一方面通过选举继续把持立法权，另一方面接管了军人集团的行政权，从而成为民主化运动瓦解“半民主”体制的最大受益者。不过，作为 90 年代泰国政坛的主角，地方豪强集团却未能垄断政治权力的核心圈层，而是与曼谷政商集团成为对等的“合作者”。①

① 陈尚懋：《塔克辛执政前后的泰国政商关系》，（台湾）《问题与研究》2008 年第 47 卷第 2 期，第 165 页。

尽管从形式上看，依托民主选举体制构建的衡平多元形态要比威权政治更符合西方民主要求，但从执政能力来看，小党林立的泰国政坛呈现显著的弱政府特征，根本无力因应和突破社会经济发展的结构性瓶颈。地方豪强集团忙于内讧，即使是国会—政府权力都难以有序运作，更遑论协调和制约独立于国会—政府体系之外的各派政治力量。

由于缺乏有效监管与引导，90 年代泰国经济表面上欣欣向荣，实质上却未能把握时机完成国家产业结构的调整与升级，致使经济泡沫不断积累，最终在全球化外部风险的冲击下遭遇金融危机。1997 年亚洲金融危机对泰国社会经济形成重创，引发泰国各派政治力量对地方豪强集团的强烈不满。以此为契机，酝酿已久的《1997 年宪法》得以颁行，成为泰国政治权力结构调整的制度性开端。

（二）引发冲突的单极多元形态

1998 年，新兴资本集团的“电信大亨”他信·西那瓦组建泰爱泰党，进而引发了新一轮的政治权力结构重组。作为有别于曼谷政商集团的新兴商人群体，新兴资本集团不再满足于藏身幕后，而是走向前台。2001 年，泰爱泰党赢得大选，并成为泰国首个拥有国会简单多数席位的政党。他信如愿以偿地执掌了内阁权柄。2005 年，泰爱泰党再次赢得大选，并席卷了国会 3/4 议席。他信不仅成为泰国首位连任的民选总理，而且成为首位“一党内阁”总理。从权力结构来看，他信执政期间表现出单极多元形态的发展趋势（见图 2.3）。

图 2.3　他信执政时期泰国权力结构的单极多元形态

新兴资本集团依托雄厚的政治资金和中下层民众特别是农村民众的选票支持，经民选进入政治权力结构的核心圈层，并通过多方博弈逐步成为拥有压倒性优势的政治主导集团。在行政权方面，新兴资本集团着力推进行政体制改革，强化他信内阁对公务员和行政官僚的约束力；在立法权方面，运用“银弹攻势”吞并中小政党，压制地方豪强集团的生存空间，以提高泰爱泰党对国会的控制力。与此同时，新兴资本集团依托行政权和立法权优势地位，逐步压制军人集团、王室—保皇派、城市中产阶级的政治话语权。①

新兴资本集团对核心圈层的垄断式掌控，严重损害了泰国各派既得利益集团的政治权益，从而引起普遍不满，他信也被反对派指责为“民选的独裁者”。从2006年起，军人集团、王室—保皇派、城市中产阶级、地方豪强等权力集团联手掀起“反他信”运动，旨在遏制新兴资本集团的强势崛起。从地方政客的国会不信任提案，到军人集团的武力威慑和军事政变，再到城市中产阶级的示威集会和街头暴动，保守阵营的攻势使他信派系屡遭重挫。他信政府被政变推翻，泰爱泰党被强制解散，他信被迫流亡海外，百余名政党骨干被判决五年内禁止从政。

不过，他信派系的根基在于新兴资本集团“资金”与农民群体“选票”的政治联合。这就使得在民主选举体制下，“反他信”运动很难在根本上遏制新兴资本集团的崛起。2007年，他信派系的人民力量党赢得大选，“他信密友”沙玛·顺通卫与“他信妹夫”颂猜·翁沙瓦先后出任泰国总理。2011年，他信派系的为泰党赢得大选，他信幺妹英拉·西那瓦出任泰国总理。这就使得“反他信”与“挺他信”的政治冲突，不仅未能趋于缓和，反而愈演愈烈，并多次引发街头流血冲突，造成严重的人员伤亡和财产损失，泰国社会经济发展愈显疲态。

① 周方治：《泰国政治格局转型中的利益冲突与城乡分化》，《亚非纵横》2008年第6期，第44—45页。

（三）前景难明的寡头自律形态

2014年5月22日，泰国军方发动政变，推翻临时政府，中止宪法，解散国会参议院，并组建“全国维持和平与秩序委员会”（National Peace and Order Maintaining Council，以下简称“维和委”）接管国家权力，从而成为自1932年民主革命以来的第19次政变和第12次夺权。

2014年5月30日，巴育上将在电视讲话中，提出“三步走”的民主路线图。其中，第一阶段是调停国内矛盾；第二阶段是成立过渡政府，起草新宪法；第三阶段是在民主制度下，进行各方都能接受的选举。7月22日，普密蓬国王批准了巴育上将呈递的临时宪法草案，使得泰国自1932年以来的第19部宪法正式生效。

根据《2014年临时宪法》规定，泰国军方组建的维和委将在民主过渡时期持续存在，并拥有广泛权力。主要包括：过渡时期设立的一院制的立法机构“国家立法议会”（National Legislative Assembly），其成员均由维和委遴选产生；过渡政府的内阁总理由维和委推选；维和委有权监管内阁；设立国家改革委员会，负责落实各领域改革，其成员均由维和委遴选产生；设立制宪委员会，由36名成员组成，其中委员会主席由维和委提名，20名成员由国家改革委员会提名，5名成员由国家立法议会提名，5名成员由政府内阁提名，5名成员由维和委提名。与此同时，临时宪法第44条规定，维和委主席即巴育上将有权颁布法令，旨在“推动各个领域改革，推进国内民众的爱与和谐，以及防范、减少或压制任何危害国家秩序与安全、王权、国民经济或公共管理之行为，无论相关行为发生在国内还是国外”，相关法令将被视为“合法、合宪和最终决定”。第44条事实上赋予巴育上将凌驾一切的超然权力，因此巴育经常被泰国学者拿来与20世纪60年代的泰国军人独裁者沙立元帅相提并论。

2014年7月31日，普密蓬国王批准了维和委遴选的国家立法议会议员名单，其中超过半数是现役或退役的军警高官。8月21日，维和委主席巴育上将作为唯一候选人，当选泰国第29任总理。8月31日，普密蓬国王批准巴育总理选定的32名内阁成员名单，其中近半数是军方将官，从而为军人集团主导国家改革提供了有利条件。

巴育政府掌权后，泰国政治权力结构开始呈现寡头自律形态（见图2.4）。依托军人集团与王室—保皇派的政治联盟，巴育政府积极压制各派力量的公开冲突，力求为国家发展模式的一致性妥协提供契机，从而在国家有序发展的进程中，逐步弥合各派力量的矛盾与分歧。

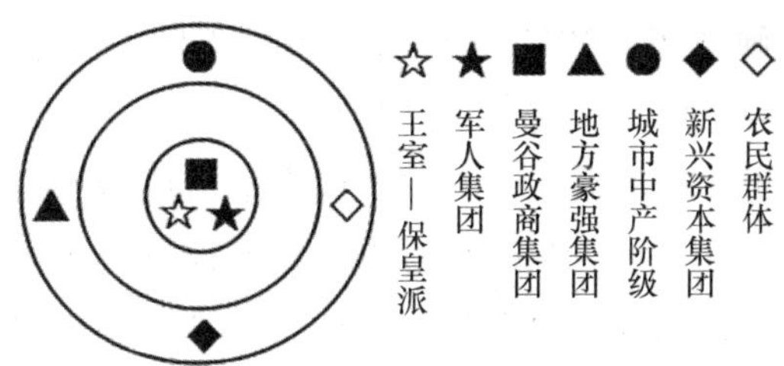

图2.4　巴育执政时期泰国权力结构的寡头自律形态

对巴育政府而言，无论“挺他信”阵营，还是“反他信”阵营，都已成为影响社会和谐与政治稳定的不利因素，因此在过去八年政治冲突中最为活跃的各派力量都被有意无意地隔离在国家权力之外。具体来看，巴育政府的相关做法主要有：开展“军营诫勉谈话”，即要求特定政治人物前往军营接受思想再教育，以更好地理解社会和谐与政治稳定的重要意义，从而以非暴力方式有效控制地方豪强与城市中产阶级的政治领袖；严格追究“亵渎君主罪”的刑事责任，以提高王室—保皇派社会影响力，并加强社会媒体的自律与监管；严查他信派系掌权期间的政策舞弊，特别是英拉政府“大米保护价”的政策黑幕，压制新兴资本集团的政治力量；出台农村扶贫与开发新政策，疏导和平息中下层民众的政治化倾向，瓦解他信派系的农村动员网络。

更为重要的是，巴育政府上台后，相继推出了全新的投资促进政策与产业集群经济特区政策，提出了更具科学性与可行性的新兴产业布局和地区发展规划，从而为泰国产业结构调整提供了重要的政策指导。从中长期来看，巴育政府此举将有助于弥合曼谷政商集团与新兴资本集团的政策分歧，既为前者提供了转型路径，也为后者拓展了发展空间，从而在根本上缓和新旧商业集团的权力冲突，并为政商关系的有序调整创造了有利条件。

如果巴育政府所努力构建的寡头自律形态能切实发挥作用，那么对泰国而言至少是次优选择，有助于在国家转型的重要关口，把握战略契机，实现泰国经济的再次腾飞。为此，军人集团在政治主导权问题上表现出强硬立场。2017 年 4 月，军人集团主持起草的新宪法正式颁行。其内容呈明显的保守主义特征。

新宪法规定，新一届国会参议员将全部由任命产生，从而不仅保证了保守宪法的稳定性，使得民选众议院在缺乏参议院支持下，根本达不到修宪所需议席，而且限制了立法自主性，使得民选众议院提起的相关议案，如果得不到保守阵营认可，将很难通过参议院审核。此外，新宪法还增设国家战略条款，从而在根本大法层面限定民选政府必须遵循军人集团制定的“20 年国家发展战略规划”。作为泰国保守路线的总纲领，该规划涉及政治、经济、社会、文化、安全等全方位的国家政策安排。[①] 更重要的是，新宪法删除了总理必须是民选众议员的规定，使得军人领袖通过非民选方式出任总理成为可能，从而为军人集团的非政变夺权提供了有利条件。

不过，从目前来看，巴育政府的国家改革面临诸多变数。首先是存量改革难题。由于核心权力集团的相互掣肘，在寡头自律形态下很难推动存量改革。为此，巴育政府积极出台投资新政，试图依托国外投资推动国内改革，但在全球经济形势走弱的情况下，却很难保证泰国招商引资政策的有效性。如果经济改革未能达到预期目标，曼谷政商集团就可能再次转向保守立场，从而进一步激化与新兴资本集团的政策冲突。

其次是新王权威难题。王室—保皇派是军人集团最重要的政治盟

---

① 《泰公布 20 年发展蓝图大纲》，2017 年 3 月 18 日，http：//www. zaobao. com/news/sea/story20170318 – 737289。

友，也是构建寡头自律形态的核心力量。但是，随着2016年拥有崇高威望的拉玛九世普密蓬国王逝世，王室—保皇派的政治地位面临下行压力。尽管拉玛十世哇集拉隆功国王顺利登基，但其政治威望根本无法与其父王相提并论，很难继续为军人集团提供强有力的政治支持，甚至有可能因其品行问题，成为政治联盟的负资产。

再次是军方自律难题。巴育政府掌权后，以身作则廉洁自律，从而赢得了社会公众的普遍认可。这也是巴育政府一再推迟“还政于民”时限却并未引起社会动荡的重要原因。不过，作为寡头自律形态的核心权力集团，很难在长期执政过程中严格自律，更何况是习惯于传统庇护制的军人集团。如果巴育政府无法为军人集团谋取福利，将很难保持军人集团特别是军方不同派系的认可与支持。军人集团的权益分配问题，很可能成为巴育政府最重要的政治软肋。

（四）反腐败的政治难题

泰国是腐败问题较为严重的东南亚国家（见表2.1）。对“一带一路”建设而言，腐败问题有可能形成一定障碍，使中泰战略合作的相关决议难以得到有效落实，民间投资与合作也会受到影响。

表2.1　**泰国清廉指数**

年份	1996	1997	1998	1999	2000	2001	2002	2003	2004	2005	2006
CPI	3.33	3.06	3	3.2	3.2	3.2	3.2	3.3	3.6	3.8	3.6
年份	2007	2008	2009	2010	2011	2012	2013	2014	2015	2016	2017
CPI	3.3	3.5	3.4	3.5	3.4	3.7	3.5	3.8	3.8	3.5	3.7

注：从2012年起，透明国际的廉政指数开始采用百分制，为易于比较，表格中都换算为十分制。

资料来源：透明国际网站，2018年2月21日，http://www.transparency.org/。

从腐败主体来看，泰国腐败问题主要体现在两方面：

其一是政客的政治分肥问题。20世纪80年代以来，随着地方豪强集团开始通过选举，特别是贿选方式执掌国家权力，“贿选—掌权—贪腐—再贿选”的恶性循环就愈演愈烈，政治分肥也逐渐成为泰国难以根治的政治难题。21 世纪初，新兴资本集团他信派系掌权后，在政治分肥问题上有所改善，但为了收买和整合地方豪强集团的中小派系，其反腐力度相对有限，仅是在 2005 年的选举大获全胜后，才加大了反腐败力度，但随即在“反他信”与“挺他信”政治冲突中被放弃。2014 年政变后，巴育政府高举“反腐败”旗帜，着力压制地方豪强集团与他信派系，使得政治分肥问题在短期内得到一定缓解，但从中长期看，政治分肥问题还需要从权力结构层面加以根治。

其二是官僚集团的行政舞弊问题。官僚集团形成于 19 世纪末朱拉隆功改革时期，曾在 1932 年民主革命中与军人集团共同压制王室—保皇派，并在随后数十年间与军人集团角逐泰国政治主导权。冷战期间，军人集团成功构建威权体制，迫使官僚集团退出政治权力角逐，开始成为专业技术集团。尽管长期游离于政治权力的核心圈层，但由于直接掌握行政执行权，官僚集团始终能有效分享国家发展红利，成为泰国最重要的既得利益集团。并且，官僚集团具有专业性与封闭性特征，使其很容易通过行政舞弊方式谋取私利，并且难以进行有效监管。

新兴资本集团他信派系掌权后，曾积极推动行政体制改革，旨在加强对官僚集团的监管力度，结果使得官僚集团加入了“反他信”阵营，并在 2008 年“司法政变”即通过司法判决推翻他信派系的人民力量党政府的行动中发挥了重要作用。

巴育政府上台后，针对官僚集团的乱作为与不作为问题进行了大规模的整改行动。一方面高举“反腐败”旗帜，对全国官僚集团进行整治，甚至动用临时宪法第 44 条，绕过司法程序，对数以百计的各级官员先停职后审查，从而形成了相当威慑；另一方面加强年度考核，针对长期以来人浮于事的庸官懒政进行改革。从短期看，巴育政府运动式的整改行动取得了一定成效，有助于推动国家改革，但从中长期看，要从根本上激发官僚集团的行政活力，还需要进行结构性的体制机制改革。

三　外交博弈：自主性较高

作为东南亚唯一的非殖民地国家，曾经周旋于列强间游刃有余的外交记忆，使得泰国政治精英与社会公众都对外交独立自主有着执着坚持与强烈自信，再加上以佛教为根基的传统政治文化理念，以及迄今依然存在重要影响力的王室权威与忠君思想，西方意识形态对泰国的渗透相对有限。因此，对“一带一路”建设而言，泰国的自主性较高，尽管在西方大国的压力下，泰国作为东南亚小国很难完全不受影响，但不会就此放弃国家利益特别是战略利益，而是积极采取大国平衡策略进行反制，以争取地缘战略博弈的生存空间。

（一）独立自主的泰国外交传统

作为东南亚地区的重要枢纽，泰国自古以来就为域外势力所觊觎，因此在长期的外交实践中，逐渐形成并完善了大国平衡思想。早在 16 世纪，泰国阿育陀耶王朝就曾面临海上强国葡萄牙的战略威胁，为避免正面冲突，泰国先是引入荷兰压制葡萄牙，而后又引入法国制衡荷兰，从而使得泰国一度成为东南亚最繁荣的贸易中心。19 世纪中叶，泰国曼谷王朝面对英法两国对于中南半岛的殖民野心，为在夹缝中求生存，周旋于英法之间借力打力，并积极引入美国、丹麦、普鲁士、荷兰、葡萄牙等国，从而最终促使英法签订协约，将泰国作为战略缓冲区，使得泰国成为东南亚地区唯一的非殖民地国家。二战期间，泰国对日不战而降，并与日本缔结同盟条约，但同时又与美国暗通款曲。二战后，泰国利用美英矛盾，在美国支持下避开了战败国命运，成为冷战期间美国在东南亚地区的战略支点，并赢得了国家经济腾飞的重要契机。冷战中后期，随着中美关系改善，泰国积极发展对华友好合作，并依托中国力量有效遏制了越南对中南半岛的霸权野心，避免了泰柬边境的战火蔓延。①

对于外交政策独立自主的必要性与重要性，泰国政治精英有着高

① 田禾、周方冶编著：《列国志·泰国》（第三版），社会科学文献出版社 2016 年版，第 307—317 页。

度共识和坚持，并对大国平衡策略的有效性保持高度自信。21 世纪以来，随着国际政治舞台的多极化趋势日趋明显，泰国在外交方面开始变得更加灵活和务实，在坚持和平共处五项原则以及和平解决国家争端基础上，积极发挥在“南北关系”与“东西关系”中的桥梁作用。泰国重视“进取性外交政策”，主张促进国与国之间的交流与合作，立足传统友谊，积极将分歧与消极因素转变为有利于和平、稳定、繁荣的积极因素，主动适应地区与国际形势变化，支持国内经济建设，维护国家利益。

具体来看，泰国外交政策主要有三大支点。其一是更加重视本地区合作，将进一步加强同东盟各国的政治、经济关系作为外交基石，并努力争取在东盟的主导地位。为应对国际政治新格局挑战，泰国在国际事务上很重视发挥东盟的整体作用，力求东盟以一个声音说话，从而依托东盟提高泰国的国际影响力。其二是更加重视经济因素，淡化意识形态色彩。20 世纪 90 年代以来，泰国政府的外交工作日益以经济建设为重心，积极开展互利共赢的双边与多边经贸合作。其三是更加重视灵活的“大国平衡”策略，避免卷入大国利益冲突。面对中国的“一带一路”、日本的“西进”以及美国的“亚太再平衡”战略，泰国努力保持等距离外交，从而在大国战略博弈的狭缝间求生存，并积极争取本国的利益最大化。

（二）若即若离的美泰同盟关系

二战结束以来，美泰关系就一直是泰国外交的重中之重，特别是在安全领域，关系尤为密切。1954 年，美泰两国共同参与《东南亚集体防御条约》，正式缔结军事同盟关系；1962 年，美泰两国外长签署并发表《美泰外长联合声明》，表示将加强联合防务，两国安全同盟关系由此进一步升级。在美国发动的朝鲜战争、越南战争、1991 年海湾战争、2003 年伊拉克战争等大规模战争中，泰国都对美国的海外军事行动提供了有力支持，不仅允许美军使用泰国军事基地，而且多次派出部队参战。2003 年，美国给予泰国“非北约主要盟国”地位。2012 年 11 月，美国国防部长帕内塔和泰国国防部长素甘蓬签署《2012 年泰美防务联盟共同愿景声明》，标志着双方 50 年来首次提升防务合作水平。通过这份声明，美泰同盟对昔日的反共同盟进行了新的诠释：未来美泰同盟将在维持地区稳定，特别是在维护海事安全、开展人道主义救援与维和行动方面发挥更大作用。[①]

对美国而言，美泰军事同盟具有相当重要的战略意义，美泰同盟不仅与美日同盟、美菲同盟、美澳同盟一起构成了美国在亚太地区的安全防御网，并且在美国推行“亚太再平衡”战略过程中，发挥了重要的支点作用。[②] 但是，相较于美国在亚太地区的其他铁杆盟友，泰国在进一步深化同盟关系方面却对美国始终是若即若离，使得美国很难再像冷战期间那样对泰国的战略决策进行有效的引导与塑造。究其原因，就在于泰国并未像美国的其他亚太盟友那样将中国视为潜在威胁，从而在地区安全认知方面与美国存在根本差异，难以对美国推行的地缘战略形成认同感。这就使得泰国一方面希望继续保持对美军事合作，从而在次区域的地缘政治博弈中占据有利态势，另一方面却不愿紧随美国采取对华遏制立场，尽可能避免美国因素影响对华合作的重要发展利益。

与此同时，随着泰国社会经济发展的多元化进程加快，美国通过经济与意识形态工具对泰国的战略决策施加影响的可能性也在进一步下降。在经济上，美国目前是泰国第四大贸易伙伴和第四大投资来源国，虽然还是很重要，但不再是举足轻重。再加上美泰经济合作很多都是市场化的企业行为，美国政府其实很难直接施加影响。在意识形态上，泰国在很多方面都深受美国文化影响，但在本国根深蒂固的传统佛教观念和王权思想影响下，对西方意识形态的认可度与接受度一直不高。近年来，泰国民主选举引发的持续性政治动荡与社会分裂，也使得泰国社会精英对简单套用西方民主体制的不合理性有了更为深刻的理解与认知，并开始认真反思和积极探索更加符合泰国国情的发展模式。这将在很大程度上进一步弱化西方意识形态对泰国的政治影

---

① 曹筱阳：《美泰同盟的合作形式、机制及其前景》，《东南亚研究》2015 年第 5 期，第 52 页。

② 宋清润：《从“亚太再平衡”战略看美泰军事同盟关系》，《国际研究参考》2015 年第 2 期，第 2 页。

响力。

（三）高度互信的中泰战略合作

中泰两国虽是近邻，但却并不接壤，因此不存在领土主权争端，再加上长期的友好交流与合作，以及历史上妥善解决华人问题的有利条件，使得双方在后冷战时代的地区多元化发展进程中形成了高度的政治互信与合作共识。1975 年中国与泰国建立外交关系；2001 年，两国政府发表《联合公报》，就推进中泰战略性合作达成共识；2012 年，两国建立全面战略合作伙伴关系。

在经济上，中泰建交以来，经贸合作不断深化和提高。1985 年，两国成立部长级经贸联委会。2003 年，两国决定将经贸联委会升格为副总理级。2004 年，泰国承认中国完全市场经济地位，双边经贸合作进一步密切。近年来，中泰经贸合作保持高增长态势。中国已成为泰国最大贸易伙伴国，泰国则是中国在东盟国家中第四大贸易伙伴，对华贸易开始成为拉动泰国经济发展的重要动力。

在安全上，中泰两国军方长期保持友好交往，领导人经常互访，军事院校定期互换学员培训。2001 年 6 月，中方接受泰国总理建议，同意举行中泰年度国防会谈，并于同年 12 月举行首次会谈。此后，中泰两国国防会谈每年举行，并在“相互观摩军事演习”、“恢复对泰国军备出售”、“进行军事教育交流”和“举行联合训练和军事演习”四个方面达成一致。从 2002 年起，中国开始派遣军事观察员参与美泰“金色眼镜蛇”年度联合军演。2005 年，中泰两国海军在暹罗湾举行了“中泰友谊－2005”联合军演，成为中国海军与东南亚海军之间的首次联合军演。从 2007 年起，中泰两国开始举行代号“突击”的陆军特种部队反恐联合训练。2015 年，中国国防部长常万全访泰，双方商定未来五年将加强从情报共享到打击跨国犯罪的安全合作，并增加联合军演次数。

中国提出“一带一路”倡议后，泰国予以积极响应。2014 年 11 月，泰国总理巴育在北京参加 APEC 领导人会议时表示：“泰方正在探索走符合国情的发展道路，希望同中方交流互鉴，深化合作，特别是要借助丝绸之路经济带和 21 世纪海上丝绸之路建设，推进农业、铁路合作，促进地区互联互通，扩大泰国农产品对华出口，促进民间交往，加强人才培训。”① 同年12月，巴育总理再次访华，并在与习近平主席会面时重申：“泰方愿意积极参与中方关于共建‘一带一路’的倡议，深化铁路、通信、旅游等领域合作，促进区域互联互通，朝着建立亚太自由贸易区的目标迈进。”② 对于正处在国家转型期的泰国而言，依托“一带一路”建设恰是破解存量改革难题的重要历史机遇，因此在进一步深化对华战略合作方面，泰国政治权力集团的保守派与革新派有着难得的发展共识。

四 文化交流：包容性较高

作为东西方文化交汇的地理枢纽，泰国文化具有显著的多元特征。从构成看，泰国文化传统上受印度文化、中国文化以及东南亚文化影响，近现代以来受欧洲文化、日本文化以及美国文化影响。得益于温和的佛教信仰和多元的文化传承，泰国社会对外来文化较为宽容，各类文化都能和谐共存。因此，对“一带一路”建设而言，泰国的包容性较高。尽管泰国在移民问题上持保留态度，但这主要是基于保障本国公民工作岗位和社会福利的考虑，而不是社会文化方面的原因。近年来，随着中泰经济合作日益密切，泰国社会学习中文和了解中国文化的积极性和主动性都有显著提高，从而有助于进一步夯实中泰战略合作的社会根基。

（一）泰国社会文化的中国印记

中泰文化交流历史悠久，并对泰国社会生活的各个方面都产生了深刻影响。从语言习惯来看，泰语中有大量外来词是借用的中国南方方言，特别是潮汕话。

从文学艺术来看，泰国古典文学发展深受中国影响，特别是《三国演义》，更是在泰国深入人心。泰国曼谷王朝拉玛一世曾亲自下令让大臣翻译《三国演义》，泰文译本语言流畅，形象生动，甚至形成

---

① 《习近平会见泰国总理巴育》，新华网，2014年11月9日。

② 同上。

了泰国文学独特的“三国体”样式。

从风俗习惯来看，泰人原本并无“祭祖”习俗，但在中国文化传入泰国后，开始成为泰国社会生活的重要内容。至迟从拉玛四世起，泰国王室就开始在宫殿内设立先王牌位，每年农历除夕夜，都要由国王或王族代表主持祭奠仪式。

从宗教信仰来看，泰国信奉上座部佛教，但随着中国大乘佛教传入，部分“中国化”了的佛教特色也开始影响泰国，最明显的是“观音”和“弥勒佛”信仰。此外，源于闽粤的妈祖信仰在泰国也有广泛影响力。

作为文化交流的重要载体，汉语特别是简体中文的传播在很大程度上直接体现了对象国对中国文化特别是当代文化的接受度。由于受冷战影响，泰国政府曾一度对汉语教学持否定立场。冷战后，随着中国经济高速发展以及中泰关系持续改善，泰国政府开始对汉语教学持更加积极的态度。1992 年，泰国批准从小学阶段到大学阶段都可以开设汉语课程。1998 年，泰国批准汉语作为大学入学考试的外语课程。2009 年，泰国已有 44 所公立和私立高校设立汉语专业。与此同时，从 2006 年成立首家孔子学院起，到 2015 年底，泰国已有 14 所孔子学院和 11 所孔子课堂，有力推动了中泰文化交流。

（二）融入主流社会的泰国华人

在东南亚各国中，泰国被认为是解决华人问题最为成功的国家。长期的族际通婚和政治同化，使得华人融入泰国主流社会的程度相当高，泰华两族的关系常被形象地描述为“亲如一家”。

1. 泰国华人的移民浪潮

泰国历史上曾有多次大规模华人移民浪潮，最早可以追溯到 13 世纪素可泰王朝建立初期，此后在阿育陀耶王朝时期、吞武里王朝时期，都有过大量华人移民。18 世纪曼谷王朝建立后，华人移民规模进一步扩大。据统计，19 世纪 30 年代，曼谷 40 万居民中至少有半数为华人。拉玛三世（1824—1851 年）时期，每年的潮州移民多达 6000—8000 人。从 19 世纪末到新中国成立前，中国国内时局动荡，民不聊生，而泰国国内则在进行现代化的大规模基础设施建设，急需劳动力，因此每年都有大批华人移民泰国。此后，20 世纪 50 年代末的三年自然灾害期间、60 年代至 70 年代“文化大革命”期间，以及 80 年代开始的“出国热”期间，也都有相当数量的华人移民泰国。

21 世纪以来，随着中泰经济交流与合作的进一步深化，中国移居泰国的人数呈大幅上升态势。根据泰国移民局估算，泰国目前来自中国大陆的新移民达到 35 万—40 万人。此外，中国台湾的新移民也相当可观，有 15 万—20 万人。从行业来看，云南新移民从事旅游服务业居多，大陆其他省份新移民从事国际贸易居多，中国台湾新移民办实业开工厂居多。

2. 泰国华人的族际通婚

在泰国，20 世纪初期以前的华人男子，通常都是与泰族通婚。威廉·斯金纳认为，“华人移民在暹罗居住 5 年以上的，就会有一半的人与当地妇女成亲”①。泰国主流社会对于族际交往和通婚持积极立场。即使是明确禁止与异族通婚的泰国王室，也并不反对与华人结亲。②

不过，到 20 世纪前半期，泰国华人与泰族通婚的现象呈现下降趋势。原因主要有：其一，土生华人已发展成为较为独立的社会群体，男女比例渐趋平衡，使内部通婚成为可能；其二，来自中国的女性移民迅速增加，逐渐改变以往华人社会男女比例失调的现象；其三，随着中国本土民族主义思潮的发展，海外华人的民族主义情绪不断高涨，以至于华人如果与泰族妇女通婚就很可能被视为对本民族的不忠。③

二战后，泰国华人与泰族通婚的现象再次呈上升态势。这主要是由于 20 世纪 50 年代披汶政府的反共排华政策，使得泰国华人社会与

---

① G. William Skinner, *Chinese Society in Thailand: An Analytical History*, Cornell University Press, Ithaca, New York, 1957, p. 127.

② 裴晓睿：《从汉泰通婚看民族融合》，载北京大学泰国研究所编《现代化进程中的中泰关系》，世界知识出版社 2000 年版，第 105 页。

③ 曹云华：《从族际通婚看泰国华人与当地民族的关系》，《东南亚研究》2001 年第 2 期，第 5 页。

中国完全隔绝，于是，在政治和社会压力下，泰国华人开始试图进一步融入当地社会。

3. 泰国华人的政治归化

20 世纪以前，泰国政府在民族同化方面一直采取自然同化方针，并不强求。通常是采取联姻或授予爵衔的方式增进华人精英对泰国的政治认同。1913 年，泰国颁布首部《国籍法》，规定凡在泰国出生者，均为泰国国籍。自此，泰国开始在民族同化方面日趋强硬，并曾推行“泰化运动”，对华人采取严厉的压制和同化政策。二战后，泰国政府追随美国推行强硬的反共排华政策，开始限制甚至剥夺华人的政治和经济权利，以至于不少华裔官员都不敢承认自己的华人血统。

万隆会议后，中国政府为妥善解决海外侨民问题，于 1955 年宣布取消双重国籍政策。与此同时，泰国政府也改变了强硬立场，转而采取更温和的同化政策，放宽华侨入籍条件，并取消了对第一代和第二代华人在政治和经济上的歧视政策。到 50 年代后期，泰国 95% 的华侨已加入了泰国国籍。

1975 年中泰建交后，为彻底解决泰国华人的国籍问题，泰国总理府进一步放宽华侨入籍的条件。80 年代初，泰国政府取消了对第一代华人和第二代华人的参政限制，规定只要是合法的泰籍公民，都享有选举权和被选举权，从而为华人更进一步的政治归化创造了有利条件。

从目前情况看，尽管泰国华人依然对华人血统感到自豪，但在政治方面已完全认同并忠于泰国。对此，有学者认为：“由于泰国政府较早解决了华人的入籍和公民权问题，因此，泰国华人政治认同的转变也早于东南亚其他国家，并且较为顺利和彻底。”①

4. 泰国华人的社会影响力

尽管曾出现过排华运动，但总体而言泰国政府在经济和政治方面，对华人基本持非歧视政策。这就使得泰国华人能在经济和政治领

---

① 曹云华：《变异与保持——东南亚华人的文化适应》，中国华侨出版社 2001 年版，第 225 页。

域长期发挥重要作用。

在经济领域，华人经济是泰国经济的重要组成部分。20 世纪 60 年代，华人开始参与旅游、大型商场和超市、钢铁、汽车装配、房地产开发等众多行业建设。80 年代中期至 90 年代中期，华人经济由多元化向集团化、国际化方向发展，出现了正大集团、盘谷银行、律实他尼集团等跨国企业。在 90 年代后期，华人经济曾一度占泰国国民经济总量的 60%，占私营经济总量的 80%。① 尽管在 1997 年亚洲金融危机中，华人经济遭受了重创，但近年来复苏较快，并再次充满活力。

在政治领域，从 1932 年泰国建立君主立宪体制以来，历届政府都有华人入阁担任要职。据统计，1975 年以来担任过政府总理和副总理职务的华裔多达 20 余位。②

五　中泰合作：稳健有余·进取不足

从前文分析来看，泰国政治环境总体是"开放性较高·稳定性较低；协调性较低·有效性较低；自主性较高·包容性较高"，正处于国家发展模式转型中期（见图 2.5）。

对于"一带一路"建设而言，泰国目前的政治环境利弊并存，但总体上还是利大于弊，有可能成为中国—中南半岛经济走廊的重要战略支点。从有利方面来看，泰国各派权力集团在对外开放问题上具有发展共识，有助于推动中泰两国在双边和多边框架下开展全面合作，并且泰国外交自主性和文化包容性都相对较高，有助于化解中泰合作可能面临的外部势力干扰和内部利益摩擦，切实保证中泰合作项目特别是重大项目和敏感项目的有序推进。从不利方面来看，泰国正处在国家发展模式转型期，尚未形成稳定的权力结构和利益边界，各派权力集团都在积极争取更大的话语权，从而使得国家决策的稳定性与协

① 陈永、游筱群：《20 世纪末期以来东盟国家华人华侨经济发展的新特点》，《重庆工商大学学报》2004 年第 3 期，第 65 页。

② 许梅：《泰国华人政治生活的变迁》，《东南亚研究》2002 年第 2 期，第 18 页。

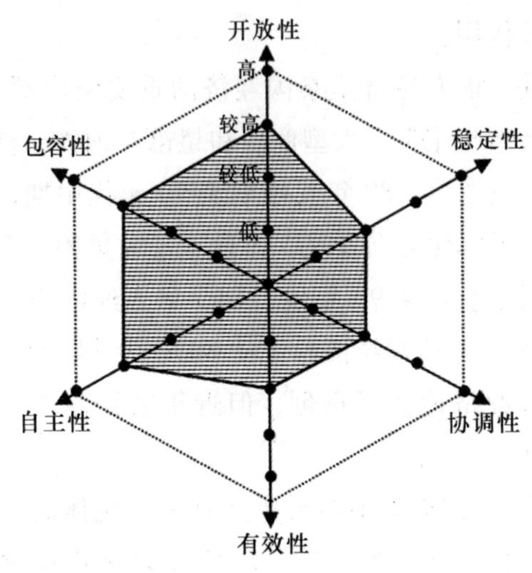

图 2.5　泰国政治环境评估

调性都相对较低，特别是在中长期国家战略性决策上难以达成有效的妥协和让步。

从目前来看，中泰合作将在相当长时期内呈现“稳健有余，进取不足”的基本特征。有鉴于此，中泰合作需要稳扎稳打，进一步夯实互利共赢的可持续合作基础，以切实的增量改革前景引导泰国各派权力集团形成对华战略合作共识。特别是在推动重大项目合作的时候要有耐心和信心，既不能因为部分势力的积极迎合而过于乐观，也不必因为部分派系的消极抵制而感到失意或愤怒，需要与泰国各方广泛沟通，努力促使其形成对中泰合作有助于泰国增量改革的感性认知与理性预期。

第三章　印度尼西亚

印度尼西亚是全球最大的群岛国家，由约17508个大小岛屿组成，横跨亚洲及大洋洲，素有“千岛之国”美誉。印尼的陆地面积约190.4万平方公里，海洋面积约316.6万平方公里（不包括专属经济区），东部与巴布亚新几内亚接壤，北部与马来西亚接壤，南部与东帝汶接壤，东北部与菲律宾相邻，西南部与澳大利亚隔海相望。

印尼总人口超过2.6亿，位列世界第四人口大国。印尼是多民族国家，全国有100多个民族，其中爪哇族人口占45%，巽他族占14%，马都拉族占7.5%，马来族占7.5%，其他民族人口占26%；民族语言共有200多种，官方语言为印尼语。印尼约87%的人口信奉伊斯兰教，是全球穆斯林人口最多的国家。

印尼是东盟最大的经济体。20世纪70年代至90年代中期，印尼经济年均增长6%，跻身中等收入国家行列。1997年亚洲金融危机使印尼遭受重创，经济严重衰退，货币大幅贬值。21世纪以来，印尼经济稳步复苏，并呈增长态势。2017年，印尼国内生产总值10109亿美元，人均国内生产总值3878美元，在东南亚国家中处于中等水平。

对于“一带一路”建设而言，印尼具有非常重要的地缘战略意义。一方面，印尼地理上扼守着巽他海峡、马六甲海峡、龙目海峡等沟通太平洋与印度洋的海上交通要道，自古就是东西方经贸文化交流的重要枢纽。另一方面，作为东南亚地区大国，印尼不仅拥有广阔市场、丰富资源与廉价劳动力，可以在双边层面为“一带一路”建设提供有力支撑，而且拥有重要地区影响力，可以在多边层面发挥积极的引导作用与样板效应。

第一节　政治权力集团

印尼于1945年宣布独立，迄今已有70多年历史。从政治发展来看，印尼先后经历了建国初期的议会民主时期，苏加诺“有领导的民主”时期，苏哈托“新秩序”威权体制时期，以及20世纪90年代末以来的多元民主时期。作为多民族、多宗教、多文化的群岛国家，印尼政治长期面临多元社会分化与冲突的严峻挑战。民族、宗教与地区的传统政治分野，再加上现代化进程中的阶层分化与城乡分化，使得印尼政治权力结构在多元民主时期呈现明显的脆弱性与不确定性，新旧权力集团围绕国会议席与总统职位不断合纵连横（见表3.1）。

表3.1　**印尼多元民主时期国会选举情况**

政党	1999年		2004年		2009年		2014年	
	议席数（席）	得票率（%）	议席数（席）	得票率（%）	议席数（席）	得票率（%）	议席数（席）	得票率（%）
民主斗争党（PDI-P）	153	33.74	109	18.53	94	14.03	109	18.95
专业集团（Golkar）	120	22.46	128	21.58	106	14.45	91	14.75
民主党（Demokrat）	—	—	55	7.45	148	20.85	61	10.19
大印尼运动党（Gerindra）	—	—	—	—	26	4.46	73	11.81
民心党（Hanura）	—	—	—	—	17	3.77	16	5.26
民主国民党（Nasdem）	—	—	—	—	—	—	35	6.72
民族觉醒党（PKB）	51	12.61	52	10.57	28	4.94	47	9.04
国民使命党（PAN）	34	7.12	53	6.44	46	6.01	49	7.59
建设团结党（PPP）	58	10.71	58	8.15	38	5.32	39	6.53
繁荣正义党（PKS）	7	1.36	45	7.34	57	7.88	40	6.79
其他	39	12.00	50	19.94	0	18.29	0	2.37
国会议席总数	462	100	550	100	560	100	560	100

资料来源：笔者根据历年印尼大选数据整理。

从目前来看，印尼政坛的政治权力集团主要有世俗民族主义集团、伊斯兰集团、军人集团、传统政商集团，以及地方豪强集团。

一 世俗民族主义集团

世俗民族主义的政治观念形成于20世纪初的印尼独立运动时期，其代表人物是被誉为印尼国父的第一任总统苏加诺。世俗民族主义的核心是印度尼西亚民族主义，倡导建立独立的和宗教中立的印度尼西亚国家，强调所有印尼人无论宗教和种族都有平等归属感，并坚决反对建立伊斯兰教国家。苏加诺于1927年组建印度尼西亚民族联盟，并于次年改组成立印度尼西亚民族党（PNI），从而成为世俗民族主义集团的政治雏形，其成员主要是激进的民族独立运动精英。不过，随着苏加诺被荷兰政府逮捕并判决流放，印度尼西亚民族党于1931年被迫解散。

1945年建国后，印度尼西亚民族党重建，并在苏加诺的支持下成为印尼政坛的重要力量。其成员中既有广大的中下层民族主义支持者，也有很多大地主、大商人和政府高级文官。1955年国会选举中，印度尼西亚民族党赢得22.3%的选票，获得全部257席中的57席，成为国会第一大党。1965年“九三〇事件”后，苏哈托掌权，开始着力打压印度尼西亚民族党。1971年国会选举中，苏哈托支持的专业集团（Golkar）以压倒性优势胜出，印度尼西亚民族党仅赢得6.94%的选票，获得全部360席中的20席，成为在政治上被边缘化的小型政党。1973年，印度尼西亚民族党在苏哈托政府的强制下并入印度尼西亚民主党（PDI），从而使世俗民族主义集团在此后的20多年间彻底沦为专业集团“一党独大”权力格局的政治陪衬。

20世纪80年代中期，苏加诺长女梅加瓦蒂（Megawati Soekarno Putri）加入印度尼西亚民主党，再次为世俗民族主义集团提供了政治凝聚力。1993年，梅加瓦蒂出任民主党总主席，但随后就在苏哈托政府打压下被迫退党。1998年苏哈托倒台后，梅加瓦蒂组建印度尼西亚民主斗争党（PDI-P），开始成为多元民主时期世俗民族主义集团的政治旗帜。1999年国会大选中，印尼民主斗争党赢得33.74%的选票，获得全部462席中的153席，成为国会第一大党。2001年，梅加瓦蒂接替瓦希德的总统职位，从而成为印尼有史以来的首位女总统。

从构成来看，世俗民族主义集团的成员来源相当复杂，既有大量的中下层民众，也有为数不少的城市中产阶级，还有政界高官和商界精英。对于世俗民族主义集团而言，其政治凝聚力主要源自意识形态认同。具体来看，主要表现在以下方面：首先在经济发展方面，世俗民族主义集团具有强烈的民族主义倾向，要求改变外国资本对印尼国家利益的不合理侵蚀。这在苏加诺执政时期直接表现为没收荷兰和日本企业资本的国有化行动。1997 年亚洲金融危机后，印尼社会对外国资本呈现既爱又恨的复杂情绪，既希望外国资本持续流入推动印尼经济增长，又质疑新殖民主义对印尼国家资源的掠夺开发。其次在民主改革方面，具有坚定的世俗化与反威权立场。其中，世俗化针对的是伊斯兰集团，坚决反对伊斯兰集团的任何政治诉求；反威权针对的是军人集团与传统政商集团，要求解构苏哈托时代形成的“权力—利益”分配机制。再次在社会福利方面，具有明显的民粹主义色彩，要求切实解决贫富、城乡与地区分化问题，并通过对社会财富的政策性分配，改善中下层的民生福利。

世俗民族主义集团具有迫切的改革诉求，期望在多元民主改革时期进行深层次的结构性调整，探求更为公平合理有效的国家发展模式。但是，曾被世俗民族主义集团寄予厚望的梅加瓦蒂在总统任期内，却表现得保守、低效与软弱，民主改革缓慢，经济复苏乏力，腐败问题加剧，结果导致世俗民族主义集团的涣散与分化。[①] 随着梅加瓦蒂作为“苏加诺长女”的政治光环褪色，民主斗争党的政治凝聚力显著下降，2004 年国会选举中得票率仅为 18. 53%，降幅达 45%，2009 年国会选举中得票率更是进一步降至 14. 03%。

2014 年总统大选，从梭罗市贫民窟走出来的平民政治家佐科·维多多（Joko Widodo）成为世俗民族主义集团的政治新星。从梭罗市长，到雅加达市长，再到印尼总统，佐科在印尼政坛高歌猛进，仅用九年时间就完成了从普通家具商到巅峰政治家的华丽转身，不仅挽

① Steven Drakeley, *The History of Indonesia*, Greenwood Press, 2005, pp. 161 – 163.

回了民主斗争党的政治颓势，而且再次为世俗民族主义集团提供了政治凝聚力。[①]

从目前来看，世俗民族主义集团的政治前景，将在很大程度上取决于佐科在总统任期内的改革承诺兑现情况。如果经济发展、政治改革与民生改善等方面能取得实质性进展，那么世俗民族主义集团的政治凝聚力与影响力都将获得显著增强，甚至有可能成为印尼权力结构的主导核心，否则，世俗民族主义集团就有可能失去意识形态感召力，进而在权力博弈中被边缘化。

二　伊斯兰集团

尽管印尼从独立以来就一直是世俗国家，但作为全球穆斯林人口最多的国家，伊斯兰教始终是印尼政治的核心要素。印尼伊斯兰和社会研究中心于2007年展开的调查显示，将宗教作为首要政治认同的印尼民众高达41.3%，而将国籍作为首要政治认同的仅为24.6%。[②]对此，有学者强调指出，“在印尼，基于宗教的种族集团或社会集团的划分比阶级差别更为重要”。[③] 21世纪以来，随着多元民主改革的有序推进，伊斯兰教因素的政治张力有所缓和，但在权力结构中依然举足轻重。

印尼伊斯兰集团的政治化进程开始于独立运动时期，并逐渐形成了现代派与传统派两大阵营。现代派主张净化伊斯兰信仰，推动现代化改革，学习西方进步文明，反对泛灵论和多神论，其代表组织是成立于1912年的穆罕默迪亚，成员主要是城市穆斯林中产阶级；传统派主张维护伊斯兰教士的传统权威，包容伊斯兰文化与土著习俗融合，其代表组织是成立于1926年的伊斯兰教士联合会（NU），成员主要是农村地区穆斯林。两大阵营的竞争与合作有力推动了伊斯兰集

① 许利平等：《从贫民窟到总统府——印尼传奇总统佐科》，社会科学文献出版社2015年版，第63—110页。

② ［印尼］桑尼·塔鲁韦达加：《印尼政治伊斯兰和伊斯兰政党——伊斯兰政治衰退证据的批判性评价》，《南洋资料译丛》2010年第3期，第36页。

③ ［美］卢西恩·派伊：《东南亚政治制度》，广西人民出版社1993年版，第51页。

团的形成和发展，并构成了印尼政治演化的重要脉络。

1955 年国会选举中，现代派伊斯兰集团的马斯友美党赢得 20.92% 的选票，获得全部 257 席中的 57 席，从而与印度尼西亚民族党并列为国会第一大党。与此同时，伊斯兰教士联合会赢得 18.41% 的选票，获得 45 席，成为国会第三大党。如果再加上伊斯兰教联盟（PSII）、白尔蒂伊斯兰教党（Perti）、伊斯兰同盟政党（PPTI）、伊斯兰教徒胜利行动（AKUI）等小党，伊斯兰集团在国会中的得票率高达 43.93%，甚至超过了占据政治主导权的世俗民族主义集团。不过，由于现代派与传统派的立场分歧，伊斯兰集团不仅未能在政治博弈中占据优势，反而在权力结构中被半边缘化。随着苏加诺开始推行"有领导的民主"体制，政治立场激进的马斯友美党于 1960 年被强制取缔。

苏哈托掌权后，伊斯兰集团在政治上被进一步边缘化。1971 年国会选举中，军人集团支持下的专业集团（Golkar）赢得 62.82% 的选票，获得全部 360 席中的 236 席，从而成为拥有压倒性优势的国会第一大党。与此同时，伊斯兰教士联合会的得票率降至 16.68%，而作为马斯友美党的后继者，穆斯林党（Parmusi）尽管得到穆罕默迪亚的全力支持，得票率也仅为 5.36%。即使再加上其他小党，伊斯兰集团的得票率也仅为 27.12%，相较 1955 年国会选举下降了 16.81 个百分点。

1973 年，伊斯兰集团拥有国会议席的政党，即伊斯兰教士联合会、穆斯林党、伊斯兰教联盟、白尔蒂伊斯兰教党在苏哈托政府的压力下，被迫合并成立了建设团结党（PPP），从而成为此后近 30 年唯一合法存在的伊斯兰政党。1977 年与 1982 年国会选举中，建设团结党赢得 29.3% 与 27.8% 的选票，从而保持着国会第二大党与最大反对党地位，但在政治上根本无力对苏哈托政府形成约束。

1984 年，伊斯兰教士联合会退出建设团结党，进一步弱化了伊斯兰集团的政治影响力。1987 年与 1992 年国会选举中，建设团结党所得选票大幅降至 16% 与 17%。不过，相较于政治层面的边缘化，从 20 世纪 80 年代中后期开始，伊斯兰集团在社会、文化与经济领域却呈现明显的复兴态势，特别是苏哈托为制衡新生代军人集团而扶植伊斯兰力量的政治选择，更是为伊斯兰集团进一步夯实根基提供了重要契机。[①] 苏哈托开始支持建立伊斯兰银行，鼓励伊斯兰法庭权力扩大，允许在学校戴面纱，创办宣传伊斯兰文化的报纸，废除国家彩票，增加穆斯林的电视节目，增加穆斯林学校的基金投入，约见对伊斯兰持积极态度的军队领导人。[②] 1990 年，印尼穆斯林中上层社会精英组建了印尼穆斯林知识分子联合会（ICMI），核心成员多为政府高官和社会知名人士，并推举备受苏哈托信任的哈比比出任主席，从而为伊斯兰集团与印尼权力核心的有效沟通提供了合作平台。

苏哈托倒台后，伊斯兰集团开始政治回归。从多元民主时期的四次国会选举来看，伊斯兰集团四大主要政党（PKB、PAN、PPP、PKS）的得票率基本保持在 30% 左右（见表 3.1），再次成为印尼政坛的重要力量。1999 年，伊斯兰教士联合会领导人瓦希德（Abdurrahman Wahid）甚至成功击败梅加瓦蒂当选印尼总统。但是，伊斯兰集团各派的立场分歧，却在很大程度上影响了伊斯兰集团的资源整合。伊斯兰教士联合会支持的民族觉醒党与穆罕默迪亚支持的国民使命党都坚持世俗政治，但存在传统派与现代派的立场分歧；建设团结党与繁荣正义党都高举“伊斯兰”旗号，但后者更激进，不仅要求建立伊斯兰教国，而且与中东地区的伊斯兰团体甚至极端组织存在联系。

内部的分化与竞争，严重制约了伊斯兰集团的影响力，使其很难成为多元民主时期的政治主导力量。瓦希德的总统任期仅持续了不到一年时间，就在国会弹劾下黯然离职，将总统职位拱手让与世俗民族主义集团的梅加瓦蒂。尽管如此，伊斯兰集团在印尼政坛依然拥有重要话语权，任何有意问鼎总统宝座的政治力量，都必须取得伊斯兰集团的认可与支持。2004 年总统大选中，参选的 5 对正副总统候选人

---

① Steven Drakeley, *The History of Indonesia*, Greenwood Press, 2005, p. 121.

② ［美］罗伯特·海夫纳：《宗教复兴时代的民主化：印尼的个案》，《南洋资料译丛》2013 年第 3 期，第 71 页。

基本都采用了“民族主义领袖+伊斯兰领袖”的政治搭配。2009年苏西洛（Susilo Bambang Yudhoyono）成功连任总统，力压世俗民族主义集团的梅加瓦蒂与传统政商集团的普拉博沃（Prabowo Subianto）的强强联合，更是很大程度上得益于伊斯兰集团的鼎力支持。

从目前来看，伊斯兰集团将在相当长时期内继续发挥政治平衡作用，并在此基础上推进伊斯兰复兴运动。2014年佐科当选总统后，世俗民族主义集团的政治优势有限，伊斯兰集团的平衡作用将进一步突显，有可能促使各派政治力量在伊斯兰相关议题特别是社会、文化与经济领域做出更多的妥协和让步。

三 军人集团

印尼军人集团政治独立地位的形成与发展，很大程度上受印尼独立初期的三方面要素影响。首先是安全要素。1945年印尼独立时内外交困，外有荷兰殖民主义威胁，内有地方分离主义运动。印尼军人集团在对外抵御殖民侵略，对内平息地方叛乱的艰难斗争中逐渐壮大，并依托“维护民族独立与国家统一”的集体荣誉感形成了强烈的自我认同，以及对文官政府的轻视与不信任。①

其次是意识形态要素。印尼独立初期的意识形态分歧明显，特别是伊斯兰与共产主义意识形态，更是引起国内外各派力量的普遍担忧与强烈不满。军人集团世俗的与反共的坚定立场，不仅赢得了印尼中上层精英认可，而且获得了以美国为首的西方阵营青睐，从而为其提供了有利的政治氛围。

再次是经济要素。印尼独立初期，武装部队军饷通常需要指挥官自行筹募，从而在很大程度上强化了内生性的庇护制传统，使得军队中下层更倾向效忠上层军官，而不是名义上的中央文官政府。印尼政府推行的国有化政策，更是使军人集团掌握了大量外国特别是荷兰资本，从而进一步增强了经济独立性。②

① Steven Drakeley, *The History of Indonesia*, Greenwood Press, 2005, p. 88.

② 贺圣达等：《战后东南亚历史发展》，云南大学出版社1995年版，第39页。

1957 年苏加诺推行“有领导的民主”体制，使得印尼军队以“职能群体”方式获得了参政议政的正式渠道，并成为政坛的重要支柱力量。但这并不足以满足军人集团迅速增长的政治权力诉求。1965 年，随着“九三〇事件”爆发，苏加诺平衡左翼共产主义与右翼军人集团的政治努力宣告失败。军人集团在苏哈托领导下，不仅彻底清洗了印尼共产主义力量，而且对伊斯兰集团进行了有效打压，从而成为印尼政坛唯一的政治主导力量。

苏哈托“新秩序”时期，军人集团始终发挥着“双重职能”，即军队不仅要发挥军事防务职能，而且应承担社会政治职能。[①] 1982 年，印尼国会颁行新的《国防法》，以立法形式赋予了“双重职能”正当性，使军队与军官的政治地位受法律保护。作为印尼政治权力的核心集团，军人集团的影响力在各领域都有显著体现。在政治领域，军人集团不仅掌握着国会全部 500 席中的 100 个保留议席，而且通过专业集团掌握相当数量的民选议席，并有权在非军事部门中任命军方代表，担任上至部长下至村长的各级行政职务，从而切实保证了军方的政治话语权；在社会领域，军人集团通过“恢复安全与秩序作战指挥部”（Kopkamtib）对社会各阶层的意识形态进行监管；在经济领域，武装部队不仅直接开办企业，而且享有免税特权，军警高层更是广泛参与经营活动，从而形成了盘根错节的利益共同体。

尽管从 20 世纪 80 年代末开始，军人集团与苏哈托政权的联盟关系开始松动，并且在 1998 年的反苏哈托运动中临阵倒戈，成为瓦解“新秩序”体制的决定性因素，但在苏哈托倒台后，军人集团还是成为众矢之的。武装部队的职业化与非政治化，成为印尼多元民主改革的重要议题。其举措主要包括：哈比比时期，减少了在东帝汶等地的军事部署，解除了“军事行动区状态”，收回了军方在地方的行动特权；切断了军方与专业集团的政治联系；减少了国会的军队保留席位。瓦希德时期，落实了军警分离，规定由直属于总统的警察负责社

① Harold Crouch, *The Army and Politics in Indonesia*, Ithaca: Cornell University Press, 1978, pp. 24 – 25.

会安保，军方不再介入地方安全事务；规定现役军人不得兼任行政文职；任命文官担任国防部长及其他军事要职。梅加瓦蒂时期，规定了军警人员不得成为各级议员与总统候选人，也不得参与投票，并取消了国会的军队保留议席。苏西洛时期，通过修订《国防法》与《印尼国民军法案》，严格限定了军队的职权范围，有效防止了军队参与政治和民事活动。①

从目前来看，军人集团已不再是印尼政坛的主导力量，而且也很难继续直接干政，但军人集团依然拥有重要的政治话语权。依托军人集团在“新秩序”时期构建的利益关系网，退役的军警高官在政治参与方面优势明显，而其掌权后，又会为军人集团的利益关系网提供更有效的庇护与扶持。民心党主席维兰托（Wiranto）、民主党主席苏西洛、大印尼运动党主席普拉博沃等，都有着深厚的军方背景。

尽管要求彻底切断军人集团商业利益的社会呼声高企，但在财政上捉襟见肘的印尼政府，根本无力提供充裕的军费预算，唯有继续放任军队自筹经费的传统模式。再加上三十余载的深耕细作，军人集团从中央到地方都已形成盘根错节的利益关系网，也使得民选政府既无力也无意进行大刀阔斧的改革。2014 年总统大选中，佐科力压普拉博沃，从而在一定程度上对军人集团的政治影响力形成有效约束，但是世俗民族主义集团缺乏压倒性政治优势，因此佐科要在任期内进一步推进武装部队的非政治化，必将面临艰难险阻，如若处置失当，甚至可能引起军人集团的政治反弹。

四　传统政商集团

从起源来看，传统政商集团相当程度上是印尼军人集团发展的衍生物。苏哈托“新秩序”时期，军人集团把持着国家行政权力与发展资源，军政高官享有各种政治和经济特权，但是缺乏经商能力，很

① 刘相骏、皮军：《后苏哈托时代印尼军队的改革》，《南洋问题研究》2008 年第 1 期，第 50—52 页。

难自行将权力和资源转化为现实收益。于是，扶植依附性的商业集团负责收益转化，也就成为军人集团的必然选择。

在印尼社会中，华人企业家不仅拥有商业禀赋和传统商业网络，而且在政治和社会上受到原住民的疏离甚至排斥，难以构成抵制军人集团的政治核心，因此成为军人集团扶植的首选对象。苏哈托执政前中期，军政高官通常都会通过秘密的或半公开的渠道与拥有原始资本、经营管理经验、销售网络等优势的华人企业家开展合作联营，提供信贷优惠、经营许可证、专利特许权、外贸垄断，以及政治权力庇护，以获取高额的利益分红，从而在相互依存与相互利用的基础上构建共生关系。这一政商合作模式通常被称为“主公制”或“主公主义”。①

华人企业家参与合作联营的方式主要有：与印尼政府或其他机构合作联营，与现任或退休退役的重要军政官员合作或合营，与军政官员家属及子女合作联营，与印尼军政官员或他们的家属挂名领导的“基金会”合作联营等。② 其中，颇具代表性的有苏哈托家族分别与林绍良、彭云鹏、郑建盛合作联营的三林集团、巴多里太平洋集团、波普哈山集团；前雅加达市长沙迪金中将与徐清华联营的耶雅建筑集团；苏托沃中将与谢建隆合作的阿斯特拉达集团；前副总统日惹苏丹与林德祥合作的卡耶东卡集团等。③

苏哈托执政中后期，随着军政高官的二代或三代接管家族势力，政商合作模式开始有所改变。通常情况下，军政高官的二代或三代都要比父辈们更为熟悉和理解商业运作模式，再加上“主公制”在印尼原住民中引起了强烈的不满，使得军政高官开始更多地扶植原住民的商业集团。其中，颇具代表性的有专业集团党总主席巴克利（Aburizal Bakrie）

① 陈文献：《印尼的“主公”：苏哈托军人集团上台后的新兴印尼华人大企业家阶层》，《南洋问题研究》1983 年第 1 期，第 102—104 页。

② 蔡仁龙：《印尼华人企业集团的发展与前景》，载萧效钦、李定国主编《世界华侨华人经济研究》，汕头大学出版社 1996 年版，第 152 页。

③ 彭黎明：《苏哈托时期华人企业集团发展的政治分析》，《广州广播电视大学学报》2002 年第 2 卷，第 39 页。

的巴克利集团，副总统卡拉（Jusuf Kalla）的哈吉卡拉集团，民主国民党主席巴罗（Surya Dharma Paloh）的印尼传媒集团等。

“新秩序”时期，传统政商集团作为军人集团的依附力量，无论是华人政商，还是原住民政商，都在政治上表现低调，更倾向于通过军政高官间接表达政治诉求。苏哈托倒台后，拥有雄厚资金的传统政商集团正式登上政治舞台，开始成为权力博弈的重要参与力量。从目前来看，传统政商集团与军人集团的政治联盟尚在，但相互关系从不对等依附变为了对等合作，形成了前者“政治资金”与后者“社会网络”的有机结合。更重要的是，作为印尼民主选举的最大金主，无论是谁掌权执政，传统政商集团都将在印尼的权力结构中拥有重要话语权。尽管具有明显政商烙印的“苏哈托女婿”普拉博沃在2014年总统选举中惜败，但在“平民总统”佐科背后站着的大佬级政治家巴罗，同样是传统政商集团的重要代表。

五　地方豪强集团

作为群岛国家，印尼长期面临地区认同的政治分歧问题。这不仅源于地理隔断所形成的疏离感，更重要的是根植于宗教、民族以及发展利益分享等方面的现实差异。印尼独立后，否定了联邦制，选择了更具有凝聚力的单一制国家，从而使得传统的地域分歧转化为中央—地方矛盾，甚至引发了东帝汶、亚齐与巴布亚等地区持续性的分离主义运动。

苏哈托执政时期，印尼中央政府依托军人集团的武力压制与行政监管，有效抑制了地方势力的政治话语权，从而在形式上巩固了中央与地方的一致性，但是，地方自治的社会传统与地区失衡的利益现实，使得中央—地方矛盾不仅未曾缓解，反而进一步积聚恶化。于是，随着苏哈托政权倒台，印尼地方势力开始强劲反弹，要求在多元民主改革时期享有更多的经济利益与政治权力。

哈比比时期，印尼政府承诺给予地方更多自治权，并将当地资源收入的75%返还地方。瓦希德时期，设立了区域自治部以支持地方自治，并从2001年起将自治权下放到县级地方，允许省县政府自行编制地方财政预算。与此同时，国家立法机构中设立的地方代表理事会，也为地方自治提供了重要保障。地方代表理事会由每省4位代表组成，有权提议修改地方自治法、中央与地方关系法、地方区域范围调整法、自然与其他经济资源运用法、中央与地方财政划分法等相关法律法规。①

随着地方自治权力扩大与经济利益增加，曾经长期蛰伏的各派地方势力也相继焕发生机，再次成为影响印尼权力格局的重要政治力量。从构成来看，地方豪强集团既包括传统的地方宗教势力和贵族势力，也包括新兴的地方商业势力，特别是在“新秩序”时期通过与军人集团合作成长起来的地方政商势力。由于拥有深厚的地方社会影响力，在选举体制下，地方豪强集团很容易以选票资源为筹码，换取所需的政治和经济资源，并在此基础上进一步把持地方权力，甚至形成家族化的地方政治结构。

从目前来看，地方豪强集团的政治话语权还相对有限，主要局限于地方事务层面，对国家核心权力尚未构成直接竞争。不过，随着地方豪强集团对选票资源的操控日趋娴熟，其政治博弈的能力还将进一步增强，并有可能成为阻碍印尼国家改革与发展的重要保守力量。

第二节　政治环境评估

一　发展模式：开放性较低·稳定性较高

从国家发展道路的选择来看，印尼在过去近半个世纪里，基本遵循着从封闭到开放的发展路径。不过，在1997年亚洲金融危机中，印尼长期奉行的外向型经济发展模式遭受重挫，使得印尼社会在对外开放问题上开始变得谨慎和犹豫。虽然印尼社会并未改变对外开放共识，但在既得利益集团影响下，所选择的是更为保守的均衡发展道路，试图兼顾国内国外两种资源两个市场。2008年全球经济危机使

① 李文俊、王坚德：《印度尼西亚中央与地方关系探究》，《文史博览》2009年第10期，第25页。

印尼社会更坚信选择均衡发展道路的必要性与可行性。因此，对“一带一路”建设而言，印尼的开放性较低，深受国内保护主义影响，但稳定性较高，有助于避免政府更迭影响。

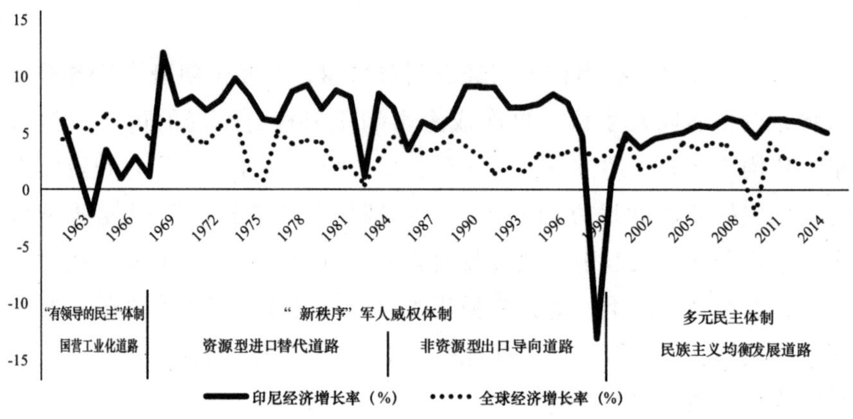

图 3.1 印尼发展模式变革进程示意图

资料来源：世界银行数据库（http：//data. worldbank. org）。

（一）政府主导型的对外开放道路

从20世纪60年代后期开始，印尼经济呈现持续高增长态势。据统计，1968年到1997年的30年间，印尼经济年均实际增长率高达7.4%（见图3.1）。1997年亚洲金融危机前，印尼人均收入已经从1967年的56美元增至1137美元，开始步入中等收入国家行列。印尼经济能实现持续高增长，很大程度上得益于前总统苏哈托（Haji Mohammad Suharto）领导下兼具稳定性与灵活性的“新秩序”威权体制。尽管对苏哈托的评价毁誉参半，其家族贪腐问题和侵害人权特别是迫害印尼华人问题，始终是苏哈托难以洗刷的政治污点，但其在维护统一、稳定政局、促进发展方面所取得的功业也是有目共睹的，并被誉为“印尼建设之父”。苏哈托执政期间，印尼国家发展模式经历了两次关键性转变，并通过契合不同阶段国情的“政治体制—经济道路”架构，有效推动了印尼社会经济发展。

1. 第一次是在20世纪60年代中期，苏哈托在军人集团支持下通过“九三〇事件”上台后，摒弃了苏加诺时期的“有领导的民主”体制——国营工业化道路，进行了全面的发展模式变革。

在政治体制方面，苏哈托依仗军人集团武力威慑，进行了权力结构与意识形态层面的除旧布新，构建了“新秩序”体制。苏加诺“有领导的民主”时期，政治格局是共产主义集团、伊斯兰集团、世俗民族主义集团、军人集团相互制约，并主要依靠苏加诺个人的社会权威与政治手腕加以平衡，因此呈现明显的脆弱性与不确定性，难以为印尼社会经济的发展提供稳定的和可预期的政治环境。苏哈托上台后，首先借助伊斯兰集团的政治力量，对印尼共产主义力量进行了彻底清洗和全面取缔，造成数十万人遇害，并于 1967 年与中国断交；而后利用伊斯兰集团教派分歧，打击伊斯兰激进派，安抚伊斯兰温和派，积极引导和推动伊斯兰非政治化；最后以世俗化与现代化的发展目标，争取和吸纳世俗民族主义精英，使之依附于军人集团。苏哈托“新秩序”时期，以军人集团为权力核心，以“建国五基”（潘查希拉）为指导思想，构建了单极自律形态的政治构架，从而为社会经济的发展提供了稳定环境。

在经济道路方面，苏哈托摒弃了国营工业化道路，转而走资源型进口替代道路。苏加诺时期，印尼共推行了三个工业计划，即 1951 年开始的“工业紧急计划”，1956 年开始的“五年建设计划”以及 1961 年开始的“八年全面建设计划”。苏加诺政府的国营工业化道路，具有明显的国有化特征。具体来看，一是通过没收和赎买外国资产的方式增加国有资产。据统计，从 1945 年到 1963 年，印尼政府相继没收了 16.19 亿美元外国资产，其中主要是荷兰资产，从而有效接管了事关国家命脉的重要产业，特别是交通、运输、水电、通讯、邮政、银行等。二是通过政府投资构建工业体系，兴建面向消费需求的制造业，主要包括食品、饮料、纺织、木材加工等，从而在一定程度上满足了国内民众的基本生活需要。但是，国内政局不稳，以及在对外关系紧张情况下的资金与技术匮乏，使得国营工业化道路未能取得预期成效。20 世纪 60 年代初，印尼经济濒临崩溃，民心思变，从而为军人集团的政治夺权提供了有利的社会氛围。

苏哈托上台后，采取了不同于苏加诺的经济道路。苏哈托政府放弃了抵制外资的国有化政策，转而将有效利用外资推动经济发展作为基本国策。苏哈托政府与部分西方国家签订了保证投资安全和避免双重征税的协定，并于1967年颁布《外国投资法》，以立法形式给予外资优惠政策。从1967年开始，印尼每年都从"援印尼国际财团"获得长期低息贷款，用于基础设施和国家重点建设项目。与此同时，苏哈托政府充分利用国内石油资源丰富的要素禀赋，将石油开采作为优先产业，并以此为基础推动相关进口替代产业发展。通过国有石油公司与外国石油公司的"产品分享制"合作方式，石油开采开始成为印尼国民经济的重要支柱，以及首要税收和创汇部门。

从社会经济发展来看，得益于稳定的政治局势，以及源自石油出口的丰厚收益，特别是20世纪70年代两次国际石油价格上涨的重要利好，印尼经济特别是进口替代产业呈现高速发展态势。据统计，从1969年到1984年的前后三个五年计划期间，印尼制造业产值的年均增长率分别为13%、13.3%和11.4%，从而为苏哈托稳固政权提供了有利条件。

2. 第二次是在20世纪80年代中后期，苏哈托在保持政治体制基本不变的前提下，针对国内外经济环境变化，推动了经济道路的结构性调整，从而保证了印尼经济社会的可持续发展。

20世纪80年代的全球石油价格下跌，使得印尼以石油产业为支柱的国民经济面临严峻压力。再加上印尼国内伊斯兰复兴运动兴起，以及军人集团的新生代精英成长所引发的权力摩擦，都使得苏哈托"新秩序"体制的结构性张力明显增加。对此，苏哈托进行了积极的结构性调适。

在政治体制方面，苏哈托继续坚持军人集团的核心主导地位，但开始有意识地扶植伊斯兰集团的政治力量，特别是伊斯兰中上层知识精英的影响力，形成对军人集团新生代精英的渗透与制约。苏哈托重用新生代的技术精英哈比比，并认可其出任印尼穆斯林知识分子联合会主席的政治立场，有效增进了苏哈托与伊斯兰集团的政治默契。与此同时，随着传统政商集团成长与壮大，军人集团对政商群体的掌控能力也开始逐渐弱化，特别是部分依附于苏哈托家族和老辈军政高官的政商群体，其话语权甚至要超过很多新生代军政高官，从而在一定程度上形成了政商关系的权力倒挂。

尽管“新秩序”体制的基本政治架构并未改变，但苏哈托执政后期的权力结构关系与前期相比，还是有微妙不同，特别是伊斯兰集团与传统政商集团的影响力提升，使得印尼的政治权力结构开始具有更多的灵活性与多元性，从而为经济结构改革提供了重要的政治空间。

在经济道路方面，印尼将工业化战略从进口替代转向出口导向，并将优先发展目标从石油工业转向非石油天然气工业的生产与出口。同时，为促进出口工业发展，印尼还进行了一系列配套改革。其中，在汇率方面，印尼在 20 世纪 80 年代两次施行本币贬值，使印尼盾兑美元汇率从 1∶703 降至 1∶1644，有效提高了印尼工业制成品的国际竞争力；在金融方面，印尼放宽了对银行业管制，开始允许资本项目下的货币自由兑换；在贸易方面，加强对原料和半成品出口的政策限制，先后禁止原木和藤条初级产品出口，促进高附加值制成品出口；在投资方面，进一步放宽对外资的限制，简化审批流程，改善投资环境，增加优惠措施。

苏哈托政府在工业化战略转型过程中表现出相当强的执行力，从而使得印尼经济在 80 年代中期出现短暂衰退后很快就恢复了高增长态势（见图 3.1）。依托出口导向的工业化战略，印尼经济结构得到了有效改善，制造业开始成为经济发展的主导力量。1987 年，制造业产品在印尼出口总额中所占比重首次超过农产品，并于 1991 年超过了石油矿产品。1997 年亚洲金融危机前，制造业在印尼国内生产总值中的比重已达到 24%，相较于 60 年代中期增长了 2 倍多。

（二）兼顾保守与开放的中间道路

对于印尼社会而言，1997 年亚洲金融危机是始终难以释怀的惨重伤痛。从 1996 年到 1998 年，由于印尼本币的大幅贬值，印尼人均国内生产总值从 1137 美元骤降至 463 美元，退回到 70 年代末的发展水平。企业破产，劳工失业，物价飞涨，粮食短缺，暴乱频繁，使得印尼社会对全球化风险产生了深刻记忆。

从亚洲金融危机的成因来看，国际热钱的投机行为毫无疑问是要承担重要责任，但印尼之所以会成为东南亚受损最严重的国家，很大程度上还是要归咎于印尼在贯彻出口导向道路过程中存在的结构性缺陷，特别是苏哈托执政后期在产业结构升级方面的无所作为，使得大量资本在缺乏引导与监管的情况下流向股市和房地产，从而催生了严重的经济泡沫。

经过1997年亚洲金融危机后近20年的探索与调适，印尼在国家发展道路选择上已基本完成了一致性妥协与本土性检验，并开始迈入跨越式增长阶段（见图1.2）。尽管从中长期看，印尼在兼顾保守与开放的多元民主体制下构建的民族主义均衡发展道路能否保持高增长，或是否会在全球经济衰退影响下进入下行通道，还有待观察，但就目前而言，均衡发展道路还是有效促进了社会经济的稳定有序发展。

对于印尼现阶段的经济道路选择，有必要从两方面加以把握。第一是特征明显的改革开放性。苏哈托下台后，印尼政府在国际货币基金组织压力下，于1997年到2003年进行了长达六年的经济自由化改革。具体包括四个方面：一是采取紧缩的财政政策和货币政策以保障宏观经济稳定；二是金融部门重组；三是国有企业私有化等结构性改革；四是贸易和投资的体制机制自由化。2004年，印尼人均国内生产总值回升至1150美元，首次超过危机前水平，并呈现稳定的高增长态势。

苏西洛执政的十年间，印尼进一步深化了改革开放。一方面延续了严格的金融监管制度和审慎的货币与财政政策，从而有效保证了宏观经济稳定。事实上，正是得益于苏西洛政府的稳健做法，印尼在2008年的全球经济危机中有效避免了严重损失。① 另一方面，进一步改善了投资环境。其主要做法包括：完善投资法律，于2007年颁布新《投资法》，规定外国投资者与国内投资者享有同等待遇，并明确

① ［日］增田笃、大重齐：《印尼经济：世界金融危机的波及及其对策》，《南洋资料译丛》2010年第2期，第37—41页。

了外商与政府的争端解决机制；简化投资程序，开始采取“一站式综合窗口服务”，并强制要求地方各级政府遵照执行；放宽投资范围，除了对交通、采矿、传媒、武器装备四个领域有所限制外，其他领域都对外国投资者开放；提供税收优惠政策，将外资企业的所得税从30%降至25%，并大幅减免进出口税和行业税，鼓励投资制造产业。[①] 统计显示，从2004年到2014年，外国对印尼直接投资的净流入额为年均141亿美元，在印尼国内生产总值中的占比为年均2.08%，从而为印尼经济增长提供了重要动力。

第二是隐含在民族主义话语体系下的传统保守性。事实上，尽管近年来印尼对外经济部门表现活跃，但相对于内需对经济增长的强劲推动作用，其客观成效就明显差强人意。[②] 从2005年到2014年，印尼货物与服务出口年均增长率为7.12%，仅是略高于国民经济增长率，而且出口总额占国内生产总值的比重从34.07%渐次降到23.72%。与此同时，经常项目下货物与服务贸易进出口余额占国内生产总值的比重也从2000年最高点的10.52%逐年下降，到2012年甚至开始持续出现赤字。这在一定程度上是由于全球经济衰退引起的出口市场不景气，但更重要的是，印尼在多元民主体制的既得利益集团掣肘下，很难从根本上解决长期以来外向型经济发展所面临的结构性难题。

首先是劳动力缺乏竞争优势。相较于周边国家，印尼在青壮年劳动力的数量方面拥有明显优势。统计显示，印尼全国2.6亿人口中有半数在30岁以下，从而在理论上能为印尼提供相当长时期的人口红利。但是，现实情况却不容乐观，2014年印尼劳动力总体失业率为6.2%，15岁到24岁青年劳动力失业率更是高达21.8%，而且在就业劳动力中仅4成拥有正式工作，高达6成属于临时工。究其原因，就在于印尼劳动力的性价比缺乏竞争力。

① 林梅、柯文君：《苏西洛总统执政10年的印尼经济发展及新政府的挑战》，《南洋问题研究》2014年第4期，第54页。

② 吴崇伯：《印尼内需主导型经济发展及其政策启示》，《亚太经济》2012年第2期，第82页。

从素质来看，印尼劳动力中，接受过高等教育的仅占8.5%，接受过中等教育的占26.6%，仅有小学及以下文化水平的则高达60.3%，再加上传统文化影响下形成的缺乏纪律性和责任感的散漫作风，使得印尼劳动力很难直接转化为合格的产业劳工，必须在产业转移过程中通过“干中学”加以培养。但是，印尼选举民主体制的巩固与发展，却使得曾经为东亚发展中国家普遍采用的以廉价劳动力吸引外资的方式变得难以奏效。2003年，印尼颁布《劳工法》，为印尼劳工提供了全方位的权益保障，但也在很大程度上严重弱化了印尼劳工竞争力，特别是在推出最低工资标准后，印尼最低工资逐年上涨，并很快超过劳动生产率增长速度。苏西洛政府曾有意修订《劳工法》，但在既得利益的劳工群体压力下，最终不了了之。①

尽管苏西洛政府在2011年出台的《加速和扩大印尼经济发展的总体规划》（简称MP3EI）中，明确提出要加强技术工人培训，但在印尼政府缺乏资金、外资企业缺乏利益的情况下，很难取得切实成效。

其次是基础设施建设严重不足。尽管印尼拥有丰富的自然资源和庞大的潜在市场，但其公路、海港、机场、铁路、水电、通信等各类基础设施建设都明显落后于发展需要，根本无力将国内资源和市场进行有效整合，从而在很大程度上限制了印尼对外开放的竞争力。

苏西洛时期，通过MP3EI提出“加强联系”的战略目标，计划在15年内至少投资2000亿美元，旨在改善基础设施，优先建设公路、海港、铁路等，形成便利的国内国际物流网络，降低物流成本以提高企业竞争力。② 佐科上台后，更是高度重视基础设施建设，并在建设“海洋强国”框架下提出“Nawacita”计划，作为总统任期的优先任务，包括在全国建设2000公里道路、10个机场、10个港口和10个工业园区。③

---

① 林梅、柯文君：《苏西洛总统执政10年的印尼经济发展及新政府的挑战》，《南洋问题研究》2014年第4期，第57—58页。

② 刘均胜：《后危机时代印度尼西亚的发展战略及其影响》，《亚太经济》2012年第5期，第94页。

③ 吴崇伯：《印尼新总统面临的挑战与政策趋向分析》，《厦门大学学报》（哲学社会科学版）2015年第1期，第64页。

但问题在于，印尼政府财政有限，根本无力支持庞大的基础设施建设计划。据初步估算，“Nawacita”计划至少要7000万亿印尼盾（约合5100亿美元），相当于印尼五年的财政收入总和。而且，由于多元民主体制的选票压力，印尼政府很难避免将财政预算用于补贴选民的政治冲动。事实上，尽管历届印尼政府都清楚降低燃油补贴，将相关预算用于基础设施建设的重要性与必要性，但将之付诸实施却相当困难。佐科上台后以强硬立场削减了燃油补贴，造成印尼国内油价大幅上涨，结果使得佐科的民意支持率直线下跌了10个百分点。①

“一带一路”建设为印尼改善基础设施建设提供了重要契机，使印尼有可能依托中国的资金和技术突破目前的发展瓶颈。因此，无论是苏西洛还是佐科，都对“一带一路”建设态度积极。但是，随着多元民主改革深化，特别是中央权力下放，印尼中央政府已不再拥有苏哈托时期的政治权威性与政策执行力。中国参与印尼基础设施互联互通建设的合作项目能否有效落实，很大程度上并不取决于印尼中央政府的战略立场，而取决于地方豪强集团的权力—利益博弈，特别是土地权益、环境保护、社区传统、雇工配额等各类争议结果。由于意识形态、文化传统、价值取向等诸多差异，再加上“高成本—低收益”的基础设施建设很难为地方豪强集团提供充足红利，使得在相关合作项目的沟通与协调过程中很容易产生分歧与摩擦，进而导致合作项目受阻甚至停摆。从目前来看，除非印尼中央政府能在基础设施互联互通方面提供更具权威性和规范化的解决方案，以保证合作共识的有效落实，否则基础设施建设的宏伟蓝图很可能成为纸上谈兵。

再次是国有企业改革难见成效。从20世纪80年代中后期开始的出口导向战略，使得为数不少的印尼企业走出国门，并在国际市场竞争中成长为全球知名企业。但是，作为印尼支柱的国有企业却始终表现得相当保守，缺乏直面国际市场竞争的进取性与创新性，成为对外开放的重要阻力。

从苏加诺时期开始，印尼就在积极推动国有企业发展。苏哈托执

---

① 《印尼总统佐科民调支持率直线下滑》，环球网，2015年10月19日。

政后，一方面鼓励外国资本与民间资本特别是华商资本发展，另一方面从未放松对国有企业的投资。在 1969 年到 1984 年的 3 个五年计划中，国家资本在实际投资总额中的占比高达 69.4%，其中大部分投向国有企业。从 80 年代后期开始，印尼政府对国有企业进行了一系列的经营机制调整和股份制改造，试图促使国有企业市场化，但成效差强人意。苏哈托下台后，国有企业改革问题再次成为社会的关切重点。2003 年，印尼颁布《国有企业法》，进一步加强了国有企业监管力度。苏西洛时期，印尼政府积极推动国有企业改革，试图在 2015 年与 2020 年前将国有企业从 158 家分别减至 50 家与 25 家，并在此基础上构建更高效的国有经济体系。[①]

不过，印尼的国有企业改革并不顺畅。2015 年底，印尼尚存国有企业 119 家，改革进度明显落后于时间表。究其原因，在于印尼政坛拥有话语权的各派既得利益集团都或多或少在国有企业享有直接或间接的现实收益，任何一方都无意放弃或率先放弃相关权益，以免在后续的权力博弈中处于不利地位。于是，戒急用忍的渐进式国有企业改革，也就成为各派心照不宣的政治默契。

经过多年改革后，国有经济地位已有所下降，但在印尼经济结构中，国有企业依然是最重要的组成部分，不仅承担了近两成的国家财政，创造了近五成的国民生产总值，而且直接或间接掌握了高达八成的经济命脉。[②] 这就使得以国有企业为枢纽形成的利益关系网，在印尼政坛拥有举足轻重的政治话语权与决策影响力。

对于在印尼国内拥有垄断地位的国有企业而言，明显缺乏参与国际市场竞争的积极性与主动性，因此除了在资源和技术禀赋方面具有明显优势的少部分国有企业，大多数都倾向于采取保护主义的经济立场，并高举“民族主义”旗号为这种保守争取合理性与正当性。这就在很大程度上决定了印尼经济道路的保守倾向。

---

① 吴崇伯：《印尼国有企业发展与改革问题研究》，《南洋问题研究》2011 年第 3 期，第 44 页。

② 同上书，第 41 页。

苏西洛时期，印尼出台《2005—2025年国家发展长期计划》，明确提出了“自立、先进、公正、繁荣”的发展愿景，深刻体现了民族主义的政治立场。佐科上台后，基本延续了苏西洛政府的经济道路选择，并在落实“海洋强国”目标的进程中表现出更为强硬的民族主义色彩。恰如佐科在总统竞选辩论中强调指出的，“国内市场不能被外资占领”，每个国家都会这么做，政府不需要指示，就应当坚持“民族主义和经济独立”。①

从目前来看，印尼各派既得利益集团在“中间道路”的选择上已基本达成共识，并在近年来的社会经济发展特别是应对2008年全球经济危机的过程中得到了有效性检验，因此很可能会在相当长时期内遵循兼顾保守与开放的民族主义均衡发展道路。此外，由于外向型经济发展存在结构性难题，故而在既得利益集团影响下，中间道路有可能更多地表现为保守立场，并对开放进程形成隐性障碍，从而在一定程度上妨碍中—印尼战略合作的有序发展。

二 权力结构：协调性较低·有效性较低

随着1997年亚洲金融危机爆发，世俗民族主义集团强势回归权力核心，苏哈托主导的“新秩序”体制土崩瓦解。经过短暂的政局动荡，印尼政治权力结构开始从寡头自律形态转向衡平多元形态。尽管在核心圈层的主导权问题上，各派权力集团尚未达成共识，依然在进行权力边界的反复博弈，但在遵循民主选举维护衡平多元形态、避免无序多元形态政治乱局的问题上，各方存在普遍共识，从而有效降低了印尼政局发展的不确定性。

从目前来看，对“一带一路”建设而言，印尼的协调性较低，各派权力集团的诉求差异相当明显，并且缺乏有效协商渠道与权力主导集团，很难在存量改革条件下推动战略性决策；同时，有效性较低，特别是相关体制机制的“破旧立新”工作尚未完成，不仅无力保证

① 许利平等：《从贫民窟到总统府——印尼传奇总统佐科》，社会科学文献出版社2015年版，第221页。

国家决策贯彻落实，而且面临严重的腐败问题。

（一）“新秩序”体制的权力结构瓦解

从20世纪60年代中期到90年代后期，印尼在苏哈托领导下保持了32年的“新秩序”体制。不过，从政治权力结构来看，“新秩序”体制后期与前期相比存在明显不同。其中，最重要的变化就是随着传统政商集团的形成和发展，核心圈层的权力集团逐渐多元化，使得印尼政治权力结构开始从军人集团主导的单极自律形态（见图3.2）转变为寡头自律形态（见图3.3）。

图3.2　“新秩序”前期印尼权力结构的单极自律形态

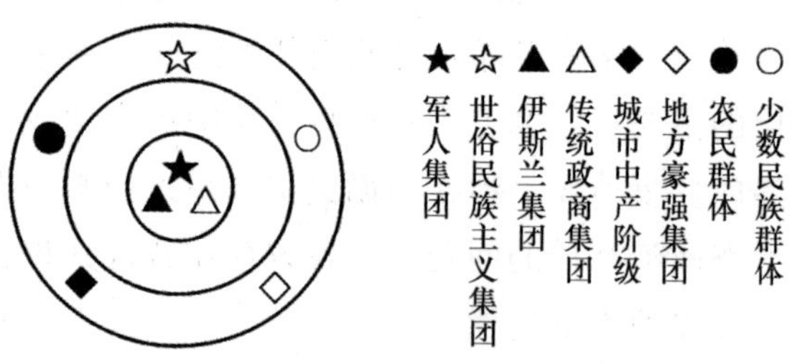

图3.3　“新秩序”后期印尼权力结构的寡头自律形态

“新秩序”前期，军人集团在印尼拥有垄断式的权力主导地位。共产主义力量被血腥镇压清洗，伊斯兰集团激进派与地方豪强集团遭受严厉打击，伊斯兰集团温和派与世俗民族主义集团的影响力被严格锁定在国会反对党的活动范围内，成为军人集团扶植的专业集团的政治陪衬，其他社会群体的权力地位则从未被重视。

但是，军人集团看似牢不可破的权力主导地位，最终还是从内部被分化瓦解。随着代际更迭的客观规律，以苏哈托为首的老辈军人领袖让位于新生代军人精英，从而引发“权力—利益”分歧，再加上经过正规军事教育的学院派精英与老辈军人领袖在价值观层面的差异，使得苏哈托政权开始与军人集团渐行渐远。

与此同时，随着印尼社会经济发展，特别是从资源型进口替代转向非资源型出口导向过程中，传统政商集团作为新兴力量开始提出更多权力诉求，以争取更多政策扶持，并确保其权益不受军人集团特别是新生代军人精英的肆意侵夺。苏哈托家族以及苏哈托依仗的技术官僚群体和华商群体，都是传统政商集团的重要组成力量，从而为促成政治分权提供了有效动力。

尽管苏哈托在“新秩序”时期拥有重要的政治话语权与社会影响力，但其个人权威，并不足以支持传统政商集团直面军人集团的政治重压。于是，苏哈托开始改变对伊斯兰集团的全面压制立场，转而有限度地支持穆斯林知识分子发挥更多政治影响力，并坐视甚至放任军人集团内部世俗力量与伊斯兰力量的对立竞争。

“新秩序”后期，苏哈托政权很大程度是建立在军人集团、传统政商集团，以及伊斯兰集团的权力制衡基础之上，并以苏哈托个人权威为联系纽带和平衡支点。这种寡头自律形态的不确定性，主要源自两方面：一是随着印尼社会经济发展，曾被长期压制的世俗民族主义集团、地方豪强集团，以及新兴的城市中产阶级，都开始对国家权力地位有更多政治诉求，从而使得权力结构的张力增加。二是核心权力集团的政治协调缺乏制度安排，更多取决于苏哈托的个人意志与政治手腕，从而使得“新秩序”体制的脆弱性将会随着苏哈托个人权威的下降而上升。

1997 年亚洲金融危机对印尼社会经济的沉重打击，引发了民众长期以来对苏哈托不满情绪的爆发，从而使苏哈托的个人权威降至低谷，并为世俗民族主义集团在梅加瓦蒂领导下高举“苏加诺”旗帜的强势回归提供了有利条件。1998 年，军人集团撤回对苏哈托的政治支持，不仅使“新秩序”体制轰然崩塌，而且也推动印尼权力结构开始了新一轮的调适与重组。

（二）多元民主体制的权力结构重组

苏哈托下台后，印尼并未经历严重的政治动荡，而是在相对平稳的状态下开始了多元民主改革，并通过先后四次全国大选，初步形成了衡平多元形态的政治权力结构（见图3.4）。

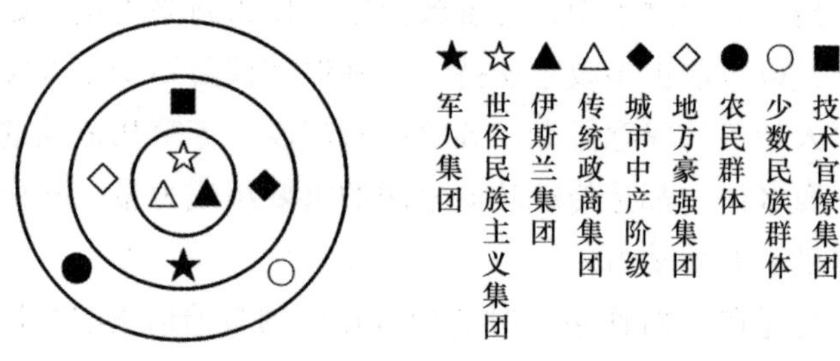

图3.4 多元民主时期印尼权力结构的衡平多元形态

印尼之所以能较顺利地推进多元民主改革，很大程度上得益于核心权力集团在“新秩序”后期的寡头自律形态下形成的政治默契与协商传统。这对印尼改革而言，短期来看是幸事，有助于降低转型风险，避免政治动荡和社会冲突，但从中长期来看，既得利益集团的权力结构得以延续，会在很大程度上压制有改革诉求的新兴力量成长，并对“破旧立新”改革进程形成严重阻碍。

从核心圈层来看，世俗民族主义集团、伊斯兰集团、传统政商集团三足鼎立，任何一方都缺乏压倒性政治优势。事实上，无论是苏西洛，还是佐科，都在上台时面临“朝小野大”的不利局面。尽管通过利益交换方式，苏西洛与佐科都在形式上成功扭转了不利局面，构建了拥有国会多数议席的执政联盟，但本质上的“朝小野大”结构并未改变，任何存量改革议题都很难得到认可与支持。① 苏西洛执政

① 李皖南、刘呈祥：《印尼佐科维政府执政绩效初评》，《东南亚研究》2016年第2期，第23页。

期间被斥责“尸位素餐”，特别是在结构改革与反腐倡廉方面收效甚微，根本原因就在于缺乏必要的权威性与执行力。佐科上台后所面临的局势更为不利，因为有可能产生增量改革效应的议题基本都付诸实施，余下的都是“硬骨头”。因此，佐科政府对“一带一路”是喜忧参半，既期待从中获得增量改革的机遇，亦担忧在合作中引发存量改革难题。

从制衡圈层来看，无论是被迫退出权力核心的军人集团，还是摆脱边缘地位的地方豪强集团，以及开始拥有独立地位的城市中产阶级与技术官僚集团，都有明显的保守倾向，担忧在存量改革中成为核心集团的成本转嫁对象，更期望在增量改革中分享发展红利。特别是军人集团，近年来随着核心权力集团博弈加剧，其政治牵制作用明显增强，开始拥有“准核心”影响力，军费开支占国内生产总值的比重也从2001年最低点的0.57%回升至2013年的0.92%，并有可能在佐科“海洋强国”的战略目标框架下进一步提高。对“一带一路”建设而言，军人集团传统的民族主义立场与保守主义偏好，有可能在一定程度上成为重要障碍。

印尼社会中积极支持改革开放的新兴力量特别是新兴商业力量，很少拥有独立的政治地位，通常是传统政商集团或世俗民族主义集团的组成部分。印尼现有的政治权力结构具有较强的稳定性，使得新兴力量很难获得成长空间。不过也要看到，曾经长期被边缘化的农民群体与少数民族群体，近年来开始呈现政治化倾向。如果印尼政府依然改革乏力，就有可能引发政治边缘群体的不满情绪，甚至“用脚投票”改变既有权力结构，从而为新兴力量提供政治崛起的契机。

（三）反腐倡廉工作的举步维艰

印尼存在相当严重的腐败问题。尽管从20世纪90年代末以来，随着多元民主改革的有序推进，印尼腐败状况有所好转，但在全球范围内依然属于重度腐败国家，对印尼改革开放特别是招商引资存在明显的负面影响（见表3.2）。

表 3.2　**印尼清廉指数**

年份	1996	1997	1998	1999	2000	2001	2002	2003	2004	2005	2006
CPI	2.65	2.72	2.0	1.7	1.7	1.9	1.9	1.9	2.0	2.2	2.4
年份	2007	2008	2009	2010	2011	2012	2013	2014	2015	2016	2017
CPI	2.3	2.6	2.8	2.8	3.0	3.2	3.2	3.4	3.6	3.7	3.7

注：从 2012 年起，透明国际的廉政指数开始采用百分制，为易于比较，表格中都换算为十分制。

资料来源：透明国际网站，2018 年 2 月 21 日，http：//www. transparency. org/。

从目前来看，印尼腐败问题主要集中在三方面，既有老大难问题，也有新情况新问题：

其一是行政与司法腐败。印尼“新秩序”时期的核心权力缺乏有效制衡（见图 3.2 与图 3.3），使得公权力特别是行政与司法领域的权力寻租相当普遍，甚至在一定程度上与传统庇护制文化融合，成为印尼习以为常的社会风气。多元民主改革时期，印尼政府积极推进反腐倡廉的体制机制建设，特别是通过 2002 年成立反腐败委员会（简称 KPK），将侦办贪腐案件的职能从警察部门独立出来，成为有别于立法、司法、行政的第四股力量。针对贪腐案件，反腐败委员会有权开展调查、侦缉、查扣、抓捕、拘留，并有权要求任何部门和个人配合。近年来，反腐败委员会在肃贪反腐领域取得显著成效。苏西洛执政时期，多名内阁部长被调查，执政党民主党的总主席甚至都被送进监狱。不过，行政与司法腐败积弊已久，使得肃贪反腐工作任重而道远，特别是被喻为“蜥蜴”（反腐败委员会）与“鳄鱼”（警察部门）的明争暗斗，更是在很大程度上严重妨碍了廉政建设的有序推进。

其二是选举与政策腐败。长期以来，印尼政府都在国家发展中发挥着主导作用，因此国家政策也就成为重要的权力寻租对象。“新秩序”时期，政策腐败主要是苏哈托家族为代表的少数军政高层的垄断性行为，并形成了严重的家族腐败现象。多元民主时期，政策腐败问题并未得到有效解决，但不再直观地表现为家族腐败，而是通过“拉票贿选—政党分肥—金权交易”的间接方式予以体现，从而在路径上更难遏制，并有可能成为印尼民主建设劣质化的重要症结。①

其三是地方性腐败。“新秩序”时期，苏哈托政府始终保持着中央对地方的有效管制与政治高压，从而迫使地方豪强集团长期蛰伏。多元民主时期，随着中央对地方的权力下放，地方权力地位变得相当有利可图。根据规定，地方首长能获得超过1/3的国家预算，并有权分发土地使用许可证。于是，地方豪强集团通过选举甚至是贿选攫取地方权力，并在此基础上形成了地方性金权交易关系，一方面从当地汲取资源，另一方面以选票和议席为筹码与执政党或是中央政府进行利益交换，进而为其发展壮大争取有利条件。由于印尼的群岛国家特性，从中长期来看，地方性腐败很可能会在地方分权的改革进程中得到强化，甚至内化为印尼民主体制的重要组成部分。

三　外交博弈：自主性高

作为东南亚地区人口数量最多、疆域面积最广、经济规模最大的国家，印尼精英存在区域大国与中等强国的自我认知，并且从未放弃对“领导者”地位的追求。印尼奉行独立与积极的外交原则，坚持“不结盟”的政治立场，遵从“潘查希拉”的思想理念②，对西方意识形态具有较强的免疫力。因此，对“一带一路”建设而言，印尼呈现高自主性特征。这一方面有助于降低以美国为首的西方国家通过施压方式影响中—印尼战略合作的可能性，但另一方面也使我国在战略合作中除了深化利益关系之外将很难对其形成有效约束。

（一）积极与独立的印尼外交

从1945年宣布独立以来的70多年里，印尼外交政策经过了数次重要转变，但其“独立与积极”的外交原则却未曾改变。1948年，时任印尼副总统兼总理的哈达（Mohammad Hatta）系统阐述了“独立

① 许利平：《印尼民主改革时期腐败问题探析》，《东南亚研究》2013年第3期，第22页。

② 潘查希拉是苏加诺提出的印尼官方意识形态基础，即信仰神道、公正和文明的人道主义、国家统一、民主政治和社会正义。

与积极”的印尼外交原则，即印尼应当在国际社会寻找一条不同的道路，既不要无所作为，也不要与任何一个阵营结盟，而是要提出自己的观点和目标，积极塑造一个更为合理的国际体系，确保印尼成为自己历史的“主体”，而不是其他国家历史的“客体”。① 对于印尼的外交原则，有必要从两方面加以理解：一是体现了强烈的民族自豪感与自信心，坚信依托优势禀赋，印尼必将成为地区领导力量和国际治理的重要参与者；二是反映了深切的脆弱性与不安全感，存在对国际霸权与新殖民主义的普遍质疑，以及对国内分离主义的长期担忧。②

苏加诺时期，印尼努力在美苏之间保持平衡，并试图开辟属于自己的外交空间。1955 年，印尼在万隆召开了亚非会议，成为亚非国家首次在没有殖民国家参加的情况下讨论亚非人民切身利益的大型国际会议。时任总理阿里（Ali Sastroamidjojo）认为，“正是万隆会议使印尼在世界政治版图中获得了受尊重的地位”。③ 苏加诺推行“有领导的民主”体制后，印尼外交表现得更为积极，并要求在国际事务中扮演更重要的领导角色，甚至将印尼视为第三世界的革命“灯塔”。④

苏哈托上台后，印尼外交的根本导向开始从革命转向发展，并在经济建设的需求下，积极改善对美关系。不过，印尼并未放弃“积极与独立”的外交原则，即使是在美—印尼关系最为密切的时期，印尼也未曾与美国正式结盟，并且从未公开承认美国或者其他国家在东南亚地区的军事基地。随着社会经济实力的发展壮大，印尼在冷战后期再次表现出积极的外交立场。1988 年，印尼外长强调，“作为亚非会议发起国和东道主，作为不结盟运动的发起国，作为伊斯兰会议组织、欧佩克、东盟、77 国集团以及其他国际组织成员国，作为原材料主要生产国，印尼在第三世界国家中占有重要位置”，因此有必要

① Leo Suryadinata, *Indonesia's Foreign Policy under Soeharto*, Singapore: Times Academic Press, 1996, p. 25.

② 代帆：《脆弱性 、不安全感与印度尼西亚的外交政策》，《南洋问题研究》2008 年第 1 期，第 40—43 页。

③ Michael Leifer, *Indonesia's Foreign Policy*, London: Allen & Unwin, 1983, p. 39.

④ Leo Suryadinata, *Indonesia's Foreign Policy under Soeharto*, Singapore: Times Academic Press, 1996, p. 8.

在“在国际事务中发挥更积极更自信的领导作用”。[①] 20世纪90年代初期，苏哈托通过积极的双多边外交，试图将印尼经济成就转化为对发展中国家的领导权。

1997年亚洲金融危机使印尼社会经济遭受了沉重打击，并导致苏哈托政权倒台，从而使印尼外交开始重新调整方向。从哈比比时期试图延续亲西方外交战略，到瓦希德时期将外交重心转向亚洲，试图构建印尼—中国—印度战略合作关系，再到梅加瓦蒂时期回归以东盟为基础的大国平衡外交，印尼在如何外交定位方面进行了积极尝试，并在苏西洛时期基本形成了以“三环外交”为主要内容的全方位外交战略。具体来看，第一环外交是以东盟为中心，依托“巴厘民主论坛”等软实力建构，积极推动东盟一体化发展，切实提升印尼作为区域大国的领导力；第二环外交是通过双边的或东盟主导的多边合作，积极发展与周边大国关系，提升跨区域的影响力；第三环外交是本着“千友零敌”理念，以1999年跻身G20为契机，积极参与全球多边外交，推动东盟与G20接轨，以强化其作为中等强国在全球事务中的重要话语权，试图成为“向全球主要大国迈进的区域大国”。

佐科上台后，在延续苏西洛外交战略的基础上，进一步提出了“海洋强国”的国家发展目标。[②] 其核心是要将印尼打造为连接印度洋与太平洋的“全球海洋支点”，主要包括：复兴印尼海洋文化；强化对海洋资源及捕鱼业的管理；通过海上高速公路建设改善港口基础设施，发展海上运输业以及海洋旅游业以促进海洋经济的发展；开展海洋外交，推动区域内海上传统及非传统安全问题的解决；加强印尼海洋防御力量建设等。[③]

（二）利益多元化的美—印尼战略伙伴关系

随着印尼国内政治与国际环境变化，印尼与美国的双边关系在过

---

① Leo Suryadinata, *Indonesia's Foreign Policy under Soeharto*, Singapore: Times Academic Press, 1996, p. 177.

② 李峰、郑先武：《历史承续、战略互构与南海政策——印尼佐科政府海洋强国战略探析》，《太平洋学报》2016年第1期，第65页。

③ *The Jakarta Post*, Nov. 14, 2014.

去70多年里发生了多次转折。苏加诺时期，美国就曾试图将印尼纳入冷战西方阵营，但却引起苏加诺的坚决反对。印尼不仅拒绝参加美国组织的反华军事同盟“东南亚条约组织”，而且与中国建交，推行对华友好政策，使得美国的战略意图落空。

苏哈托上台后，印尼为争取经济援助和投资，采取亲美反华的“建设外交”政策，并在政治、文化、经济和军事等领域深受美国影响。在政治上，印尼成为美国在亚洲推行霸权主义的重要伙伴；在文化上，苏哈托政府每年派遣大批留学生赴美深造，加强文化交流，从而在印尼官产学界培养了大批亲美派精英；在经济上，美国是印尼的首要经贸对象国、投资国和债权国，特别是以美日为首的援助印尼国际财团（IGGI）长期向印尼提供经济援助和贷款，使得印尼外债曾高达1500亿美元；在军事上，美国不仅提供大量军事援助，而且提供高级军官轮训，开展联合军事演习，美和印尼形成了密切的交流与互动。

不过，冷战期间美国在印尼的战略利益诉求较为单一，核心是遏制东南亚共产主义力量，因此随着冷战结束，美国与印尼的关系也就开始疏离，长期被反共意识形态掩盖的政治分歧特别是民主与人权问题突显。1999年，由于东帝汶事件，美国中止了与印尼的军事交往，使双边关系落入低谷。

不过，中国经济发展与地区影响力提升，伊斯兰极端主义势力兴起以及美国在全球治理中面临的其他难题此起彼伏，使得美国很快就再次重视对印尼关系。“9·11”事件后，印尼总统梅加瓦蒂访美，两国就增进军事合作等问题达成一致。2005年，美国宣布解除对印尼军售禁令，并通过了对外军事资助项目，为印尼提供军事援助，从而使两国军事交往再次正常化。

2009年美国国务卿希拉里·克林顿提出“亚太再平衡”战略后，印尼在美国外交布局中的重要性进一步提升。2010年，美国与印尼苏西洛政府签署协定，承诺将共同致力于构建“全面伙伴关系”，并在能源、安全、贸易投资、民主和公民社会、教育、气候和环境等方面开展广泛合作。[①] 2015 年，印尼总统佐科首次访美，两国再次提升双边关系至“战略伙伴关系”，从而为进一步深化美国与印尼在各领域合作提供了重要契机。对美国而言，印尼具有多重战略价值，既有助于在亚洲遏制中国，也有助于在全球推动反恐及改善与伊斯兰国家关系，还有助于在民主价值观方面树立榜样。相较于冷战期间的双边关系，21 世纪美国与印尼战略伙伴关系的利益更多元，合作基础也更坚实。

（三）扎根经贸的中—印尼全面战略伙伴关系

中国与印尼于 1950 年建交，并在苏加诺时期有力推动了双边关系发展。苏哈托上台后，印尼于 1967 年与中国断绝外交关系，并在此后十余年间采取亲美反华的外交立场。20 世纪 80 年代，两国关系开始松动。1990 年 7 月，印尼外长应邀访华期间，两国发表《关于恢复两国外交关系的公报》。同年 8 月，李鹏总理访印尼期间，两国签署《关于恢复外交关系的谅解备忘录》，正式恢复外交关系。1999 年，两国就建立和发展长期稳定的睦邻互信全面合作关系达成共识。21 世纪以来，两国关系的发展开始进入快车道。2000 年，两国发表《关于未来双边合作方向的联合声明》，成立由双方外长牵头的政府间双边合作联委会。2005 年，两国建立战略伙伴关系。2013 年，两国将双边关系提升为全面战略伙伴关系。2015 年，两国共同发表《关于加强全面战略伙伴关系的联合声明》。

近年来，中—印尼双边关系在诸多领域取得重要进展。在政治领域，高层互访频繁。胡锦涛主席（2005 年）、吴邦国委员长（2010 年）、温家宝总理（2011 年）、全国政协主席贾庆林（2006 年）、习近平主席（2013 年、2015 年）、李克强总理（2013 年）分别访问印尼或赴印尼出席会议；印尼总统苏西洛（2005 年、2006 年、2008 年、2010 年、2012 年）、总统佐科（2014 年、2015 年）先后访华或来华出席会议，从而有力增强了两国高层战略互信与政策对接。

① 仇朝兵：《美国与印度尼西亚“全面伙伴关系”评析》，《美国研究》2015 年第 2 期，第 94—101 页。

与此同时，两国在安全、民航、科技、教育、卫生、旅游、海洋等领域的合作也都初见成效。其中主要有：1991 年签署航运协定，开辟直飞航线；1992 年签署《新闻合作谅解备忘录》；1994 年签署《旅游、卫生、体育合作谅解备忘录》，启动互派留学生项目；1997 年成立科技合作联委会；2000 年签署《刑事司法互助条约》；2001 年重签《文化合作协定》；2001 年印尼正式成为中国公民自费出境旅游目的地国；2005 年成立海上合作技术委员会；2005 年互免持外交与公务护照人员签证，印尼宣布给予中国公民落地签证待遇；2012 年成立海上合作委员会；2013 年成立航天合作联委会；2015 年印尼宣布给予赴印尼旅游中国公民免签待遇。

相较于其他领域，经贸领域的合作成效更为明显，也更具活力，现已成为中—印尼全面战略伙伴关系发展的重要基石和主要动力。21 世纪以来，中国与印尼双边贸易呈现持续高增长态势。2008 年，双边贸易总额超过 315 亿美元，提前两年实现两国领导人提出的 300 亿美元目标。尽管受全球经济形势影响，近年来双边贸易发展有所放缓，但 2015 年中国与印尼非油气产品双边贸易总额还是超过 424 亿美元，中国稳居印尼非油气产品第一大贸易伙伴，明显领先于美日两国。同时，中国对印尼投资也逐年增加，2015 年已达 13.2 亿美元。中国在印尼的工程承包更是呈高速增长态势，2015 年工程承包协议金额已达 78 亿美元。印尼连续多年成为中国在全球前十大、东南亚第一大工程承包市场。随着“一带一路”建设有序推进，西爪哇加蒂格迪大坝、泗水—马都拉大桥、加里曼丹塔扬桥项目，以及雅万高铁等重大项目在印尼相继落地，成为中—印尼合作的标志性成就。此外，中—印尼金融合作也取得显著成效。印尼对人民币国际化持积极态度，不仅于 2013 年续签了本币互换协议，而且在双边贸易中已有 10% 是以人民币结算。

佐科上台后，提出了“全球海洋支点”的建设构想，从而在发展战略上与“一带一路”建设形成了积极呼应，有助于两国在全面战略伙伴关系框架下进一步深化双多边合作。从目前来看，经贸合作还将在相当长时期内成为中—印尼关系持续改善的基石和动力，但要形成新一轮深化发展，还有待在非传统安全和海洋等领域取得突破性进展。

四　文化交流：包容性较低

作为多民族、多宗教的群岛国家，印尼社会文化具有先天的多元化特征，再加上“印尼”作为一个民族、一个国家、一种语言的共识形成不足百年，根基尚浅，从而使得印尼主流文化始终面临包容性与排他性的内在张力。一方面，以爪哇文化和伊斯兰教文化为特征的印尼主流文化强调“互助合作”与“协商一致”，具有一定包容性。[①] 对于不涉及主流文化内核的外来文化或非主流本土文化，印尼表现得较为宽厚包容，并会在长期交流过程中相互借鉴与融合。但另一方面，基于维护民族独立与国家统一的客观需要，印尼对任何可能影响主流文化内核甚至颠覆主流文化地位的外来文化，都会表现得相当警惕和戒备，甚至引发激进的文化排外思潮。因此，对“一带一路”建设而言，印尼的包容性较低。近年来，印尼的伊斯兰复兴趋势进一步增强，更多名义穆斯林（Abangan）开始转变为虔诚穆斯林（Santri）。2008 年，印尼国会以压倒性优势通过带有明显伊斯兰特征的《反色情法》，就在很大程度上折射出印尼主流文化在外来文化现代性影响下产生的保守化倾向。[②]

（一）印尼社会的华人文化印记

中国沿海居民移民印尼有数百年历史，印尼现已成为全球华人群体人数最多的国家。学界通常认为，印尼华人总数为 1000 万左右，约占东南亚华人总数的 30% 和全球海外华人总数的 22%。[③] 经过多年的交流与融合，印尼华人群体在当地文化中留下了深刻印记。不过，由于印尼从独立开始就对当地的华人群体采取同化政策，特别是苏哈托时期采取歧视和压迫政策，长期支撑华人文化的三大根基，即华人

---

① 梁敏和：《印度尼西亚文化概论》，世界图书出版公司 2014 年版，第 2—3 页。

② 同上书，第 77 页。

③ 庄国土：《东南亚华侨华人数量的新估算》，《厦门大学学报》（哲学社会科学版）2009 年第 3 期，第 64 页。

社团、华文媒体、华文教育都受到严重破坏，华人文化印记也在官方运动中被不断磨灭。

苏哈托下台后，印尼政府开始改变对华人群体的不公正立场。2000年，瓦希德发布第6号总统决定书，宣布撤销限制华人公开庆祝农历新年的1967年第14号总统决定书。自此，印尼总统参加华人农历新年晚会开始形成惯例。2001年，印尼工业与商业部颁布第62号条例，撤销1978年关于禁止进口和流通华文印刷品的第286号条例，标志着使用华文禁令的正式解除。2002年，梅加瓦蒂颁布第9号总统决定书，将华人农历新年确定为印尼全国公共假日。2006年4月，第一批登记孔教为宗教信仰的居民身份证问世，标志着孔教在印尼作为合法宗教的地位正式落实。同年8月，印尼颁布新的《国籍法》，摒弃了对“原住民”与“非原住民”的区别对待，规定“凡出生在印尼且从未接受过他国国籍者自动成为印尼公民”①，从而标志着印尼政府基于民族差异对华人群体进行歧视和压迫的法律根源不复存在。近年来，印尼华人文化明显复兴，学华语，庆华节，组华社，办华报，建华校，甚至呈现“再华化”的发展趋势。②

不过，印尼对华人文化日趋开明的官方立场，既不意味着社会观念转变，更不意味着中国现代文化也将在印尼获得理解与认可。长期以来的官方歧视与压迫政策，不仅对华人群体产生深刻影响，而且也对印尼社会产生广泛影响，形成了诸多针对华人群体的刻板印象与负面情绪，很可能要经过数代人努力方能彻底消弭，并且很容易在内外因素作用下沉渣泛起。更重要的是，经过半个多世纪的同化与融合，印尼华人不仅在国家认同上融入当地，而且文化上其实也与原住民无异。姑且不论为数不少的印尼华人已经不再使用华文，即使还存留华人文化传统，也更多的是图腾式的文化标识，缺乏与中国本土文化的现实互动。对印尼官方而言，已经是无源之水的华人文化不再有冲击

---

① ［印尼］《国际日报》2007年9月1日。

② 张小倩：《二十一世纪以来印尼华人“再华化”现象研究》，《世界民族》2016年第1期，第84—89页。

或取代主流文化的可能性。但是，随着中国与印尼的战略合作日益密切，中国特色社会主义的现代文化将不可避免地开始影响印尼社会。如果印尼华人文化开始与中国现代文化形成共鸣，并再次焕发新生，那么，印尼官方是否还能保持多元文化共生的开明立场，尚待进一步观察。但可以肯定，由于印尼国内保守势力和亲西方势力影响，其主流文化与中国现代文化的交流过程，将很难顺风顺水。

（二）印尼华人群体的枢纽作用

对于“一带一路”建设而言，印尼华人将是促进中国与印尼“民心相通”的重要枢纽。尽管在社会文化领域，由于长期受到歧视和压迫，印尼华人的影响力相对有限，但在经济领域却拥有重要话语权。统计显示，印尼华人群体中大约有 170 名大企业家，5000 名中等企业家，25 万名零售商、餐馆和杂货店经营者，拥有印尼私人资本总额的 70% 左右。① 虽然从经济存量来看，在印尼起主导作用的还是国有经济，但从经济增量来看，华人资本却表现出旺盛的生命力，无论超大规模的跨国集团，还是中小企业，都在印尼经济复苏过程中发挥着重要作用。特别是从苏哈托时期开始就是传统政商集团重要代表的华商领袖，更是在印尼权力核心圈层的决策过程中长期发挥咨询作用，有助于切实提高印尼对华的战略理解与认知，避免出现不必要的质疑与误判。

此外，随着印尼多元民主改革发展，长期压抑的华人参政热情也在升温，从而为提升华人群体的政治话语权创造了有利条件。印尼解除党禁后，相继出现了印尼中华改革党、印尼大同党、印尼民族成员党、印尼协和党等华人背景政党，其中印尼大同党在 1999 年大选中获得 35.36 万张选票，得票率在 48 个参选政党中居第 13 位，并在各级议会中获得 41 个席位。② 不过，更多的华人政治家是以非华人政党的候选人身份参选。2004 年大选中，获准参选的 24 个政党中有 17 个

① 蔡仁龙：《印尼华人企业集团研究》，香港社会科学出版社有限公司 2004 年版，第 10 页。

② 黄昆章：《印尼华侨华人史》，广东高等教育出版社 2005 年版，第 308 页。

政党派出华人候选人竞选国会议员，总数超过 210 人，在全部 7786 名候选人中占比 27%，并有 6 人当选国会议员。2009 年大选中，印尼四级议会的 5 万名候选人中，华人候选人超过千名，并有 12 人当选国会议员。2014 年大选中，参与国会议员竞选的 44 位华人候选人中共有 10 人当选。① 与此同时，华人政治家也开始对印尼最高权力表现出诉求。2014 年印尼总统选举中，华人企业家陈明立作为维兰多的搭档，成为副总统候选人；华人企业家陈家平更是成为印尼历史上首位华人总统候选人。

新生代华人政治家中，最耀眼的是钟万学（BasukiTjahajaPurnama）。钟万学曾历任勿里洞岛县长和议员，并于 2012 年作为佐科的搭档当选雅加达特区副省长。2014 年佐科出任总统后，钟万学在争议声中当选雅加达特区省长，成为首位华人省长，从而被誉为“印尼华人参政的里程碑”。不过，令人扼腕的是，在激进伊斯兰势力发起的街头运动影响下，钟万学不仅未能在 2017 年雅加达特区省长选举中实现连任，反而受到起诉，以亵渎伊斯兰的罪名被判处两年有期徒刑，成为印尼保守力量与佐科政治斗争的牺牲品。

从中长期来看，依托雄厚的商业力量，印尼华人群体的政治影响力还有更大的提升空间，有利于进一步夯实中—印尼战略合作的政治基础，提高政治风险防御能力。

五　中—印尼合作：目标一致·落实困难

从前文分析来看，印尼政治环境总体是“开放性较低·稳定性较高；协调性较低·有效性较低；自主性高·包容性较低”，正处于国家发展模式转型中后期（见图 3.5）。

对于“一带一路”建设而言，印尼目前的政治环境利弊参半，中长期可能成为海上通道的重要支点，但短期还存在诸多不确定因素。从有利方面来看，印尼各派权力集团对国家发展目标存在普遍共识，

① ［印尼］米拉：《近十年来印尼华人参政情况分析》，《东南亚研究》2016 年第 2 期，第 93 页。

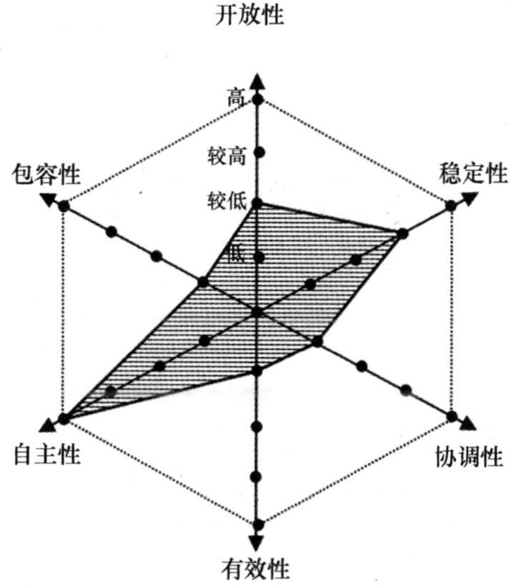

图 3.5　印尼政治环境评估

特别是“全球海洋支点”与“一带一路”建设有很强的战略契合性，有助于双方求同存异谋发展。从不利方面来看，印尼权力结构调整与体制机制建设都尚未完成，中央政府缺乏协调与执行能力，再加上亲西方派与极端保守派掣肘，难以有效贯彻战略合作共识。

从目前来看，中—印尼合作将在相当长时期内呈“目标一致，落实困难”的基本特征。有鉴于此，中—印尼合作一方面要着眼长远，切忌急功冒进，特别要充分理解和把握印尼对区域大国、中等强国，以及海洋强国的自我定位，并在此基础上针对可能出现的外交漂移与文化排外现象做好应对预案；另一方面要加强官产学界的交流与沟通，增进双方对战略合作必要性与可行性的普遍共识，并在此基础上进一步完善战略合作的路线图设计，从而为面向共同目标的“小步迈进”提供持续动力。

第四章　缅甸

缅甸地处中南半岛西部，北靠中国，东临老挝和泰国，西接印度和孟加拉国，南朝安达曼海，西南临孟加拉湾。作为南方丝绸之路的必经之路，缅甸自古以来就是东西方交流的重要交通枢纽。

缅甸国土面积67.6万平方公里，在东南亚仅次于印尼，位居第二。全国人口总数为5300万，共有135个民族，主要有缅族、克伦族、掸族、克钦族、钦族、克耶族、孟族、若开族等，其中缅族人约占总人口的65%，华人华侨约250万。各少数民族均有本民族语言，其中克钦、克伦、掸和孟等族有本民族文字。缅甸全国85%以上的人信奉佛教，约8%的人信奉伊斯兰教。

缅甸曾是东南亚最富足的农业国家，但20世纪60年代到80年代长期奉行中央计划经济，使得缅甸经济发展缓慢，甚至在1987年被联合国列入最不发达国家行列。从1988年起，缅甸开始推行市场经济改革，并取得明显成效。2017年，缅甸国内生产总值688亿美元，人均国内生产总值1300美元，在东南亚处于中下水平。

对于“一带一路”建设而言，缅甸具有很重要的地缘战略意义。缅甸不仅自然资源丰富，而且拥有中南半岛西侧面向印度洋的深水良港，因此是经由中南半岛沟通中国西南地区与印度洋的首选陆路战略通道。不过，缅甸地处东亚、南亚、东南亚地缘政治交叠区，长期以来都是各方势力的重要争夺对象，从而使得“一带一路”建设必将与印度“东向”战略，东盟“大国平衡”战略，美国“印太”战略，日本“东西经济走廊”战略等产生碰撞与角力。再加上缅甸的多元民主转型与市场经济改革的不确定性，更使中缅关系面临诸多变数。

因此，在“一带一路”建设过程中，有必要进一步加强对缅甸政治环境的研究，以切实避免和有效应对潜在风险。

第一节　政治权力集团

缅甸于1948年脱离英联邦宣布独立后，迄今相继经历了吴努领导的议会民主时期、奈温领导的军人—纲领党专政时期、新军人集团统治时期，并于2011年开始步入多元民主转型。从缅甸的政治发展来看，兼具稳定性与脆弱性的双重特征。一方面，军人集团长期掌权，使得缅甸政权高度稳定，迄今未能出现足以取代军方势力的新兴权力集团；另一方面，国内反政府力量的长期存在，特别是少数民族地方武装的持续斗争，使得缅甸政治存在显著的结构性张力，从而难以在自上而下的改革进程中达成共识，很容易在内外因素影响下引发社会动荡。从目前来看，缅甸政坛的政治权力集团主要有军人集团、民盟·民主派、少数民族集团、僧伽集团，以及新兴商业集团。

一　军人集团

作为缅甸最重要的政治力量，军人集团在过去的70多年里，始终主导着缅甸的社会发展方向，并成为国家意识形态的关键塑造者。

军人集团是在反殖民斗争的过程中成长起来的，并由此获得了政治上的历史合法性。1940年，以昂山为首的爱国志士选取了“联日反英”的反殖民策略，并组织“三十志士”接受日本军事训练。1941年，昂山在日本的协助下组建了缅甸独立军，形成了军人集团雏形。1942年，缅甸独立军配合日军占领缅甸全境，并随后整编为缅甸国防军。1943年，日本给予缅甸形式上的独立，任命昂山为“国防部长”，并将缅甸国防军更名为缅甸国民军，但并未改变缅甸的殖民地本质。1945年，缅甸国民军在“反法西斯人民自由同盟”领导下发动抗日起义，并解放仰光。二战后，英国曾重返缅甸，试图重建殖民体制，但在缅甸的反殖民斗争压力下，被迫于1947年与吴努政府签订《英缅条约》，承认“缅甸联邦为完全独立的主权国家”。①

缅甸在独立过程中的曲折经历，一方面加深了军人集团对国际霸权力量的不信任感，从而成为冷战期间缅甸军人政府在外交上始终保持消极中立的直接原因，另一方面也强化了军人集团对维护缅甸国家统一和民族独立的责任感与自信心，从而为政治夺权奠定了重要的意识形态基础。

作为缅甸独立运动领袖，昂山曾试图抑制军人集团的势力扩张，并推动缅甸的文官政治发展。但在1947年7月19日昂山遇刺身亡后，军人集团的强势崛起已无法阻挡。作为民主派知识精英与军人集团的政治妥协，1947年颁行的缅甸宪法一方面规定“文官（政府）对军费开支、安全政策和高级军官晋升等问题拥有绝对控制权”②，但另一方面规定“在发生战争、侵略、叛乱、暴乱或重大紧急状况时，根据公共安全所需”，允许政府暂停公民自由权，并允许军队官员可以在政府临时任职六个月，从而为军人集团干政创造了有利条件。③

通过镇压国内大规模反政府武装斗争，特别是缅共与克伦族等少数民族武装斗争，军人集团的政治影响力在缅甸独立初期得到进一步提升。与此同时，民主派知识精英的权力纷争却愈演愈烈，尽管吴努拥有相对优势，但却始终面临反对派的抵制与掣肘，难以在议会民主体制下形成稳定高效的民选政府。1958年，吴努提请人民议会授权军人集团领袖奈温出任看守政府总理，从而使得军方影响力经由行政管制渗透到缅甸社会与经济的各个领域，并为军方上层精英提供了重要的执政经验。1960年，军方还政于民，吴努通过选举再次上台，

---

① 贺圣达、李晨阳编著：《列国志·缅甸》，社会科学文献出版社2010年版，第142—147页。

② Win Min, “Under an Iron Heel: Civil-Military Relations in Burma/Myanmar”, in Paul Chambers and Aurel Croissant, eds., *Democracy under Stress: Civil-Military Relations in South and Southeast Asia*, Bangkok: ISIS and FES, 2010, p. 103.

③ ［美］保罗·钱伯斯：《东南亚的宪法变迁与安全部队：以泰国和缅甸为鉴》，《南洋资料译丛》2015年第4期，第70页。

但却无力应对经济停滞、宗教矛盾、民族冲突等问题引发的政治乱局。

1962 年，军人集团在国内政治形势日趋严峻的情况下发动政变，推翻吴努政府，接管国家权力，开始了长达半个世纪的军人统治。具体来看，可分为三个时期：

第一个时期是革命委员会统治时期（1962—1974 年）。军人集团政变夺权后，成立了由 17 名高级军官组成的缅甸联邦革命委员会，作为国家的最高行政机构和立法机构，并由奈温出任革委会主席，履行国家元首和政府首脑职权，从而形成了军人集团对国家权力的直接掌控。

第二个时期是纲领党统治时期（1974—1988 年）。军人集团于 1974 年颁布新宪法，并将国家权力从革委会移交给缅甸社会主义纲领党，从而在形式上完成了“还政于民”的政治承诺。但是，作为军方组建和扶持的唯一合法政党，纲领党不过是军人集团的“政治马甲”。缅甸政权依然掌握在以奈温为首的军方高层手中，并未在根本上改变军人集团的极权统治。[①]

第三个时期是新军人统治时期（1988—2011 年）。奈温政权长期奉行“缅甸式社会主义”的计划经济体制，使得缅甸经济困顿民生凋敝，最终引发了大规模反政府运动。面对国内紧张局势，军人集团于 1988 年再次政变，推翻纲领党政府，成立“恢复法律与秩序全国委员会”接管国家权力。[②] 1990 年大选后，军人集团拒绝将政权移交给胜选的全国民主联盟（National League for Democracy），并以“先制宪，后交权”的理由，开始了“边制宪，边改革”的军人威权统治。直到 2008 年，缅甸军政府方才颁布新宪法，并于 2011 年将政权移交给 2010 年大选中胜出的联邦巩固与发展党，从而在形式上完成了“还政于民”。

---

① 曹云华：《缅甸政治体制：特点、根源及趋势》，《东南亚研究》1988 年第 2 期，第 34—40 页。

② 林锡星：《在苏貌将军治理下的缅甸》，《世界经济与政治论坛》1989 年第 12 期，第 31—34 页。

随着2011年军政府宣布解散“国家和平与发展委员会”①，缅甸开始步入多元民主转型时期，军人集团不再直接掌握行政权，但在权力运作过程中，军人集团依然占据主导地位。这一方面体现为巩发党的执政地位。巩发党是在军方背景的社会组织“联邦巩固与发展协会”基础上发展起来的，无论是人财物，还是意识形态，都与军人集团特别是军方高层保持着密切联系。因此，巩发党执政在很大程度上可以视为军人威权统治的政治延续。②

另一方面体现为新宪法的制度保障。2008年宪法明确提出，“国家将始终坚持军队能参与和担负对国家政治生活的领导”③，并规定：在联邦议会的民族院与人民院以及省邦地方议会中，都要为军方保留25%的议席，并由国防军总司令直接任命军方议员；总统、副总统由3个选举团选举产生，其中一个选举团由上下两院中的军方议员组成；手握重权的国防部、安全与内政部、边境事务部的部长与副部长，必须从国防军总司令提名的军职人员中任命；掌握重要权力的新设机构“国家国防与安全委员会”的全部11名委员中，至少有6名存在军方背景；总统在商请国安委同意后，有权宣布进入紧急状态或施行军事戒严，以及将国家权力移交国防军总司令；宪法修订，必须征得全体议员75%以上同意，并在全民公决中获得半数以上赞成。

尽管在巩发党执政期间，缅甸在吴登盛总统领导下坚持对外开放与市场经济改革，从而在社会与经济发展方面取得明显成效，但长期以来缅甸社会对军人集团的不满情绪已经积重难返，最终使巩发党在2015年大选中遭遇惨败。2016年，昂山素季领导的全国民主联盟上台执政，从而结束了军人集团长期以来对行政权的政治垄断。④

从目前来看，军人集团的政治影响力正处于下行通道，并且在多

① 1997年，缅甸军方将“恢复法律与秩序全国委员会”改组为“国家和平与发展委员会”。

② 李晨阳：《缅甸新政府的变与不变》，《世界知识》2011年第9期，第32—33页。

③ ［缅甸］缅甸宣传部印刷与书籍发行公司：《缅甸联邦共和国宪法》，《南洋资料译丛》2009年第1期，第60页。

④ 李晨阳：《缅甸进入民盟主政时代》，《世界知识》2016年第8期，第24—25页。

元民主转型过程中很难逆转，但在相当长时期内，其政治主导地位也很难被其他权力集团所动摇或取代。全国40余万人的武装部队，长期以来为军方直接或间接控制的国有资源特别是玉石与油气资源，以及巩发党的社会动员能力，将成为军人集团继续保持政治影响力的三大支柱。因此在军人集团失去对国家改革的行政主导权后，很可能在议会立法方面特别是军费开支、国企改制、资源开发、法治建设、民生福利等改革议题上表现得更为保守，从而引发各方持续性的政治摩擦与利益冲突，并成为影响缅甸社会经济有序发展的最大变数。

二　民盟·民主派

民盟·民主派形成于20世纪80年代末的反政府运动时期。1988年9月，长期旅居海外的缅甸国父昂山的女儿昂山素季与前总参谋长兼国防部长丁吴等人共同组建了全国民主联盟，并很快成为同一时期诸多反政府组织中最具影响力的政治团体。1990年5月的大选中，民盟以压倒性优势胜出，赢得了议会全部495席中的396席，而亲军方的民族团结党仅获10席，根本无力在议会斗争中维护军方权益。这就使得民盟在军人集团主导的政治权力结构下，非但未能获得执政权，反而备受打压，昂山素季更是被军政府长期软禁。[①]

21世纪初，随着军人集团在国内外压力下开始民主化改革，长期被边缘化的民盟·民主派很快就再次登上政治前台。尽管军人集团主持起草的2008年宪法存在不利于民盟·民主派的制度化条款，但为民盟·民主派提供了依托选举与军人集团正面抗衡的正式渠道。2012年，民盟参加议会补选，赢得了全部44席中的43席，成为缅甸第二大党与最大反对党。2015年大选中，民盟再次以压倒性优势胜出，赢得了全部1121个民选议席中的866席（见表4.1），从而成为缅甸第一大党。2016年，民盟候选人吴廷觉当选缅甸总统，使得民

① 林锡星：《试析昂山素季对缅甸军政权态度的转变》，《东南亚研究》2004年第1期，第11—13页。

盟·民主派的政治影响力首次登顶。①

表 4.1　　2015 年缅甸大选情况

政党名称	民族院		人民院		省邦议会	
	议席数（席）	议席占比（%）	议席数（席）	议席占比（%）	议席数（席）	议席占比（%）
民盟	135	60.3	255	58	476	55.1
巩发党	11	4.9	30	6.8	73	8.4
其他政党	20	8.9	37	8.4	80	9.3
独立候选人	2	0.9	1	0.2	1	0.1
军人议员	56	25	110	25	220	25.5
取消议席*	0	0	7	1.6	14	1.6
合 计	224	100	440	100	864	100

注：* 由于发生武装冲突，掸邦在人民院的 7 个议席与省邦议会的 14 个议席被取消。

资料来源："Myanmar general election, 2015", Wikipedia, June 20, 2016.

尽管在大选中表现得相当强势，并在形式上全面接管了缅甸的立法与行政权，但民盟·民主派作为政治权力集团，依然存在明显的内在张力与不稳定性。具体来看，这一方面表现为缺乏高效的组织结构。虽然民盟在过去近 30 年里持续运作，但在军政府的持续压制下，特别是中高层领导普遍受到迫害、难以有效开展政治活动的情况下，民盟的组织化程度一直相对有限，甚至还在 20 世纪末濒临瓦解。近年来民盟的政治复兴，很大程度上归功于昂山素季的偶像效应。作为国父昂山之女，昂山素季在传统福报观念深厚的缅甸拥有先天的政治感召力，而她在军政府长期迫害下坚持斗争的坚韧品格与苦难历程，也在很大程度上有效契合了缅甸佛教社会对圣徒的希冀与想象，再加上西方国家为其量身定制的"民主"光环，特别是诺贝尔和平奖的政治背书，使其成为缅甸民主化时期兼具传统与现代特征的政治偶

① 王子昌：《缅甸民盟的胜选及其执政难题》，《东南亚研究》2016 年第 2 期，第 8 页。

像。昂山素季的偶像光环在大选期间有效掩饰了民盟的缺陷与积弊，但在接管立法与行政权后，民盟的组织化难题日益明显。其中，最突出的就是人才储备严重不足，党内领导层不仅老龄化现象严重，而且普遍缺乏从政经验，缺乏兼具执行力与号召力的中青年骨干，难以承担引领国家改革与社会发展的历史重任。

另一方面表现为缺乏共同的意识形态。从构成来看，民盟成员的来源相当广泛，既有军政府的失意高官，也有学生运动领袖，还有知识分子、宗教人士，以及商界精英，基本涵盖了缅甸社会的各个领域。这在民主运动中，有助于构建最广泛的统一战线，并在“反对军人统治”的共同诉求下形成合力，从而使民盟在1990年与2015年大选中都能以压倒性优势击败军人集团扶持的官方政党。但是，随着民盟成为执政党，曾经“反对军人统治”的政治共识不复存在，开始让位于更加现实的改革成本分摊与发展红利分配的权益博弈，从而使民盟在意识形态建构方面的匮乏与薄弱日益明显。由于缺乏理论与实践相结合的本土化过程，民盟照搬西方的民主、自由、市场、法治等教条式的碎片化意识形态，将很难承担起沟通和协调既有统一战线中各派力量诉求分歧的政治重任，有可能使民盟在无休止的政治摩擦与社会冲突中失去凝聚力，从而走向衰落甚至瓦解。

从目前来看，民盟·民主派在政治上正处于上行通道，但由于缅甸中产阶级的社会基础薄弱，其核心竞争力有限，发展瓶颈日益明显，如果未能及时进行结构性调整与改造，特别是培养新生代骨干与构建本国特色意识形态，从而进一步夯实和拓展社会根基，那么其建立在统一战线基础上的现有政治优势，就有可能在各派社会力量的政治觉醒过程中被分化和瓦解。

三 少数民族集团

缅甸少数民族问题由来已久。以缅族为主体的中央地带与少数民族势力散布的环边地带之间的地域性冲突，长期以来一直都是缅甸政治的核心议题。英国殖民时期采取“分而治之”的统治策略，更是进一步激化了缅甸中央与地方的矛盾，从而加剧了少数民族集团的离心倾向。[①] 缅甸独立运动中，昂山将军为维护国家统一与民族团结，于1947年与部分少数民族集团代表签订《彬龙协议》，从而达成了以联邦制的国家形式保障少数民族权益的政治共识，并明确肯定了山区少数民族的自治权和自决权。[②] 但是，昂山将军遇刺身亡，使得《彬龙协议》对民族和解的努力付之东流。无论吴努的文官政府，还是奈温的军人政府，都在少数民族问题上坚持民族同化政策，推动“一个民族（缅族）、一种语言（缅语）、一个宗教（佛教）”的民族国家建构，结果引发了国内少数民族集团的强烈反弹，以及长达60多年的持续内战，在缅甸少数民族地区“起义成为一种生活方式”。[③]

1988年政变后，新军人政府采取了较为缓和的少数民族政策，并先后与17支主要的少数民族地方武装（简称“民地武”）签署停火协议，从而在相当长时期内维持了国内和平。不过，军人集团并未放弃传统的“大缅族主义”立场。新军人政府主导颁行的《2008年宪法》在保障少数民族权益方面做出了一定程度的妥协与让步，但其隐含在条文下的本质还是要“对多样化的民族进行缅族化，对多样化的宗教进行佛教化，对多样化的语言进行缅语化”。事实上，军人集团从2003年宣布推行“七步民主路线图”计划开始，就在积极实施以“武器换和平”政策，要求民地武交出武装以换取合法地位，并明显增加“以压促变”力度。2009年，军人集团在新宪法“一个国家，一支武装”的原则基础上，进一步提出“边防军改编”计划，试图将民地武全面纳入军人集团的统一指挥和管理，结果再次引发缅甸国内局势紧张。[④]

从政治博弈的手段来看，少数民族集团正在由体制外的武装斗争，逐渐转向体制内的参政议政。对少数民族集团而言，最根本的政

① Ashley South, *Ethnic Politics in Burma: States of Conflict*, Routledge, 2008, p. 49.

② 鲍志鹏：《国家建构视域下缅甸民族问题根源探究》，《世界民族》2016年第1期，第25页。

③ ［缅甸］连·H. 沙空：《缅甸民族武装冲突的动力根源》，《国际资料信息》2012年第4期，第12页。

④ 刘务：《缅甸2008年宪法框架下的民族国家构建——兼论缅甸的边防军改编计划》，《印度洋经济体研究》2014年第4期，第100、113页。

治诉求是要争取高度的民族自治，并在此基础上切实保障本民族的政治、文化与经济权益。① 武装斗争不过是应对军人集团强制性同化政策的无奈选择，因此在缅甸中央政府表现出和解诚意的情况下，通过体制内的参政议政争取合法权益，也就成为少数民族集团乐见其成的理性选择。不过，这一积极转变还存在诸多不确定性，并集中表现在两方面。

一方面是缺乏政治互信。长期以来的武装冲突，使得少数民族集团与军人集团之间缺乏基本的政治互信。2011 年吴登盛出任缅甸总统后，提出了全国民族和解路线图，并于 2013 年提出了签订全国停火协议（National Ceasefire Agreement）的政治倡议，但是和谈进展缓慢，直到 2015 年也仅有较弱的 8 支民地武与缅甸中央政府签订了全国停火协议。究其原因，很大程度上在于少数民族集团并不信任军人集团的政治诚意，质疑其在彻底收编民地武后会再次强制推行民族同化政策。

另一方面是缺乏参政能力。通过民主选举和议会斗争的方式争取本民族权益，需要有相当程度的协调与组织能力，以及沟通与谈判经验。这对于长期处于政治边缘的少数民族集团而言将是明显的政治短板。从历届选举来看，少数民族政党的参选积极性颇高，但胜选率较低（见表 4.2），难以满足少数民族集团政治博弈的需要。

表 4.2　**少数民族政党历届参选情况**

	1990 年	2010 年	2015 年
参加选举的少数民族政党数（个）	45	24	55
赢得议席的少数民族政党数（个）	19	13	10
少数民族政党议席所占比重（%）	14	15	11

资料来源：《缅甸 2015 年大选：族群政治何去何从?》，《南洋资料译丛》2016 年第 1 期，第 41 页。

① 刘务：《1988 年以来缅甸少数民族武装民族政治目标变化初探》，《世界民族》2015 年第 4 期，第 27 页。

从目前来看，少数民族集团还将在相当长时期内继续保持体制外武装斗争与体制内参政议政的并行状态。多元民主转型为少数民族集团从草莽走向庙堂提供了重要契机，但其转变进程却在很大程度上取决于民盟·民主派与军人集团的政治博弈。作为昂山将军的继承者，昂山素季明确表示将坚持“彬龙精神”，并主张更灵活的政治对话框架。但这很可能引起奉行“大缅族主义”的军人集团的政治掣肘，甚至出现“一边政府和谈，一边军队开打”的被动局面。[①] 此外，随着缅甸政治改革与经济开放，西方势力也开始更多地介入缅甸少数民族问题，从而使局势变得更为复杂难明。不过，可以肯定的是，随着多元民主转型的深化发展，少数民族集团将在国家决策特别是事关地方权益的资源与基建合作中拥有更重要的影响力与话语权。

四 僧伽集团

上座部佛教传入缅甸已有千年历史，并在漫长的渗透与融合过程中，成为缅甸社会最重要的行为准则与精神寄托。尽管上座部佛教要求修行者超脱于世俗因果的影响与束缚，但对宗教的传播与发展而言，其离不开民众供奉与政权庇护，因此在封建王朝时期，缅甸僧伽集团始终与王权保持着的互动关系，并奉行“王权保护僧伽，僧伽弘扬佛法，佛法圣化王权”的政治伦理。[②]

独立运动时期，面对英国殖民者肆无忌惮的基督教文化侵略，僧伽集团表现出强硬的政治立场，佛教民族主义成为争取国家独立的思想旗帜，而以吴欧德马为代表的爱国高僧更是成为政治动员与社会组织的中坚力量。[③]

缅甸独立初期，吴努政府为争取合法性和巩固统治，对上座部佛

① 焦佩：《族群冲突对缅甸民主转型的影响》，《东南亚研究》2014 年第 4 期，第 15 页。

② ［缅甸］玛格利特·黄：《缅甸佛教与王权》，《南洋问题研究》2006 年第 2 期，第 77—79 页。

③ 钟智翔：《缅甸的佛教及其发展》，《东南亚研究》2001 年第 2 期，第 76—77 页。

教采取了积极扶持的政策，甚至于 1961 年将佛教立为缅甸国教，结果引起反对派特别是非佛教徒的强烈不满，进一步激化国内矛盾，从而为军人集团夺权提供了重要契机。

奈温掌权后，转而通过软硬兼施的手段推行政教分离政策。一方面，军人集团废除了佛教为国教的法律规定，强制解散了联邦佛教僧伽会议，废止了吴努时期为提高僧伽地位颁布的《维那萨耶法》《达摩师法》《巴利文教育委员会法》，采取了严格的僧伽登记制度，并命令禁止僧伽参与政治投票和担任各类社会职务。[①]

另一方面，军人集团也为僧伽集团提供了一定的发展空间。1980 年首届“全国佛教纯洁、巩固、发展各教派僧侣代表大会”的成功召开，标志着僧伽集团政治话语权的重要提升。会议不仅通过了《缅甸僧伽组织基本章程》和《僧伽律法纠纷案件审理裁决法》，而且还产生了全国统一的领导机构，包括律法规范师组织、中央僧伽管理机构，以及僧伽大主席团，从而有效增强了僧伽集团的动员和组织能力。[②]

不过，军人集团与僧伽集团在奈温执政时期，始终保持着相当强的内在张力。这在很大程度上源于奈温政权在社会经济建设方面的无所作为，使得经济困顿民生凋敝，贫困民众难以为僧伽集团提供充裕的宗教供奉。因此在 20 世纪 60 年代初到 80 年代末，僧伽参与反政府运动的现象并不少见。1988 年的大规模反政府民主运动中，部分僧伽及僧伽组织更是成为重要的组织者与先行者。

新军人政府掌权初期，延续了奈温时期的佛教政策，对僧伽集团的政治诉求采取了威慑与压制，但僧伽集团持续的政治斗争，特别是 1990 年的大规模宗教抵制运动，最终迫使军方改变了政策立场，开始为僧伽集团提供更多的政治话语权与社会发展资源。

21 世纪以来，随着多元民主转型有序推进，僧伽集团的政治活跃度明显增加。这一方面表现为传统的民主和民生诉求。近年来的缅

---

① 李晨阳：《军人政权与缅甸现代化进程研究（1962—2006）》，香港社会科学出版社有限公司 2009 年版，第 248 页。

② 同上书，第 249 页。

甸民主运动中经常能看到僧伽的紫红色袈裟。2007 年军政府调升燃油价格导致物价飞涨而引发的大规模僧伽反政府示威游行，即“藏红花革命”或“袈裟革命”，更是直观体现了僧伽集团的政治动员与组织能力，并在很大程度上推动了缅甸的民主化进程。

另一方面则表现在新兴的佛教民族主义诉求。2012 年以来，缅甸佛教徒与穆斯林特别是若开邦罗兴亚人的暴力冲突升级，并造成大规模的人员伤亡和财产损失。① 作为佛教民族主义的典型代表，“969 运动”领导人维拉图（Wirathu）不仅高调宣扬伊斯兰教对缅甸传统文化与社会的现实威胁，而且公开呼吁缅甸佛教徒团结一致对抗穆斯林，特别是抵制穆斯林商业活动与跨宗教婚姻，并要求政府采取更有效的手段维护民族与宗教的纯洁性。尽管多数佛教民族主义的支持者并不像维拉图那样极端和充满攻击性，但在对非缅族佛教徒的理解与认知方面，却存在着相当普遍的政治共识。②

因为僧伽集团在缅甸全境特别是农村地区拥有以寺庙为节点的广泛社会网络，并且与当地民众存在密切的互动联系，③ 所以在选举成为缅甸政府最重要的合法性来源，但现代政党的选民动员机制尚未得到有效建构的情况下，尽管僧伽并无投票权，但僧伽集团在选举政治中的话语权却显著提升。2015 年 7 月，作为对佛教民族主义诉求的政治回应，军人集团推动颁行了《缅甸种族保护法》中的《缅甸佛教徒女性婚姻法案》，从而对跨宗教婚姻进行了限制。

从目前来看，僧伽集团在多元民主转型期间，为争取更有利的政治地位与发展环境，将会继续保持较高的政治活跃度，并有可能呈现更为极端的佛教民族主义立场。不过，由于受出世教义影响，僧伽集团并不会成为政治主导力量，因为过度干政将会弱化其神圣性，进而

---

① ［日］村主道美：《缅甸佛教徒与穆斯林冲突对其民主改革的影响》，《印度洋经济体研究》2014 年第 2 期，第 128—130 页。

② ［缅甸］钦佐温：《佛教与民族主义——缅甸如何走出民族主义的泥淖》，《南洋问题研究》2016 年第 1 期，第 28 页。

③ 白志红：《缅甸僧侣的社会网络与资本累积：一个村落寺庙住持的人类学研究》，《世界宗教文化》2015 年第 5 期，第 120—123 页。

瓦解其社会信仰根基。这就使得在缅甸权力结构重组过程中，所有可能跻身权力核心的政治力量都将在争取僧伽集团支持的问题上展开激烈博弈，僧伽集团的政治选择成为影响多元民主转型进程的重要变数。

五 新兴商业集团

1988年新军人政府掌权后，摒弃了奈温时期的“缅甸式社会主义”意识形态，开始推行以市场经济为导向的对外开放政策，从而为私营部门商业精英成长提供了有利条件。① 经过近30年发展，新兴商业集团不仅在缅甸经济领域拥有了重要影响力，而且在多元民主转型过程中也获得了一定的政治话语权。

作为在缅甸改革进程中成长起来的新兴力量，新兴商业集团具有明显的依附性与保守性特征。在依附性方面，由于缅甸的市场经济尚处于起步阶段，任何企业要做大做强，都很难摆脱权力与资本相结合的成长路径。这就使得迄今为止较成功的缅甸商业精英，多数都是依附于军人集团的权贵资本家，或出身社会底层，但与军政高官存在千丝万缕联系，或本身就是军政高官的亲戚子女，从而能在缅甸“国退民进”的经济改革过程中，通过抢占国有资源和国企市场以保证高额利润。

在保守性方面，作为新军人政府渐进式改革的既得利益者，新兴商业集团更倾向于缓步前进的市场经济改革，而不是大刀阔斧的结构性调整，力求既能最大限度享受从计划到市场的转型红利，又不必承担结构性风险以及市场经济条件下的竞争压力。新兴商业集团多数从事伐木、采矿、能源、银行、建筑、旅游、物流、进出口等传统行业，很少涉足高新技术行业，国际竞争力相当有限。

从目前来看，新兴商业集团的政治影响力将随着多元民主转型进一步提升，但在缅甸市场经济改革完成前，还很难成为独立的政治力

① 祝湘辉：《试析缅甸新商业精英阶层的崛起》，《东南亚纵横》2011年第5期，第71页。

量。作为缅甸最具活力的经济要素，能否在改革开放进程中积极利用外部资源，有序推动产业结构升级，并在根本上改变政商依附关系，将成为新兴商业集团能否持续成长，甚至跻身权力核心的关键所在。

第二节　政治环境评估

一　发展模式：开放性较低·稳定性较低

从国家发展道路的选择来看，缅甸在过去半个多世纪里曾长期闭关自守，直到 20 世纪 90 年代才开始对外开放（见图 4.1）。近年来，尽管对外开放已成为缅甸各派力量的发展共识，但随着多元民主转型的深化发展，有关改革开放的路径分歧也在增加。因此，对“一带一路”建设而言，缅甸开放性较低，尚处于对外开放的起步阶段，而且稳定性较低，很可能在权力结构的重组过程中经常性地出现停顿甚至反复。

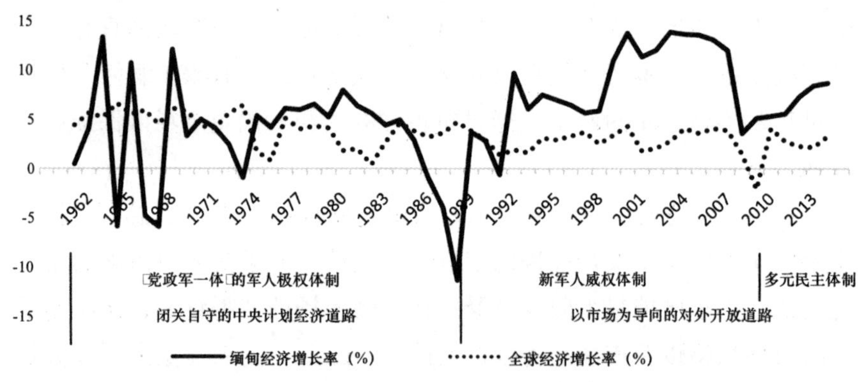

图 4.1　缅甸发展模式变革进程示意图

资料来源：全球数据以及 2005 年以前的缅甸数据来自世界银行数据库（http：//data. worldbank. org）；2005 年以后的缅甸数据来自国际货币基金组织数据库（http：//www. imf. org/data）。

（一）“缅甸式社会主义”道路的全面失败

缅甸独立初期，曾试行过西式议会民主，但以吴努为首的文官政府，却未能有效应对各派力量的相互倾轧与掣肘，结果既无力应对冷战环境下错综复杂的地区局势，也无力发展经济改善民生，更无力解决国内少数民族问题，从而为1962年军人集团以维护统一为由政变夺权提供了有利条件。奈温上台后，于1962年4月颁布了《缅甸式社会主义道路》，明确提出要在缅甸建立没有人剥削人的平等的社会主义制度，并于1963年1月发表了《人与自然相互关联的体系》，对缅甸式社会主义做了进一步的理论阐释，从而成为此后20余年缅甸政治经济发展的指导原则。

在政治体制方面，军人集团采取了“党政军一体”的军人极权统治。1962年7月，奈温领导的缅甸联邦革命委员会组建“缅甸社会主义纲领党”；1964年3月，革委会颁布《民族团结保护法》，宣布解散其他各类党派组织，使纲领党成为缅甸唯一的合法政党；1974年1月，缅甸军政府颁布了经全民公决通过的《1974年宪法》，明确规定“缅甸实行一党制”，“纲领党是领导国家的唯一政党”，从而以根本大法的形式确立了纲领党的执政地位。

作为军人集团的政治“马甲”，纲领党的领导权完全为军人集团所掌控。1971年纲领党第一次代表大会选出的150名中央委员中，仅有31名文职官员，其他均为现役或退役军人，而在中央执行委员会的11名委员中，更是仅有1名文职官员。因此，尽管革委会于1974年根据新宪法相关规定，将国家权力移交纲领党，但是军人极权统治的本质并未改变。为保证排他性的政治统治，军人集团不仅通过法令对民众的言论、结社、集会等权利加以严格限制，而且先后组建了国家情报局与军事情报局，对各级军政官员及一般民众的言论与行为进行严密监控，并从精神和肉体上对政治反对派施加严酷迫害。

在经济道路方面，军人集团奉行闭关自守的中央计划经济道路。具体来看，主要包括三方面：一是在工商业部门积极推行公有制。1963年，军人集团颁布了《企业国有化法令》，规定政府有权接管任何公司。在国有化起步阶段，由于受损的主要是英资、华人与印侨企业，该法令在很大程度上得到了受民族主义情绪影响的缅甸民众的认可与支持。① 到 80 年代初，国营经济在国民经济中所占比重已从 60 年代初的 24.8% 增至 38.5%。② 与此同时，私营经济则面临诸多限制，难以得到有序发展。

二是在农业部门采取统购政策。军人集团通过 1963 年的《农民权益保护法》与《田地租佃法》，以及 1965 年的《田地租佃法修正案》，依托行政力量落实了“土地改革”，从而在坚持土地国有制的前提下实现了“耕者有其田”，并在此基础上强制推行农产品政府统购以及农村合作社，力求将农业和农村完全纳入国家计划经济体制。

三是在对外部门采取闭关自守策略。军人集团在外交上坚持中立甚至孤立原则，拒绝与冷战的任何一方开展交流与合作，从而既无意依托外部资源推动国内经济发展，也无力在地区事务中发挥积极作用。③ 奈温政府不仅拒绝外资进入缅甸，而且对国际援助与低息贷款，也仅在不附加任何条件的情况下才会接受。

从实践来看，军人集团奉行的“缅甸式社会主义”道路不仅未能达成预期成效，反而使得缅甸经济发展陷入困境（见图 4.1）。70 年代初，军人集团曾在计划经济框架下对经济政策进行过微调，放宽了私人工商业的投资限制，提高了农产品的收购价格，并更为积极地接受国际援助与低息贷款，从而在一定程度上改善了经济环境，促成了奈温政权中后期的经济复苏。但是，计划经济体制下的结构性难题并未得到根本解决，再加上国际初级产品价格下跌与中长期贷款陆续到期，最终使缅甸经济在 80 年代末再次陷入困境。1987 年，缅甸在外债压力下，被迫申请联合国最不发达国家地位，引发国内民族主义强烈的不满情绪。1988 年，面对国内风起云涌的反政府运动，奈温在纲领党特别代表大会上承认“缅甸式社会主义”存在失误，并辞去纲领党主席职务。

---

① 李晨阳：《军人政权与缅甸现代化进程研究（1962—2006）》，香港社会科学出版社有限公司 2009 年版，第 230 页。

② 杨长源等：《缅甸概览》，中国社会科学出版社 1990 年版，第 140 页。

③ F. K. Lehman, eds., *Military Rule in Burma since 1962: A Kaleidoscope of View*, Hong Kong: Maruzen Asia, 1981, p. 10.

（二）军人集团主导的国家发展模式变革

1988 年政变后，军方成立“恢复法律和秩序全国委员会”（简称“恢委会”）接管了国家权力，并将国名由“缅甸联邦社会主义共和国”改为“缅甸联邦”，从而标志着军人集团正式放弃“缅甸式社会主义”模式，开始推进国家发展模式的调整与重构。

尽管军人集团无意放弃政治主导地位，因此在改革开放的力度、广度与深度等方面都差强人意，但相较于奈温时期，改革还是在一定程度上取得了重要进展，并取得积极成效。

在政治体制方面，军人集团采取了军人执政的威权体制。[①] 1988 年 9 月，恢委会颁布了《政党登记法》，并在随后半年内批准了 233 个政党为合法组织，其中包括昂山素季领导的全国民主联盟。与此同时，恢委会废止了 1964 年《民族团结保护法》与 1974 年《领导国家的缅甸社会主义纲领党资助法》，从而瓦解了“一党专政”的法理基础。但 1990 年民盟以压倒性优势胜选后，军人集团却并未如约“还政于民”，而是以“先制宪，后交权”为由继续掌权，开始了长达 20 年的威权统治，并对政党政治进行了全面压制，使得政党数到 1991 年已锐减至 79 个，到 1994 更是仅剩 10 个。

不过，相较于奈温时期的极权统治，新军人时期的威权统治保留了多党制的法理基础。1993 年军人集团主导召开国民代表大会所提出的宪法纲要草案中，明确提出了“军队将在缅甸未来的政治生活中发挥主导作用”，但同时也着重强调了“建立真正的多党民主制”的基本原则，从而为民盟及部分少数民族政党的长期存续与坚持斗争提供了重要的政治保障。

作为新军人统治时期最重要的政治议题，宪法起草工作的举步维艰所体现的不仅是军人集团与民盟·民主派及少数民族集团的“权力—利益”博弈，更重要的是军人集团的代际更迭与共识重建。尽管新军人政府在改革开放方面早有共识，但在路径选择与步伐节奏方

① 贺圣达：《缅甸：军人执政的 20 年（1988—2008）的政治发展及趋势》，《东南亚纵横》2008 年第 8 期，第 3 页。

面，却始终存在分歧争议，从而使缅甸的改革开放进程呈现明显的不确定性。不过，随着军人集团的数次大规模清洗，特别是2002年前军人独裁者奈温过世及其家族势力被彻底清洗[①]，以及2004年军方三号人物钦纽及其军情派系被彻底整肃[②]，军人集团开始形成更有序的领导核心，并在深化改革扩大开放方面达成新的共识，从而为2008年新宪法的最终出台以及2011年大选后的权力移交铺平了道路。

在经济道路方面，军人集团选择了以市场为导向的对外开放道路，主要有以下内容：[③]

其一是从计划转向市场。1989年，恢委会废止了1965年关于保护社会主义经济制度的法令，并宣布将"建立市场经济制度"作为经济改革方向。农业是缅甸的支柱产业，对国民经济的贡献率高达50%左右，因此成为经济改革的重点领域。新军人政府上台后，改变了以往对农业的计划管理，鼓励农民自主种植和销售农产品，并于1991年出台《关于中央空地、闲地、荒地管理委员会的职责与权力的命令》与《空地、闲地、荒地管理实施细则》，鼓励农民在市场经济条件下，积极利用空地、闲地、荒地从事种植业、养殖业及相关经济产业。1998年，军人集团出台《空闲地管理条例修正案》，进一步提高了优惠政策，从而对调动农民积极性、扩大耕地面积、发展农业多种经营等起到了重要的促进作用。

与此同时，军人集团在金融领域也进行了重要市场化改革。军人集团先后颁布了《中央银行法》《金融机构法》《农业和农村银行法》《储蓄银行法》等相关法律，明确规定中央银行为国家银行，并允许私人和外国人、外国资本投资银行业，从而有效改变了计划经济体制下国家银行的垄断地位，使得市场经济的资本流动更具活力和竞

① 李晨阳：《缅甸内政外交2002年回顾与2003年展望》，《东南亚纵横》2003年第2期，第16页。

② 林锡星：《缅甸"10·18"政变的真相》，《东南亚研究》2005年第1期，第26—29页。

③ 贺圣达：《新军人集团执政以来缅甸的经济改革和经济发展（1988—2008）》，《南洋问题研究》2009年第3期，第2—4页。

争力。

其二是从国营转向私营。军人集团于 1988 年 10 月颁布法令解除了限制私人部门从事内外贸易的规定，并于 1990 年先后颁布《国营经济企业法》与《私营企业法》，明确规定除政府专营部门外，任何人都有权经营其他经济部门，并规定私营企业有权向国家申请贷款、减免税金、要求政策扶持、聘用外国专家和技术人员，从而为私营经济发展提供了重要的法理保障。随后，军人集团还出台了《发展家庭手工业法》与《公民投资法》，鼓励私营企业和家庭经济的发展，从而有力地促进了缅甸国内的私人投资。[①]

与此同时，军人集团也在积极推动国有企业改制的私有化进程。军人集团于 1995 年 1 月组建了私有化委员会和资产评估委员会，并公布了首批国有企业事业单位的私有化名单，计划将 1760 多家国有企业中的 1700 家租赁和出售给私人部门。到 21 世纪初，缅甸国营经济部门在国内生产总值中所占比重，已从 20 世纪 80 年代中期的 30% 左右降至不足 10% 。[②]

其三是从封闭转向开放。军人集团于 1988 年 11 月颁布《外国投资法》，成为 1962 年以来缅甸颁布的首部外国投资法。其中规定，缅甸将在平等互利基础上吸引外国投资，给予外国投资者相应的政策优惠，包括可按 100% 外资比例进行投资，外企在前 3 年可免交所得税，可将利润汇出国外等。与此同时，军人集团积极推动对外贸易，特别是与周边国家的边境贸易，并先后与中国（1988 年）、印度和孟加拉国（1994 年）、泰国（1996 年）、老挝（2000 年）签署了边贸协议。

从改革成效来看，缅甸经济在新军人统治时期保持了相对稳定的增长态势（见图 4. 1）。1997 年亚洲金融危机后，缅甸曾陷入发展困境，本币贬值，外资骤减，外贸萎缩，并引发经济道路争议。对此，军人集团将恢委会改组为“国家和平与发展委员会”（简称“和发

---

① 贺圣达：《新军人集团执政以来缅甸的经济改革和经济发展（1988—2008）》，《南洋问题研究》2009 年第 3 期，第 3 页。

② ［缅甸］妙丹、密登：《缅甸的过渡性经济：现状、发展差距和未来前景》，《南洋资料译丛》2008 年第 3 期，第 49 页。

委”），进一步增强了对改革开放的调控能力，从而不仅有效应对了外部冲击的不利影响，而且为21世纪初的经济增长提供了重要保障。

（三）多元民主转型的经济改革难题

2011年3月，军人集团宣布解散和发委，并将国家权力移交给2010年大选中胜出的巩发党，从而标志着缅甸的国家发展模式变革开始步入新的发展阶段。

在政治体制方面，缅甸多元民主转型步伐进一步加快。尽管巩发党具有深厚的军方背景，因此登盛领导的巩发党政府被普遍认为是军人威权统治的政治延续，但在经历了民主选举与政权移交后，权利意识开始深入民心，从而使得巩发党政府无论是否愿意，都必须以更积极的态度推动政治改革，特别是放松舆论监管与保障民主权利，包括成立国家人权委员会，颁布《和平集会与和平游行法》与《劳动组织法》，邀请长期流亡海外的政治异见人士回国，解禁脸书、推特等国际媒体网站和海外反对派网站，取消出版审查，允许社会人士和团体创办报纸等。①

在经济道路方面，缅甸以市场为导向的经济改革进一步深化。巩发党政府明确提出，要以促进国家经济发展、改善人民生活为中心推动“第二波战略改革”，并将发展目标从“以农业为基础全面发展其他领域经济”转变为“进一步发展农业、建立现代化工业国家、全面发展其他领域的经济”。相较于和发委时期，巩发党政府在机构改革、扶贫开发、国企改制、招商引资以及法制建设等方面都表现得更为积极进取，从而有力推动了缅甸经济的持续增长（见图4.1）。②

2016年缅甸政权从巩发党到民盟的平稳交接，使得国家发展模式变革开始进入“本土性检验”的关键阶段（见图1.2），如果在多元民主体制下，缺乏执政经验与人才储备的民盟无力驾驭以市场为导向的经济改革，就有可能再次引发“政治体制—经济道路”的变革与

① 宋清润：《缅甸民主转型的进展与挑战》，《国际研究参考》2014年第5期，第33—34页。

② 张党琼：《政治转型以来的缅甸经济改革：进展与展望》，《东南亚南亚研究》2014年第4期，第57—59页。

重组，甚至促成军人集团的政治回归。

2008 年颁布的新宪法第 35 条明确规定，“国家的经济制度为市场经济制度”，从而为市场经济的发展方向提供了法理保障。[①] 但是，缅甸各派力量在改革开放的路径与步伐方面，却存在诸多分歧。军人集团长期奉行“国家宏观调控下的市场经济政策”，一来有助于保持军人集团对国家经济命脉的掌控能力，二来也有助于降低改革中的不确定风险；而民盟支持者特别是亲西方的支持者，则普遍倾向于全面的市场经济改革。与此同时，缅甸国内日趋强烈的民族主义情绪，以及民粹主义诉求，也都会对民盟的经济改革产生重要影响，很可能使其在相当长时期内呈现保守性的政策漂移。

二　权力结构：协调性低・有效性低

20 世纪 90 年代以来，随着新军人政府推动改革开放，缅甸政治权力结构开始从军人极权时期的单极自律形态，逐渐转变为单极多元形态。尽管军人集团在核心圈层长期保持排他性的主导地位，但各派权力集团在制衡圈层的影响力提升，很大程度上有效保证了多元民主转型路径，并为 2016 年民盟・民主派通过议会选举的和平方式跻身核心圈层创造了有利条件，从而促成了衡平多元形态的权力结构转型。

从目前来看，对“一带一路”建设而言，缅甸协调性低，民盟・民主派在相当长时期内都很难与军人集团分庭抗礼，任何不利于军人集团维护既得利益与优势地位的改革决策，都有可能受到军人集团的抵制与掣肘，难以取得预期成效；同时，有效性低，缅甸在长期计划经济与排他性权力结构中形成的行政管理体制，不仅严重缺乏法治理念与服务意识，难以满足市场经济改革需求，而且存在严重的腐败问题。

（一）军人集团主导下的权力结构调整

20 世纪 60 年代以来，军人集团在半个多世纪的时间里，先后两

① 《2008 年缅甸联邦共和国宪法（一）》，《南洋资料译丛》2009 年第 1 期，第 64 页。

次推动缅甸的权力结构调整。第一次是在60年代初，军人集团政变夺权后，针对影响缅甸团结与统一的三对主要矛盾——外国资本及中小资本与中下层农民群体的经济矛盾，少数民族集团区域自治与缅族中央集权的民族矛盾，以及上座部佛教与其他教派势力的宗教矛盾——通过武力或以武力相威胁方式，将相关权力集团都压制和隔离在边缘圈层，并在此基础上构建了以军人集团为核心的单极自律形态的政治权力结构，从而在形式上有效平息了议会民主时期的政治冲突与社会动荡（见图4.2）。

图4.2　奈温时期缅甸权力结构的单极自律形态

由于未曾从根本上解决结构性矛盾，因此在奈温统治时期，缅甸的权力结构始终存在显著张力。从“民地武”与缅甸军方的持续武装冲突，到僧伽集团与奈温政府在政教分离问题上的反复博弈，再到知识精英阶层特别是大中学生不断发起的街头运动，各派权力集团都在通过非常规的方式积极争取政治话语权。相较于各派权力集团，农民群体在政治上属于沉默的大多数，通常不会直接表达利益诉求，但作为缅甸社会的主体力量，其诉求表达却具有决定性的影响力。军人集团于1974年将权力移交纲领党，以及在1988年政变推翻纲领党政府，其关键原因都在于农民群体在其他权力集团的引导下开始形成大规模政治动员，并将矛头直指军人集团的执政地位。

但是，从权力结构来看，无论1974年交权还是1988年政变，都并未改变军人集团在核心圈层的排他性主导地位。究其原因，就在于军人集团长期奉行封闭自守的中央计划经济道路，不仅严重阻碍了缅甸社会经济发展，而且在很大程度上限制了各派权力集团的生存与发展，使得在农民群体推动权力结构调整的情况下，不存在任何权力集团能与军人集团分庭抗礼，更遑论取而代之，唯有坐视军人集团在改头换面后再次把持政治主导权。

不过，军人集团为安抚农民群体的不满情绪，也不得不在经济道路方面做出相应调适。1974 年交权后，军人集团在“缅甸式社会主义”框架内有限地放宽统制，1988 年政变后，更是彻底摒弃了“缅甸式社会主义”，开始了以市场为导向的对外开放，为其他权力集团影响力上升提供了重要契机，从而第二次推动了缅甸的权力结构调整，促成了新军人执政后期的单极多元形态（见图 4.3）。

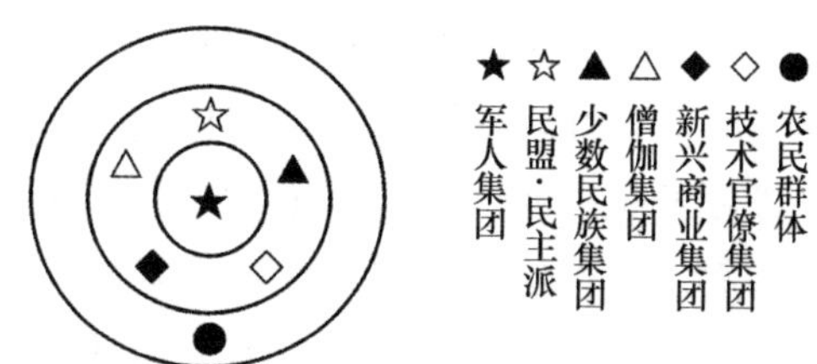

图 4.3　新军人执政后期缅甸权力结构的单极多元形态

从权力结构调整来看，20 世纪末 21 世纪初主要有两方面变化。其一是边缘集团的话语权增加。少数民族集团与僧伽集团在奈温时期备受压制，但在新军人时期，军人集团很大程度上改变了以往在民族与宗教问题上的强硬立场，表现得更具有灵活性与妥协性。

这一方面是为了避免对抗性冲突影响社会经济的有序发展。特别是在民族政策方面，军人集团改变了奈温时期单纯的军事围剿做法，采取了剿抚并举策略，成立“边境与少数民族地区发展中央委员会”，支持少数民族地区的社会经济发展，并通过政治对话方式，有效保持了 90 年代政府军与“民地武”的和平共处。

另一方面是为了在新兴权力集团的崛起过程中，构建制衡圈层的相互均势，确保军人集团掌握核心主导权。针对民盟·民主派的政治竞争，军人集团在体制内扶持少数民族政党，在体制外放任佛教民族主义，从而在一定程度上分化了民盟·民主派的政治根基。2004 年军人集团重新召开制宪国民大会，将少数民族代表名额从首届国民大会时的 214 人增加到 633 人，使得少数民族代表占比从 30.6% 上升到 58.2%，很重要的目的就在于证明缅甸民主进程可以在民盟不参与的情况下顺利推进，以压制民盟·民主派的政治话语权。①

其二是新兴集团的成长与壮大。随着缅甸改革开放的深入发展，外部资源涌入与内部资源重置，有力促进了民盟·民主派、新兴商业集团，以及技术官僚集团的政治崛起。特别是民盟·民主派的发展更在很大程度上得益于外源推动力。事实上，如果缺乏来自西方国家的政治声援与资金扶持，民盟很难在军人集团有针对性的长期打压下幸存，更遑论逆势发展。

相较于民盟·民主派的对抗性，新兴商业集团与技术官僚集团对军人集团具有很强的依附性。前者是在市场化改革过程中，通过对内外资源的重新配置发展起来的，很大程度上得益于军人集团的特许权与审批权，因此在成长过程中始终存在权钱交易问题。后者则在很大程度上属于军人集团的专业化分支。奈温时期的技术官僚基本都是军人兼任②，新军人时期为应对市场化改革的发展需要，开始推动技术官僚的专业化进程，但由于缅甸高等教育长期受到军人集团的严格管控与压制，军队系统在相当长时期内都是最重要的甚至是唯一的专业技术人才来源。

（二）晦暗难明的多元民主转型前景

从 1988 年到 2015 年的近 30 年间，军人集团始终把持着缅甸改革开放的主导权，并以“有纪律的繁荣民主”为指导原则，规划着缅甸对内改革对外开放的路径与步伐。但在 2015 年大选中，军方支持的巩发党惨败于昂山素季领导的民盟，使得军人集团在半个多世纪

---

① 刘务：《1988 年以来缅甸少数民族武装民族政治目标变化初探》，《世界民族》2015 年第 4 期，第 29 页。

② 李晨阳：《军人政权与缅甸现代化进程研究（1962—2006）》，香港社会科学出版社有限公司 2009 年版，第 289 页。

以来首次失去政治主导地位。与此同时，缅甸政治权力结构也开始从单极多元形态转向衡平多元形态（见图4.4）。

图4.4　昂山素季时期缅甸权力结构的衡平多元形态

如果从理想视角来看，昂山素季及其同情者长期以来的民主梦想似乎已经成为现实，军人集团曾经无可动摇的政治统治在形式上已成为明日黄花；但从现实视角来看，依托“反对军人统治”的统一战线跻身核心圈层的民盟·民主派，却并不足以与军人集团分庭抗礼，从而使得缅甸权力结构的演化进程很可能“反转”，再次回归军人集团主导的单极多元形态。

作为缅甸新时期最具有潜力与活力的政治力量，新兴商业集团在“权力—利益”博弈中的抉择，或将成为影响缅甸政局走势的关键因素。选举政治在很大程度上就是金权政治，必须要对选举网络与选民关系加以精细维护，如果缺乏资金支持，任何政党都很难在重复性选举中长期保持优势地位，无论巩发党还是民盟概莫能外。于是，掌握政治资金来源的新兴商业集团也就成为缅甸民主政治中必不可少的重要组成部分。

由于缅甸的市场化改革起步较晚，而且力度、广度与深度都相当有限，因此缅甸新兴商业集团迄今为止还是军人集团的依附力量。如果民盟·民主派能在执政期间，通过对外开放引入外部资源，促成新兴商业集团的跨越式发展，使之成为更具有独立性的政治力量，不再依附于军人集团，甚至与之成为政治盟友，那么核心圈层的不均衡对比就将得到根本改变，并会朝着有利于民盟·民主派的方向发展。

但是，对于缺乏执政经验与人才储备的民盟·民主派而言，推动对外开放进程具有很高风险，其中不仅有国际市场风险，更重要的是会受到包括军方在内的既得利益集团的掣肘与抵制，如果缺乏有效管控，就有可能引发经济危机与社会动荡，从而为军人集团以“维稳”为由再次夺权创造条件。与此同时，如果民盟·民主派未能妥善协调与少数民族集团、僧伽集团、技术官僚集团等各派力量的政治关系，就有可能弱化甚至瓦解既有的统一战线，从而为巩发党的东山再起提供契机。

（三）改革开放中的结构性腐败难题

缅甸在改革开放进程中存在极其严重的腐败问题。近年来，尽管缅甸政府着力加强廉政建设，并于2013年成立9人组成的“反腐败委员会”，从而使得腐败现象有所改善，但是在全球范围内，缅甸依然属于最腐败国家行列。

表4.3　**缅甸清廉指数**

年份	2004	2005	2006	2007	2008	2009	2010
CPI	1.7	1.8	1.9	1.4	1.3	1.4	1.4
年份	2011	2012	2013	2014	2015	2016	2017
CPI	1.5	1.5	2.1	2.1	2.2	2.8	3.0

注：从2012年起，透明国际的廉政指数开始采用百分制，为易于比较，表格中都换算为十分制。

资料来源：透明国际网站，2018年2月21日，http：//www.transparency.org/。

2016年民盟执政后，昂山素季明确表示，必须将廉政建设作为国家建设的重要工作目标。不过，缅甸廉政建设要取得预期成效，依然面临诸多结构性难题。具体来看，主要有三方面：

首先是高层的权力博弈问题。对于长期把持缅甸政治主导权的军人集团而言，通过财政分肥或权钱交易的方式为本派系谋取发展资源，已成为习惯性的常态做法。军人集团采取的反腐败行动，更多是源于各派系间的政治倾轧，而不是源于廉政建设本意。民盟推动廉政建设将会影响军人集团的既得利益，甚至会被视为变相削弱军方势力，从而引起军人集团的掣肘与抵制。

其次是中层的法制建设问题。缅甸现行法律法规、章程条例以及习惯做法，基本都是中央计划经济时代的历史产物，20 世纪 90 年代以来尽管相继出台了不少法律法规，但无论数量还是质量都难以满足市场化建设需要，从而在操作层面上存在诸多疏漏，甚至面临无章可循无法可依的不利局面，成为权钱交易的制度温床。

再次是基层的民生改善问题。作为联合国最不发达国家，缅甸基层公务员的生活水平普遍较低。尽管军人集团着力改善公务员待遇，并于 2015 年将普通公务员工资大幅上调 60%，但结果更多表现为通货膨胀，而不是生活水平改善。于是，对基层公务员而言，针对商业活动利用职权“吃拿卡要”也就成为改善生活水平的重要渠道，并在很大程度上被视为参与市场化改革分红的合理选择。因此，至少在现阶段，缅甸基层公务员的腐败问题，更多关乎待遇与福利，而不是理念与信仰。

三　外交博弈：自主性较高

缅甸具有中立主义的外交传统，并在强烈的民族主义情绪影响下，对外部力量特别是大国力量存在持久的不信任感，很少屈从于霸权力量的威胁与压迫。不过，随着改革开放的深化发展，缅甸与国际社会交往迅速增加，从而使其缺乏外交经验与人才储备的短板日益明显，有可能在西方势力的诱导与蛊惑下做出不利于其国家利益的非理性选择。再加上军人集团在摒弃“缅甸式社会主义”意识形态后，未能及时构建新的意识形态共识，更是在很大程度上弱化了缅甸对西方民主意识形态的免疫能力。因此，对“一带一路”建设而言，缅甸的自主性较高，基本能坚持国家利益，做出理性选择，但并不排除在西方势力影响下做出非理性选择的可能性。

（一）从消极中立到积极中立的外交转型

缅甸独立后，曾奉行与大国结盟的外交方略，但未能取得预期成效，从而在 20 世纪 40 年代末开始采取中立主义的外交立场。1949

年，吴努明确提出中立与非结盟的外交政策，“我们所面临的外部局势要求我们走一条独立的、不与任何国家集团结盟的路线”。[①] 对吴努而言，中立主义对维护缅甸国家利益和世界和平都是必不可少的基本原则。[②]

20 世纪 60 年代奈温掌权后，在外交政策上延续了中立主义立场，明确提出“缅甸联邦自独立以来所采取的积极的中立主义外交在目前的国际条件下依然是最适合的政策”。[③] 不过，奈温前期的外交政策就其本质而言是消极中立，而不是其所谓的积极中立，具体表现为：只顾及国内，对国外发生的事毫无兴趣，畏惧和憎恨外国人；未将推动力灌注到发展国民经济中去；缺乏在区域事务中发挥作用的积极性。[④]

新军人政府上台后，面对西方势力的严厉制裁与封锁，曾在 20 世纪 80 年代末 90 年代初采取过对华“一边倒”的外交政策。[⑤] 但在形势有所缓和后，缅甸开始回归中立主义，并以 1992 年改善与印度的关系为开端，以 1997 年加入东盟为标志，初步形成了多边外交的大国平衡格局。具体来看，表现为两个层次：其一是缅甸所在区域内的大国力量平衡，主要在保持与中国友好关系的基础上，发展与印度、东盟以及日本的关系，而后反过来制衡中国；其二是通过发展与区域内中国、印度、东盟和日本的友好关系来平衡美欧强权。[⑥]

近年来，随着改革开放的深化和发展，缅甸与西方势力特别是美国的关系进一步缓和，从而为其推行积极中立的外交政策提供了有利

---

① Josef Silverstein, *Burma: Military Rule and the Politics of Stagnation*, Cornell University Press, 1977, p. 168.

② Chi-shad Liang, *Burma's Foreign Relations: Neutralism in Theory and Practice*, Praeger Publishers, 1990, p. 62.

③ 尤洪波：《冷战期间缅甸的中立主义外交政策》，《南洋问题研究》2002 年第 1 期，第 80 页。

④ 林锡星：《中缅友好关系研究》，暨南大学出版社 2000 年版，第 285 页。

⑤ 徐本钦：《中缅政治经济关系：战略与经济的层面》，《南洋问题研究》2005 年第 1 期，第 33 页。

⑥ 刘务：《缅甸外交政策的新调整：从对华友好到大国平衡外交》，《东南亚研究》2007 年第 2 期，第 45 页。

条件。2016 年民盟上台后，美缅关系有可能得到更显著的改善，并为日缅合作开拓更广阔的发展空间；与此相对，中缅关系则很有可能受到缅甸“大国平衡”政策的不利影响，甚至面临相互关系的重新定位与再认知。

（二）走向“正常化”的美缅关系

1988 年新军人政府上台后，以美国为首的部分西方国家对缅甸进行了全方位的长期制裁，试图迫使军人集团“还政于民”，从而使美缅关系从 20 世纪 90 年代起到 21 世纪初始终处于紧张对立的不正常状态。[①] 近年来，随着缅甸多元民主转型有序推进，特别是 2008 年新宪法颁布后，美缅关系明显缓和，并朝着“正常化”方向稳步前进。2009 年 9 月，美国奥巴马政府公布对缅新政，表示将在维持制裁的同时，恢复与缅直接接触并有条件扩大对缅人道援助。2009 年 11 月和 2010 年 5 月，美国国务院助理国务卿坎贝尔两次访缅。2011 年 11 月，美国国务卿希拉里对缅甸进行历史性访问，成为 50 多年来首位访缅的美国国务卿。2012 年 1 月，奥巴马宣布减轻对缅甸制裁，准许美国公司对缅投资。同年 11 月，奥巴马访缅，成为首位在任期间访缅的美国总统。2013 年 5 月，缅甸总统登盛访美，成为 47 年来首位访美的缅甸国家元首。2014 年 6 月，普利茨克访缅，成为首位访缅的美国商务部长。同年 11 月，奥巴马赴缅出席东亚合作领导人系列会议。

昂山素季领导的民盟在 2015 年大选中胜出，并在 2016 年上台执政，使得美缅关系步入了新的发展阶段。对美国而言，缅甸的价值有三：其一是成为遏制中国的重要隘口；其二是作为民主价值观的新标杆；其三是作为美国海外经济利益的新增长点。[②] 尽管缅甸军人集团对以美国为首的西方国家始终存在强烈的不信任感，但长期与西方保持密切互动的民盟·民主派，很有可能在面对美国的外交橄榄枝时做

① 李晨阳：《西方国家对缅甸的制裁措施》，《国际资料信息》2010 年第 5 期，第 19—24 页。

② 李枏：《奥巴马政府对缅甸政策的演变及走向》，《现代国际关系》2015 年第 12 期，第 22—23 页。

出积极回应，一来增加“大国平衡”对外关系中的美国砝码，提高对其他大国的战略制衡，二来依托美国影响力，夯实国内根基，加强对军人集团的政治约束。

（三）有待重新磨合的中缅关系

中缅两国山水相连，两国人民传统友谊源远流长，自古就以“胞波”（兄弟）相称。1950年，中缅两国正式建交。1954年，周恩来总理首次访缅，与缅甸总理吴努共同倡导了和平共处五项原则。奈温执政期间，虽然曾出现1967年的大规模反华排华事件，并在相当长时期内受到缅共问题影响，但中缅关系还是基本保持了友好合作大局，不仅圆满解决了历史遗留的边界问题，而且两国高层频繁互访，政治互信与经贸往来也都有明显提升，周恩来总理九次访缅与奈温将军十二次访华更是被两国人民传为佳话。

1988年新军人政府上台后，因为中缅两国同样面对西方的封锁与压制，所以双边关系显著发展，甚至在20世纪90年代初形成缅甸对华“一边倒”的关系格局。90年代中后期以来，缅甸开始推行“大国平衡”的多边外交，对华关系的重要性有所下降，但作为缅甸最大的贸易伙伴与投资来源国，中国始终是缅甸在多边外交中最重要的战略依托。2011年，缅甸总统登盛访华，双方正式建立中缅全面战略合作伙伴关系，从而为两国在缅甸改革开放新时期的双边合作指明了发展方向。

近年来，随着改革开放的深入发展，缅甸政治权力结构与社会利益结构的多元化趋势日益明显，再加上以美国为首的西方国家影响力持续提升，使得中缅战略合作所面临的不和谐杂音明显增加。从密松水电站停建，到莱比塘铜矿受阻，再到中缅高铁搁置，中缅战略合作的标志性项目举步维艰，所反映的不仅是缅甸社会环保与维权意识增强，更重要的是缅甸国内各派力量角逐，以及中美日等大国在缅甸的地缘政治博弈。

2015年6月，民盟领导人昂山素季在大选前应邀访华，从而在很大程度上增进了民盟·民主派与中国高层在战略层面的相互理解与信任。2016年4月，民盟执政后，中国外交部长王毅应邀访缅，成为昂山素季上台后会见的首位外长。从目前来看，基于国家建设与发展的现实需要，缅甸在民盟领导下将会继续保持对华友好合作，但要在战略层面达成新的发展共识，尚需进一步的沟通与磨合，并有可能在短期内面临持续增加的误解与摩擦。

四　文化交流：包容性低

作为多民族国家，缅甸在军人集团领导下长期奉行同化而不是融合或者吸纳的文化政策，因此始终面临主体民族与少数民族的文化张力。缅甸社会主流文化的核心是“大缅族”与“佛教”，其他文化则在军人集团强烈的民族主义情绪影响下，普遍被视为有可能侵蚀主流文化的异质文化，结果不是被同化，就是被边缘化，难以形成兼容并蓄的文化共生关系。缅甸社会主流文化的排他性，不仅成为妥善解决国内少数民族问题的重要障碍，而且也使得对外开放面临文化上的不确定性风险。因此，对“一带一路”建设而言，缅甸呈现低包容性特征。2016 年民盟·民主派上台后，或许会在政策层面有所调整，但长期以来形成的社会共识与行为惯性，以及军人集团维护主流文化纯洁性的强烈意愿，使得缅甸在相当长时期内都很难形成开放包容的文化氛围。

（一）缅甸华人面临边缘化困境

中缅两国人民的友好交往源远流长。19 世纪末 20 世纪初，由于国内社会动荡，中国旅缅华侨华人数量骤然增加，从 1891 年的 3.7 万人，增至 1911 年的 12.2 万人，1936 年的 22.5 万人，以及 1953 年的 35 万人，从而有力推动了缅甸华侨华人社会的形成与发展。①

1948 年缅甸独立后，如何妥善处理主体民族缅族与包括华人在内的非主体民族的关系，并在此基础上有效建构民族国家，开始成为缅甸政府最重要的政治议题。吴努掌权时期，缅甸的入籍政策对华侨而言门槛不高，入籍后在选举、参政、结社、兴办华文教育或接受当

① 姜永仁：《缅甸华侨华人与缅甸社会与文化的融合》，《东南亚》2003 年第 4 期，第 52 页。

地国民教育、出版华文报纸和期刊方面，也都很少受到种族或血统方面的歧视和限制。

不过，随着奈温政变上台，华人地位急剧衰落，开始沦为缅甸二等和三等公民，参政、选举、言论、出版以及集会等权益均受到限制。1982 年颁行的《缅甸公民法》将原住民和非原住民进行了严格区别，并将缅甸公民分为三类，即“真正的缅甸公民”、“客籍公民”和“归化公民”。① 其中，1823 年以前在缅甸某一地区定居的克钦、克耶、克伦、钦、缅、孟、若开、掸等族及其支族人民，属于缅甸公民；根据 1948 年缅甸联邦公民法提出申请入籍者为客籍公民；1948 年 1 月 4 日前到达缅甸居住者及其子女，尚未根据 1948 年缅甸联邦公民法提出申请入籍者，入籍后是归化公民。

奈温政府长期奉行歧视性政策，对客籍公民与归化公民的政治权利严格限制，从而使缅甸华人在政治上被持续边缘化。② 1988 年新军人政府上台后，沿袭了 1982 年《缅甸公民法》的歧视性规定。1989 年新军人政府颁发新身份证，“真正的缅甸公民”身份证为粉色，“客籍公民”身份证为蓝色，“归化公民”身份证为绿色，外侨登记证为白色，使得公民资格差异一目了然。

近年来，缅甸改革开放取得明显成效，但在公民平权方面却始终无所作为。2008 年宪法规定，“凡缅甸联邦共和国公民，国家不能以民族、籍贯、宗教、职务、地位、文化、性别和贫富为由，进行区别对待”，但缅甸政府以华人不属于官方认定的 135 个少数民族为由，继续推行歧视性政策。在政治权利方面，缅甸华人拥有选举权，但作为“客籍公民”和“归化公民”并不享有被选举权，也不得担任公务员和政府机构及团体领导。③

---

① ［缅甸］吴奈温:《缅甸政府对非原住民的政策》,《民族译丛》1985 第 5 期，第 5 页。

② 范宏伟:《奈温军政府时期缅甸华人的政治地位》,《厦门大学学报》（哲学社会科学版）2003 年第 2 期，第 63—67 页。

③ 范宏伟:《缅甸华人的政治地位及其前景》,《国际关系学院学报》2009 年第 2 期，第 28 页。

与此同时，缅甸华人在教育、结社、学习和使用本民族语言等方面的不公正待遇，也并未得到有效改善。1965 年，缅甸政府颁布《私立学校国有化条例》，将华文学校收归国有，使得缅甸华人丧失了学习本族语言文化的基本权利。20 世纪 70 年代末 80 年代初，缅甸华人在讲授佛经的名义下开办了华文补习班，才使华文教育勉强得以恢复。迄今为止，缅甸已有数十家以补习班、佛经学校、商业语言中心等名义兴办的华校，但华文教育尚未获得合法地位，缺乏法律和政策保障。①

（二）华人新移民引发文化摩擦

20 世纪 90 年代以来，随着缅甸以市场为导向的经济改革推进，中缅经贸合作呈高增长态势，并在此基础上促成了缅甸华人新移民的大幅增加，从而无法避免地引发了中缅文化的碰撞与摩擦，成为近年来缅甸特别是上缅甸地区反华情绪明显增强的重要原因。

对于华人新移民，缅甸社会普遍缺乏好感，甚至存在强烈的不满情绪。② 究其原因，主要有三：其一是缅甸传统农业文化遭遇中国现代工商业文化所产生的危机感。作为最不发达国家，缅甸社会特别是农村社会在文化上具有明显的前现代性，因此在价值取向、行事风格、待人接物等诸多方面，都与华人新移民文化的现代性存在分歧甚至冲突，很容易产生被侵犯和被取代的文化危机感。

其二是华人新移民接近军人集团的负效应。由于军人集团掌握着改革开放的关键性政策与资源，因此华人新移民为获得商业优势，习惯于与军人集团打交道，甚至是权钱交易。这就使得在缅甸的政治博弈中，华人新移民不仅会成为民主派攻击军人集团的政治把柄，而且也有可能成为军人集团转移社会矛盾的“替罪羊”。

其三是亲西方势力的歪曲与误导。近年来，美日等西方国家在缅甸的话语权与影响力明显提升，特别是非政府组织利用新媒体引导社

---

① 范宏伟：《浅析缅甸华人的公民资格问题》，《世界民族》2012 年第 3 期，第 54—55 页。

② ［缅甸］敏辛：《缅甸人对中国人的态度：中国人在当代缅甸文化和媒体中的形象》，《南洋资料译丛》2014 年第 4 期，第 19—23 页。

会舆论的技巧日趋娴熟，从而使得很多偶发事件或局部问题，都被引申为华人新移民的文化侵略，甚至是新殖民主义。①

从目前来看，随着民盟·民主派与军人集团的权力竞争加剧，以及美日等西方势力对缅甸社会的影响力提升，华人新移民所引发的中缅文化摩擦将会进一步增加，如果处置失当，甚至可能激化，成为反华情绪的助燃剂。

五　中缅合作：近而不亲·稳而不定

从前文分析来看，缅甸政治环境总体呈现“开放性较低·稳定性较低；协调性低·有效性低；自主性较高·包容性低”，正处于国家发展模式转型的关键阶段（见图4.5）。

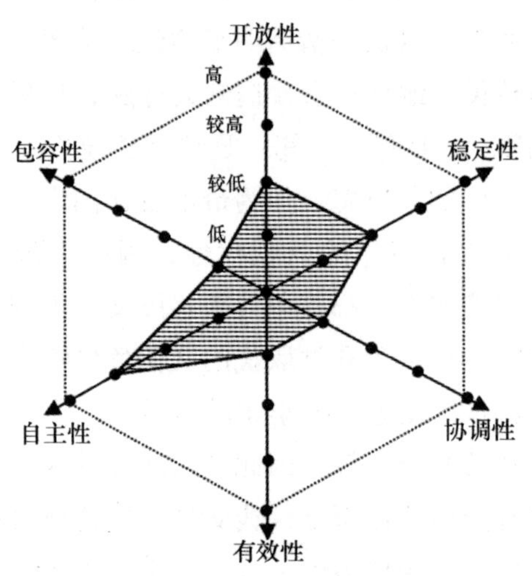

图4.5　缅甸政治环境评估

对于“一带一路”建设而言，缅甸目前的政治环境存在诸多不确定性，短期内难以得到有效改善。缅甸各派力量在对外开放问题上普

① 宋清润：《缅甸当前对华认知特点及其走势》，《公共外交季刊》2014年第4期，第58页。

遍存在民族主义的保守倾向，并在对华战略合作方面难以达成共识，有可能在多元民主转型的权力结构调适过程中引发政策反复。与此同时，中缅文化摩擦将会加剧缅甸传统文化危机感，并有可能在西方势力诱导下形成反华思潮，甚至“自下而上”迫使缅甸政府对华做出非理性选择。再加上缅甸长期以来的严重腐败问题，都将使得中缅战略合作很难取得预期成效。

从目前来看，中缅合作将在相当长时期内呈“近而不亲，稳而不定”的基本特征。有鉴于此，中缅合作应舍近求远，现阶段一方面要稳扎稳打，有选择地放缓重大战略项目建设步伐，以免引发缅甸民族主义在政治转型期的非理性情绪，并将更多的人力物力财力用于完善两国在贸易投资领域的体制机制的对接与磨合，进一步巩固中国作为缅甸最大贸易伙伴与投资来源国的优势地位，从而锁定中缅战略合作的发展方向；另一方面加强民间交流与合作，积极争取中立派，努力扶持知华派与亲华派，进一步夯实中缅政治互信的社会根基，增进两国文化的亲近感与适应性，从而为中长期的中缅战略合作创造有利条件。

第五章　菲律宾

菲律宾地处亚洲东南部西太平洋赤道与北回归线之间，北隔巴士海峡与中国台湾省遥遥相望，南面与西南面隔苏拉威西海、苏禄海和巴拉巴克海峡与印度尼西亚、马来西亚相望，西濒南中国海，东临太平洋，扼守着亚洲与大洋洲以及东亚与南亚的交通要道，地理位置相当重要。

菲律宾国土总面积 30.02 万平方公里，共有大小岛屿 7107 个，仿佛无数明珠漂浮在太平洋海面，因此素有“千岛之国”与“东方明珠”美誉。全国人口 1.03 亿，马来族占总人口的 85% 以上，少数民族及外来族裔有华人、阿拉伯人、印度人、西班牙人和美国人，此外还有为数不多的原住民。全国有 70 多种语言，国语是以他加禄语为基础的菲律宾语，英语为官方语言。菲律宾全国 85% 的人信奉天主教，4.9% 的人信奉伊斯兰教，少数人信奉独立教派和基督教新教，华人多信奉佛教，原住民多信奉原始宗教。

菲律宾是较早开始工业化进程的东南亚国家，曾在 20 世纪 50 年代位居东亚经济的发展前列，但在长期奉行高壁垒保护主义政策影响下，错失东亚产业转移的重要历史契机，结果从“亚洲典范”沦为“亚洲病夫”。近年来，菲律宾社会经济在服务业的推动下有所起色，但长期以来影响产业升级的结构性难题并未得到根本解决，很可能再次成为经济发展的严重障碍。2017 年，菲律宾国内生产总值 3212 亿美元，人均国内生产总值 3118 美元，在东南亚处于中下水平。

对于“一带一路”建设而言，菲律宾具有重要的战略节点作用。尽管在推动建设方面，菲律宾的经济体量与地理位置都不足以成为关键性的战略支点，但由于存在美菲军事同盟关系以及南海主权争议，菲律宾很大程度上具有“成事不足，败事有余”的地缘特征。因此，在“一带一路”建设过程中，有必要切实加强菲律宾的政治环境研究，通过开展积极进取的对菲工作，有效化解中美菲三角关系变化可能产生的不确定性。

第一节　政治权力集团

菲律宾于1946年宣布独立后，迄今相继经历了两党轮替的美式民主时期、1972年马科斯施行军管法后的威权统治时期，以及1986年“人民力量”运动推翻马科斯威权统治后的多元民主时期。从菲律宾政治发展来看，传统家族集团长期占据权力主导地位，使得菲律宾政治与经济发展都呈现明显的保守主义倾向，难以及时有效地对外部环境变化进行改革与调适。从目前来看，菲律宾政坛的政治权力集团主要有传统家族集团、军人集团、教会集团，以及工商资本集团。

一　传统家族集团

对菲律宾而言，家族政治是理解其权力运作最有效的观察视角。尽管政治家族现象在东亚社会并不少见，但菲律宾的不同之处在于，家族政治不仅覆盖了从中央到地方的各个层级，而且主导了立法、行政与司法的各个领域，使得现代的民主体制被强行嫁接在前现代的封建庇护制结构之上，并形成了排他性的垄断地位，从而严重抑制了其他现代化的新兴力量成长。

在地方，菲律宾政治、经济与社会资源主要为160多个传统家族所把持，其中包括北伊洛戈省的马科斯家族、黎刹省的孙武郎家族、八打雁省的劳雷尔家族与雷克多家族、打拉省的阿基诺家族与科胡昂科家族、三描礼士省的麦格赛赛家族、宿务省的杜拉诺家族与奥斯敏纳家族、伊洛伊洛省的洛佩斯家族、卡皮斯省的罗哈斯家族、马京达瑙省的安帕图安家族等。[①] 通过金钱（Gold）、暴徒（Goons）与武装（Guns）的“3G”政治，传统家族对地方权力进行了长期垄断，任何改变既有格局的政治尝试都会遭到严酷打压。2009 年，安帕图安家族为保证马京达瑙省的省长职位从老安帕图安顺利移交给小安帕图安，甚至动用私人武装，将前往省会递交竞选材料的曼古达达图家族一行 57 人尽数屠戮。[②] 与此相比，零星暴力事件在选举期间更是相当普遍。2013 年中期选举中，至少有 22 人在相关暴力事件中丧生，27 人受伤，588 人因滥用枪支被捕。[③] 从选举结果来看，传统家族集团继续把持着 90% 的省长职位以及大多数的地方议会议席。[④]

在中央，从总统到国会议员再到最高法院法官，三权分立下的各个系统都与传统家族集团存在千丝万缕的紧密联系。从 20 世纪初美国治下的“自治时期”以来，菲律宾先后产生了 15 位总统，其中至少有 13 位沾亲带故，而且存在马卡帕加尔与阿罗约夫人的“父女总统”，以及阿基诺夫人与阿基诺三世的“母子总统”。杜特尔特当选总统前，仅有过一位不属于传统家族集团的“平民”总统，即任期尚未过半就被推翻下台的埃斯特拉达总统。

参众两院也是传统家族集团占据压倒优势的政治地盘。1987 年，菲律宾回归民主后的首次国会选举中，200 位众议院议员中就有 130 位来自传统政治家族，另有 39 位属于传统政治家族旁系亲属，仅有 31 位与传统政治家族不存在明显关联。而在 24 位参议院议员中，虽有数位非传统政治人物，但“戏单上的演员”大都是传统政治家族

---

① 房宁等：《民主与发展——亚洲工业化时代的民主政治研究》，社会科学文献出版社 2015 年版，第 79 页。

② 马燕冰：《选举暴力下的菲律宾：政治仍难正常化》，《世界知识》2009 年第 24 期，第 32 页。

③ Catherine A. Traywick, “Election Day in the Philippines Means 500 Guns, 191 Knives and 68 Grenades”, *Foreign Policy*, 28 Oct., 2013.

④ Richard Javad Heydarian, “Philippine Elections: The Sound and the Fury”, *The Huffington Post*, 20 May, 2013.

成员。[①] 此后的历届选举结果也都是基本相同。2013 年中期选举后，传统家族集团直接或间接把持的众参两院议席比例分别高达 70% 与 80%。[②]

最高法院在形式上具有超然的独立地位，并曾被视为维护民主体制的重要壁垒[③]，但在实践中，最高法院也难免沦为传统家族集团权力博弈的政治工具。其中，最高法院首席大法官科罗纳弹劾案颇具代表性。阿罗约总统在任期间，曾先后任命了包括首席大法官科罗纳在内的多名最高法院法官，从而间接把持了最高法院权柄。阿罗约离任后，继任的阿基诺三世开始追查阿罗约家族腐败问题，借此巩固自己的权力地位。作为反制手段，亲阿罗约的最高法院于 2011 年 11 月以逃避土改为由，判决将阿基诺家族路易西塔庄园的 4300 公顷土地分给 6296 名当地农民，并不得要求总值 1 亿美元的补偿金。阿基诺三世为掌控司法权，推动众议院提出了对科罗纳的不信任弹劾，并于 2012 年 5 月通过参议院投票罢免了科罗纳的职务，使其成为菲律宾历史上首位遭弹劾下台的首席大法官。

作为菲律宾权力结构最重要的组成部分，传统家族集团应该从以下方面加以理解和把握：

从组织方式来看，传统家族集团是建立在血亲关系、姻亲关系与教亲关系基础上的庇护制体系。

传统家族集团最核心的结构是在双系家庭制下，由血缘和婚姻关系结合形成家庭团体。其政治形态源于菲律宾传统的“巴朗盖”（Barangay）社会结构。[④] 由于菲律宾地处东亚边缘地带，物产不丰，

---

① Benedict Anderson, *The Spectre of Comparisons: Nationalism, Southeast Asia, and the World*, London and New York: VERSO, 1998, p. 221.

② Richard Javad Heydarian, “Philippine Elections: The Sound and the Fury”, *The Huffington Post*, 20 May, 2013.

③ ［美］C. 尼尔·泰特：《法院与菲律宾民主的瓦解和重建：得自最高法院议程的证据》，《国际社会科学杂志》（中文版）1998 年第 2 期，第 155 页。

④ ［日］菊地靖：《菲律宾的双系制和巴朗盖社会》，《民族译丛》1987 年第 2 期，第 35—41 页。

地形破碎，交通不便，长期处于“区域历史发展主流之外”①，因此在西班牙殖民者到达菲律宾以前，当地从未形成过大一统的王国，其最普遍的政治组织形态就是散布各地的“巴朗盖”。巴朗盖通常是由30户到100户具有血亲或姻亲关系的家庭组成，最大的甚至达到上千户，并由首领“大督”（Datu）遵循庇护制原则，行使行政、司法、军事等权力。② 西班牙殖民菲律宾后，为加强对地方的有效掌控，不仅保留了巴朗盖政治架构，而且将大督纳入殖民体系，授予其低等贵族姓氏，免除其赋税和劳役，使其转变为西班牙殖民政府最基层行政单位的负责人——镇长（Cabeza de barangay）。③ 于是，尽管在300多年的西班牙殖民统治下，巴朗盖的社会基础早已土崩瓦解，但其政治架构却在西班牙殖民政府与菲律宾传统上层精英的权力媾和之下得到进一步的巩固与发展。

随着天主教传入菲律宾，基于教亲关系的“公巴列”（Compadre）制度，更是有效拓展了传统家族集团的有效权力范围。天主教在教徒举行宗教圣礼特别是受洗礼、坚振礼、婚配礼时，都会要求受礼者的教父母在场见证，从而在教父母与教子女之间形成了密切的宗教性拟制血亲关系。④ 这就使菲律宾传统家族集团形成了“内核（血亲与姻亲的双系家庭制）+外围（教亲）”的双重庇护制结构，既有助于保证内核的稳定性与纯粹性，使家族传承延绵不绝，也有助于保持外围的拓展性与包容性，使得家族势力能通过拟制血亲关系的建构，发展下位依附者、拉拢对等联盟者、效忠上位庇护者，从而有效扩张。1954年，玛丽亚·科拉松·科胡昂科与贝尼格诺·阿基诺在拉蒙·麦格赛赛总统的见证下结为伉俪，使得科胡昂科家族、阿基诺家族、麦格赛赛家族结合在一起，从而在很大程度上影响了菲律宾半

---

① D. G. E. Hall, *A History of South-East Asia*, Third Edition, London, Macmillan, 1968, p. 3.

② David Wurfel, *Filipino Politics: Development and Decay*, Ithaca and London: Cornell University Press, 1988, pp. 1 - 3.

③ 施雪琴：《菲律宾天主教研究：天主教在菲律宾的殖民扩张与文化调适（1565—1898）》，厦门大学出版社2007年版，第122页。

④ 同上书，第123页。

个多世纪的政治进程，不仅推动了马科斯威权体制瓦解，而且产生了阿基诺夫人与阿基诺三世的“母子总统”。

从经济基础来看，传统家族集团通常倾向于经营资源或资本密集型产业，并在政治权力庇护下，通过对国内市场的不合理垄断，攫取超额利润。

经营农庄和种植园，长期以来都是传统家族集团的立身之本。西属菲律宾时期，西班牙殖民者为更好地征收赋税和劳役，扶植了名为“卡西克地主”（Caciques）的中间层，其来源主要是巴朗盖上层精英，特别是大督及其家族精英与西班牙殖民者联姻的西菲混血种，以及少部分的菲华混血种。通过巧取豪夺，卡西克地主占据了大片的农庄和种植园，从而奠定了传统家族集团的早期经济形态。美国占领菲律宾后，曾试图遏制土地兼并，但由于其目的是为美国资本占据菲律宾土地开辟道路，因此很快就与卡西克地主达成妥协，使得 1902 年《土地登记法》成为传统家族集团进一步扩张田庄和种植园的制度契机。[①] 根据美国 1953 年调查报告，菲律宾占地 50 公顷以上的大地主约有 1.4 万人，所占耕地占菲律宾耕地总面积的 42%，其中占地 1000 公顷以上的大地主有 221 人。[②]

由于传统家族集团的掣肘与抵制，尽管 20 世纪 50 年代以来历任菲律宾总统都力推土地改革，但却始终未能从根本上解决问题。时至今日，农村土地兼并和失地农民问题依然是阻碍菲律宾社会经济发展的重要症结。不过，随着菲律宾的工业化发展，以及经济作物出口相对收益的明显下降，不少传统家族集团都已将家族产业从传统的农业和初级农产品加工业，转向了收益更高的制造业、房地产业与服务业，并形成了多元化的家族产业格局。从 20 世纪末到 21 世纪初菲律宾的众议员与参议员的经济来源看，农业土地占比明显下降，分别从 58% 和 32% 降至 39% 和 17%，而不动产开发、酒店餐饮、能源矿产

① 沈红芳：《菲律宾农村土地关系初探》，《南洋问题研究》1993 年第 2 期，第 50—51 页。

② ［日］潼川勉：《菲律宾土地问题的发展》，《南洋问题资料》1974 年第 3 期，第 24 页。

等行业占比则稳步上升。① 不过，相较于缺乏家族背景的工商资本集团，传统家族集团在推动产业多元化的进程中，更多是依仗政治权力庇护，以形成市场垄断的超额利润，而不是在开放的自由市场条件下进行公平竞争。这不仅使得菲律宾在对外开放问题上始终举步维艰，长期保持着明显高于其他老东盟国家的关税和非关税壁垒，而且在国内基础设施建设方面，特别是水电供应等垄断性行业存在严重的供应缺口。

从意识形态来看，传统家族集团具有根深蒂固的保守主义亲美立场。

作为在菲律宾的政治、经济、社会等各领域长期占据主导地位的既得利益集团，传统家族集团具有明显的保守主义倾向。尽管不是拒绝变化，但对任何可能的潜在变化，传统家族集团都会审慎评估其潜在影响，唯有在绝对收益与相对收益都对传统家族集团有利的情况下，才会采取积极行动引导相关变化朝着更加有利于传统家族集团的方向发展；否则，即使是在有绝对收益只是相对收益不足的情况下，传统家族集团也会采取消极甚至抵制立场，以避免相关变化为其他权力集团提供发展契机，更遑论可能影响传统家族集团既得利益的相关变化。因此，在菲律宾国家发展模式的进口替代与出口导向的两次转型过程中，传统家族集团都成为最大的结构性障碍。

对于传统家族集团而言，坚持在意识形态上与美国保持一致性，不仅是由于其精英普遍在西方特别是美国接受教育，因而深受美式观念熏陶，更重要的是源自于维护政治既得利益的客观需要。传统家族集团之所以能长期垄断国家权力，很大程度上得益于美国在菲律宾嫁接的民主制度，因此推崇美式民主意识形态，也就是在巩固传统家族集团的政治合法性与正当性。

早在西属菲律宾时期，传统家族集团就已拥有重要影响力，不仅

① Sheila S. Coronel, Yvonne T. Chua, Luz Rimban and Booma B. Cruz, *The Rulemakers: How the Wealthy and Well-Born Dominate Congress*, Quezon City, Philippines: Philippine Center for Investigative Journalism, 2004, pp. 34, 38.

垄断了村镇权力，而且在很大程度上把持了市长及其他市级公职，甚至掌握了部分省级公职①，但却始终无法在国家层面取得相应话语权，并被西班牙殖民政府视为“腰缠万贯的暴徒”②。直到美国殖民菲律宾，才为传统家族集团在政治上更进一步提供了重要契机。

美国在菲律宾设立了国会参众两院，并对投票权进行了严格的财产限定，从而为传统家族集团接近国家权力提供了制度保证，促成了稳定的“国家寡头统治”。③ 从 1946 年独立到 1972 年马科斯施行军管体制的 26 年间，菲律宾政治形式上严格遵循美式民主样板的“民选总统 + 两党轮替”，本质上却是传统家族集团的“卡西克民主”，历任总统都来自传统家族集团，国会也被“代表传统乡村、农业和土地利益的人控制”。④ 马科斯威权体制时期，传统家族集团曾一度受到压制，但在马科斯倒台后，随着美式民主体制重建，传统家族集团很快卷土重来，再次把持了政治主导权。因此，任何对现行美式民主体制进行修正的改革意图，都会被传统家族集团视为政治威胁而受到抵制和打压。

从目前来看，虽然 2016 年具有民粹主义色彩的杜特尔特当选总统，使传统家族集团对国家权力的垄断出现裂痕，但就总体而言，传统家族集团依然把持着政治主导权。事实上，杜特尔特的胜选，很大程度上得益于马科斯家族与马卡帕加尔—阿罗约家族的鼎力支持。不过，作为首位来自菲律宾南部的政治势力代表，杜特尔特上任后，难免引起菲律宾政坛的权力调适，甚至可能引发政治冲突，从而进一步改变传统家族集团与其他权力集团的政治力量对比。

---

① Peter Krinks, *The Economy of the Philippines: Elite, Inequalities and Economic Restructuring*, London and New York: Routledge, 2002, pp. 25 – 27.

② Patricio N. Abinales and Donna J. Amoroso, *State and Society in the Philippines*, Lanham, Boulder, New York and Oxford: Rowman & Littlefield Publisher, Inc. , 2005, p. 99.

③ Benedict Anderson, *The Spectre of Comparisons: Nationalism, Southeast Asia, and the World*, London and New York: VERSO, 1998, pp. 201 – 202.

④ Noel M. Morada and Teresa S. Encarnacion Tadem, eds. , *Philippine Politics and Governance: An Introduction*, Diliman, Quezon City: University of the Philippines, 2006, p. 256.

二　军人集团

军人集团在菲律宾的政治地位与影响力以马科斯掌权为分界线，呈现差异明显的两个发展阶段。20 世纪 60 年代以前，军人集团在菲律宾政坛被长期边缘化，缺乏相对独立的政治地位，难以有效表达利益诉求。军人集团的政治窘境，很大程度上与菲律宾民族独立的和平进程有关。① 二战结束后，美国根据 1934 年的“泰丁斯—麦克达菲法案”，同意菲律宾于 1946 年独立建国，从而避免了东南亚其他殖民地国家所经历的民族独立斗争。这不仅使军人集团未能像邻国同行那样通过独立斗争获得传统权威，而且使传统家族集团得以依托长期对美合作的政治资本，攫取了民族独立的大部分红利，进一步增强了对包括军人集团在内的各派力量的有效压制。

1965 年马科斯当选总统，很大程度上改变了军人集团的政治发展轨迹。为了压制传统家族集团的政治势力，马科斯将菲律宾武装部队视为重要的潜在盟友，并依托总统权力积极推动了军人集团的政治化进程。作为曾亲历抗日前线的“二战英雄”，马科斯利用其与菲律宾“功勋显赫的二战老兵”军官团的传统亲密关系，成功构建了“总统—军队”的个人庇护制关系，一方面大幅增加军费预算，满足军方利益诉求，扩充军方势力，另一方面通过晋升制度将其忠实追随者安插在军中关键职位，增强对武装部队的掌控能力。② 与此同时，马科斯还通过行政权力，改变了过去警察由地方行政长官（市长或省长）直接控制的方式，将所有地方警察都置于中央机构控制之下，从而使其成为独立后首位能全面掌控军警系统的菲律宾总统。③

1972 年，马科斯在军方支持下，发表了施行军事管制法的声明，

---

① 王韫：《菲律宾与印尼军人政治参与的比较》，《东南亚研究》2004 年第 2 期，第 42 页。

② ［美］沃尔登·贝洛：《处在独裁与革命之间的菲律宾》，《南洋资料译丛》1985 年第 3 期，第 62 页。

③ 贺圣达、王文良、何平：《战后东南亚历史发展　1945—1994》，云南大学出版社 1995 年版，第 182 页。

开始了长达14年的威权统治。随着菲律宾政治权力结构重组，军人集团从边缘圈层跃升核心圈层，开始成为菲律宾的主导力量。马科斯时期，军人集团一方面成为总统压制政治反对派特别是传统家族集团地方势力的重要工具，从查封媒体，到逮捕持不同政见者，再到设立特别军事法庭，以及镇压地方家族势力的私人武装，有力保障了威权体制的稳定运作；另一方面积极夯实政治根基，争取预算，扩大规模，拓展职能，使得军人集团的影响力在70年代得到全面提升，不仅军队规模从1972年的6万人猛增至1975年的25万人，而且不少中上层军官被任命为省长、开发机构主管，以及国营企业经理，其中国防部长恩里莱一人就担任了11家国营企业的董事。①

1986年马科斯政权倒台后，军人集团作为威权体制的核心力量，并未就此退出菲律宾政坛，而是依托武力，以政变或以政变相威胁的方式，继续保持着权力核心地位。不过，由于缺乏传统权威，再加上威权时期高速扩张导致的根基不稳，特别是军内派系林立，军人集团并不具备取代传统家族集团的政治可能，更多的是在扮演核心圈层的主导力量合作者角色。

对于多元民主时期的军人集团而言，利益诉求主要体现在两个层面：一是军人集团的群体利益，最主要是争取军费预算。不过，从多元民主转型以来菲律宾的军费开支走势（见图5.1），不难看到军人集团政治话语权的下降趋势。

1988年，菲律宾军费开支占国内生产总值的比重还位于2.46%的相对高位，但随后就一路下滑。1990年，时任总统阿基诺夫人迫于军人集团压力，曾促请国会通过一项总额10亿美元的十年军队现代化计划，但在国会受到传统家族集团抵制，理由是扩军不合时宜。1992年有军方背景的拉莫斯出任总统后，曾一度推动军费开支上扬。为此，军人集团于1995年挑起“美济礁事件”，并以此为契机迫使国会通过了一项总额20亿美元的十五年军队现代化计划。

---

① 贺圣达、王文良、何平：《战后东南亚历史发展1945—1994》，云南大学出版社1995年版，第188页。

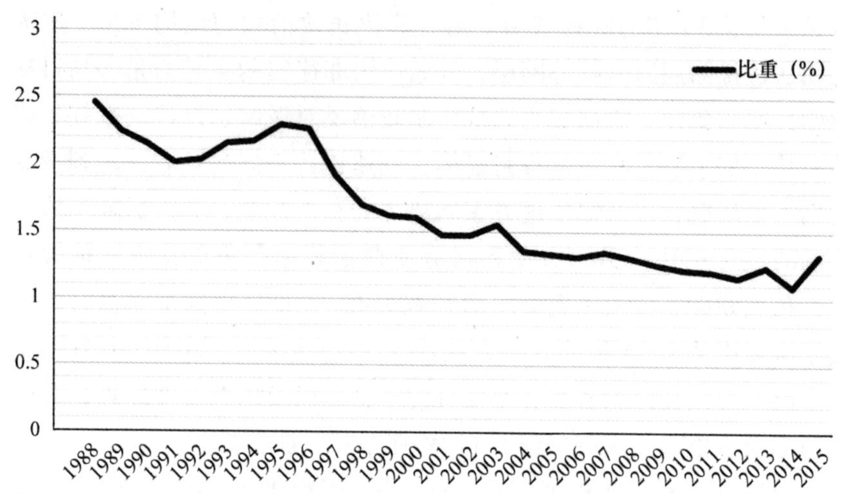

图 5.1　菲律宾军费开支占国内生产总值比重走势

资料来源：世界银行数据库（http：//data. worldbank. org）。

不过，随着拉莫斯的卸任，再加上 1997 年亚洲金融危机影响，菲律宾军费开支占比从 20 世纪 90 年代末开始呈持续下降趋势。“9·11”事件后，军人集团曾提出“防务改革”计划，试图利用反恐契机，一方面争取美国军援，另一方面增加国内军费预算，但在传统家族集团的抵制下未能如愿。[①] 2010 年阿基诺三世出任总统后，南海问题再次成为炒作热点，重要原因就是军人集团借势争取军费预算。2012 年，随着南海局势紧张，菲律宾国会通过 10349 号法案，正式重启军队现代化计划。2013 年，菲律宾军费开支达到 33.77 亿美元，相较 2009 年的 21.16 亿美元增长 50%，到 2015 年更是增至 38.7 亿美元。[②] 不过，菲律宾军人集团对此并不满足，而是提出了更具进取性的军事计划，希望在 2022 年前将军费预算占国内生产总值的比重提高到 2%，从而恢复 20 世纪 80 年代军人集团的强势地位。

二是军人集团的派系利益，特别军方高层的个人诉求。相较于在

① 阳阳：《菲律宾军队现代化计划与南海问题》，《和平与发展》2014 年第 4 期，第 80 页。

② 数据来源：SIPRI Military Expenditure Database，1988 - 2015.

争取群体利益时的鲁莽与低效，军方高层在争取派系利益时，显得相当睿智与高效，特别是政变行动进退有据，既对传统家族集团形成压力，又能不落把柄，避免遭到事后清算。阿基诺夫人就任总统期间，菲律宾先后发生了7起未遂军事政变，迫使其在相关问题上对军人集团做出了重要让步。阿罗约夫人就任总统期间，政变再次成为军人集团谋取派系利益的重要手段，未遂政变与政变威胁多达数百起。[①] 作为政变的参与者与策划者，军方高层非但不会受到追究，而且还能借此平步青云。阿基诺夫人执政时期多起政变的策划者恩里莱，不仅先后担任众议员和参议员，而且曾竞选总统，并于2008年至2013年担任参议院议长；相关政变的主要参与者霍纳桑也先后于1995年、2001年、2007年、2013年四次当选参议员，跻身政界高层。[②]

从目前来看，军人集团依托武力威慑仍然掌握着重要影响力，但呈现派系强群体弱的基本特征，从而使其在采取集体行动推进建设方面成事不足，但在诉诸派系行动阻碍改革方面却是败事有余。2016年杜特尔特当选总统，相当程度上得益于在拉莫斯协助下赢得了军方支持。杜特尔特上任后，在拉莫斯陪同下，逐一探访各地军营和各派军头，并明确承诺任期内军人薪金翻番。军人集团拥有很强的政治潜力，如果杜特尔特能为其提供领袖感召与政治共识，就有可能超越军人集团长期以来的派系纠葛，重构马科斯时期的“总统—军队”个人庇护制关系，进而改变菲律宾政治格局。

三　天主教会集团

作为亚洲唯一的天主教国家，菲律宾国民85%左右信奉天主教，从而为天主教会集团的政治影响力提供了深厚的社会根基。从组织形式看，菲律宾天主教会基本承袭罗马天主教会的组织结构，最上层的菲律宾天主教主教会议（CBCP）是由红衣主教、大主教、主教等88

---

① 吴琳：《政变喧嚣中的菲律宾》，《当代世界》2006年第4期，第16页。

② 房宁等：《民主与发展——亚洲工业化时代的民主政治研究》，社会科学文献出版社2015年版，第60页。

名成员组成的最高权力机构，其下以省为基础划分为 86 个主教教区，并下辖数量不等的地方主教教区，最基层是神父教区，从而形成自上而下的严密组织体系。与此同时，菲律宾天主教会及其上层信徒还掌握了学校、医院、广播电台、电视台、报纸、网站、慈善团体等诸多社会资源。通过层级组织与社会资源的有机结合，天主教会集团得以深入菲律宾社会各个阶层，从而掌握广泛的政治动员能力。

从历史沿革来看，菲律宾天主教会集团大体经历了兴盛、衰落与复兴三个阶段。天主教会集团形成于西班牙殖民时期，并在“政教合一”的殖民统治模式下，长期把持重要政治权力，教区神父在市政府的各个部门发挥重要作用，其权力包括修改法案、监督市政官员选举、签署选举证明书、协助遴选或任命巴朗盖大督、协助裁决税收问题等，大主教在总督出缺时，还有权代行总督职务。[①] 不过，从 19 世纪末菲律宾独立运动起，天主教会集团在政治上开始受到压制。1899 年菲律宾第一共和国颁行的《马洛洛斯宪法》首次确立了宗教自由、宗教平等以及政教分离原则，并在美国殖民菲律宾时期以及菲律宾独立后得到了承袭和贯彻落实，从而使天主教会集团在 20 世纪 60 年代以前在政治上基本被边缘化。

作为天主教发展史上的转折点与里程碑，1962 年梵蒂冈第二届大公会议提出的“入世”思想，成为菲律宾天主教会集团从 20 世纪 60 年代起“再政治化”的重要动力与契机。[②] 马科斯执政前期，天主教会集团在保守派主导下，曾试图采取“批判性合作”立场，依附马科斯政权提升政治地位，但却未能取得预期成效，反而招致政治打压，不仅被取消了长期享有的教会财产免税优待，而且还面临教会核心资产“菲律宾信托公司”被政府接管的威胁。于是，随着 1976 年辛·海绵升任马尼拉大主教，天主教会集团开始转向反政府立场，并在 1983 年正式退出“教会—军方联络委员会（CMLC）”。1986 年，

① 吴杰伟：《菲律宾天主教对政治的介入》，《东南亚研究》2005 年第 6 期，第 17 页。

② 冯雷：《菲律宾天主教会同马科斯政权的关系》，《东南亚研究》2000 年第 4 期，第 53—54 页。

天主教会集团在推翻马科斯政权的第一次“人民力量”运动中扮演了至关重要的政治角色，不仅在基层动员了数以十万计的中下层民众参与示威集会，从而很大程度上瓦解了军方亲马科斯派的武力镇压企图，而且在高层促成了劳雷尔与阿基诺夫人的政治联盟，有效整合了曾经各自为政的反马科斯政治力量。随着马科斯政权倒台，天主教会集团也从边缘圈层跃升核心圈层，成为政坛的重要力量。2001 年，天主教会集团在辛·海绵领导下，联合传统家族集团发动了第二次“人民力量”运动，成功推翻埃斯特拉达总统，从而再次彰显了天主教会集团的政治核心地位。

从目前来看，天主教会集团的政治影响力相较 20 世纪末明显下降。究其原因，一方面是其观念立场不再像 20 世纪中后期那样契合现代化发展方向，特别是“反对计划生育”和“取消死刑”诉求，更成为菲律宾现代化发展的重要障碍。前者使人口问题长期得不到有效控制，后者使刑罚难以对罪犯形成有效威慑。① 另一方面是随着 2005 年强势领袖辛·海绵过世，天主教会集团再次面临派系分化，难以在政治上采取统一行动，从而很容易在权力博弈中受到压制，被迫做出妥协与让步。②

第二节　政治环境评估

一　发展模式：开放性较低·稳定性低

从国家发展道路的选择来看，菲律宾在过去的半个多世纪里，形式上遵循的是从封闭到开放的发展路径，但就成效而言，传统家族集团长期把持政治主导权，使得对外开放进程举步维艰，迄今未能形成有竞争力的出口产业格局，更多是家族垄断资本依仗关税与非关税壁垒享受超额利润，结果造成国内的严重贫富分化与持续高失业。近年

① 吴杰伟：《菲律宾天主教对政治的介入》，《东南亚研究》2005 年第 6 期，第 17—18 页。

② 杨凯：《菲律宾天主教会的再政治化与战后菲律宾社会转型互动机理研究》，《东南亚纵横》2013 年第 6 期，第 23 页。

来，菲律宾政府进一步强调对外开放的既定国策，但在传统家族集团的保护主义影响下，未能取得明显进展。因此，对“一带一路”建设而言，菲律宾开放性较低，难以摆脱传统家族集团的利益束缚，而且稳定性低，各派力量对国家发展道路缺乏共识，甚至国家决策在政府换届后都有可能被否定，难以为中菲合作提供可持续的发展动力。

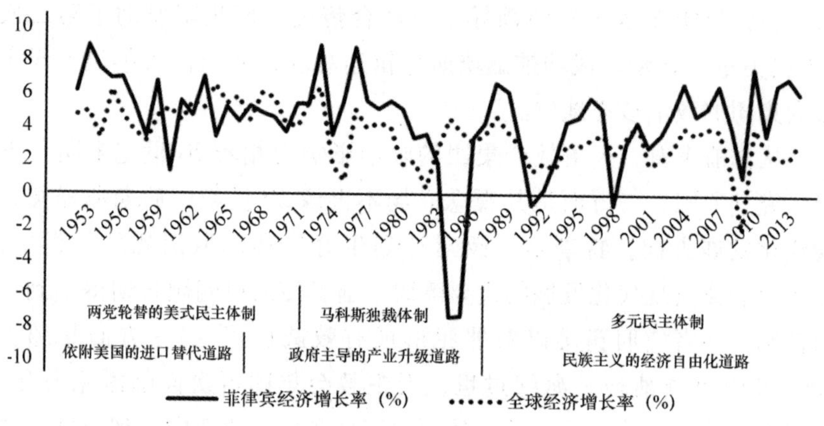

图 5.2　菲律宾发展模式变革进程示意图

资料来源：世界银行数据库（http：//data. worldbank. org）。

（一）从进口替代到出口导向的转型受挫

1946 年菲律宾独立时，面对的是二战后的满目疮痍。1946 年菲律宾国民生产总值仅为 1940 年的 35%，矿业与制造业更是被破坏殆尽，产值仅为 1940 年的 1% 和 8%。这使得在 1946 年到 1949 年的经济恢复期，菲律宾的进口额大幅增加，并直接引发了 1949 年的外汇危机。

菲律宾为解决贸易失衡问题，于 20 世纪 50 年代开始推行进口替代的工业化政策，鼓励国内的消费品替代产业发展，主要做法包括：提高消费品关税；施行进口管制；施行外汇管制；高估本币，保护民族工业。得益于贸易保护政策，菲律宾的消费品替代产业在 50 年代前期呈高增长态势，使得消费品进口在贸易总额中的比率从 40% 大幅降至 16%。1960 年，菲律宾工业化率为 20. 3%，远高于同期的泰国（12. 6%）、新加坡（11. 6%）、韩国（12. 1%）、马来西亚

(8.7%)，成为东亚的发展典范。

不过，由于传统农产品出口并不足以弥补消费品替代产业进口机器设备与中间产品的外汇缺口，再加上国内市场狭小阻碍了消费品替代产业的进一步发展，菲律宾制造业的增速从50年代后期开始明显放缓，1951年至1956年的增速为年均13.5%，1957年至1960年降到年均6.3%，1960年至1965年更是降到年均3.7%。

针对进口替代道路的发展瓶颈，菲律宾从60年代后期开始推行出口导向的工业化政策。马科斯政府于1967年颁布《投资奖励法案》鼓励外商投资，于1969年颁布《出口加工区法案》鼓励设立出口加工区，并于1970年颁布《鼓励出口法案》鼓励制造业产品出口。尽管备受重视，但出口导向的工业化政策在马科斯执政初期的成效却差强人意，尤其是出口加工区建设举步维艰，直到马科斯1972年施行军管法后，才于次年设立了首个出口加工区——巴丹出口加工区。究其原因，关键在于进口替代政策的既得利益集团对出口导向政策缺乏共识，从而成为马科斯政府的重要掣肘。

传统家族集团、美国资本、华商资本是菲律宾进口替代政策的主要获益者。尽管在菲律宾推行进口替代政策初期，传统家族集团较为消极，认为投资消费品替代产业存在较大风险，还不如保持传统的农庄经济和种植园经济，通过出口经济作物获取稳定收益；但是，随着部分家族在贸易保护政策下获得丰厚收益，各大家族开始相继涉足消费品替代产业，并依仗资本优势在相关领域形成寡头垄断。①

与此同时，美国资本也在菲律宾积极推动消费品替代产业扩张。由于菲律宾在1946年独立时，曾被迫与美国签订《菲美贸易协定》(亦称《贝尔贸易协定》)，并于1955年进一步修订为《劳雷尔—兰利协定》，从而使得美国公民及公司在菲律宾开展商业活动时，享有菲律宾公民的“同等权利”。于是，随着菲律宾高筑贸易壁垒，美国资本开始大幅增加在菲投资，以期继续占据菲律宾国内市场，保持新

① ［日］日本海外贸易振兴会：《菲律宾的民族资本》，《南洋资料译丛》1976年第2期，第20—21页。

殖民主义的不对称经济关系。据统计，1970 年菲律宾最大的 50 家公司中有 30 家是美国独资，其余 20 家也都有美国公司参股或对美国银行负债。①

相比之下，华商资本参与消费品替代产业，则很大程度上迫于无奈。1954 年的零售业菲化法案，以及 1960 年的稻谷与玉米菲化法案，使得华商难以继续从事传统行业，从而被迫转向新兴的消费品替代产业，并在纺织、食品加工、木材加工等适合小规模企业生存的行业取得显著成效。②

从进口替代到出口导向的转型升级，关键在于降低贸易壁垒，迫使国内产业参与国际市场竞争，进而在自由市场环境下引导国内产业改进技术、降低成本、提高生产率，形成具有优势的出口产业。从国家层面来看，出口导向的产业结构调整具有重要意义，但对既得利益集团而言，却存在很高的投资风险。如果成功转变为具有国际竞争优势的外向型企业，的确可以赢得广阔的海外市场，但是在竞争中落败，就难免破产出局。这对于保守的传统家族集团而言，显然是难以接受的道路选择。相较于经由市场竞争开拓海外市场，传统家族集团更偏好于依托垄断优势在国内走产业多元化道路，既能享有垄断利润，又能保证家族基业的风险最小化。与此相仿，美国资本在《劳雷尔—兰利协定》庇护下，不必与其他外资竞争，就能独享菲律宾市场，因此也无意支持菲律宾政府的出口导向政策，放弃长期以来的贸易优势地位。唯有以华商资本为主干形成的工商资本集团，有意依托出口导向的政策支持，通过开拓海外市场，改变其在菲律宾国内长期受排挤的不利地位，但由于缺乏话语权，难以为出口导向政策提供有力支撑。

（二）政府主导产业升级引发债务危机

1972 年，马科斯在菲律宾施行了军事管制法，开始依托威权体

① ［美］威廉·J. 伯梅罗伊：《在菲律宾的美国资本与其他外国资本》，《南洋资料译丛》1976 年第 3 期，第 42—43 页。

② ［日］日本海外贸易振兴会：《菲律宾的民族资本》，《南洋资料译丛》1976 年第 2 期，第 25—27 页。

制推动国家发展模式转型。不过，马科斯政府并未在根本上解决各派政治权力集团的改革共识问题，而是采取了避重就轻的妥协策略。尽管马科斯政府对掣肘改革的既得利益集团进行了打压，不仅剥夺了洛佩兹等“不友好家族”的财阀资产，而且于1972年签署了《解放佃农法令》，推动土地改革，试图在根本上对传统家族集团形成威慑，并于1974年终止了《劳雷尔—兰利协定》，取消了美国资本的贸易与投资特权；但是，马科斯政府却从未将改革目标对准“贸易保护壁垒”，从而在产业结构调整问题上，规避了存量改革的“硬骨头”，对国内既得利益集团的保守主义诉求采取了政策妥协。

针对产业结构调整，马科斯政府采取的是政府主导的增量改革方式。一方面设立出口加工区，通过各项政策优惠，鼓励工商资本集团投资菲律宾具有比较优势的劳动密集型产业，开拓海外市场，提高创汇能力。另一方面增设国有企业，有针对性地投资机器设备与中间产品的资本密集型产业，通过第二次进口替代提升菲律宾的产业结构，减少对机器设备与中间产品的进口依赖度。

从经济增长来看，马科斯政府的增量改革方式在20世纪70年代取得了一定成效（见图5.2），不仅有效化解了第一次石油危机的负面影响，而且在一定程度上促进了外向型经济发展。从1972年至1981年，菲律宾的出口总额从11亿美元增至56.6亿美元，年均增幅高达46%，远高于50年代4.9%与60年代7.9%的年均增幅；同时，工业制成品出口额占出口总额的比重也从9.14%增至23.27%，工业开始成为菲律宾经济的重要支柱。但是，马科斯政府对既得利益集团的政策妥协，使得菲律宾经济的结构性调整存在严重缺陷，最终在第二次石油危机冲击下引发经济危机，并成为马科斯政权倒台的关键原因。具体来看，这主要表现在三方面：

首先是新兴力量缺乏开放意识。

马科斯政府的支柱是军人集团、技术官僚集团，以及工商资本集团等新兴权力集团。作为具有革新诉求的新兴力量，原本可能在新旧权力集团的博弈过程中破旧立新，成为菲律宾经济对外开放的重要动力，但是，保留“贸易壁垒”的政策妥协，却使得新兴力量普遍倾向于通过政治倾轧接管传统家族集团的国内垄断利益，而不是开拓海外市场构建新的利益根基。于是，马科斯时期的保护主义“贸易壁垒”不降反升，成为马科斯密友兑现政治利益的重要手段。[①] 20世纪50年代末，菲律宾放弃进口管制，转而采用提高关税的方式保护国内产业，其中工业制成品平均进口关税为46.2%，进口替代产业的消费品平均进口关税为64.1%。70年代，两者分别增至50.8%与70.1%。[②]

其次是外向型产业缺乏辐射力。

马科斯政府先后设立了巴丹、马克坦、碧瑶等出口加工区，并有效促进了纺织和电子零部件等外向型产业发展，成为菲律宾重要的非传统出口创汇项目。但是，由于存在保护主义“贸易壁垒”，菲律宾的外向型产业多数都是“两头在外”的委托加工项目，难以对国内相关产业形成联动效应，无力形成产业集群。于是，尽管外向型产业发展取得明显进展，但在菲律宾的产业结构调整方面却未能发挥预期作用。[③]

再次是政府主导产业缺乏效率。

由于存在保护主义“贸易壁垒”，菲律宾的国内产业普遍缺乏改良技术与扩张规模的发展诉求，再加上出口创汇无法满足进口需求，因此很难形成第二次进口替代的内生动力。对此，马科斯政府积极增设国有企业，并在此基础上鼓励其密友通过国际信贷筹资，推进第二次进口替代。

不过，马科斯政府依托国有企业主导产业升级的努力并未取得预期成效。尽管在马科斯下台前，国有企业从1972年的70家增至1985年的245家，总资产超过6910亿比索[④]，但是，国有企业长期经营不

---

① ［日］森泽惠子：《现代菲律宾经济结构分析》，《南洋资料译丛》1995年第Z1期，第45—46页。

② ［日］梶原弘和：《菲律宾的经济开发及其经济结构》，《东南亚研究》1991年第2期，第119页。

③ 同上书，第120—121页。

④ 蒋细定：《菲律宾国营企业的发展及其私营化》，《南洋问题研究》1993年第2期，第57页。

善，甚至成为马科斯及密友的“提款机”，结果不仅未能成为经济增长的持续动力，反而成为社会经济发展的沉重负担。由于大量借贷投资，菲律宾外债从 1973 年的 27. 6 亿美元增至 1979 年的 132. 8 亿美元，第二次石油危机后更增至 1985 年的 266. 4 亿美元，其中国有企业负债所占比重高达 46. 3%，很大程度上成为引发菲律宾 80 年代经济危机的直接原因。①

（三）民族主义与自由经济的保革张力

1986 年马科斯政权倒台后，传统家族集团再次掌握政治主导权，从而在否定马科斯“开发独裁”的政府主导产业升级道路基础上，开始了新一轮国家发展道路选择博弈。尽管从 20 世纪后期以来，随着全球化、区域化、自由化的趋势日趋明显，菲律宾社会各界对改革开放的利益诉求与日俱增，但在传统家族集团的掣肘与引导下，菲律宾在经济指导原则方面却依然坚守着民族主义的保守立场，从而使得菲律宾的国家发展道路长期存在民族主义与自由经济的保革张力，始终无法形成各派力量的发展共识，严重制约了菲律宾的社会经济发展（见图 5. 2）。

20 世纪 80 年代中期的债务危机，迫使菲律宾接受了国际货币基金组织与世界银行提出的结构调整计划，试图通过自由化与私营化加强菲律宾的外向型经济发展。马科斯政府末期曾在关税方面根据国际货币基金组织的援助贷款条件进行了大幅调整，使得工业制成品的关税保护率从 1979 年的 40% 降至 1985 年的 25%，整体产业的关税保护率也从 24% 降至 12%。阿基诺夫人上台后，继续推进贸易保护政策改革。70 年代受到进口限制的商品多达 1800 多项，到 1988 年大幅降至不到 600 项，进口限制比例降至 17%，基本与其他东盟国家持平。②

但是，1987 年传统家族集团主持颁行的菲律宾宪法，却明确规

① ［日］松宫美奈：《菲律宾工业化政策的课题》，《南洋资料译丛》2000 年第 3 期，第 51—53 页。

② ［日］梶原弘和：《菲律宾的经济开发及其经济结构》，《东南亚研究》1991 年第 2 期，第 121 页。

定“菲律宾人优先”的民族主义经济原则，包括保护菲律宾人企业，国家通过合作生产、合资和产品分享协议与菲律宾公民或控股公司或社团（菲人至少占60%股份）共同开发矿产资源，菲律宾公民或控股公司或社团在经济部门的控股必须占据 60%，在特定领域如媒体、公用事业等部门控股必须占据 100%，国家在司法范围内并根据国家发展目标和优先发展领域来规范和对外资行使权力，国家鼓励雇用菲劳工、使用国内原料和本地生产的商品等。这就使得 90 年代以来在屡次修宪无果的情况下，菲律宾政府通过行政命令推动对外开放和自由化的做法存在违宪问题，从而在很大程度上影响到相关政策的稳定性与可持续性，特别是在总统更替后的政策延续性。①

近年来，菲律宾经济增长较快（见图 5.2），成为东亚地区亮点，但是长期以来国家发展道路的保革张力并未得到有效缓解，特别是在经历了 1997 年亚洲金融危机与 2008 年全球经济危机之后，菲律宾保守主义阵营的话语权得到加强，使得推进对外开放和自由化的难度进一步增加。② 目前来看，影响菲律宾社会经济发展的瓶颈主要有以下方面：

首先是人口过剩问题。

由于天主教会集团掣肘，菲律宾政府长期以来在生育问题上难有作为，使得全国人口在过去的 30 年里翻了一番，从 1982 年的 5006 万增至 2015 年的 1.01 亿，成为全球第 12 个人口过亿的国家。2012 年，菲律宾参众两院通过了悬置长达 13 年的《负责任的父母与生育健康法案》，明确夫妻有权选择生育子女的数量，允许政府向民众提供免费避孕药品和避孕工具以及在学校开设性教育课程等，但距离有效控制生育率甚至推出计划生育政策依然相当遥远。

菲律宾的人口过剩不仅引发了高失业、教育与社会福利经费不

---

① 沈红芳、李小青：《菲律宾修宪与反修宪运动探析》，《南洋问题研究》2006 年第 4 期，第 15—16 页。

② 沈红芳、冯驰：《菲律宾经济：没有发展的增长》，《亚太经济》2014 年第 3 页，第 74 页。

足、劳动力素质下降、贫困化、马尼拉治安恶化等诸多难题，而且使服务业发展长期缺乏竞争力，更倾向于增加廉价劳动力投入，而不是改进服务水平与提高服务质量，难以为社会经济发展提供结构性动力，即使是技术含量较高的商业流程外包服务（BPO），菲律宾也是以价格而不是以质量取胜。更重要的是，由于缺乏竞争力，菲律宾服务业在对外开放和自由化方面存在明显的民族主义倾向，其从业人员也成为保守阵营的重要支持力量。

20世纪70年代中期以来，海外劳工开始成为菲律宾缓解劳动力过剩与外汇紧缺的重要方式。目前，菲律宾海外劳工人数近千万，每年寄回国内的侨汇超过200亿美元，约占国内生产总值的10%，成为菲律宾经济的重要支柱。① 尽管海外劳工在很大程度上有效缓解了菲律宾国内的社会经济压力，被誉为“国家英雄”，但侨汇在社会经济发展方面的所用却相当有限，一来侨汇主要是用于家庭消费，很少用于生产性投资，二来海外劳工主要从事低端服务业，难以形成国内技术积累，三来海外劳工形成明显虹吸效应，使得菲律宾中高端人才特别是医疗和教育人才流失现象严重，长期来看无益于改善菲律宾的经济根基。

其二是农村土地问题。

菲律宾农业占国内生产总值的比重虽然从20世纪70年代初的30%左右降至2015年的10.2%，但农业从业人员在就业总人口中所占比重仍高达30%。农业、农村、农民的“三农问题”将在很大程度上直接影响菲律宾的经济发展与社会稳定。

尽管菲律宾政府从20世纪50年代开始就高调推进土地改革，历任总统都承诺要积极解决农村土地问题，但在传统家族集团的抵制与掣肘下，土地改革成效却差强人意，始终无法从根本上改变菲律宾农村土地过度规模化的所有制结构。② 这就使得菲律宾在工业化与城市

① 李涛：《海外菲律宾人与菲律宾的社会经济发展》，社会科学文献出版社2012年版，第2页。

② 何爱、徐宗玲：《战后菲律宾土地改革、政策变迁与农业发展》，《汕头大学学报》（人文社会科学版）2011年第3期，第75—77页。

化进程中不仅未能有效改善“三农问题”，反而引起农村地区中下层农民生存状态进一步恶化，成为城乡差距、地区差距、贫富差距日益严峻的重要原因。①

其三是投资不足问题。

对于发展中国家而言，推进工业化的唯一路径就是增加投资。菲律宾工业产值占国内生产总值的比重在 1983 年曾达到 39.23% 的顶峰，而后就一路呈下降趋势，到 2015 年已降至 30.89%，相当于 20 世纪 60 年代的工业化水平。与此相对，菲律宾同期服务业产值占比则从 38.4% 增至 58.84%。

菲律宾服务业比重的持续上升，并不是后工业化的结果，而是工业化进程在投资不足的情况下难以为继。20 世纪 70 年代末 80 年代初，菲律宾固定资产投资率占国内生产总值比重约为年均 27%，1983 年最高达 29.85%，而后呈下降趋势，并在 90 年代末以来保持在年均 20% 左右，根本无法满足工业化的发展需要，特别是基础设施建设的需要。

菲律宾投资不足的主要原因，一是国内储蓄率偏低。由于人口增长过快，以及受消费文化影响，20 世纪 90 年代以来菲律宾国内储蓄率年均仅为 16%，明显低于周边其他国家。二是外国直接投资持续低迷，难以形成产业投资的集群效应。菲律宾在外资政策方面的民族主义限制，以及相对落后的基础设施水平，成为菲律宾招商引资的重要阻碍。②

随着杜特尔特当选总统，菲律宾再次面临重构国家发展共识的历史选择。杜特尔特在首份国情咨文中明确提出了重启工业化进程的发展构想，并在对华合作倡议中提出了共同推进基础设施建设特别是菲律宾铁路建设的发展诉求。杜特尔特政府明确意识到“一带一路”建设将为菲律宾提供重要契机，但要形成有效对接，并在此基础上推

① 毛铖：《菲律宾土地私有制与农业规模化变迁启示》，《亚太经济》2015 年第 5 期，第 86—87 页。

② 陈庆鸿：《菲律宾经济起飞略论》，《国际研究参考》2013 年第 1 期，第 31 页。

动菲律宾停滞已久的工业化进程，还需要克服保守阵营特别是传统家族集团的政治掣肘。与此同时，杜特尔特的民粹主义立场与特立独行作风，也使得原本就在保革张力影响下充满变数的菲律宾国家发展道路选择，进一步增加了不确定性。

二　权力结构：协调性较低·有效性较低

1986 年的第一次“人民力量”运动使马科斯主导的“开发独裁”体制轰然崩塌，从而在形式上标志着菲律宾政权重返民主体制，并开始多元民主转型。但从政治权力结构来看，后马科斯时期与马科斯时期相比并不存在本质差异，都呈现寡头自律形态，所不同的仅是传统家族集团的政治回归，再次成为菲律宾的核心权力集团。

从目前来看，对“一带一路”建设而言，菲律宾协调性较低，寡头自律形态的权力结构具有明显的保守主义特征，政治核心圈层的各派权力集团相互掣肘，难以在存量改革的条件下达成体制机制改革共识；同时，有效性较低，尽管菲律宾的法律法规相对完备，但在庇护制的传统政治文化影响下，从中央到地方的各级部门普遍缺乏法治理念与服务意识，难以满足对外开放与自由化的改革需求，并且存在严重的腐败问题。

（一）马科斯时期的政治权力结构调整

从 1946 年宣布独立到 1972 年施行军事管制法，菲律宾在 20 世纪中后期的近 30 年里，形式上奉行美式民主的两党轮替体制，但在权力结构上却呈现传统家族集团垄断核心圈层的单极自律形态（见图 5.3）。作为殖民地时期美国统治菲律宾的重要臂助，传统家族集团很大程度上主导了 1935 年宪法起草，以及 1939 年、1940 年、1946 年的三度宪法修正，从而保证了对传统家族集团最有利的相关制度安排。其中，最具代表性的是对选民资格的严格限制。1946 年独立时，登记选民占总人口的比重仅为 15.1%，尽管总统选举投票率高达 89.6%，其本质也不过是传统家族集团编导的自我选举。随后的历届总统选举中，登记选民比例虽有提高，但也从未超过全国成年公民总数的1/3。①

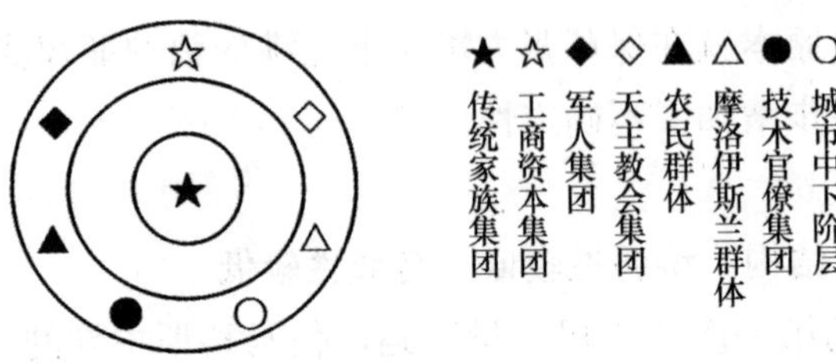

图5.3 前马科斯时期菲律宾权力结构的单极自律形态

对此，美国乐见其成，并试图通过传统家族集团继续影响甚至操控菲律宾独立后的内政外交，以保证美国在菲律宾及东南亚地区的政治、经济与安全利益。于是在菲律宾独立后，传统家族集团不仅进一步巩固了传统地方权力，而且从美国殖民政府手中顺利接管了中央权力，尤其是总统选举，更在很大程度上体现了传统家族集团与美国政府的利益媾和。②

政党政治在形式上得到完善，形成两大党更替的竞争格局，但本质上，无论国民党抑或自由党都不过是传统家族集团的政治马甲，并不代表其他社会阶层或权力集团的利益诉求。因此，菲律宾独立初期的两大党制曾被形象地称为"一个半党"或"两派一党"。政客们对政党缺乏必要的忠诚度，随时都可能在现实利益驱使下脱党跳槽，从罗哈斯到麦格赛赛再到马科斯都曾在总统竞选前转党，其他国会议员转党更为普遍。

对于传统家族集团对外依附美国对内垄断权力的政治格局，菲律宾各派权力集团普遍存在不满。特别是独立后成长起来的新生代菲律宾人，更是存在强烈的变革诉求。对此，马科斯敏锐地指出，菲律宾

① 周东华：《战后菲律宾现代化进程中的威权主义起源研究》，人民出版社2010年版，第38页。

② 贺圣达、王文良、何平：《战后东南亚历史发展1945—1994》，云南大学出版社1995年版，第51—52页。

正面临七个方面的严峻挑战，“共产主义暴乱，右翼分子政变，穆斯林分离主义运动，社会各阶层的贪污腐败，私人军队与政治军阀，日益恶化的经济，外国干涉”。[①] 旧制度与新势力所形成的内在张力，很大程度上成为马科斯施行威权体制的结构性动力。[②]

1972 年马科斯施行军事管制法后，菲律宾的权力结构开始从单极自律形态转变为寡头自律形态。一方面，传统家族集团受到压制，不仅失去了曾经的权力垄断地位，甚至在一定程度上被边缘化。不少长期把持马尼拉政商两界话语权的强势家族受到有针对性打压甚至清洗，贝尼尼奥·阿基诺等传统家族集团的精英政客被迫流亡海外；另一方面，马科斯积极扶持军人集团、技术官僚集团以及工商资本集团填补传统家族集团留下的权力真空，构建“开发独裁”的政治支柱（见图 5.4）。

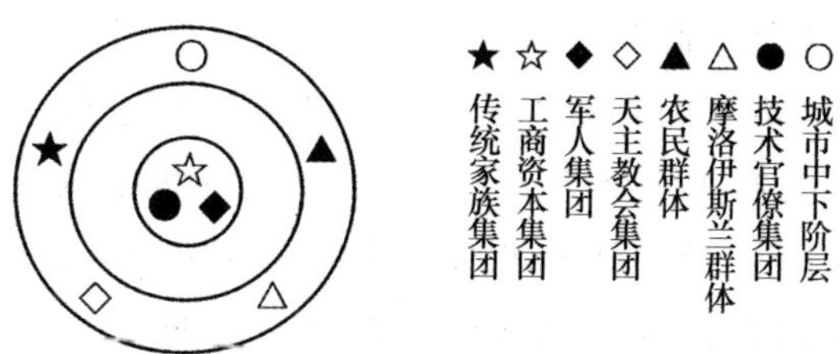

图 5.4　马科斯时期菲律宾权力结构的寡头自律形态

尽管马科斯顺应时势推动了威权体制建构，但其“自上而下”的政治权力结构调整却未能取得预期成效，反而引发严重的结构性矛盾。[③] 具体来看，1986 年马科斯政权垮台的结构性原因，主要有以下方面。

① 马科斯：《关于菲律宾新社会的注解》，马尼拉，1973 年，第 40 页，转引自贺圣达、王文良、何平：《战后东南亚历史发展 1945—1994》，云南大学出版社 1995 年版，第 187 页。

② 周东华：《战后菲律宾现代化进程中的威权主义起源研究》，人民出版社 2010 年版，第 61—63 页。

③ ［苏联］巴雷什尼科娃、列弗托诺娃：《菲律宾：“新社会”的理论与实践》，《东南亚研究资料》1982 年第 1 期，第 84 页。

其一，作为传统家族集团的政治代表，马科斯的局限性使其倾向于利益媾和，而不是彻底瓦解传统家族集团的社会根基。

马科斯依托传统家族集团资源起家，并在扶持军人集团、技术官僚集团与工商资本集团过程中，也很大程度上借用了传统家族集团的人脉关系。马科斯既无意也无力铲除传统家族集团的社会根基，而是试图通过打压与引导，改变地方家族对中央权力竞争的寡头轮替，承认马科斯家族的独裁垄断，促成传统家族集团的中央集权，因此土地改革“雷声大，雨点小”，政治威慑多于改革行动。于是，传统家族集团得以通过表面蛰伏保存了潜在势力，并成为最终推翻马科斯政权的关键力量。

其二，军人集团在拓展权力边界的过程中，始终未能解决意识形态的内在分歧，难以形成具有凝聚力的政治共同体，更多地表现为松散的利益组合，从而在马科斯政权衰落时，很容易就在美国和传统家族集团的分化下临阵倒戈。

作为马科斯政权的重要支柱，军人集团不仅进行了大规模扩编，总兵力从 6 万人增加到 25 万人，而且职权也全面扩张，“军事指挥官通过其（私人和官方）对司法和行政事务的影响，在菲律宾现代史上第一次成为权力结构（尤其是地方政府）的组成部分”。① 但是，作为和平独立的美属殖民地国家，菲律宾军人集团一来深受美国军政分离的职业化观念影响，二来缺乏民族独立斗争的意识形态传统，因此很难形成内在一致的干政认同，所有行为更多的是基于分肥。这就使得军人集团始终面临传统家族集团血亲、姻亲与教亲的庇护制关系的侵蚀渗透。作为 1986 年反马科斯运动的政治先锋，军方中下层秘密结社组织“武装力量改革运动”（RAM）的形成与壮大，很大程度上是源于对马科斯政权在军中任人唯亲的裙带主义风气的强烈不满。②

其三，通过技术官僚集团与工商资本集团进行的中央资源重新分

① ［美］沃尔登·贝洛：《处在独裁与革命之间的菲律宾》，《南洋资料译丛》1985 年第 3 期，第 63—64 页。

② 房宁等：《民主与发展——亚洲工业化时代的民主政治研究》，社会科学文献出版社 2015 年版，第 52 页。

配，缺乏对边缘群体利益诉求的有效回应，使得马科斯政权始终未能构筑坚实的社会根基。

马科斯依托武力压制传统家族集团后，一方面构建以技术官僚为主的国民经济计划与管理体制，并通过增设国有企业的方式，进一步提高中央政府对国家资源的汲取和分配能力，特别是于1973年将文官制度写入新宪法，并颁布了《文官法》，设立了独立机构“文官委员会”管理全国文官事宜，从而构建了严格意义上的文官制度。[①] 另一方面，扶持工商资本集团抢占国内市场和开拓国际市场，以巩固马科斯政权的利益共同体。

尽管马科斯在推行“新社会”改革时承诺要为边缘群体提供合理分配与公平发展的机制，[②] 但落实效果差强人意，马科斯密友成为新体制的最大受益者，而边缘群体的生存状态却变得更为困顿。事实上，正是由于马科斯执政后期民心尽失，才使得传统家族集团与天主教会集团主导的第一次“人民力量”运动能顺利演化为大规模的反马科斯浪潮，并成为促使军人集团临阵倒戈的重要原因。[③]

（二）后马科斯时期政治格局的结构性张力

马科斯政权瓦解后，菲律宾政局在形式上开始了多元民主转型，特别是1987年宪法的起草颁行，不仅有针对性地对总统权力进行了限制，包括不得连任、无权解散国会、不得任意逮捕反对派等，而且明确允许多党制存在，力求限制寡头政治影响，推进国家改革。[④] 但是，从政治权力结构来看，菲律宾并未改变马科斯时期的寡头自律形态，所不同的仅在于核心权力集团的更替。传统家族集团重返权力核心，接管了技术官僚集团对中央资源的管理与分配，而天主教会集团也通过“再政治化”，开始在国家决策中拥有重要话语权。

---

① 王士录：《菲律宾文官制度简介》，《东南亚研究》1989年第4期，第58页。

② ［美］金·格洛斯霍兹：《菲律宾：马科斯往何处去?》，《南洋问题资料》1974年第3期，第10—12页。

③ ［美］加里·霍斯：《马科斯、其密友和菲律宾经济发展的失败》，《南洋资料译丛》1995年Z2期，第50页。

④ 郑一省：《菲律宾后马科斯时期的民主政治发展》，《东南亚》2002年第3期，第36页。

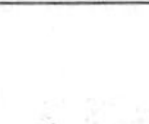

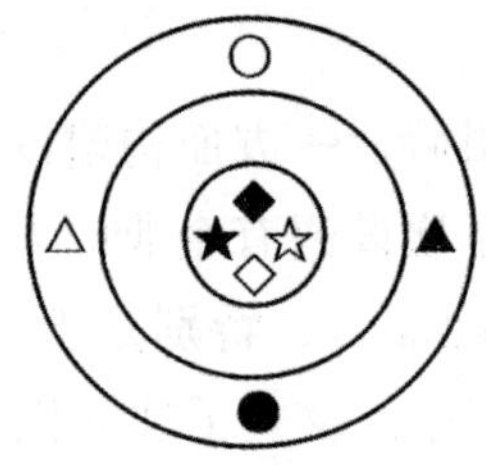

图 5.5　后马科斯时期菲律宾权力结构的寡头自律形态

阿基诺夫人执政时期，菲律宾各派权力集团在核心圈层曾就政治主导权进行过激烈的明争暗斗。其中，军人集团为保持政治影响力，不惜先后发动七次政变，旨在对传统家族集团进行武力威慑。军方背景的拉莫斯当选总统，很大程度上标志着寡头自律形态的权力结构趋于稳定，传统家族集团拥有政治主导权，军人集团依托武力保留政治话语权，工商资本集团通过献金获得政治对等地位，天主教会集团则在意识形态与社会动员方面掌握重要政治筹码，从而形成相对明确的政治权力边界，并在联合压制边缘群体特别是菲律宾共产主义与摩洛伊斯兰分离主义的问题上达成共识。①

不过，由于传统家族集团的保守主义治国理念对菲律宾的社会经济发展而言不合时宜，因此其主导下的寡头自律形态始终面临严重的结构性张力，特别是来自边缘群体的改革压力。尽管在传统家族集团与天主教会集团联合压制下，20 世纪 90 年代以来菲律宾政局保持稳定，无论拉莫斯推动修宪以争取总统连任的政治动议，还是首位平民总统埃斯特拉达的改革意图均以失败告终。拉莫斯在大规模的反修宪运动中被迫放弃动议②，而埃斯特拉达更是在传统家族集团与天主教

① ［美］戴维·沃费尔：《菲律宾变了，还是维持原状?》，《南洋资料译丛》1994 年第 Z1 期，第 66—70 页。

② 沈红芳、李小青：《菲律宾修宪与反修宪运动探析》，《南洋问题研究》2006 年第 4 期，第 17 页。

会集团发动的第二次“人民力量”运动中失去总统职位。①

2016年杜特尔特当选总统，很大程度上是菲律宾权力结构对内在张力的再次回应。相较于埃斯特拉达，杜特尔特的政治履历更为单薄，除了短暂地担任过众议员外，并未像埃斯特拉达或其他总统那样出任过参议员和副总统，因此在马尼拉的政商两界缺乏根基。杜特尔特之所以能力压罗哈斯等竞争对手，最重要的原因就是菲律宾社会普遍对传统家族集团失去信心。从阿罗约到阿基诺三世，菲律宾长期面临的贫富分化、农村衰败、政治舞弊、经济低迷等诸多发展难题不仅未得到有效化解，反而在传统家族集团的保守政策下进一步恶化，严重影响国计民生。杜特尔特当选总统，除了得到马科斯家族和阿罗约家族的鼎力支持，并在拉莫斯协助下，以增加军费开支和改善军人待遇为条件，得到军人集团的认可与支持，更重要的是以其强烈的民粹主义色彩，赢得菲律宾中下层民众特别是农村选民的广泛拥护。

从目前来看，杜特尔特政府呈现明显的改革倾向，并有可能与传统家族集团以及天主教会集团等保守力量发生冲突，甚至引发新一轮权力结构调整，从而在根本上化解寡头自律形态的结构性张力。但是，传统家族集团的政治影响力根深蒂固，除非杜特尔特能构建起包括军人集团与工商资本集团在内的广泛统一阵线，并依托中下层民意推动“自下而上”的全面改革，否则其政治前景不容乐观，甚至可能重蹈前总统埃斯特拉达覆辙。

（三）家族政治的结构性腐败

菲律宾存在严重的腐败问题（见表5.1），近年来虽有所好转，但在全球依然属于重度腐败国家。菲律宾的政治腐败，严重影响政府治理的有效性，无论法律法规，还是国家政策，都很难有效落实。重大工程项目更是重灾区，不仅有“豆腐渣工程”，甚至连“影子工程”即所有工程款项都被贪墨的极端现象都时有发生。据世界银行估

① 沈红芳：《埃斯特拉达：菲律宾特色民主的产物与替罪羊》，《南洋问题研究》2001年第2期，第28—35页。

计，菲律宾每年因贪墨损失的国家预算高达20％。[①]

表5.1　　菲律宾清廉指数情况

年份	1996	1997	1998	1999	2000	2001	2002	2003	2004	2005	2006
CPI	2.69	3.05	3.3	3.6	2.8	2.9	2.6	2.5	2.6	2.5	2.5
年份	2007	2008	2009	2010	2011	2012	2013	2014	2015	2016	2017
CPI	2.5	2.3	2.4	2.4	2.6	3.4	3.6	3.8	3.5	3.5	3.4

注：从2012年起，透明国际的廉政指数开始采用百分制，为易于比较，表格中都换算为十分制。

资料来源：透明国际网站，2018年2月21日，http://www.transparency.org/。

尽管菲律宾总统上台时都高调反腐，但下台时却往往腐败丑闻缠身，从埃斯特拉达，到阿罗约，再到阿基诺三世，概莫能外。究其原因，关键是家族政治症结难除。[②] 对菲律宾而言，传统家族集团长期把持国家权力，使得家族政治很大程度上已融入社会生活各个方面，上至总统、国会议员与政府高官，下至村社领袖与基层公务员，都广泛遵循基于血亲、姻亲、教亲的庇护制关系，并将效忠家族和服从庇护者的传统观念，凌驾于效忠国家与遵纪守法的现代法治规范，从而上行下效，整个社会普遍奉行攫取国家资源滋养私人庇护制关系的政治文化。

2016年杜特尔特出任菲律宾总统后，再次高调反腐。尽管杜特尔特在菲南的达沃市执政期间，廉政建设卓有成效，但要在国家层面开展反腐行动，必将面临传统家族集团的政治掣肘，能否取得预期成效，很大程度上将取决于政治权力结构的改变与否。如果传统家族集团主导的寡头自律形态的权力结构不发生根本变化，那么杜特尔特的反腐行动就很可能无果而终。

---

① 房宁等：《民主与发展——亚洲工业化时代的民主政治研究》，社会科学文献出版社2015年版，第82页。

② 颜武：《菲律宾：家族政治与腐败成灾》，《检察风云》2013年第15期，第52—54页。

三　外交博弈：自主性较低

菲律宾在地理上处于东亚区域边缘，在文化上是东亚唯一的天主教国家，在政治上受制于少数混血种家族，因此其精英外交观念存在明显的孤立感，缺乏其他东南亚国家施行“大国平衡”策略的强烈自信。① 再加上菲美特殊关系的长期存在，使得菲律宾的外交政策很大程度上受到美国影响，甚至难以有效坚持菲律宾国家利益。② 因此，对“一带一路”建设而言，菲律宾自主性较低，使得中菲战略合作很容易受到其他大国特别是美国掣肘，存在较高的不确定性。

（一）菲美关系的不对称性

菲律宾与美国的特殊双边关系始于19世纪末的美西战争。1898年，美国借口“缅因号”事件，发动美西战争，并迫使西班牙签订《巴黎条约》，其中规定以2000万美元代价将菲律宾转让给美国。1899年，美国颁布《开明同化宣言》，声明美国在菲律宾享有主权，结果引发美菲战争。但在美军的强势镇压下，菲律宾共和国军很快就全线崩溃。1901年，菲律宾第一共和国总统阿奎纳尔多被俘，并随即发布《致菲律宾人民书》，宣布效忠美国，号召人民放下武器。

相较于其他老牌殖民列强，美国在菲律宾的殖民统治相对开明，并与传统家族集团形成了政治与经济方面的互利合作关系，从而为菲律宾经由议会斗争的和平方式实现国家独立提供了有利条件。1946年，菲律宾成为东南亚地区第一个获得独立的殖民地国家。

不过，菲美关系的不对称性却并未随着殖民关系结束而根本改变，反而在冷战时期进一步加强。在政治上，美国通过传统家族集团影响菲律宾的政局走向，特别是总统人选很大程度上直接体现了美国的政治偏好。在经济上，美国依托1946年《美菲关于菲律宾独立后

---

① 代帆、金是用：《安全与发展：菲律宾对华政策研究》，《南洋问题研究》2009年第3期，第41—42页。

② 周素勤：《美国对菲律宾外交政策中的意识形态作用研究》，世界图书出版广东有限公司2014年版，第1—2页。

过渡时期中的贸易和有关事项的协定》以及 1954 年修订签署的《劳雷尔—兰利协定》，通过美菲“自由贸易”关系，使菲律宾始终无法摆脱美国的原料产地和商品倾销市场的不利地位。在安全上，美国先后与菲律宾签订《美菲军事基地协定》（1947 年）、《美菲共同防御协定》（1951 年）、《美国对菲律宾军事援助协定》（1953 年）等安全合作协定，从而确立了美菲军事同盟关系，将菲律宾绑上了美国战车。在外交上，美国通过 1946 年签署的《美菲总关系条约》规定，“在菲律宾尚未有外交机构的国家和组织里，或菲律宾代表未到场的情况下，美国有权代表菲律宾利益”，从而在很大程度上否定了菲律宾的外交自主权。

冷战中后期，马科斯政权曾试图调整菲美不对称关系，从而构建更为独立自主的多元外交格局，结果引起美国强烈不满，并成为马科斯政权倒台的重要原因。[①] 冷战结束后，美国开始调整全球战略，有意弱化在亚太地区的军事存在，再加上菲律宾的民族主义情绪高涨，最终促使阿基诺夫人宣布中止《美菲军事基地协议》。尽管如此，菲美两国在 20 世纪末还是保持着密切的安全与经济合作。

21 世纪初，菲美关系在“9·11”事件后再次升温，双方在反恐领域开展紧密合作，有力巩固了传统军事盟友关系。2003 年阿罗约总统访美，美国总统布什宣称美菲关系“好于近代历史上的任何时期”，并给予菲律宾“非北约主要盟国”地位。奥巴马上台后，美国开始推行“亚太再平衡”战略，从而使菲律宾成为美国在亚太地区遏制中国的关键支点。阿基诺三世上台后，甚至罔顾菲律宾宪法有关“禁止外国在菲设立军事基地”的规定，于 2014 年签署《菲美加强防务合作协议》，承诺将向美国开放 5 个军事基地，其中包括正对中国南沙群岛的安东尼奥·包蒂斯塔空军基地，并规定菲方将允许美军在指定区域新建军事设施或升级现有的基础设施以及扩大轮换部署。

---

① 沈红芳：《菲律宾外交政策的演变和主要对外关系》，《南洋问题》1983 年第 4 期，第 54—55 页。

2016 年杜特尔特当选总统后，在民粹主义与民族主义影响下，公开表达对菲美关系不对称性的强烈不满，要求增强对菲律宾更为有利的多元外交格局。从目前来看，虽然菲美关系将有所调整，但在持亲美立场的传统家族集团依然掌握政治主导权的情况下，菲律宾将很难根本改变长期以来的菲美不对称关系。

（二）中菲关系的互信缺失

冷战期间，菲律宾紧随美国，奉行对华完全“隔离”政策，拒不承认中国，甚至拒绝与中国发生任何贸易关系。马科斯执政后，菲律宾对华政策开始松动。1975 年，菲律宾与中国建立外交关系，并开始了中菲两国近 10 年的蜜月期。

马科斯政权倒台后，菲律宾国内的亲美保守力量再次占据上风，对华政策开始出现摇摆，特别是在台湾问题上为获取台方提供的经济利益，甚至从“一个中国”立场倒退到“一个半中国”立场。20 世纪 90 年代，随着美军撤离，国家安全开始成为国内政治博弈的重要议题，使得南海问题升温，甚至由于“美济礁”事件一度引发紧张局势。

不过，中菲关系在拉莫斯总统时期，还是保持了大局稳定。1996 年，江泽民主席对菲进行国事访问期间，两国领导人同意建立面向 21 世纪的睦邻互信合作关系，并就南海问题达成“搁置争议，共同开发”的重要共识和谅解。

1997 年亚洲金融危机后，中国经济的地区影响力显著上升，从而在很大程度上促使菲律宾调整对华政策，并推动中菲关系在阿罗约总统时期得到全面发展。2000 年，中菲双方签署《关于 21 世纪双边合作框架的联合声明》，明确提出在睦邻合作、互信互利的基础上建立长期稳定的关系。2005 年，胡锦涛主席对菲进行国事访问期间，两国领导人确认将建立致力于和平与发展的战略性合作关系。2007 年，温家宝总理对菲进行正式访问，双方发表联合声明，提出将共同全面深化中菲致力于和平与发展的战略性合作关系。

但是，随着阿基诺三世当选总统，中菲关系却急转直下，双方不断发生摩擦使两国关系跌向了“历史谷底”。[①] 2013 年菲律宾单方面将“中菲南海争端”提请国际仲裁，更是使双边关系严重恶化。尽管2014 年阿基诺三世应邀来华参加第 22 届亚太经合组织领导人峰会，2015 年习近平主席应邀赴马尼拉参加第 23 届亚太经合组织领导人峰会，使得中菲双方高层保持了一定程度沟通，避免了局势进一步紧张，但却并未改变双边关系冷淡的趋势。

2016 年杜特尔特出任总统后，菲律宾开始释放改善对华关系的积极信号，希望中国支持菲律宾开展基础设施建设，特别是双轨铁路建设，从而为中菲关系回暖提供了有利条件。但从目前来看，南海问题与针对中国的美菲军事合作，依然是影响中菲关系根本改善的重要瓶颈，使得菲律宾外交始终无法摆脱安全与发展的两难困境。

四 文化交流：包容性较低

作为东亚地区唯一的天主教国家，菲律宾社会文化具有明显的保守性特征。西班牙对菲律宾长达三百多年“政教合一”的殖民统治，使得天主教文化与菲律宾社会融为一体。尽管菲律宾并不排斥外来文化，但前提是不动摇天主教文化的主流话语权，不影响天主教文化的核心价值观，否则必然引起天主教会集团的坚决抵制。因为，对天主教会集团而言，文化话语权与权力和利益直接挂钩。无论是西属菲律宾时期，天主教会集团对伊斯兰文化的压制，还是美属菲律宾时期，天主教会集团对新教文化的掣肘，都很直观地体现了菲律宾天主教文化的保守性。因此，对“一带一路”建设而言，菲律宾的包容性较低。近年来，随着中国新移民的大量增加，中国特色社会主义文化与菲律宾天主教文化的摩擦明显增多，特别是在婚姻和生育观念等价值观方面，并在一定程度上引起菲律宾主流社会关切，有可能成为中菲关系发展的潜在风险。

---

① 陈庆鸿：《菲律宾对华对冲战略评析》，《当代亚太》2015 年第 6 期，第 142—144 页。

（一）菲律宾华人的同化与边缘化

华人移民菲律宾的历史悠久，最早可上溯到唐代，但定居数量相当有限。西班牙殖民菲律宾后，移民菲律宾的华人开始增多，到17世纪初已增至3万多人。[①] 不过，西班牙殖民政府对华人移民的政策始终存在摇摆，既需要华人开发菲律宾，又对华人深感忌惮，甚至在17世纪初到18世纪中叶先后发起五次大屠杀，残害华侨高达数万人，并多次大规模驱逐华侨。19世纪中后期，西班牙殖民政府调整菲律宾开发政策，使得菲律宾华侨人数大幅增加，到19世纪末已增至10万人。20世纪初，由于中国国内社会动荡，华人移民进一步增加，到20世纪中期已增至13万人。[②]

数百年来的中菲民间交往，使得中国文化在相当程度上与菲律宾本土文化水乳交融，并在社会生活的各个方面留下深刻印痕。据统计，菲律宾官方语言他加禄语中，至少有2%的词汇来自闽南语。[③] 不过，华人移民融入菲律宾社会却是相当艰难。事实上，除了极少数放弃中国文化认同的混血种，诸如菲律宾国父何塞·黎刹、自治政府总统奥斯敏纳、前总统阿基诺夫人娘家的胡克昂科家族等，得以跻身菲律宾上流社会，成为统治阶级精英成员，大多数菲律宾华人都被排斥在主流社会之外。[④] 1975年马科斯签署行政命令放宽华人入籍前，菲律宾政府甚至长期奉行排华政策，从政治、经济、文化等各个方面对华人移民进行排斥和打压。[⑤] 民主化转型以来，菲律宾华人的政治地位有所改善，但与其经济地位相比，失衡性还是相当明显。[⑥]

---

① 黄滋生、何思兵：《菲律宾华侨史》，广东高等教育出版社2009年版，第119页。

② 同上书，第365页。

③ Eufronio M. Alip, *Ten Centuries of Philippine-Chinese Relations: Historical, Political, Social and Economic*, Manila: Alip and Sons, 1959, p. 99.

④ 庄国土：《华菲混血族群的形成与消融——以菲律宾前总统奥斯敏纳身世探究为例》，《世界民族》2013年第6期，第55—62页。

⑤ 黄滋生、何思兵：《菲律宾华侨史》，广东高等教育出版社2009年版，第593—611页。

⑥ 许梅：《试析菲律宾华人经济发展中的政治困境》，《东南亚研究》2004年第3期，第74—76页。

（二）华人新移民的文化孤岛

1975 年中菲建交后，随着双边经贸往来日益增多，特别是 20 世纪 90 年代中期以来中国经济的强势崛起，菲律宾华人新移民数量开始大幅增加，其中尤以福建移民为众。据不完全统计，菲律宾目前的华人新移民至少在 20 万以上，其中除了退休移民和投资移民等合法移民之外，大部分都属于非法移民，主要从事菲律宾禁止外国人涉足的批发零售行业。菲律宾首都马尼拉的中国城所在地，开设有诸多零售市场和购物中心，其中 90% 以上的商铺所有者为华人新移民。①

对菲律宾而言，华人新移民尤其是非法移民正成为相当棘手的社会治理难题。尽管华人新移民有助于促进菲律宾经济发展，特别是批发零售业发展，从而切实降低菲律宾中下层民众的生活成本；但是，华人新移民尤其是非法移民大量增加，却在很大程度上增加了菲律宾政府的治理成本与风险。由于语言不通和文化不同，再加上缺乏合法居留权，华人非法移民更倾向于抱团聚居，除了必要的商业活动外，很少与菲律宾当地人交往，从而客观上形成了孤岛式“新华人社会”，奉行完全不同于菲律宾社会的价值观与行为准则。对此，菲律宾社会始终存在疑虑与忌惮，并很容易将极少数华人非法移民的走私、制毒、贩毒、绑架等违法行为“以偏概全”，形成对华人新移民不利的“刻板印象”。这不仅会在相当程度上影响中菲两国“民心相通”的深化发展，而且很可能在别有用心者的引导下，成为大规模排华运动的导火索。

菲律宾政府虽有意妥善引导华人新移民融入当地社会，但问题在于，阻碍融合的关键并非文化，而是菲律宾长期奉行民族主义的经济保护政策，使得华人非法移民在有效满足菲律宾社会发展需求的同时却得不到公正待遇，难以在开放条件下进行社会交往。2016 年杜特尔特上台后积极推动社会经济改革，有可能成为改善华人新移民问题的重要契机，但要根本解决问题，还需要相当长时期的调适与磨合，

---

① 代帆：《菲律宾中国新移民研究——马尼拉中国城田野调查》，《太平洋学报》2009 年第 10 期，第 16—17 页。

以及中菲双方的共同努力。

五　中菲合作：互信缺失·变数横生

从前文分析看，菲律宾政治环境总体呈现“开放性较低·稳定性低；协调性较低·有效性较低；自主性较低·包容性较低”，正处于国家发展模式转型的起步阶段（见图5.6）。

对于“一带一路”建设而言，菲律宾目前的政治环境存在相当高的不确定性。传统家族集团长期把持权力核心，使得菲律宾在经济上奉行保护主义政策，在安全上紧随美国亚太战略，在文化上坚持天主教特性，在社会上无意解决贫富分化难题，再加上南海问题与华人新移民问题的症结难除，使得中菲战略合作始终难以构建稳固的立足点。杜特尔特总统上台后，菲律宾再次迎来权力结构调整与社会经济改革契机，但是发展前景尚不明朗，还存在诸多变数。

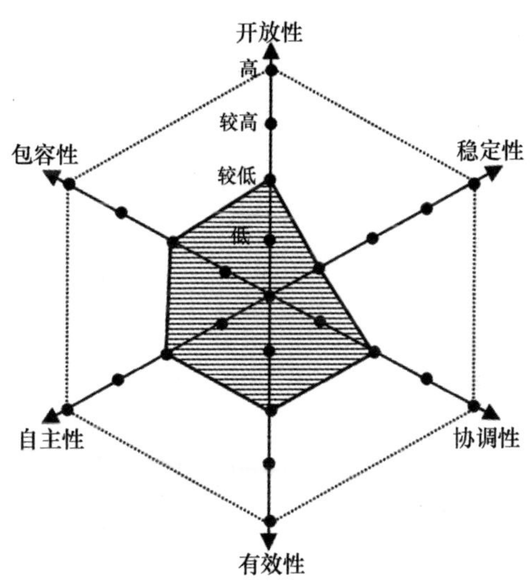

图5.6　菲律宾政治环境评估

从目前来看，中菲合作将在相当长时期内呈现“互信缺失，变数横生”的基本特征。有鉴于此，中菲合作应坚持“稳扎稳打、有序推进”的基本方针，切忌贪功冒进，以避免菲律宾政局政策变化导致不必要的战略损失，特别是在重大基础设施建设方面，务必重视可行性研究，通过民间尤其是学术界和非政府组织的广泛交流合作，准确把握政局走势，积极引导社情民意，努力培育亲华力量，从而在增信释疑基础上，进一步拓展中长期合作领域与发展前景。

第六章　马来西亚

马来西亚位于东南亚的半岛与海岛结合部，地处太平洋与印度洋、亚洲与大洋洲的十字路口。其中，西马来西亚位于马来半岛南端，北接泰国，南临新加坡，西部与西南部与印尼隔马六甲海峡相望，面积 13.2 万平方公里；东马来西亚位于婆罗洲岛，紧邻文莱与印尼，并与菲律宾隔海相望，面积 19.8 万平方公里。东马与西马隔着南中国海，最远距离 1500 公里，最近距离 530 公里。

马来西亚总人口约 3200 万。其中，马来人占 68.1%，华人占 23.8%，印度人占 7.1%，其他种族占 1%；马来语为国语，通用英语；伊斯兰教为国教，其他宗教有佛教、印度教和基督教等。

马来西亚经济在东盟国家中位居前列。从 1957 年独立起，马来西亚经济就一直保持较快增长。20 世纪 60 年代的年均增长率为 6.5%，70 年代进一步提高到 7.8%，80 年代中期经济增长有所放缓，但从 1987 年起复苏，并在此后十年间保持着年均 9.3% 的高增长态势。1998 年受亚洲金融危机冲击，经济出现负增长，但在马来西亚政府稳定汇率、重组银行企业债务、扩大内需和出口等政策引导下，经济稳步复苏。2008 年受全球经济危机影响，马来西亚经济再次受挫。近年来，马来西亚积极推动“经济转型计划”，使得经济保持较温和的复苏态势。2017 年，马来西亚国内生产总值 3144 亿美元，人均国内生产总值 9812 美元，居于东南亚国家经济发展第二梯队首位。

对于“一带一路”建设而言，马来西亚具有重要战略意义。作为扼守马六甲海峡航道的主要国家，马来西亚自古就是东西方经贸往来的交通枢纽，因此在“一带一路”的海路通道建设中具有重要的战略节点作用。不过，马来西亚国内市场规模相对有限，外向型经济结构与中国存在一定竞争关系，再加上其国内政治中马来人与华人分歧明显加剧，以及南海问题在美国影响下有所升温，都使得中马关系发展呈现不确定性。因此，在“一带一路”建设过程中，有必要切实把握马来西亚的政治环境变化，积极应对可能出现的不利情势。

第一节　政治权力集团

从1957年宣布独立以来，马来西亚在半个多世纪发展进程中，除了1969年“5·13”种族冲突事件后曾关停国会，总体保持了较稳定的选举体制（见表6.1）。不过，由于马来人执政党马来民族统一机构（简称巫统）依托非中立的选举制度安排，长期把持国家核心权力，并奉行“马来人优先”的种族主义政策，从而使马来西亚政坛在“选举型威权体制”下，始终面临着种族、宗教与阶层的结构性张力。

表6.1　**马来西亚选举情况****　单位：席

选举年份	投票率（%）	议席数	执政联盟						反对党			
			巫统	马华工会	国大党	其他政党	得票率（%）	获得议席比例（%）	伊斯兰党	民主行动党	人民公正党	其他
1955	82.8	52	34	15	2	—	81.68	98.08	1	—	—	0
1959	73.3	104	52	19	3	—	51.77	71.15	13	—	—	17
1964	78.9	104	59	27	3	—	58.53	85.58	9	1	—	5
1969	73.6	144	52	13	2	7	44.34	51.39	12	13	—	45
1974	75.1	154	62	19	4	50	60.81	87.66	13*	9	—	10
1978	75.3	154	70	17	3	41	57.23	85.06	5	16	—	2
1982	75.4	154	70	24	4	34	60.54	85.71	5	9	—	8
1986	74.4	177	83	17	6	42	57.28	83.62	1	24	—	4
1990	72.3	180	71	18	6	32	53.38	70.56	7	20	—	26

续表

选举年份	投票率（%）	议席数	执政联盟						反对党			
			巫统	马华工会	国大党	其他政党	得票率（%）	获得议席比例（%）	伊斯兰党	民主行动党	人民公正党	其他
1995	68.3	192	89	30	7	36	65.16	84.38	7	9	—	14
1999	69.3	193	72	29	7	40	56.53	76.68	27	10	5	3
2004	73.9	219	109	31	9	49	63.85	90.41	7	12	1	1
2008	74.5	222	79	15	3	43	51.39	63.06	23	28	31	0
2013	84.8	222	88	7	4	34	47.38	59.91	21	38	30	0

注：* 伊斯兰党曾于 1973 年至 1977 年加入巫统主导的国民阵线，所以在 1974 年选举中，执政联盟所获议席数包括伊斯兰党所获议席。

** 1955 年是马来西亚独立前的马来亚联合邦立法会议选举；1959 年是马来西亚独立后的第一次国会选举，当时是马来亚联合邦；1964 年是马来亚联合邦与沙巴、沙捞越与新加坡合并后的马来西亚联邦的第一次国会选举；1969 年是新加坡脱离后马来西亚联邦的第一次国会选举。本文为易于论述，统称为马来西亚选举。

资料来源：Election Commission of Malaysia。

21 世纪以来，特别是随着 2003 年政治强人马哈蒂尔退位交班，马来西亚政坛长期巫统独大的威权体制开始走向衰落，执政联盟国民阵线面临各派反对力量日益严峻的政治挑战。从目前来看，马来西亚政坛的政治权力集团主要有马来人官僚资本集团、马来人伊斯兰集团、马来人中产阶级，以及华人左翼中产阶级。

一　马来人官僚资本集团

英国殖民时期，英国殖民者为加强对马来半岛的有效控制，分化和瓦解马来西亚本土政治力量，针对马来人、华人与印度人采取了“分而治之”策略，通过在政治、经济和教育等领域的区别对待，促使马来西亚社会分裂为三个在“种族—职业—文化”方面存在明显差异与分歧的社会群体。

英国殖民者采取的“马来人优先”政策为马来人提供了诸多特权，其中包括在政府文职人员中优先录用马来人。例如马来人与其他种族在民政机构中的录取比例为4∶1，而在司法、外交与海关等机构中的比例则为3∶1。与此同时，英国殖民者还为马来人接受西式高等教育提供优先特权，以保证马来人能胜任政府工作。这就使得在英国殖民统治后期，除了上层权柄依然为英国官员所把持之外，殖民地政府的中下层特别是基层权力基本都在马来人低级官吏的掌控之下。

日据时期，日本占领当局延续了英国殖民者"分而治之"的策略，而且为压制华人的抗日运动，更倚重马来人作为辅助力量，积极扶持马来人准军事部队对付主要由华人组成的抗日游击队，并进一步增强了"马来人优先"的政治特权，提拔马来人担任政府部门的相关领导职务。

二战后，随着英国殖民者重返马来西亚，有关是否保留"马来人优先"的政治特权成为马来亚独立和建国的重要议题。英国政府出于对马来人亲日立场的恼怒与华人抗日运动的赞赏，于1946年公布了"马来亚联邦"计划，决意将公民权平等授予各个种族，以保证各个种族在政治参与方面都享有与马来人同等地位。①

"马来亚联邦"计划引发了马来人精英阶层的强烈反对。作为马来人的政治动员与协调机构，巫统于1946年5月在第二届泛马来亚马来人国民大会上宣告成立。依托巫统的政治组织形式，马来人官僚集团与马来人王室集团（苏丹）形成联盟，并在广泛社会动员基础上，成功迫使英国政府放弃"马来亚联邦"计划。

1948年2月，马来亚联合邦宣布成立，"马来人优先"的特权得以保留，非马来人取得公民权的条件则变得更为严格。联合邦取代联邦，成为巫统成立后的首次重大胜利。马来人官僚集团也由此赢得了政治上的独立地位，并在很大程度上成为马来人的政治代表。

从1955年马来西亚举行首次选举开始，巫统就一直在选举中保持着第一大党地位（见表6.1），并通过70年代以前的马华印联盟党体制，以及70年代以来的国民阵线体制，长期把持马来西亚的国家

① 陈晓律、王成：《马来人特权与马来西亚社会》，《历史教学》2014年第8期，第7页。

核心权力。于是，作为巫统的领导力量，马来人官僚集团不仅掌握了立法权，而且以此为依托垄断了行政权与司法权，形成了选举体制下马来人政治精英的威权统治。

经过半个多世纪的威权统治，巫统一方面有效推动了马来西亚的社会经济发展，使得马来西亚跻身中等发达国家，但另一方面，随着“权力—利益”结构固化，特别是领导力量从马来人官僚集团到马来人官僚资本集团的转型变化，巫统逐渐从马来西亚革新开放的进步力量，转变成为保守封闭的反动势力，并在21世纪初引发了马来西亚社会的反威权运动。

从目前来看，巫统在马来人官僚资本集团领导下，主要在两方面成为马来西亚发展的重要障碍。其一是影响马来西亚种族和谐共处与社会公平发展的“马来人优先”特权政策的废止问题；其二是影响马来西亚市场经济建设与廉政建设的政府经济调控问题。对于马来人官僚资本集团而言，前者事关政治根基，而后者则影响经济利益，因此作为既得利益集团很难做出让步与妥协。

针对“马来人优先”的特权政策，2009年继任巫统主席和政府总理职位的纳吉布提出了“一个马来西亚”的改革理念，倡导建构和谐安定的多元文化社会。但是，一马理念在贯彻落实的过程中却面临诸多障碍，特别是来自巫统内部的保守力量，更成为最重要的改革阻力。[①]

马来人官僚资本集团的政治根基在于国家权力部门中占据绝对优势地位的马来人公务员与军警，以及农村地区的中下层民众。得益于“马来人优先”政策，特别是马来西亚宪法第153条明文规定要为马来人保留适当定额的公共职位[②]，马来人在竞聘公务员与军警职位时拥有明显优势。统计显示，马来西亚政府部门的公职人员中马来人占比长期保持在六成以上（见表6.2）。2005年，马来西亚的公务员中

---

① 骆永昆：《“一个马来西亚”政策及其启示》，《国际资料信息》2010年第3期，第40—43页。

② 郭伟伟主编：《世界主要政党规章制度文献·马来西亚》，中央编译出版社2015年版，第92页。

马来人占比约77%，高层管理类人员中马来人占比更是高达84%，而在武装部门中的马来人占比则超过九成。[①] 这不仅为马来人官僚资本集团提供了数量可观的票田，而且也在很大程度上有效保证了马来人官僚资本集团对其他政治力量的有效遏制，使其他政治力量难以逾越巫统预设的非中立选举体制开展政治斗争。如果放弃“马来人优先”的特权政策，有可能在根本上影响到马来人官僚资本集团对国家权柄的掌控能力。

表6.2　**马来西亚政府部门种族分布情况**　单位：%

年份	马来人	华人	印度人	其他
1957	52.7	10.8	14.4	8.8
1970	69.4	11.8	14.6	18.0
1980	77.9	10.4	10.9	4.2
1990	65.9	25.3	8.1	0.6
1995	65.3	25.5	8.8	0.7

资料来源：Lee Kam Hing and Tan Chee-Beng, eds., *The Chinese in Malaysia*, Shah Alam: Oxford University Press, 2000, p. 105.

2015年马来西亚城镇人口占总人口比例为74.7%[②]，但在巫统设定的选区划分规则下，农村地区的马来人中下层农民，却为巫统提供了远高于人口比例的关键选票。马来人农民群体对巫统的支持，一方面源于服从权威的传统政治文化[③]，另一方面则得益于巫统长期以来在马来人农民扶贫发展方面所做的积极努力。[④] 对马来人农民群体而

① ［马来西亚］林鸿海：《马来西亚公共行政改革：回顾及展望》，《公共行政评论》2009年第4期，第114—115页。

② 资料来源：世界银行数据库（http://data.worldbank.org.cn）。

③ ［美］威森·梅雷迪斯·利：《烈火莫熄运动将何去何从——马来西亚种族和变化中的政治规则（上）》，《南洋资料译丛》2014年第1期，第20页。

④ 廖小健：《马来西亚消除农民贫困的措施与启示》，《华中师范大学学报》（人文社会科学版）2010年第6期，第24—27页。

言，巫统更多地表现为传统庇护者，而不是现代政治代言人。① 因此，作为庇护者象征的“马来人优先”政策也就成为马来人官僚资本集团难以割舍的政治筹码，特别在反对派力量呈上升趋势的情况下，其更是无意承担失去马来人农民群体支持的政治风险。

相较于政治根基，对马来人官僚资本集团内部的各派系而言，经济利益显然更为重要。20 世纪 70 年代初到 90 年代末政府主导型的经济高速增长期，虽然马来西亚各种族各阶层都基本分享到了发展红利，但其中受益最多的却是掌握国家核心权力的马来人官僚（资本）集团。

基于“新经济政策”对华人资本以及特定商业领域的严格限制，马来人的军政高官与巫统高层很容易通过权钱交易中饱私囊，甚至形成名为“阿里巴巴”的马华商业模式。其中，巴巴（峇峇）是马六甲海峡出生的华人的传统称谓，阿里则是马来人典型的穆斯林名字，阿里巴巴就是指华人企业吸纳马来人权贵或其亲朋好友担任股东或董事，并由后者出面争取有利可图的合同、经营许可证或重大项目特许权，从而像传说中的阿里巴巴那样高呼“芝麻开门”就能获得巨额红利。②

更为重要的是，马来西亚政府通过投资国有企业增加国内马来人资产比重的做法，使得马来人官僚集团掌握了庞大的经济资源，并在此基础上转变为马来人官僚资本集团。80 年代末，马来西亚在以电力、通信、邮政、铁路等 56 家直辖企业为核心的各大产业领域设立了多达上千家的国有企业。由于国有企业亏损严重，马来西亚政府从 90 年代开始积极推动国有企业私营化工作，但从效果来看，却并未达到预期目标，反而成为官僚资本集团攫取国家发展红利的重要契机。国有企业的优良资产被官僚资本集团的关联企业以低价获取，而负资产则由国有投资信托公司和职工养老基金会等接管，再次转化为

① ［新加坡］任娜：《马来西亚“新经济政策”下的种族与阶级分野》，《东南学术》2003 年第 5 期，第 164 页。

② 陈晓律、王成：《马来人特权与马来西亚社会》，《历史教学》2014 年第 8 期，第 12 页。

政府负债。①

由于受1997年亚洲金融危机影响，马来西亚经济在1998年出现严重衰退，从而使得长期以来被经济高增长所压制的要求限制政府经济调控的社会呼声高涨。不过，作为马来人官僚资本集团的领袖人物，马来西亚总理马哈蒂尔以强硬立场抵制了国际货币经济组织等国际机构的自由化压力，并对巫统内部的改革派进行了铁腕肃清，甚至对其指定接班人安瓦尔进行了严酷打击。随着2003年马哈蒂尔辞去巫统主席职务，马来西亚政府在反对派压力下，开始在政府职能转变方面取得进展，从而为市场经济建设与遏制裙带资本主义提供了有利条件。

但是，马来人官僚资本集团并无意从根本上改变政府主导型的经济发展道路，更遑论主动放弃长期以来安享的政府经济调控红利。前总理巴达维作为马哈蒂尔指定接班人，最终却迫于马哈蒂尔的压力提前辞去巫统主席职务，其中的重要原因就是巴达维的行政改革特别是廉政建设影响到马来人官僚资本集团的既得经济利益。②

纳吉布继任马来西亚总理后，于2010年推出“经济转型计划”，旨在应对2008年全球经济危机的负面影响。③ 虽然在计划安排中体现了扶持私人部门、深化改革开放、促进产业结构升级等新观念，但就其本质而言，却并未摆脱政府经济调控的传统路径。而且，随着以纳吉布为代表的马来人官僚资本集团的新生代派系建构，通过政府权力攫取经济资源的派系诉求也日益明显。纳吉布上台后，于2009年组建了由财政部全额持股的“一个马来西亚发展公司”，并亲任公司董事局主席，其宗旨是通过吸引外资的方式“协助马来西亚发展能源、地产、旅游、农业等新产业”，从而使财富能不分种族和民族地在马来西亚国内平等分配。但在运营过程中，“一个马来西亚发展公司”非但未曾吸引到任何重大投资，反而欠下巨额债务，到2015年已累

① 陈莹：《马来西亚国营企业私营化问题》，《东南亚》2003年第4期，第37—38页。

② 张铁根：《马来西亚大选及其影响》，《亚非纵横》2008年第3期，第51页。

③ 闫森：《马来西亚经济转型计划的实施与成效》，《亚太经济》2012年第4期，第77—79页。

积超过110亿美元。与此同时，纳吉布本人也深陷舞弊丑闻，涉嫌挪用“一个马来西亚发展公司”的7亿美元资产。①

2013年马来西亚国会选举后，巫统内部冲突加剧。前总理马哈蒂尔掀起推翻纳吉布的政治运动。② 不过，相较于反对派与巫统的国家主导权斗争，马哈蒂尔与纳吉布的权力博弈更多的是马来人官僚资本集团的代际更迭与利益分配，因此在行政改革特别是限制政府经济调控方面“雷声大，雨点小”。事实是，无论元老派，抑或新生代，都无意放弃事关巫统兴衰的既得经济利益。

从目前来看，马来人官僚资本集团依然保持独大地位，但其影响力正处于下行通道，难以继续保持对其他政治力量的压倒性优势。近年来，随着新生代派系上位，马来人官僚资本集团开始呈现更积极的改革立场，但在事关其政治与经济核心权益的议题上，还是难以做出实质性的妥协与让步，从而成为马来西亚社会经济发展的重要障碍。

二　马来人伊斯兰集团

马来西亚在形式上是政教分离的世俗国家，但伊斯兰教作为宪法明文规定的联邦宗教即国教，在马来西亚政治中具有相当重要的影响力。由于占马来西亚全国人口近七成的马来人生而为穆斯林，因此对马来人政治力量而言，伊斯兰教与种族主义始终是最重要的两杆大旗。

尽管在马来西亚独立初期，作为巫统主导力量的马来人官僚集团认为“更紧迫的是建设国家，而不是关注伊斯兰教原则，也不是发展伊斯兰的社会经济结构和组织”③，因此选择了世俗主义立场，但在推动马来西亚社会经济发展的过程中，巫统却从未忽视对伊斯兰因素

① 韦朝晖：《马来西亚：2015年回顾与2016年展望》，《东南亚纵横》2016年第3期，第4—5页。

② 张倩烨：《马来西亚政局动荡的连锁反应》，《南风窗》2015年第15期，第65—66页。

③ Hussin Mutalib, *Islam and Ethnicity in Malay Politics*, Singapore: Oxford University Press, 1990, p. 23.

的引导与整合。

20世纪80年代，马哈蒂尔出任巫统主席。为应对伊斯兰教复兴运动影响，马来西亚政府在提高伊斯兰教地位方面表现积极。例如，在经济领域，建立了伊斯兰银行（1983年）、伊斯兰保险公司（1985年）、伊斯兰经济基金会（1984年），将伊斯兰思想注入国家经济和财政体系；在教育领域，斥资建立伊斯兰师范学院（1980年），国际伊斯兰教培训营（1982年）以及马来西亚国际伊斯兰教大学（1983年）；在司法领域，通过司法修正案，赋予伊斯兰法庭更多司法权力（1988年）。[①]

1997年亚洲金融危机后，随着“新经济政策”的发展型威权体制光环黯淡，巫统开始更多转向伊斯兰教寻求合法性。2001年9月29日，巫统主席马哈蒂尔公开宣称马来西亚已经是伊斯兰教国。尽管马哈蒂尔强调，世俗化的马来西亚无须进行更多的宗教化改革就已经是伊斯兰教国，因此更多的是权益性表态，而不是立场性转变，但却在很大程度上体现了巫统世俗主义立场的游移与动摇。[②] 作为马哈蒂尔的继任者，巴达维提出了“文明伊斯兰”政治口号，而纳吉布则萧规曹随，始终坚持伊斯兰教国和文明伊斯兰的政治定位，以中庸方式有所保留地渲染着巫统的伊斯兰色彩。[③]

不过，相较于世俗化的巫统，马来人伊斯兰集团在政坛更为旗帜鲜明的政治代表是伊斯兰党。伊斯兰党的前身是巫统分支机构“泛马伊斯兰教士协会”。由于不满巫统的世俗主义倾向，以及巫统对非马来人特别是华人的政治妥协与让步，该协会于1951年11月退出巫统，组建“泛马伊斯兰党”。1974年，该党更名“马来西亚伊斯兰教党”（简称伊斯兰党），其核心成员是伊斯兰教士，支持者则主要是

① 黄佳程：《20世纪80年代马来西亚政府层面的伊斯兰复兴运动》，《东南亚南亚研究》2012年第2期，第81页。

② 范若兰、孟庆顺：《马来西亚伊斯兰教国理念、实践与政党政治》，《东南亚研究》2005年第2期，第20页。

③ 王文俊：《论伊斯兰教在马来西亚政治中的作用和影响》，《东南亚纵横》2013年第11期，第48页。

农村中下层马来穆斯林和受到阿拉伯思想影响的中上层马来知识分子。[①]

20 世纪 80 年代以前，伊斯兰党的政治诉求更多地表现为种族主义，而不是伊斯兰主义，因此曾被界定为“泛伊斯兰宗教政治理想驱动的极端马来族群本位政党”。[②] 80 年代以后，作为对马来西亚伊斯兰复兴运动的政治呼应，同时也为改变在种族主义话语权上与巫统竞争的不利局面（见表 6.1），伊斯兰党的政治立场进一步伊斯兰化，并开始明确提出建立伊斯兰教国的政治主张。

从 80 年代初到 90 年代末的马来西亚选举结果来看，伊斯兰教国的政治主张并未得到马来西亚主流社会的理解与认可（见表 6.1）。尽管伊斯兰党在 1990 年的州议会选举中，时隔 12 年成功收复吉兰丹州的执政权，但这主要是得益于巫统的内部分裂，而不是伊斯兰教国的政治号召力。1999 年，伊斯兰党在巫统再次分裂的有利条件下，不仅赢得多达 27 个国会议席，而且在州议会选举中连下二城，赢得吉兰丹州与丁加奴州的执政权，成为国会第一大反对党。

2003 年，伊斯兰党公布了《伊斯兰国文件》，明确提出建立类似于伊朗模式的“神权伊斯兰国”的政治蓝图。[③] 此举不仅引起非穆斯林特别是华人的恐慌，而且也引起部分马来穆斯林的质疑与不安。2004 年马来西亚选举中，伊斯兰党为其激进伊斯兰色彩付出了沉重代价，不仅国会议席猛降至 7 席，而且还失去了丁加奴州的执政权，即使是长期经营的吉兰丹州，也仅以微弱优势保住执政权。

作为激进立场受挫的政治回摆，伊斯兰党近年来开始选择更为温和的政治策略，并刻意淡化其伊斯兰教国的政治主张。从 2008 年大选提出“福利国”概念，到 2013 年大选提出“仁慈国”概念，伊斯兰党主动规避了激进色彩的“伊斯兰教国”概念，使其在保守派马来穆斯林的传统票田基础上，进一步赢得了不少温和派马来穆斯林以

---

① 辉明：《试论马来西亚伊斯兰党的发展演变》，《世界宗教文化》2013 年第 3 期，第 92 页。

② Gordon P. Means, *Malaysian Politics*, London: Hodder and Stoughton, 1976, p. 226.

③ *The Islamic State Document*, The Islamic Party of Malaysia, 2003.

及非穆斯林特别是华人群体的选票，使其成为国会举足轻重的第三大反对党。①

从目前来看，马来人伊斯兰集团的政治影响力正处于上行通道，不仅反对党伊斯兰党在政坛的地位显著提升，而且伊斯兰右翼势力在执政党巫统内部的话语权也有所增强。不过，面对长期倡导世俗主义的马来西亚主流社会，马来人伊斯兰集团的伊斯兰主义和宗教政治诉求已成为限制其发展的重要瓶颈。从中长期来看，马来人伊斯兰集团有可能以巫统右翼为枢纽，与马来人官僚资本集团形成政治联盟，从而构建“马来种族主义—伊斯兰主义”的复合型威权体制。

三　马来人中产阶级

21世纪以来马来西亚政治的多元民主转型，很大程度上起始于1998年的“安瓦尔事件”。时任巫统署理主席和政府副总理的安瓦尔在巫统权力斗争中败北，被马哈蒂尔革除了党内外一切职务，并在舞弊和“鸡奸罪”的指控下被捕入狱。政治实力雄厚的安瓦尔不甘失败，另行组建人民公正党，并倡导发起了“政改运动”。②

从权力斗争到新建政党的戏码，在巫统长达半个多世纪的执政过程中并不少见，但离开巫统的政治派系，通常都很难成事。最具代表性的就是“四六精神党”事件。20世纪80年代末，巫统高层拉沙里挑战马哈蒂尔失败，其派系遭到清洗，结果引发巫统分裂，形成了马哈蒂尔领导的新巫统与拉沙里领导的四六精神党。不过，拉沙里最终未能动摇巫统独大的政治权力格局，四六精神党也于1996年回归巫统。

相较于巫统以往的派系内讧，安瓦尔倡导的“政改运动”的最大不同之处就在于契合了马来人中产阶级求变的政治诉求，从而为人民公正党的政治斗争提供了核心动力，使其成为马来西亚政治权力结构

① 辉明：《试论马来西亚伊斯兰党的发展演变》，《世界宗教文化》2013年第3期，第119页。

② 由于马来语“改革”一词Reformasi谐音“烈火莫熄”，因此政改运动亦称“烈火莫熄”运动。

变革的重要支点。

马来人中产阶级是在巫统推行“新经济政策”的过程中形成和发展起来的社会群体。马来西亚独立初期，马来人仅有少量中产阶级，并且主要在政府部门。[①] 70 年代以来，得益于“马来人优先”的教育与就业扶持政策，马来人中产阶级不仅数量稳步增加，而且在马来人就业人口中所占比重也从 70 年代初的 18% 增至 90 年代初的 28%。[②] 最重要的是，马来人中产阶级不再局限于公共部门，而是广泛地分布于各个行业与领域，形成了更为全面的族群竞争力。[③]

对于巫统的威权体制，马来人中产阶级存在着相当纠结的政治认知。一方面，马来人中产阶级的形成与发展很大程度上是巫统政策扶持的结果，因此作为威权体制的既得利益集团，马来人中产阶级对巫统存在明显依附性；但另一方面，马来人中产阶级在政治上缺乏话语权，难以对威权体制存在的诸多弊端加以有效监督，因此存在一定不满情绪。

20 世纪中后期，马来西亚经济长期保持高增长态势，从而在很大程度上压制了马来人中产阶级的不满情绪，使其为更多地分享发展红利而对巫统的威权体制保持顺从。不过，随着新生代马来人中产阶级步入社会，一来对巫统推动社会经济发展的政绩缺乏历史记忆，二来对西方自由民主观念存在憧憬，三来马来西亚经济增长放缓，马来人官僚资本集团对发展红利的不公平分配日益凸显，从而使得马来人中产阶级对巫统的不满情绪开始日益增加。

1997 年亚洲金融危机爆发，使得马来人中产阶级与马来人官僚资本集团的结构性矛盾彻底激化。[④] 正是在此背景下，安瓦尔的政改运动契合了马来人中产阶级的政治诉求，而安瓦尔被马哈蒂尔打压的

① ［新加坡］任娜：《马来西亚“新经济政策”下的种族与阶级分野》，《东南学术》2003 年第 5 期，第 162—163 页。

② Robert W. H. , et al. , *The Politics of Multiculturalism: Pluralism and Citizenship in Malaysia*, Honolulu: University of Hawaii Press, 2001, p. 30.

③ 廖小健：《马来西亚的马来人教育：发展与影响》，《南洋问题研究》2007 年第 4 期，第 81—82 页。

④ 廖小健：《世纪之交　马来西亚》，世界知识出版社 2002 年版，第 126—129 页。

政治遭遇，也使其拥有了反威权体制的殉道者光环。

从目前来看，马来人中产阶级的政治化水平还在持续提升。得益于信息通信技术的高速发展，马来人中产阶级拥有了相当高效的政治动员与议题设置能力，但是，扁平化的组织结构与高容量的信息流，使得马来人中产阶级呈现明显的多元化倾向，除了在反威权体制的议题上具有一致性之外，通常情况下难以形成合力。这就使得马来人中产阶级很难成为马来西亚政治权力结构的核心力量，更有可能止步于制衡圈层，从而在多元结构中发挥积极的制衡与监督作用。

四 华人左翼中产阶级

从19世纪中叶起，随着马来半岛锡矿开发，中国移民开始大量增加。1957年马来西亚独立时，当地华人在马来西亚总人口中的比重已高达37%。20世纪中后期以来，由于马来人与华人的出生率差异，华人在总人口中所占比重有所下降，但迄今为止依然保持在25%左右。因此，长期以来，如何妥善处理马华关系始终是马来西亚政坛最重要的政治议题。①

针对执政党巫统在马来人官僚资本集团主导下坚持推行“马来人优先”的种族主义特权政策，华人群体形成了右翼资本集团与左翼中产阶级的政治分野。前者以华人上层商业精英为核心，主张承认马来人特权的合理性，并通过与马来人官僚资本集团开展正式的议会政治合作，以及非正式的权钱交易，甚至是“阿里巴巴”商业合作模式，以拓展华人经济发展空间，分享社会经济发展红利；后者以华人中小工商业主与知识精英为核心，始终否认马来人特权的正当性，要求构建更公平合理的国家发展环境。

从政治影响力来看，华人右翼资本集团的合作策略曾在20世纪70年代以前发挥过重要作用。马来人官僚集团缺乏经济基础，因此在很大程度上依赖于华人右翼资本集团的政治资金支持，从而使得

① 许红艳：《马来西亚国族建构研究》，《广西民族研究》2015年第1期，第16—22页。

1949年成立的马华公会成为马华印执政联盟中仅次于巫统的第二大党，拥有了相当分量的政治话语权。不过，随着70年代马来西亚步入“新经济政策”时期，马来人官僚集团依托国家权力构建经济基础，并成功转型为马来人官僚资本集团，华人右翼资本集团也就失去了对等合作地位，沦为威权体制的权力附庸，而马华公会也在政治上被边缘化，从联盟党时期巫统最重要的合作伙伴，沦为国民阵线时期巫统独大的政治陪衬。①

与此相对，华人左翼中产阶级尽管在政治上长期处于边缘圈层，但却从未放弃过斗争，并得到中下层华人群体的认可与支持。具体来看，华人左翼中产阶级的政治参与主要有两种方式。

其一是通过华人社团开展社会运动。马来西亚现有华人社团5000多个，覆盖了华人社会生活的各个方面，其中包括马来西亚中华大会堂总会（简称华总）、马来西亚中华工商联合会（简称商联总）、马来西亚华校董事会联合总会（简称董总）、马来西亚华校教师联合总会（简称教总）等华社组织。“新经济政策”时期，由于马来人特权政策对中下层华人权益特别是就业与教育方面形成严重侵害，从而引发以华人知识分子为主力推动的持续性民权运动。② 1997年亚洲金融危机后，马来西亚社会的发展失衡问题再次引起华人社团关切。1999年大选前夕，2千多个华人社团联名发起诉求运动，提交《马来西亚华人社团大选诉求》，要求在政治、经济、文化、教育及社会各领域积极推动改革。尽管在巫统的强势压制下，诉求运动最终未能达成预期目标，但从中长期来看，还是在很大程度上有力推动了多元化民主进程。③

其二是以民主行动党为代表的议会斗争。民主行动党（简称行动

① 许梅：《制约马来西亚华人政党政治发展的种族政治因素》，《世界民族》2003年第1期，第65页。

② ［马来西亚］潘永强：《马来西亚华裔的社会运动（1957—2007）》，《东南亚研究》2009年第3期，第86—87页。

③ 赵海立：《马来西亚华人社团大选诉求时间探析》，《东南亚研究》2011年第5期，第78—85页。

党）成立于1966年，其前身是新加坡人民行动党马来半岛支部。1967年10月，行动党加入社会党国际，成为后者在东南亚地区唯一的正式成员。尽管在马来西亚议会斗争中备受打压，甚至政党领袖也屡受牢狱之灾①，但行动党从未放弃马华平等的政治诉求，始终反对巫统主张的“马来人的马来西亚”，倡导“马来西亚人的马来西亚”。21世纪以来，行动党进一步提出了“第三条道路”，既反对巫统的种族主义，也不认可伊斯兰党的伊斯兰主义，而是要求多元民主和自由开放的道路，并对其“民主社会主义”理念进行新的阐释，倡导政治自由、社会开放、经济公正、政教分离、人人平等（包括族群、宗教和性别等），从而有效提升了行动党的政治号召力。②

从目前来看，华人左翼中产阶级的政治影响力正处于上升通道。21世纪以来的大选中，行动党的国会议席呈稳步增长态势（见表6.1），2013年大选后更成为仅次于巫统的国会第二大党和第一大反对党。得益于长期以来的艰苦斗争，华人左翼中产阶级拥有较统一的意识形态，以及相对高效的政治动员与组织能力，从而为其在制衡圈层发挥作用奠定了坚实基础，并有可能通过政治联盟方式进一步跻身核心圈层。

第二节　政治环境评估

一　发展模式：开放性较高·稳定性较高

从国家发展道路的选择来看，马来西亚在过去的半个多世纪里，基本遵循从封闭到开放的发展路径。1997年亚洲金融危机后，马来西亚在经济自由化方面的步伐有所放缓，但是各方对改革开放与均衡发展的基本共识并未改变，从而在很大程度上促成了21世纪以来马来西亚经济的温和增长。不过，马来西亚长期以来在威权体制与“新

① 张应龙：《马来西亚国民阵线的组成与华人政党的分化》，《华侨华人历史研究》2002年第2期，第18—19页。

② 宋效峰：《马来西亚的“第三条道路”：民主行动党的理念与实践》，《东南亚南亚研究》2012年第3期，第28页。

经济政策”影响下形成的利益结构板结化，也使其难以在短期内突破既得利益集团的掣肘，形成全面开放格局。因此，对“一带一路”建设而言，马来西亚开放性较高，有利于进一步深化双多边经贸合作，同时稳定性较高，有助于避免政局变化对国家大政方针产生根本性影响。

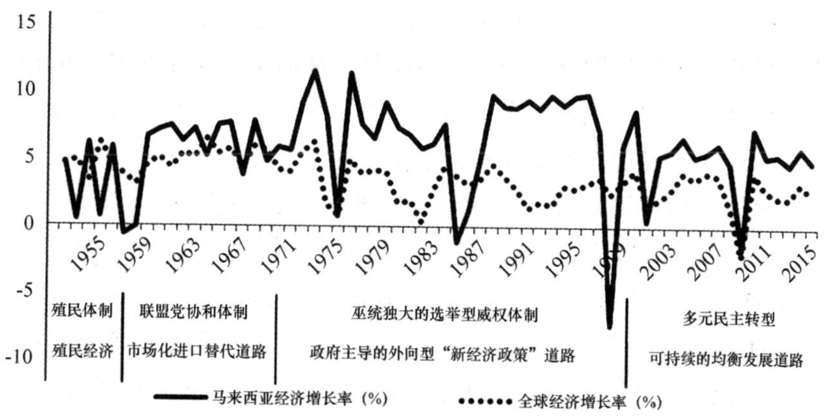

图 6.1　马来西亚发展模式变革进程示意图

资料来源：世界银行数据库（http：//data. worldbank. org）

（一）巫统主导下的国家发展模式选择

从 1957 年宣布独立开始，马来西亚在不到 40 年时间里就跻身中上等收入国家行列，并被誉为“东亚小虎”。对此，巫统起到了关键性的引领作用。具体来看，巫统在 20 世纪中后期，先后四次推动了马来西亚经济发展道路转型，有效促成了马来西亚社会经济的持续高增长态势。

（1）进口替代阶段

20 世纪 60 年代，以巫统为首的马华印联盟党政府为改变马来西亚的殖民地经济结构，选择了市场化的进口替代道路，旨在减少对消费品的进口依赖，提高对马来西亚农矿初级产品的加工程度，从而在增加外汇收入的同时，解决就业问题。通过税收减免、进口限制、贷款优惠等积极扶持政策，马来西亚的制造业水平得到明显提高，制造业产值占国内生产总值的比重从 1957 年的 6.3% 提高到 1970 年的 13.1%。[①] 不过，马来西亚国内市场狭小，使得进口替代工业的发展面临瓶颈，再加上发展过程中存在明显失衡，外国资本与华人资本获益明显，而马来人却未能分享到发展红利，从而使得马来西亚的马来人种族主义情绪高涨。

（2）出口导向阶段

1969 年“5·13”种族冲突事件后，巫统通过组建国民阵线的方式，将执政盟党特别是马华公会边缘化，从而形成了巫统独大的选举型威权体制，并在此基础上启动“新经济政策”，旨在切实保障马来人在社会经济发展进程中的特权地位。

根据“新经济政策”要求，马来西亚将在 1970 年到 1990 年间，将贫困率从 49.3% 降至 16.7%，将马来人在第一产业的从业人员比重从 67.6% 降至 61.4%，在第二产业的从 38% 提至 51.9%，在第三产业的从 37.9% 提至 48.4%，并将马来人、非马来人、外资在西马有限公司的股权比重，分别从 2.4%、34.3%、63.3% 变更为 30%、40%、30%。[②]

尽管巫统提出了“马来人优先”的政策原则，但在具体举措上却并未诉诸存量改革的方式改变马来人的社会经济地位，而是着眼于增量改革，选取了出口导向的工业化发展道路。事实上，早在 1968 年，巫统就推动颁布了《投资奖励法》，鼓励扩大制成品出口。1970 年颁布“新经济政策”后，巫统在出口导向方面进一步加大政策力度，特别是贷款和税收方面的优惠力度，并于 1972 年设立了自由贸易区，为出口加工活动提供更优越的发展环境。

20 世纪 70 年代，马来西亚的两类出口工业得到迅速发展，一类是传统的橡胶、锡矿、棕榈油、木材等资源密集型的初级产品加工业，另一类是以电器与电子元件组装为代表的劳动密集型产业，从而推动制造业产值占国内生产总值的比重从 1970 年的 13.7% 进一步提

① 数据来源：世界银行数据库（http://data.worldbank.org）。

② 廖小健：《世纪之交　马来西亚》，世界知识出版社 2002 年版，第 15 页。

高到 1980 年的 21.9%。

（3）重化工业建设阶段

20 世纪 80 年代初的全球经济衰退使得严重依赖国际市场的马来西亚经济遭受重挫，从而引起巫统对既有发展道路的深刻反思，以及对国内重化工业建设的战略选择。马来西亚的重化工业建设主要包括钢铁厂、水泥厂、纸浆厂、汽车项目、发动机项目、石化项目等。1980 年成立的马来西亚重工业公司成为主管重化工业项目的官方机构。

重化工业项目作为资本密集型的支柱产业，具有规模大、周期长、见效慢的特征，再加上威权体制下的政府管理不善，使得以政府投资设立国有企业方式推动的重化工业项目，多数都严重亏损。因此，从 80 年代中期开始，要求推动国有企业改革的呼声就不绝于耳。尽管在重化工业建设过程中存在诸多问题，但从中长期来看，巫统的战略决策还是为马来西亚的产业升级奠定了坚实基础。

（4）深化开放阶段

80 年代中后期，随着日本签署“广场协议”，东亚地区开始新一轮的产业转移进程。巫统敏锐地把握时机，通过深化开放，有效提升了马来西亚对外资的吸引力。从 1985 年起，马来西亚大幅放宽《工业协调法案》中对外资投资的各项限制，相关措施包括允许外资参股比例达到 100%，允许外国银行和保险公司在马来西亚开业，允许出口导向型制造业不受“马来人优先”政策约束，加强政府对私人部门的资助力度等，从而有效降低了外资在制造业部门的投资成本。1986 年，马来西亚颁布《促进投资法案》，针对投资出口制造业，以及使用先进技术和投资先驱企业的投资者，提供更优厚的激励措施，包括双重税收减免、出口补贴等政策优惠。与此同时，马来西亚还出台“第一个工业发展规划 1986—1995”（亦称“工业化大蓝图”），从而为深化开放提供了重要的指引与保证。①

① 沈红芳：《马来西亚工业化政策及其发展模式：从比较研究的视角》，《南洋问题研究》2007 年第 2 期，第 4—5 页。

得益于深化开放，马来西亚外国直接投资从80年代末开始呈高增长态势。从1989年到1997年，马来西亚外国直接投资的净流入额占国内生产总值的比重高达年均6.07%，1992年甚至达到8.76%。从而有力推动了马来西亚的工业化进程，使得制造业产值占国内生产总值的比重从1987年的19.8%猛增到1997年的28.4%，而同期工业产值占比也从38.5%提升到44.6%。①

（二）“中等收入陷阱”的结构性失衡

20世纪90年代的马来西亚社会对经济发展前景充满信心。从1988年到1997年的十年时间里，马来西亚经济始终保持高增长态势，国内生产总值年均增长率高达9.27%，从而赢得了“东亚小虎”的全球声誉。巫统主席马哈蒂尔被誉为“工业化之父”，而他提出马来西亚将在2020年成为高收入国家的《2020年先进国建设方略》（亦称“2020年宏愿”），也被普遍视为近在咫尺的既定目标。

不过，由于巫统长期奉行“新经济政策”，很大程度上扭曲了马来西亚的资源配置，从而形成了结构性的发展失衡。尽管在形式上，“新经济政策”于1990年宣告结束，但在实质上，巫统却并未改变“新经济政策”的种族主义立场。马哈蒂尔在20世纪90年代推行的国家发展政策被华人群体称为“小开放政策”，其本质不过是“新经济政策”的微调与延续。②

1997年亚洲金融危机爆发，使得马来西亚的高增长态势戛然而止。尽管得益于马哈蒂尔激进的保守主义经济政策，马来西亚在较短时间内就摆脱衰退，开始温和复苏进程，但长期以来被高增长的发展红利所抑制的诸多结构性矛盾相继激化，使得马来西亚陷入“中等收入陷阱”而难以自拔。具体来看，马来西亚面临的结构性难题主要表现在以下方面。

其一是收入分配失衡引起贫富差距与内需不振。

从全球发达国家的工业化进程来看，经济起飞阶段的增长主要依

① 数据来源：世界银行数据库（http：//data. worldbank. org）。

② 廖小健：《世纪之交 马来西亚》，世界知识出版社2002年版，第172—173页。

靠投资拉动，但随着经济发展进入中上等收入阶段，投资的拉动作用就会趋于下降，从而使扩大内需成为支持经济增长的新动力。相较于日韩等跨越高收入门槛的东亚国家，马来西亚在跻身中上等收入国家行列后，居民最终消费占国内生产总值的比重却并未呈增长态势，反而从80年代末90年代初的50%左右，降至21世纪初的45%左右，仅是近年来在政府的刺激性消费政策影响下才有所回升。更重要的是，马来西亚居民最终消费中的食品消费支出占到20%以上，相较于日韩等国的10%的食品消费比例，明显是生存型的消费结构。[①]

究其原因，就在于马来西亚的收入分配存在明显失衡。尽管"新经济政策"将消除贫困和降低分配差距作为其重要目标，但从执行效果来看，除了绝对贫困问题得到了有效解决之外，相对贫困问题却变得更为严峻。事实是，"马来人优先"的特权政策在降低了马来人与华人收入差距的同时，却在很大程度上进一步扩大了种族内部的贫富差距。[②] 21世纪以来，马来西亚的基尼指数一直保持在0.46以上。根据世界银行统计，2004年至2009年，马来西亚占人口总数20%的低收入群体收入占总收入比重从6.5%降至4.5%，占60%的中间收入群体收入占比也从48.8%降至44%，而占20%的高收入群体收入占比则从44.8%增至51.5%。相较于高收入群体，中低收入群体的边际消费倾向更高，因此在中产阶级萎缩的情况下，社会有效消费需求必然不足，使得内需增长难以成为国民经济发展的新动力。[③]

其二是产业组织结构失衡引起中小企业落伍与创新乏力。

马来西亚在20世纪中后期的经济建设中，采取了以跨国公司为依托的工业化和技术发展策略，特别在深化开放阶段，马来西亚更是利用经济全球化背景下的国际产业和技术转移良机有效推动了工业化

① 郭惠琳：《马来西亚陷入"中等收入陷阱"的原因和政策应对》，《亚太经济》2012年第5期，第97页。

② ［新加坡］任娜：《马来西亚"新经济政策"下的种族与阶级分野》，《东南学术》2003年第5期，第164页。

③ 郭惠琳：《马来西亚陷入"中等收入陷阱"的原因和政策应对》，《亚太经济》2012年第5期，第97页。

发展。但是，“新经济政策”时期过于依赖外资的工业化策略却使得马来西亚产业组织结构中存在严重的“二元性”难题。技术先进、主要面向出口市场的大型外资企业以及部分民族大企业，与大量技术落后、规模小、产值低、主要服务国内市场的中小企业长期并存，彼此割裂，难以形成有效互动与合作，从而在很大程度上阻碍了专业分工与技术扩散，使得马来西亚在产业结构升级的过程中面临严重阻碍。①

其三是政商关系失衡引起私人资本与人力资源流失。

马来西亚在“新经济政策”时期形成了以马来人官僚资本集团为核心的政商依附关系，并在此基础上构建了错综复杂的利益版图，特别是依托金融体系构建的国有资本版图，更成为巫统执政的重要根基。② 政府权力对市场经济过度干预，不仅损害了公平竞争的投资环境，而且抑制了专业人才的创新精神。

投资环境恶化，使得马来西亚在受亚洲金融危机影响失去高增长态势后，很难继续对私人投资形成有效吸引力。从 1990 年到 1997 年，马来西亚固定资本形成中私人部门所占的比重为年均 26.88%；但从 1999 年到 2015 年，私人部门占比仅为年均 12.57%，根本无法满足巫统提出的以私人部门投资为主力的发展规划需求。

创新精神缺失，则使得马来西亚面临严峻的人力资源特别是非马来人专业技术人才的外流压力，难以为国内产业结构升级提供有效智力支持。2011 年世界银行报告指出，马来西亚外流人才在过去 20 年中增长 3 倍，并且，受过高等教育的受访者中，有超过 20% 的人表示未来将移民到西方发达国家或新加坡。据估算，截至 2010 年，散居世界各地的马来西亚人约有 100 万，主要在新加坡、澳大利亚、文莱、美国、英国等地，其中 1/3 是受过高等教育的高技能人才，并以

① 李毅：《马来西亚中小企业的发展路径与政策调整：一个制度变迁的分析》，《南洋问题研究》2003 年第 4 期，第 34 页。

② 赵洪：《马来西亚政府在金融发展中的作用》，《南洋问题研究》2004 年第 1 期，第 49—50 页。

非马来人特别是华人居多。①

（三）“新经济模式”的机遇与挑战

1997年亚洲金融危机后，有关经济发展道路的选择问题在马来西亚社会各界引发了广泛争议。尽管在危机应对措施选择上，时任总理的巫统主席马哈蒂尔以强势立场采取了激进的保守主义政策，特别是资本管制措施，并断然拒绝了国际货币基金组织的经济自由化“药方”②，甚至不惜引发巫统保守派与自由派的权力博弈，以及影响深远的“安瓦尔事件”③；但马来西亚在危机应对过程中显现的结构性失衡，还是使得以“新经济政策”为核心的传统经济发展模式失去了各派力量认可与支持，从而在2003年马哈蒂尔退位后掀起了新一轮发展共识建构的“权力—利益”博弈。

2010年，马来西亚政府在巫统新任主席纳吉布领导下，推出了经济转型计划（ETP），明确提出要在2020年将人均国民收入提高到15000美元的高收入国家水平，具体做法包括增加1.3兆林吉特的总投资（私人部门投资占92%），推动石油、天然气及能源、棕油、金融服务、旅游、商业服务、电子及电器、批发及零售、教育、保健、通讯内容及建设、农业以及大吉隆坡计划等12个关键经济领域，创造330万个就业岗位等。④

尽管经济转型计划是在巫统主导下拟定的，但在起草过程中广泛征询了各种族各阶层的利益诉求，从而在很大程度上体现了马来西亚各派力量在新时期的发展共识。作为经济转型计划的核心原则与指导思想，纳吉布所倡导的“新经济模式”与传统发展模式在路径选择上存在明显差异。具体来看，主要表现在以下方面。

① 郭继光：《利益集团、制度僵化与马来西亚中等收入陷阱》，《东南亚研究》2012年第4期，第18页。

② 廖小健：《世纪之交　马来西亚》，世界知识出版社2002年版，第70—90页。

③ 同上书，第108—111页。

④ 闫森：《马来西亚经济转型计划的实施与成效》，《亚太经济》2012年第4期，第77页。

表 6.3 **马来西亚“新经济模式”的主要特征**

传统经济模式	新经济模式
成长主要通过资本累积：重点投资生产与有形基础设施，配合低技术劳工，生产低附加价值出口产品	成长通过提高生产力：重点在于创新性生产过程和新式技术，得到私人投资与人才支援，生产高附加价值的货物与服务
国家支配性地参与经济：在选择性的经济行业进行大规模政府直接投资（包括政府关联公司投资）	私人领域领导成长：促进私人领域之间与部门之内的竞争，以恢复私人投资与市场的活力
中央化策略策划：由联邦政府提供指南与批准，以做出经济决定	在决策上地方自主：授权州和地方政府推动和支援经济增长倡议，及鼓励地方之间进行竞争
均衡的区域成长：在各州分散经济活动，以分散发展的利益	群集与走廊式经济活动：使经济活动集中，以取得经济规模，以及更好地提供支援服务
偏向特定行业和公司：通过奖励和融资，给予特定企业优惠待遇	偏向有技术能力的行业与企业：给予奖励和扶持以鼓励创新，让企业开发高附加价值产品与服务
依托美国、欧洲和日本市场：作为生产链的一部分，供应消费品和部件给传统市场	欧洲和中东导向：开发与整合活动，形成区域生产与金融网络，以调和投资、贸易与思想的流通
限制外国技术劳工：担心外国人才会取代本地工人	留住及吸引技术专业人士：采用本地和外国人才。需要人才来刺激有创意、高附加价值的经济

资料来源：［马来西亚］国家经济咨询理事会：《马来西亚新经济模式》，吉隆坡暨雪兰莪中华大会堂，2010 年，第 11 页。

作为马来西亚多元民主转型时期各派力量的发展共识，“新经济模式”所体现的是可持续的均衡发展道路。对于“一带一路”建设而言，“新经济模式”的贯彻落实，将有助于进一步改善中马经贸合作环境特别是中国对马投资环境，从而为基础设施建设与产业转移提供有利条件。

从马来西亚第十个五年计划（2011—2015 年）的执行情况看，虽然经济转型计划尚有诸多不如意，但还是取得一定成效，使得马来西亚经济在 2008 年全球经济危机影响下，成功保持了温和增长。2015 年，马来西亚在巫统领导下推出第十一个五年计划（2016—2020 年），其内容遵循“新经济模式”指导思想，更加关心民权民生，强调政府兑现发展承诺，重视提高民众参与经济建设的能力，并保证各种族各阶层都能平等分享发展红利。①

由于受既得利益集团影响，巫统在推动“新经济模式”的对内改革对外开放方面缺乏积极性，特别是在“十五计划”基本完成了增量改革后，如何在“十一五计划”的存量改革问题上进一步取得成效，已成为纳吉布政府面临的首要难题；但对马来西亚而言，“新经济模式”已成为新时期的必然选择，或许会放缓甚至停顿，但不会被放弃，更不会反转，其间的区别仅在于要么是巫统掌握主动力行改革，重新赢得选民的认可与支持，要么是巫统在选民厌弃下失去执政权，沦为政治反对派改革的旁观者，并在此过程中被彻底边缘化。

二　权力结构：协调性较低·有效性较低

1997 年亚洲金融危机后，马来人中产阶级政治化倾向日益明显，并以“安瓦尔事件”为契机，依托从巫统中分裂出来的革新势力登上政治舞台，从而在很大程度上推动了马来西亚政治权力结构从单极自律形态到单极多元形态的演化转型。与此同时，长期被边缘化的华人左翼中产阶级与马来人伊斯兰集团也成功逆袭，从边缘圈层跃升到制衡圈层，并有可能进一步跻身权力结构的核心圈层，从而从根本上改变马来人官僚资本集团垄断国家权力的单极格局。

从目前来看，对“一带一路”建设而言，马来西亚协调性较低。由于正处于权力结构的转型过程中，马来西亚各派力量都无意在“权力—利益”问题上做出妥协和让步，从而使得达成体制机制的改革共识变得相当困难。与此同时，有效性较低，虽然马来西亚的法律法规相对完备，但在新旧权力集团重构政治格局的环境下，很多巫统创设的监察督导机制都开始失效，从而在相当程度上影响到马来西亚的改革开放进程，并使其相对较好的廉政状况有所下降。

（一）巫统独大格局的形成与发展

作为二战后马来亚独立运动的主导力量，马来人官僚集团领导的

---

① 韦朝晖：《马来西亚：2015 年回顾与 2016 年展望》，《东南亚纵横》2016 年第 3 期，第 6 页。

巫统在1957年马来亚独立后的政治权力结构中占据了核心圈层的主导地位。不过，由于初掌政权的马来人官僚集团在组织动员与资金筹募方面还存在明显短板，为有效填补英国殖民政府留下的权力真空，避免华人左翼力量特别是马来亚共产党的潜在威胁，巫统采取了联合执政方式，构建了寡头自律形态的政治格局。

不过，值得留意的是，虽然在形式上，执掌国家权力的是马华印联盟党，但在政治权力结构中，作为印度人群体政治代表的印度人国大党，却并不拥有相应的政治话语权。① 这一方面是政党问题。1946年成立的印度人国大党所代表的马来西亚印度人上层社会特别是切蒂亚人（放债人）的利益，并未获得占马来西亚印度人大多数的园丘（种植园）农业工人的政治支持。另一方面则是族群问题。马来西亚印度人数量相对较少，仅占独立时总人口的10.6%，而且教育水平、经济基础、社会地位都相对偏低，再加上受种姓问题影响，缺乏共识与凝聚力，难以形成有效的政治动员。

对马来人官僚集团而言，有必要建立政治联盟共同执政的一是华人右翼资本集团，二是马来人王室集团（见图6.2）。前者主要为马来人官僚集团筹募政治资金，以保证巫统能在民主选举体制下延揽社会精英、扩充组织机构，以及拓展基层选票网络。作为华人右翼资本集团的主要政治代表，马华公会在独立初期的马来西亚政坛拥有相当重要的话语权。后者主要为马来人官僚集团提供传统的庇护制权威，

图6.2　联盟党时期马来西亚权力结构的寡头自律形态

① 罗圣荣：《马来西亚印度人的由来及其困境研究》，《东南亚研究》2008年第4期，第38页。

以保证巫统能在缺乏选举观念和国家意识的农村地区获得马来人农民的选票支持。

得益于寡头自律形态的核心地位，再加上持续上升的马来人民族主义情绪，马来人官僚集团在20世纪60年代进一步夯实了政治根基，并形成对主导权的更多要求。1969年的“5·13”事件，为马来人官僚集团构建权力垄断提供了重要契机。1969年5月举行的大选中，马华印联盟党失利，华人反对党民主行动党与民政党的席位则明显增加，从而使马来人产生深刻的危机感。5月13日，大选结果公布后，民主行动党与民政党的华人青年支持者进行胜利游行时与马来人发生暴力冲突，冲突在此后近半个月蔓延全国，造成至少196人死亡，367人受伤，9143人被捕，以及巨额财产损失。巫统以维护社会稳定为由，宣布国家进入紧急状态，并在此基础上进行了有利于马来人官僚集团的体制机制改革，从而使权力结构从70年代开始从寡头自律形态转变为单极自律形态（见图6.3）。

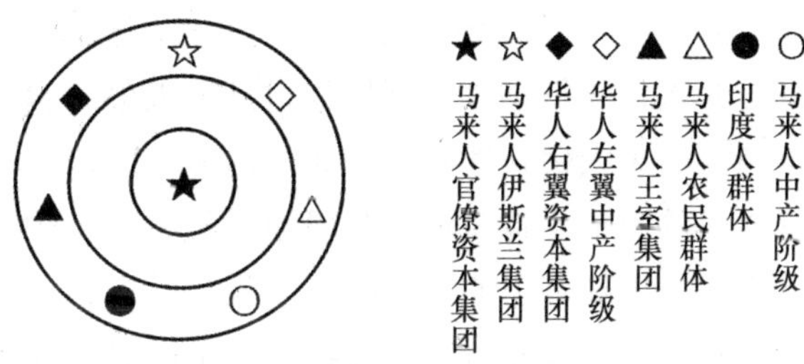

图6.3　巫统独大时期马来西亚权力结构的单极自律形态

具体来看，马来人官僚集团在体制机制改革方面的政治策略主要有三方面。

首先是通过强化“马来人优先”政策，进一步提升和巩固巫统在马来人群体中的政治代表性，构建“巫统就是马来人，马来人就是巫统”的政治认同。

对马来人官僚集团而言，相较于华人左翼，马来人王室集团的传统权威与马来人伊斯兰集团的宗教权威更具威胁性。于是，为获取马来人群体的认可与支持，马来人官僚集团高举“马来人优先”政策，将巫统打造成马来人的政治庇护者。

在政治上，巫统于1972年推动国会通过宪法修正案，其中包括：禁止质询有关马来语国语地位、马来人特权、马来统治者地位、公民权等“敏感”问题；废止议员在国会发表的言论不受司法约束的豁免权；最高元首有权直接命令学校保留名额给马来人和其他土著；任何修改有关马来统治者及马来人特殊地位的条文都必须取得马来统治者会议的同意等。

在经济上，巫统于1971年推出了“新经济政策”，明确要求20年后在全国工商业各个领域内，马来人要占有30%股份，非马来人与外国资本分别占40%和30%股份。

在文化上，巫统于1971年提出了国家文化政策原则：一是国家文化须以本地区原有文化为基础；二是其他适当和恰当的文化因素可以成为国家文化之元素；三是伊斯兰教是塑造国家文化的重要元素；并强调，唯有在第一及第三原则被接受之下才考虑第二原则。[①]

依托“马来人优先”的政治旗号，马来人官僚集团在20世纪中后期始终拥有马来人群体特别是中下层农村马来人的政治忠诚度，从而不仅有效压制了马来人伊斯兰集团的政治影响力，而且也不再依赖于马来人王室集团的政治支持。尽管从投票动机来看，中下层农村马来人迄今为止都还是主要基于庇护制而不是现代民主理念，恰如有研究指出，“乡村或半乡村地带的选民仍接受一个错觉，即他们的未来和福祉要依靠他们政治上的主人，而选票是他们回报主人的礼物”[②]，但在庇护关系的效忠对象上，巫统取代了传统苏丹权威，形成了以巫统基层组织和“十户一长”的村长票头为节点的选票网络。

随着马来人官僚集团对马来人王室集团需求下降，后者开始失去核心权力地位，并在政治上被边缘化。1983年，巫统修宪，规定最

① 张应龙：《马来西亚国民阵线的组成与华人政党的分化》，《华侨华人历史研究》2002年第2期，第16页。

② 庄礼伟：《多元竞争环境下的马来西亚政治生态》，《东南亚研究》2011年第2期，第17页。

高元首不予批准的法案将在30日后生效，并规定最高元首必须在总理建议下方可宣布紧急状态。1993年，巫统修宪，取消了各州苏丹的绝对诉讼豁免权等权利。1994年，巫统修宪，规定最高元首必须接受并根据政府建议执行公务。2005年，巫统修宪，将各州水供事务管理权和文化遗产管理权移交中央政府。①

其次是通过“新经济政策”的马来人特权制度安排，依托国家权力对市场的干涉创设寻租空间，从而为巫统中上层攫取经济资源提供有效渠道，并在此基础上促成马来人官僚集团到官僚资本集团的转化发展。随着巫统有效弥补了资金筹募的政治短板，曾经作为金主而存在的华人右翼资本集团也就失去了对等合作的盟友地位，开始在政治上被边缘化。

再次是通过“大棒加甜枣”的政治策略，对各派力量进行打压、分化和拉拢。“5·13”事件后，巫统趁势出台《煽动法法令》《大专法令》等法令，禁止议论种族议题，禁止大专学生参与政党活动，并进一步加强对《国内安全法》《警察法令》等法令的拓展运动，从而对政治反对派，特别是华人左翼中产阶级和马来人伊斯兰集团形成了有效压制。作为华人左翼力量政治代表，民主行动党领袖林吉祥等受到政治迫害，甚至被捕入狱，使得政党影响力明显衰落。②

不过，马来人官僚资本集团在垄断国家权力的过程中，并未在形式上采取排他性的政治架构，而是通过国民阵线的政治联盟架构，既保持了民主选举的多元表象，又保证了巫统独大的威权本质。通过最大限度地接纳各派力量加入执政联盟，特别是将东马沙巴州和沙捞越州的本土力量纳入联盟，巫统面临的外部压力明显下降。更重要的是，巫统通过国民阵线进行的经济与政治资源特别是候选人资格分配，不仅强化了巫统的政治权威，而且使得联盟的各派力量更倾向于内斗以取悦巫统，从而失去了政治独立性与竞争力。对此，民主行动

① 张榕：《宪政民主化道路上的马来西亚政党制度》，《东南亚纵横》2015年第5期，第23页。

② 张应龙：《马来西亚国民阵线的组成与华人政党的分化》，《华侨华人历史研究》2002年第2期，第18—19页。

党林吉祥曾生动地描述为“巫统的一夫多妻制”。

（二）多元民主转型的不确定性

从1998年“安瓦尔事件”开始，马来西亚在亚洲金融危机冲击的影响下走上了多元民主转型的政治改革道路。巫统在2003年马哈蒂尔辞去主席职位后，政治影响力明显衰退，开始失去长期以来在国会选举中的压倒性政治优势（见表6.1）。经过十余年的政治博弈，随着马来人中产阶级、华人左翼中产阶级、马来人伊斯兰集团等相继跻身制衡圈层，马来西亚政治权力结构已从单极自律形态转变为单极多元形态（见图6.4），并继续朝着衡平多元形态的结构方向转变。

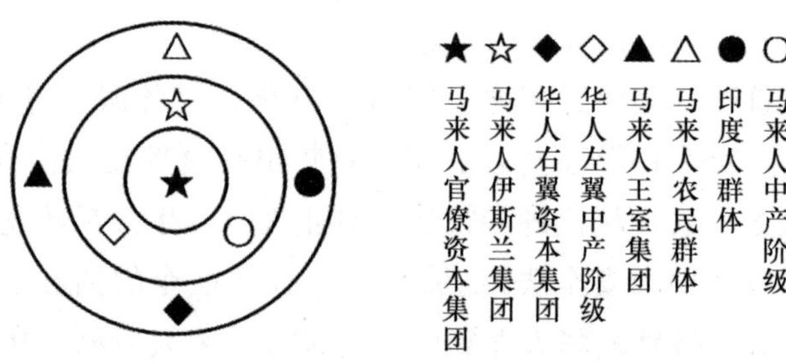

图6.4　后马哈蒂尔时期马来西亚权力结构的单极多元形态

相较于东亚其他威权国家，马来西亚的政治转型表现得较为和缓，并始终处于民主选举框架下，从而有效避免了政治冲突引发社会动荡。这一方面得益于马来西亚较为成熟的官僚体制在维护社会稳定和促进经济增长方面的自我调节能力，另一方面则是由于马来西亚的政治光谱在宗教、种族与阶层的三大因素影响下缺乏连贯性，使得多元化的反对派难以在有限妥协的基础上达成集体行动的政治合意。

从中长期来看，尽管各派力量在马来西亚政治权力特别是核心权力的多元化方面存在广泛共识，但对如何划定各派力量的“权力—利益”边界却分歧明显，从而使得马来西亚的多元民主转型面临相当程度的不确定性。具体而言，其政局走势将主要取决于以下变数。

其一是马来人官僚资本集团能否达成新旧派系改革共识，并在此基础上重构对等的政治合作，再次凝聚马来人群体的政治共识，从而在改革中保持巫统的主导地位。

近年来，巫统政治衰落日益明显，若非得益于不公平的选区划分方式，使得国民阵线以47%的得票率在2013年大选中赢得了60%的议席（见表6.1），巫统很可能已失去执政地位。[①] 不过，随着以“干净与公平选举联盟”为代表的社会运动壮大，巫统依托选区划分的技术性安排保持政治优势的可能性正在明显下降。[②]

对于巫统面临的政治危机与改革要求，马来人官僚资本集团有着深刻理解与认知，但问题是其正处于代际交替的过渡时期，新旧各派力量不仅无意分担改革成本，反而在面临不确定性的情况下，都试图攫取更多资源，以提高本派系的权力博弈筹码。马哈蒂尔与巴达维以及纳吉布的政治矛盾，很大程度上都由此产生。

如果马来人官僚资本集团能跨越代际交替的发展瓶颈，并在此基础上与马来人中产阶级，或是马来人伊斯兰集团形成新的政治联盟，就有可能以种族主义为旗帜再次凝聚马来人群体的政治共识，从而在核心圈层继续保持政治主导地位。不过，前者要跨越阶级差异，后者要跨越世俗与宗教分歧，都会在很大程度上影响马来人官僚资本集团的既得利益，因此其发展前景存在相当难度。

其二是政治反对派能否在淡化种族与宗教因素的基础上，构建紧密的政治联盟，从而对马来人官僚资本集团进行全面取代，迫使其退出核心圈层，形成反对派主导的改革进程。

21世纪以来，马来西亚的政治反对派曾先后两次建立政治联盟，但无论是“替代阵线”，还是“人民联盟”，都未能超越种族和宗教的政治樊篱。2013年大选后，人民联盟曾被认为距离取代巫统执政地位仅一步之遥。但是，随着伊斯兰党2014年在其执政的吉兰丹州提出施行伊斯兰教刑事法，人民联盟在历经七年的政治风雨后，还是于2015年宣告终结。

---

① 庄礼伟：《马来西亚竞争型威权体制的走向：以选民结构为考察视角》，《东南亚研究》2014年第2期，第16页。

② 范若兰：《马来西亚2013年大选与政治发展前景分析》，《当代世界》2013年第10期，第57页。

尽管在人民联盟瓦解后，政治反对派相继组建了两个新的政治联盟——公正党、民主行动党及国家诚信党于2015年9月组建的“希望联盟”，以及伊斯兰党与多元种族政党民族联系党于2016年3月组建的“第三政治势力”——但从影响力来看都与人民联盟相去甚远，除非各方再次联手行动，否则很难在新一轮的政治博弈中对巫统形成有效挑战，更遑论取而代之。

其三是马来西亚的社会经济发展能否保持温和增长，从而为各派力量在自我克制的相互试探中达成政治妥协提供充裕时间，否则就有可能出现巫统政权在反对派尚未做好交接准备的情况下崩塌，使得马来西亚在权力结构上呈现无序多元形态的政治乱局。

对马来西亚而言，政治改革已成为制约经济转型的瓶颈问题。如果政治权力结构调整始终无法取得实质性进展，那么在全球经济衰退影响下，马来西亚社会经济就有可能难以保持现有温和增长，从而引发选民的强烈不满与新一轮“政治海啸”，使得各派力量在尚未达成权力分配共识的情况下，面临巫统倒台后留下的权力真空，并开始势均力敌的持续性政治纷争。

从目前来看，马来西亚的多元民主转型前景充满变数，因此各派力量都在谨慎地守护既有利益边界，并尽可能在权力博弈中拓展利益边界，以保证在持续推进的多元政治格局变化过程中，占据有利地位。事实上，即使是长期被边缘化的印度人群体，也在努力争取政治话语权与经济利益，试图依托多元民主转型契机摆脱边缘地位。① 这就使得在马来西亚多元民主转型前景明朗前，很难推动事关各方权益特别是要各方做出妥协与让步的体制机制改革。

（三）执政能力的结构性下降

20世纪中后期，马来西亚政府在巫统领导下呈现较强的执政能力，不仅推动了社会经济发展，而且保持了较高的廉政建设水平。但在1997年亚洲金融危机后，马来西亚政府的执政能力明显下降，特

① 阮金之：《民主转型环境下的当代马来西亚印度人族群抗争运动》，《东南亚研究》2010年第2期，第63—67页。

别是腐败问题严重恶化，引起国内民众强烈不满，成为巫统选票流失的重要原因（见表6.3）。

表6.3　**马来西亚清廉指数情况**

年份	1996	1997	1998	1999	2000	2001	2002	2003	2004	2005	2006
CPI	5.32	5.01	5.3	5.1	4.8	5.0	4.9	5.2	5.0	5.1	5.0
年份	2007	2008	2009	2010	2011	2012	2013	2014	2015	2016	2017
CPI	5.1	5.1	4.5	4.4	4.3	4.9	5.0	5.2	5.0	4.9	4.7

注：从2012年起，透明国际的廉政指数开始采用百分制，为易于比较，表格中都换算为十分制。

资料来源：透明国际网站，2018年2月21日，http：//www.transparency.org/。

针对马来西亚政府的执政能力下降问题，时任总理巴达维曾于2004年提出“善治”口号，承诺建立“精简、廉洁、谦虚、信任”的新政府，并着力推进“国家廉政计划”，重点遏制腐败，但成效差强人意，即使是创设反腐败局的做法也未能产生预期作用。①

究其原因，就在于马来西亚政府的执政能力下降，更多是受到结构性因素影响，故而很难通过改良式的制度创新加以解决。长期以来，马来西亚政府在巫统独大的格局下，奉行种族主义政策与政府主导型发展道路，形成了错综复杂的寻租关系。21世纪以来，随着马来西亚的经济增长放缓，国家发展红利的分配变得更加不均衡，结果不仅引起反对派力量的强烈不满，使得腐败问题在社会监督下变得日益明显，而且也引起巫统各派系的利益分歧，尤其在事关红利重新分配的改革问题上，更是存在广泛争议，使得政府决策难以再像以往那样得到有效落实。

从目前来看，随着多元民主转型的深化发展，马来西亚政府的执政能力很有可能进一步下降，廉政建设也难以得到明显改善。如果马来西亚较顺利地转变为衡平多元形态的政治权力结构，那么政府执政

① 耿长娟：《马来西亚政府的改革与启示》，《东南亚纵横》2011年第8期，第17页。

能力与廉政建设都将迎来良好的发展前景；但是，如果沦为无序多元形态的政治权力结构，那就很有可能面临“弱政府”的转型困境。

三　外交博弈：自主性高

马来西亚奉行独立自主与不结盟的外交政策。基于小型发展中国家的自我定位，马来西亚外交更为侧重经济合作，但对领土和主权完整高度敏感，并将其作为外交政策的“基本原则”，从而成为发展中国家和不结盟运动中严格主权概念的坚定倡导者。因此，对“一带一路”建设而言，马来西亚呈现高自主性特征。这一方面有助于在经贸领域的中马战略合作中降低西方大国的负面影响，但另一方面也增加了南海问题变数，使马来西亚有可能受美国地缘战略挑唆，从而影响中马战略合作大局。

（一）侧重经济合作的多层次外交

1957 年独立以来，马来西亚的外交政策主要经历了三个发展阶段。第一阶段是 20 世纪 60 年代，马来西亚推行“一边倒”的亲西方政策，强调与英美等西方国家保持密切关系，对中国等社会主义国家并不友好。第二阶段是 20 世纪 70 年代，马来西亚开始推行和平、中立、不结盟的外交政策，相继与中国等社会主义国家建交，并利用不结盟运动、伊斯兰会议组织等多边架构与世界各国建立广泛的外交关系。第三阶段是 20 世纪 80 年代以来，马来西亚将外交重点转向东亚，并与西方国家进一步保持距离，反对强权政治与霸权主义，特别重视维护本国与亚太发展中国家利益，积极开展经济外交，倡导“南南合作”，反对西方国家贸易保护主义。①

2009 年纳吉布出任总理后，延续了马哈蒂尔和巴达维时期的外交方略，并形成了东亚、大国、伊斯兰世界的三层次外交格局。② 其中，核心层是以东盟为基石的东亚外交。作为马来西亚最信任的地区

---

① 廖小健：《世纪之交　马来西亚》，世界知识出版社 2002 年版，第 38—39 页。

② 骆永昆：《浅析马来西亚外交战略的发展及其特点》，《和平与发展》2013 年第 5 期，第 103—106 页。

组织，与东盟的关系一直是马来西亚外交的基础。不过，相较于马哈蒂尔时期更重视与东盟的经济合作，纳吉布上台后对推动地区安全机制建设表现得更为积极。与此同时，马来西亚也积极开展与中国、日本、韩国等东北亚国家的外交合作，不仅重视双边经贸合作，而且努力推进以东盟为中心的东亚地区合作，力求依托中日韩及其他大国与东盟的合作，促进东盟的一体化建设。

中间层是大国外交，主要涉及与美国、俄罗斯、英国、印度、澳大利亚等域外大国的外交关系。对于马来西亚而言，大国外交更多的是经贸领域的双多边合作，通常很少涉及战略性事务。事实上，从20世纪80年代马哈蒂尔提出“向东看”政策后，马来西亚就一直将发展与域外大国的关系置于外交战略相对次要的位置。

最外层是伊斯兰外交。马来西亚作为伊斯兰国家，长期致力于加强与伊斯兰世界的合作关系，发挥美国与伊斯兰世界沟通的桥梁作用，努力推动中东和平进程。与此同时，马来西亚还积极开展与伊斯兰国家特别是伊朗的经济合作，并努力发展和完善伊斯兰金融体系，争取全球伊斯兰金融的中心地位。

（二）美马关系的战略共识重构

马来西亚独立初期，马美两国在拉赫曼总理的亲西方政策影响下关系密切，不仅高层互访频繁，经贸合作紧密，而且在安全领域也取得明显成效。1964年，美国总统约翰逊与拉赫曼总理会谈后，发表公报指出：美国支持一个独立、自由的马来西亚，并将在安排信贷的基础上对马出售武器装备，并为马方武装人员提供军事训练。

不过，从20世纪80年代开始，马来西亚在政治强人马哈蒂尔领导下，逐渐与美国在战略层面渐行渐远。马哈蒂尔要求美国尊重发展中国家的主权和领土完整，不要干涉他国内政，并对美国的中东政策等进行批评，强烈抨击美国的人权政策和最低工资主张。随着90年代亚太经合组织的运作开始常规化，马来西亚与美国的正面交锋日益增加，近乎在所有的亚太经合组织议题上都有分歧。1997年亚洲金融危机后，马哈蒂尔顶住压力，拒绝接受国际货币基金组织援助及自由化改革“药方”，更是成为马来西亚与美国在发展模式选择问题上的短兵相接。由此引发的“安瓦尔事件”更在很大程度上影响到马来西亚与西方国家的政治互信。

随着马哈蒂尔辞去巫统主席职位，马来西亚与美国在战略层面的分歧明显缓和。纳吉布上台后，以新生代改革者的立场推动国家改革，更是为美马关系的战略共识重构提供了可能。2014 年奥巴马访问马来西亚，成为 1966 年约翰逊总统之后首位访马的美国总统。马来西亚成为奥巴马总统巡回访问中唯一的非美国盟国，美国的目的在于通过构建“全面伙伴关系”，促使马来西亚成为美国“亚太再平衡”的战略支点。①

2015 年以来，美马两国高层互访日益频繁。尽管在马哈蒂尔时期形成的外交基本政策影响下，纳吉布政府并未在“亚太再平衡”方面对美国做出明确回应，但作为经贸领域的重要举措，纳吉布政府在国内存在诸多争议的情况下签署了跨太平洋伙伴关系协定（TPP），为美马战略共识重构提供了有利条件。②

（三）中马关系的全面深化发展

从马来西亚独立至今，中马关系的发展大体经历了对立、交往到全面深化的发展阶段。20 世纪 70 年代以前，由于马来亚共产党（马共）问题，中马关系持续紧张。拉赫曼总理坚持认为中国在支持马共和输出革命，并拒绝承认中华人民共和国政府。70 年代拉扎克总理上台后，提出将东南亚地区建成“和平、自由、中立区”（ZOPFAN）的构想，并着力改善与中国等共产主义国家的外交关系。1974 年拉扎克访华，中马正式建交，两国在政治、经贸、人文等方面的交流有序展开。20 世纪 90 年代以来，随着冷战结束及马共放弃武装斗争，中马关系得到进一步深化发展。③ 1999 年，中马两国签署《关于未来

---

① ［美］亚历山大·苏利文：《在变化的环境中推动美国与马来西亚合作》，《南洋资料译丛》2016 年第 1 期，第 1—7 页。

② 韦朝晖：《马来西亚：2015 年回顾与 2016 年展望》，《东南亚纵横》2016 年第 3 期，第 10 页。

③ 骆永昆：《马来西亚对华认知的演变进程》，《国际资料信息》2012 年第 5 期，第 18—21 页。

双边合作框架的联合声明》。2004 年，双方领导人就发展中马战略性合作达成共识。2013 年，中马两国宣布建立全面战略伙伴关系。

纳吉布总理上台后，中马关系继续保持良好的发展态势。近年来，中马两国领导人互访频繁，从而为双方的高度互信提供了有效保证。经贸合作更是呈强劲增长态势。尽管受全球经济衰退影响，中马双边贸易总额在 2015 年依然高达 973.6 亿美元，使得中国连续八年成为马来西亚最大贸易伙伴。2009 年至 2015 年，中国对马来西亚在制造业领域的投资累计达 136 亿元，涵盖钢铁原件、电子、纺织、金属制品等行业的 143 个项目，创造就业岗位 2 万多个。与此同时，中马两国的人文交流与安全合作也在有序推进。2015 年 9 月，中马两国在马六甲海峡及其附近海域举行“和平友谊—2015”联合军事演习，从而成为中马两军的首次实兵联演。

从中马关系发展来看，南海问题始终是难以规避的重要障碍。作为南海问题争端方，马来西亚长期以来表现得较为低调，但这是巫统政权基于其国家利益的战略性选择，并不意味着马来西亚将在南海问题上做出实质性让步。随着巫统独大格局瓦解，相关各派力量有可能在政治博弈过程中，以南海问题哗众取宠，甚至以此争取美国的政治支持。因此，如何妥善应对马来西亚在南海问题上的可能变数，很可能成为中马关系在马来西亚多元民主转型过程中面临的最大挑战。

四 文化交流：包容性较低

马来西亚在文化版图上存在明显断痕。城市地区的马来华人文化，城乡地区的马来印度人文化，以及东马农村地区的非马来人土著文化，都在相当程度上影响到马来文化作为主体文化的连贯性。作为联邦制国家，马来西亚从独立以来长期面临内在的文化张力，并由此引发了马来人上层精英的持续不安与强硬立场，试图通过同化政策增强马来西亚的文化一致性。这使得马来西亚对外来文化存在很强的选择性，一方面积极吸纳有助于增强马来文化主体地位的文化元素特别是现代化元素，另一方面努力压制本土非主体文化在外来文化影响下的多元化趋势。因此，对“一带一路”建设而言，马来西亚的包容性较低。近年来，随着中国特色社会主义文化与马华文化交流日益密切，有可能引起部分马来人保守力量的质疑与不满，并在马来西亚的政治权力结构重组过程中借此攻击华人左翼中产阶级，以获取更多政治利益，从而影响中马政治互信与战略合作。

（一）马来文化的开放性与保守性

作为马来西亚的本土种族，马来人是在繁荣的东西方贸易与文化交流进程中形成并发展起来的，因此在传统上具有很强的开放性特征。马来语中的外来语和借词在很大程度上铭刻了马来文化吸纳外来文化的历史进程。据不完全统计，马来语中有阿拉伯语借词 1115 个、梵文 677 个、英语 488 个、汉语 279 个、葡萄牙语 126 个、泰米尔语 64 个。这从侧面印证了公元前到 13 世纪的印度文化影响，13 世纪以来的伊斯兰文化影响，18 世纪到 20 世纪华人移民在日常生活与商贸领域的中华文化影响，以及 19 世纪以来的西方文化影响。①

不过，马来文化的传统开放性在西方殖民时期受到荼毒。西方殖民者为推行“分而治之”政策，对“马来”概念进行了狭隘限定，用以将马来半岛、婆罗洲，以及海中诸岛上讲马来语的穆斯林与大量中国和印度移民加以区分，结果不仅严重阻碍了各族间的文化交流与融合，而且在很大程度上使得马来文化在封闭环境下变得日益保守。马来西亚独立时，巫统在宪法中沿袭了西方殖民时期的狭隘观念，使得“伊斯兰教、马来语与马来习俗”成为马来人区分“我者”与“他者”的核心标准，并在马来西亚宪法中加以明文规定。②

马来西亚在现代化进程中，马来文化的双重性相当明显。一方面，马来西亚始终坚持对外开放，并在积极吸引外资的同时，努力吸纳有助于现代化与社会经济发展的文化元素。纳吉布总理上台后，鼓

① ［马来西亚］洪丽芬：《马来西亚华人与当地马来人的交往和用语选择》，《八桂侨刊》2010 年第 1 期，第 30 页。

② 芭芭拉·沃森·安达娅、伦纳德·安达娅：《马来西亚史》，中国大百科全书出版社 2010 年版，第 404 页。

励马来人学习中文，努力推进中马经贸合作，其动机就在于此。[①] 但另一方面，马来西亚从未放弃文化一致性的政治目标，无论马华文化[②]，还是马来印度人文化[③]，抑或非马来人土著文化[④]，采取的都是歧视性的同化政策。多元民主转型以来，巫统为争取少数民族的政治力量支持，对以往的政策有所调整，但其指导原则并未根本改变。

（二）马华文化的传承性与创新性

相较于其他国家的海外华人，马华社会最大的不同之处就在于占马来西亚总人口的比重较高，并呈现以各大城市为中心的大聚居格局，从而在文化版图上得以与马来文化分庭抗礼。在海外华人居住的地区之中，唯有新加坡和马来西亚不存在“唐人街”，取而代之的是“华人市镇”。[⑤]

尽管马华社会在马来西亚的独立进程中准备不足，错失争取平等公民权的重要契机，使得巫统掌握了政治主导权，并在“新经济政策”时期遭遇了包括文化在内的诸多不公正待遇；但马华社会在独立初期高达37%的人口比例，却使得马华文化能在相对独立的社会环境中自主发展，从而相当有效地抵御了同化政策侵蚀，并且在继承传统的基础上，还产生了独具特色的文化创新。[⑥]

不过，马华社会以自我隔离方式保留文化传承的消极做法，也在很大程度上阻碍了马来西亚的文化交流与融合。从目前来看，马来西亚华人与马来人在社会交往和文化上还是保持着明显距离，仅在市

① 骆永昆：《马来西亚对华认知的演变进程》，《国际资料信息》2012年第5期，第20页。

② 赵海立：《从白小保校运动看马来西亚华人的政治参与形态》，《东南亚研究》2005年第4期，第70—74页。

③ 罗圣荣：《马来西亚印度人的处境——兼谈马来西亚的不平等民族政策》，《世界民族》2009年第2期，第73页。

④ ［马来西亚］吴益婷：《马来西亚联邦政治与砂拉越地方文教权》，《南洋问题研究》2015年第3期，第94—98页。

⑤ ［马来西亚］文平强：《马来西亚华人文化——传承与创新》，《东南亚纵横》2013年第7期，第48页。

⑥ 同上书，第50—51页。

集、职场或公共场合中进行基本接触。①

近年来，随着中马文化交流与合作日益增多，马华文化的社会活力得到了明显激发。这一方面有助于争取马华社会对“一带一路”建设和中马战略合作的积极支持，但另一方面也客观上引起了部分马来人保守力量的疑虑和担忧，使得种族主义情绪再次暗流涌动。

五　中马合作：大局稳定·暗流不少

从前文分析看，马来西亚政治环境总体呈现“开放性较高·稳定性较高；协调性较低·有效性较低；自主性高·包容性较低”，正处于国家发展模式转型的共识重构阶段（见图 6.5）。

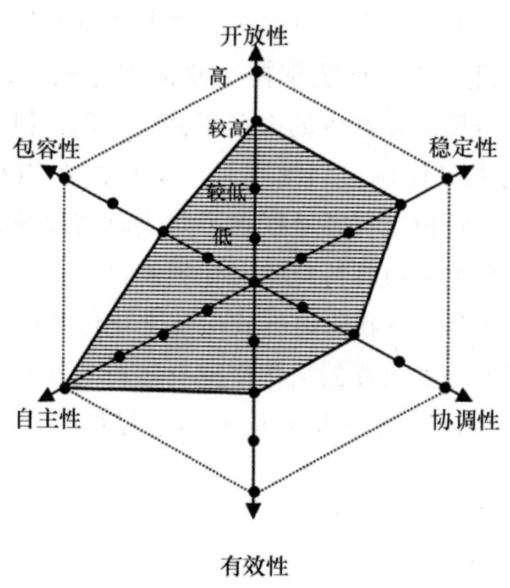

图 6.5　马来西亚政治环境评估

对于“一带一路”建设而言，马来西亚目前的政治环境利大于弊，短期有可能成为推动“一带一路”建设的重要契机。从有利方面来看，马来西亚长期保持外向型的经济发展道路，各派力量在开展

① ［马来西亚］洪丽芬：《马来西亚华人与当地马来人的交往和用语选择》，《八桂侨刊》2010 年第 1 期，第 34 页。

对华经贸合作方面也存在广泛共识，有助于保证中马合作特别是经贸合作大局稳定；从不利方面来看，马来西亚正处于多元民主转型时期，巫统独大格局难以为继，因此中马战略合作的进一步深化将面临多元政治掣肘与巫统执政能力下降问题，再加上南海主权争议在美国挑唆下的热度上升，华人左翼中产阶级的政治影响力增强，以及马华文化的社会活力提高等，或有可能引发部分马来人保守力量的质疑与不满，甚至出现种族主义情绪激化，影响中马合作有序发展。

从目前来看，中马合作将在相当长时期内呈现“大局稳定，暗流不少”的基本特征。有鉴于此，中马合作一方面要把握时机，积极推进双边经贸合作，以中短期项目为切入口，夯实双方的互信与互利基础；另一方面要加强对马来西亚国内“权力—利益”结构变化的观测与研究，通过政治交流与文化合作，特别是与土著精英的交流与合作，对任何可能影响中马关系的因素都切实做到防微杜渐，从而为中马战略合作的中长期发展保驾护航。

第七章　柬埔寨

柬埔寨位于中南半岛东南部，其东部和东南部与越南接壤，西南部濒临泰国湾，西部和北部与泰国毗邻，东北部与老挝交界，面积18.1万平方公里。

柬埔寨总人口约1550万，有20多个民族，其中高棉族是主体民族，占总人口的80%，少数民族有占族、普农族、老族、泰族、斯丁族等，华人华侨约70万；高棉语为通用语言，英语与法语为官方语言。佛教为国教，93%以上居民信奉佛教，占族信奉伊斯兰教，少数城市居民信奉天主教。

柬埔寨在20世纪中后期经历了长达20多年的战乱纷争，使得战后重建时国内一穷二白。20世纪90年代以来，柬埔寨社会经济在人民党领导下实现了较平稳发展，1994年到2015年的年均经济增长率为7.67%。近年来，洪森政府实施以优化行政管理为核心，加快农业建设、基础设施建设、发展私营经济和增加就业、提高素质和加强人力资源开发的“四角战略”，将农业、加工业、旅游业、基础设施建设及人才培训作为优先发展领域，推进行政、财经、军队和司法等改革，提高政府效率，改善投资环境，取得一定成效。不过，柬埔寨久经战乱，起点低，底子薄，基础差，迄今还是联合国经社理事会认定的世界最不发达国家。2017年柬埔寨国内生产总值222亿美元，人均国内生产总值1434美元，在东南亚国家中居于末位。

对于“一带一路”建设而言，柬埔寨具有重要的战略节点作用，特别是在泛亚铁路建设过程中，将成为中南半岛重要交通枢纽。得益于洪森领导的人民党政府的对华友好与高度政治互信，中柬战略合作成效显著。不过，近年来随着柬埔寨社会经济发展存在的结构性难题日益凸显，人民党的政治主导地位开始受到挑战。因此，在“一带一路”建设过程中，有必要切实加强柬埔寨的政治环境研究，避免其权力格局变化影响中柬战略合作的有序发展。

第一节　政治权力集团

柬埔寨于1953年宣布独立以来，先后经历了20世纪50—60年代的西哈努克威权统治时期，70年代前期的右翼军人统治时期，70年代中后期的红色高棉极权统治时期，70年代末—90年代初的左翼社会主义时期，以及90年代中后期以来的多元民主时期。20世纪70年代—90年代的长期战乱使柬埔寨的政治发展缺乏连贯性与稳定性，再加上冷战环境下产生的政治权力集团勃兴忽亡，使得多元民主时期的柬埔寨政治结构相当脆弱，存在较高的不确定性。从目前来看，柬埔寨政坛的政治权力集团主要有军政家族集团、王室—保皇派，以及民主派知识精英。

一　军政家族集团

作为柬埔寨多元民主时期的政治主导力量，军政家族集团依托军队武力与人民党的选举工具，长期把持着柬埔寨军政大权。从1993年举行首次众议院选举开始，洪森领导的人民党就始终保持着执政党地位，并曾在2008年众议院选举后拥有“一党独大”政治地位（见表7.1）。尽管在2013年众议院选举后，人民党的政治主导地位有所动摇，开始面临以救国党为代表的民主派知识精英挑战，但却并不影响军政家族集团的权力垄断地位。2017年11月，柬埔寨最高法院在军政家族集团推动下，裁决解散救国党，并判决118名救国党高层五年内禁止从政，从而为人民党在2018年众议院选举中再次胜出铺平道路。

表 7.1　**柬埔寨众议院选举情况**

年份	1993 年	1998 年	2003 年	2008 年	2013 年
登记选民(万人)	476	540	634	812	967
投票率(%)	89.6	93.7	81.5	74.1	68.5
议席总数(席)	120	122	123	123	123
第一大党	奉辛比克党	人民党	人民党	人民党	人民党
得票率(%)	45.5	41.4	47.3	58.1	48.83
议席数(席)	58	64	73	90	68
第二大党	人民党	奉辛比克党	桑兰西党	桑兰西党	救国党
得票率(%)	38.2	31.7	21.9	21.9	44.46
议席数(席)	51	43	24	26	55
第三大党	佛教自民党	桑兰西党	奉辛比克党	人权党	奉辛比克党
得票率(%)	3.8	14.3	20.8	6.62	3.66
议席数(席)	10	15	26	3	0
其他政党					
得票率(%)	12.5	12.6	10	13.38	3.05
议席数(席)	1	0	0	4	0

资料来源：柬埔寨国家选举委员会网络（http：//necelect.org.kh）。

军政家族集团是在柬埔寨左翼运动过程中形成并发展壮大的，其代表人物洪森（Hun Sen）、谢辛（Chea Sim）与韩桑林（Heng Samrin）等都曾是柬埔寨共产党成员。不过，柬共在武装夺取政权并建立民主柬埔寨之后，在波尔布特（Pol Pot）、乔森潘（Khieu Samphan）、英萨利（Leng Sary）等人领导下，奉行错误路线，推行极左政策，结果引发柬埔寨社会经济的全面崩溃，并造成柬共的分崩离析和民心尽失。① 韩桑林等流亡越南后，组建了“柬埔寨民族团结救国阵线”，并在越南入侵柬埔寨后，更名为“柬埔寨人民革命党”，依托越南成立了由韩桑林任总统的“柬埔寨人民共和国”，开始恢复在

① 骆梅芳：《柬埔寨共产党的失败及其教训》，《当代世界与社会主义》2001 年第 2 期，第 38—40 页。

民柬时期的极左运动中被瓦解的政治、社会与经济秩序。

从意识形态来看，作为越南积极扶持的政治力量，人民革命党起初代表的是左翼社会主义力量，但在执掌金边政权的过程中，人民革命党很快就在国家重建的现实压力下发生蜕变，开始转型成为军政家族集团。对于人民革命党政权而言，事关存亡的不是意识形态，而是军事优势、经济复苏，以及体制稳定。

在军事上，虽有越南驻军的武力支持，但在面对柬埔寨波尔布特领导的"民柬武装力量"（亦称"红色高棉"）、宋双（Son Sann）领导的高棉人民民族解放阵线、西哈努克领导的"争取柬埔寨独立、中立、和平与合作民族团结阵线"的联合武装斗争时，扶植和掌握自己的"枪杆子"，始终是以洪森为代表的人民党高层的首要关切。而且，柬埔寨各派势力犬牙交错，再加上人民革命党政权的财政困难，使得地方部队在经济和军事上都相当独立，并不完全服从中央调遣，因此对洪森等而言，最可信的是依托传统庇护制关系构建的嫡系武装，而不是"党指挥枪"的政府武装。

在经济上，人民革命党政权为推动经济复苏，先是在 20 世纪 80 年代初默许了私人经济因素的客观存在，而后在 1984 年通过决议，宣布从社会主义计划经济转向以市场为基础的社会主义经济，并在落实"社会经济复原与发展（1986—1990）五年经济计划"的过程中，积极推行"去意识形态化"的经济改革。人民革命党高层也在市场化与私有化的改革进程中，成为社会经济资源重新分配的最主要受益者，并为多元民主时期的权力博弈奠定了坚实的家族经济基础。

在体制上，人民革命党政权面临严重的行政官僚缺口。由于民柬时期的极左运动，大批柬埔寨知识分子遇害，从中央到地方的行政管理体系受到严重破坏。虽然在越南政府支持下，为数不少的越南官员充实进人民革命党政权的行政系统，并成为迄今深刻影响柬埔寨权力格局的亲越派来源，但对政府运作特别是基层管理而言，依然是杯水车薪。于是，通过传统的庇护体制，而不是现代的官僚体制，以保证行政系统的有效运作，也就成为人民革命党的政治选择。

20 世纪 80 年代末，随着越南驻军撤离柬埔寨，从左翼社会主义力量蜕变形成的军政家族集团进一步加强了对柬埔寨国家权力的有效掌控，并于 1991 年正式决定将“柬埔寨人民革命党”更名为“柬埔寨人民党”，并宣布不再将马克思主义作为唯一的指导思想，公开主张政治多元化，从而彻底摒弃了原有的左翼社会主义立场。

作为多元民主时期的首次权力博弈，军政家族集团的人民党与王室—保皇派的奉辛比克党在 1993 年众议院大选中进行了激烈碰撞，并以后者略胜一筹告终。尽管在西哈努克国王的政治斡旋下，军政家族集团迫于国内外压力，接受了奉党领袖拉那烈为第一首相、人民党领袖洪森为第二首相的“双首相”体制的折中做法，但双方的政治矛盾并未得到化解，从而使得联合政府自成立之日起就明争暗斗不断。1997 年，随着新一届大选临近，人民党与奉党的政治关系日趋紧张，特别是在收编红色高棉残余部队的问题上互不相让，并最终引发双方的武装冲突，以及拉那烈的兵败流亡。

通过镇压王室—保皇派武装力量，以及剿灭红色高棉残余势力，军政家族集团在 1998 年大选前拥有了雄厚的政治资本。不过，人民党却未能迎来众议院的压倒性胜选。尽管王室—保皇派的奉党明显败落，但以原奉党成员桑兰西为首的民主派知识精英却趁势崛起，成为柬埔寨政坛的新兴力量，从而使人民党在跃居第一大党后，未能进一步获得单独组阁所需的众议院 2/3 席位（见表 7. 1）。

于是，从 1998 年大选到 2003 年大选，柬埔寨政坛连续上演“吴蜀抗曹”的三国戏码。人民党面对奉党与桑兰西党的联合抵制，采取了有区别的分化拉拢策略，一方面进行政治打压，另一方面为奉党提供分享政府权力的优厚条件。结果，奉党先后两次在关键时刻背弃与桑兰西党的政治盟约，转而与人民党分享政府权力，并获得了明显多于其众议院议席比例的政府职位配额。①

2008 年大选是军政家族集团全面确立政治主导地位的重要标志，人民党首次赢得了众议院的 2/3 绝对多数议席，从而在国家决策特别

① 杨保筠：《柬埔寨政党政治的发展及其特点》，《当代亚太》2007 年第 1 期，第 13—14 页。

是改革开放问题上不再受到掣肘。虽然在形式上，人民党还是为奉党保留了部分政府职位，但后者仅是标榜多元合作的政治花瓶，并不拥有相应话语权。①

不过，人民党的“一党独大”格局却并不持久。2013 年大选中，作为民主派知识精英政治代表，桑兰西党与人权党合并为救国党，并一举夺得近半数席位。尽管根据 2006 年宪法修正案相关规定，组阁所需的众议院议席从 2/3 降至 1/2，从而使人民党保持了执政地位，但“两大党对峙”格局还是对军政家族集团及洪森政府形成了明显的政治压力。

从目前来看，得益于领袖权威、资源分配与武力威慑的三方面优势，军政家族集团在柬埔寨的政治主导地位相对稳固，短期内不会权柄旁落，但中长期面临结构性发展瓶颈，如果未能及时调整，就有可能引发政治动荡与社会冲突。具体来看，发展瓶颈主要包括以下方面：

其一是政治意识形态的话语缺失。军政家族集团是在原左翼社会主义力量的基础上蜕变产生，因此在意识形态领域呈现明显的无所适从性，既不愿沿用社会主义的话语体系，以免被政治反对派重提“亲越历史”，也无意全面引入西方意识形态，将话语体系的主导权拱手让于亲西方的政治力量。作为军政家族集团政治领袖，洪森很早就意识到话语体系建构的重要性与必要性，并努力构建具有柬埔寨特色的治党理政思想。②

不过，由于受到执政经验和理论素养等诸多因素限制，洪森领导的人民党在话语体系建构方面的成效差强人意，难以有效应对民主派知识精英的西方民主话语攻势，更多是依托洪森的领袖权威、人民革命党推翻红色高棉统治的历史功业、人民党推动经济高速增长的现实政绩等非意识形态要素加以约束和制衡。

对于曾亲历 20 世纪中后期苦难生活的中老年农村选民而言，意识形态要素并不影响其对人民党特别是洪森政府的认可与支持，但对于缺

① 邢和平：《2008 年的柬埔寨越发成熟与自信》，《东南亚纵横》2009 年第 2 期，第 25—26 页。

② 周荣国：《柬埔寨要走自己的路——洪森谈治国理政新思路》，《当代世界》2001 年第 3 期，第 31 页。

乏共同记忆和传统文化熏陶的新生代选民而言，源自意识形态话语的政治想象却在很大程度上主导了他们的选择偏好。这就使人民党在争取新生代选民方面，明显落后于高举“民主、自由与人权”大旗的救国党。

其二是政治资源供给的稳定性与正当性缺失。军政家族集团的政治资源主要依托国家财政税收、土地市场开发以及国际援助。虽然从资源流量来看，军政家族集团相较于柬埔寨其他政治力量拥有一定优势，但在资源存量上却是同样的相当匮乏。

近年来，柬埔寨经济增长速度较快，但迄今为止依然属于传统的农业国，工业基础相当薄弱，难以为军政家族集团及其他政治力量提供充裕的政治资源。再加上柬埔寨原本就欠发展的国有经济也在20世纪90年代的私有化进程中烟消云散，因此军政家族集团其实很难从本土经济发展中通过常规渠道获得可持续的政治资源。

于是，通过正当或非正当的土地开发分享外国投资红利①，以及通过截留方式获得国际援助份额，也就成为军政家族集团筹措政治资源的重要渠道，并由此引发严重的结构性腐败问题，以及民众的强烈不满。尽管人民党在洪森领导下始终强调廉政建设，但对建立在传统庇护制基础上的军政家族集团而言，除非在工业化基础上构建有效的本土资源汲取渠道，否则通过舞弊方式攫取外部资源，将是凝聚利益共识的唯一选择。

其三是组织结构的规范性与制度化缺失。尽管人民党基本沿袭了人民革命党的政党组织框架，但在运作过程中却是人治多于党治，通常依据的是以亲缘、地缘和军缘关系形成的派系行为逻辑，而不是政党组织规范。

作为人民党领袖，洪森对武装力量的控制力并不源于“党指挥枪”的政治传统，而在于他通过家族联姻获得的庇护制关系网络。洪森次子洪马尼（Hun Manith）的岳父是国家警察总局局长，洪森的侄女嫁给了国家警察总局副局长，其侄子迎娶了另一位副局长的女儿；洪森的长女洪玛丽（Hun Mali）嫁给了副总理索安（Sok An）的儿子，其次女洪玛娜（Hun

① 武传兵：《柬埔寨人民党着眼执政安全解决土地纠纷》，《当代世界》2012年第9期，第54—55页。

Mana）嫁给了国防部后勤与财务总局局长的儿子，他同时也是空军中将。①

军政家族集团的利益板结化，短期内有助于增强人民党高层派系的协调性与凝聚力，避免无谓的权力内讧，从而有效保证国家权力结构稳定，但在中长期将会阻塞新生代社会精英的上升通道。随着以洪森长子洪马内（Hun Manet）为代表的军政二代步入军政界，针对人民党高层家族权力世袭的社会质疑日益增加，并成为救国党争取新生代选民支持的重要着力点。

二　王室—保皇派

作为柬埔寨的传统政治力量，王室—保皇派曾在20世纪50年代初到60年代末长期把持柬埔寨的政治权力核心。1955年，西哈努克领导的人民社会同盟在柬埔寨独立后的首次大选中，以“独立、中立、和平、民主、廉洁”为竞选口号，赢得了82%的选票和全部的国民议会议席，从而有效掌握了柬埔寨的政治主导权。

西哈努克为了避免国民议会对王室—保皇派权力的掣肘，在1957年举行的人民社会同盟第四次全国代表大会上决定将人民社会同盟代表大会作为国家决策机构，从而使国民议会沦为讨论、批准和执行同盟代表大会决议的政治工具。与此同时，西哈努克还扶持成立了拥有50万成员的高棉王家社会主义青年联盟，并亲任主席，使之成为人民社会同盟的得力助手。

依托西哈努克的人格魅力与社会权威，人民社会同盟在1958年与1962年大选中都以压倒性的优势胜出，从而进一步巩固了王室—保皇派的政治主导地位。不过，西哈努克时期的经济建设并未取得预期成效，再加上西哈努克奉行的和平中立外交政策引起美国方面的强烈不满，从而使得王室—保皇派于60年代中后期开始面临亲美右翼势力日益严峻的政治挑战。

1966年大选后，亲美反共的朗诺（Lon Nol）中将在右翼势力支持下出任首相。尽管在西哈努克的压力下，朗诺于1967年被迫辞职，

---

①［美］丹尼尔·奥尼尔：《中国对柬埔寨的FDI》，《南洋资料译丛》2015年第2期，第61页。

但王室—保皇派对国家权力的主导权明显下降。1970 年，朗诺—施里玛达集团在美国支持下发动政变，促成国民议会宣布“取消对西哈努克亲王作为柬埔寨元首的政治信任”，从而终结了王室—保皇派主导的西哈努克威权体制。

从 20 世纪 70 年代到 80 年代，王室—保皇派长期处于政治权力结构的边缘地带，其政治根基也在持续的社会分裂与武装冲突中不断崩塌。90 年代初，柬埔寨各派力量在联合国推动下实现和解，并重新确立了君主立宪体制，从而为王室—保皇派的政治回归铺平了道路。不过，20 多年的共和体制，特别是波尔布特政权的极左政策，使得王室—保皇派在保守话语、人才储备、经济利益等诸方面的传统优势丧失殆尽，难以恢复元气。

尽管在 1993 年大选中，王室—保皇派的奉辛比克党依托西哈努克的社会影响力，力压军政家族集团的人民党，成为形式上的柬埔寨第一大党（见表 7.1），但却并不能改变其外强中干的虚弱本质。王室—保皇派不仅被迫接受“双首相”体制，同意人民党领袖洪森任第二首相，并在各部设双部长，王室—保皇派与军政家族集团各占其一，而且将国民议会主席职位拱手让与人民党主席谢辛。

90 年代中后期，王室—保皇派与军政家族集团展开了针锋相对的权力博弈，但最终却是输光了所有的政治底牌。对王室—保皇派而言，西哈努克的“国王牌”与奉辛比克党掌握的“武装牌”曾是其最有力的政争工具，但在权力博弈中，前者被人民党以维护国体为名锁定在“虚君立宪”框架下，而后者则被人民党武装力量强行镇压。

1994 年，西哈努克国王在接受记者采访时表示愿意亲政，希望组建包括红色高棉在内的真正的民族和解政府。对此，人民党高举宪政旗号迫使西哈努克做出“有生之年永不执政”的公开声明，并在随后的权力博弈中，通过法律手段进一步限制国王的政治作用，使得不仅国王不得介入政党政治，而且任何政党特别是奉辛比克党都不得借用国王名义进行选举宣传。① 2004 年，西哈努克国王宣布因年龄与

① 武传兵：《从第四届全国大选看柬埔寨主要政党兴衰变化》，《当代世界》2008 年第 10 期，第 47 页。

健康原因退位，其幼子西哈莫尼继任柬埔寨国王。由于西哈莫尼国王性格温和，“立场中立，不干预政治，无党无派”，因此其继位在很大程度上标志着王室—保皇派“国王牌”彻底废弃。①

王室—保皇派的武装力量主要来自1980年在朝鲜平壤成立的“争取柬埔寨独立、中立、和平与合作民族团结阵线”下辖的西哈努克民族主义军。这支武装力量先于1987年更名为西哈努克民族军，后于1990年更名为柬埔寨独立民族军。② 尽管在90年代初的政治和解与裁军行动中，王室—保皇派形式上交出了军队指挥权，但在传统庇护制关系下，经由“争取柬埔寨独立、中立、和平与合作民族团结阵线”改组成立的奉辛比克党还是有效掌握着重组后的柬埔寨皇家军队中近三成的武装力量，并据以与人民党分庭抗礼。不过，1997年人民党率先发起的武装冲突，却使得奉党武装彻底瓦解，从而标志着王室—保皇派“武装牌”不复存在。

随着王室—保皇派的底牌尽失，其政治影响力无可避免地走向衰落。作为90年代以来新生代的王室—保皇派政治领袖，拉那烈亲王的政治能力受到质疑，被认为缺乏政治能力和性格反复无常。③ 客观而言，拉那烈亲王的政治能力或许比不得其父西哈努克国王，缺乏力挽狂澜的政治魄力与智慧，但相较于其他政治家却并不逊色。事实上，拉那烈亲王回天乏术，更多是受王室—保皇派政治衰落的大势拖累，而不是个人政治原因。

从目前来看，王室—保皇派在柬埔寨的政治权力结构中已经彻底边缘化，奉辛比克党也成为人民党的政治陪衬。拉那烈亲王在2006年被奉党罢免主席职务后，曾另组拉那烈党，试图效法其父西哈努克以个人权威争取民意支持，但效果差强人意，2008年大选中仅获得

---

① 邢和平：《2004年：柬埔寨进入后西哈努克时代》，《东南亚纵横》2005年第2期，第10页。

② 李晨阳等编著：《列国志·柬埔寨》，社会科学文献出版社2010年版，第99—100页。

③ 王士录：《从奉辛比克党的分裂看当前柬埔寨政党政治的发展》，《东南亚》2007年第1期，第18—19页。

5.62%的选票和2个议席。2015年，拉那烈重返奉辛比克党主席职位，并高调宣称将重振王室—保皇派，但在人民党与救国党两大党对峙的格局下，其前景相当黯淡。

三　民主派知识精英

作为柬埔寨多元民主时期的新兴政治力量，民主派知识精英在军政家族集团和王室—保皇派的政治压力下逆势崛起，十年间超越王室—保皇派，二十年间追平军政家族集团，开始在柬埔寨政坛拥有重要话语权（见表7.1）。

从民主派知识精英的形成与发展来看，具有很强的外源特征。在话语建构方面，无论桑兰西党，还是人权党，抑或两者合并成立的救国党，所采用的都是西方意识形态，强调民主、自由、人权等普世价值。虽然军政家族集团正在探索的具有柬埔寨特色的话语体系，以及王室—保皇派所推崇的西哈努克主义话语体系，都在一定程度上借鉴了西方意识形态，但其本质还是立足于柬埔寨传统与本土智慧的经验总结，并不像民主派知识精英那样全面倾向西方意识形态。

在组织结构与资金来源方面，民主派知识精英的政治运作更是在很大程度上依赖于西方国家的非政府组织支持。由于受到国家经济发展水平限制，再加上波尔布特政权对知识精英的暴虐荼毒，柬埔寨的知识精英阶层相当薄弱，无论在经济基础上，还是人才储备上，都不足以支撑本土化的自主运作。于是，依托西方国家在柬埔寨设立的星罗棋布的非政府组织进行政治动员与资金筹募，也就成为民主派知识精英在权力博弈过程中的必然选择。

根据柬埔寨合作委员会的统计，柬埔寨国内现有3500多个非政府组织，其中半数以上保持活跃度，从而使柬埔寨成为全球仅次于卢旺达的非政府组织高密度国家。[①] 尽管多数非政府组织并不直接参与政治活动，而是更关切社会与环境问题，但在长期与中下层民众的交

① 周龙：《柬埔寨非政府组织的发展及其社会影响》，《东南亚纵横》2015年第8期，第62页。

流过程中，非政府组织形成了广泛的社会网络，从而能在选举或街头运动等关键时刻，遵从普世价值共识，并转化为政治动员工具。与此同时，运作非政府组织的工作经历，也为民主派知识精英培养了大批既了解柬埔寨社会情况，又掌握国际规则的后备政治人才，从而有助于循序渐进地夯实长期以来的人才短板。

更重要的是，提供规模庞大的非政府组织资金，也成为西方国家支持民主派知识精英开展权力博弈，进而插手柬埔寨内政的重要方式。[①] 西方国家通过非政府组织输入柬埔寨的资金每年高达数十亿美元，再加上柬埔寨完全不进行外汇管制的经济自由化举措，使得军政家族集团根本无从监管非政府组织的资金流向。[②]

2012 年桑兰西党与人权党的合并，使得新成立的救国党不仅延续了桑兰西党在城市选民特别是新生代白领、学生与劳工中的影响力，而且依托长期从事人权工作的人权党主席金速卡的社会网络，有效弥补了桑兰西党在外省农村地区的中下层民意短板。

2013 年众议院选举中，救国党赢得 294 万张选票，仅比人民党少了不到 30 万张，并获得了 55 个席位，占全部 123 个席位的 44.7%。2017 年 2 月的第四届乡分区理事会选举中，救国党获得 5007 个席位，占全部 11572 个席位的 43.3%，仅次于人民党的 6503 个席位。

不过，民主派知识精英在选举层面的高歌猛进，尚不足以挑战军政家族集团的核心权力地位。恰如 1993 年大选失利后，人民党就曾迫使奉辛比克党接受“双首相”体制。相较于当时得到联合国支持并坐拥三成皇家军队指挥权的王室—保皇派，现今的民主派知识精英所掌握的政治牌，根本无力抗衡军政家族集团的司法打压与武力威慑。

2017 年 9 月，救国党主席金速卡涉嫌叛国罪被捕；10 月，柬埔寨政府向最高法院提起诉讼，指称救国党勾结外国势力，企图通过“颜色革命”推翻柬埔寨合法政府；11 月，最高法院裁定解散救国党，并判

① 武传兵：《从第四届全国大选看柬埔寨主要政党兴衰变化》，《当代世界》2008 年第 10 期，第 47 页。

② 周龙：《柬埔寨非政府组织的发展及其社会影响》，《东南亚纵横》2015 年第 8 期，第 64 页。

决118名救国党高层五年内禁止从政。随后，救国党在国会众议院和地方乡分区理事会的议席被人民党全盘接管。2018年3月的国会参议院选举，全部62个席位中，除了国王指定的2个议席和国会委任的2个议席外，其余58个非普选投票产生的议席都成为人民党的囊中之物。

从目前来看，民主派知识精英的政治影响力正处于上升通道。尽管军政家族集团通过司法途径对救国党进行了全面打压，从而在短期内遏制了民主派知识精英通过选举方式跻身核心圈层的可能性，但在社会经济全面开放的大环境下，外源性的民主派知识精英很容易更换“马甲”卷土重来，并有可能在城市中下阶层与农民群体的支持下，进一步夯实本土化政治根基，从而形成与军政家族集团分庭抗礼的政治筹码。

第二节　政治环境评估

一　发展模式：开放性高·稳定性较低

从国家发展道路的选择来看，柬埔寨在过去的半个多世纪里，经历了左右两翼道路的M型转折，使得柬埔寨从法属殖民地时期继承

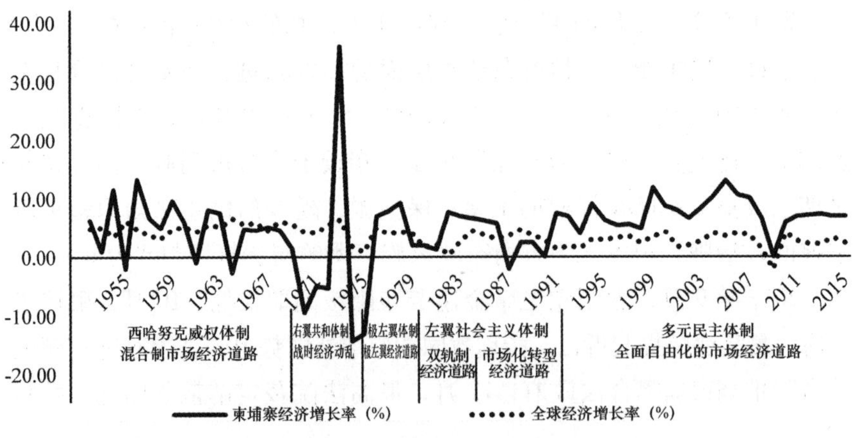

图7.1　柬埔寨发展模式变革进程示意图

资料来源：1993年之前的数据来自 *Monitoring the World Economy 1820 - 1992*, OECD, Paris, 1995；1993年之后的数据来自世界银行数据库（http：//data. worldbank. org）。

的单薄家底损耗殆尽，沦为20世纪中后期东南亚最不发达国家。近年来，柬埔寨在市场经济条件下呈现较快增长，但结构性瓶颈也日益明显。因此，对“一带一路”建设而言，柬埔寨具有高开放性特征，有助于进一步深化双边经贸合作，但稳定性较低，亲西方的政治反对派并不完全认同中柬战略合作，如果洪森领导的人民党政权不稳，就有可能影响既定对华友好的基本国策。

（一）从中左到极左的错误道路选择

法属殖民地时期，柬埔寨社会经济在法国殖民政府的掠夺式剥削下发展迟缓，特别是基础教育与基础设施建设严重匮乏。独立初期，柬埔寨几乎不存在民族工业，家庭手工业仅能满足日常需求，难以进行大规模商业化生产，即使是农牧渔矿等初级产业，也难以自给自足。西哈努克政权从法国殖民政府接管的经济资源相当薄弱，仅有总资本不到9千万美元的80多家贸易公司，部分初级产品加工业，以及金融银行系统，根本不足以满足柬埔寨社会经济的重建与发展。

西哈努克执政前期，曾试图在中立外交政策下，遵循市场经济规律，依托外援和外资推动国内社会经济的现代化进程。柬埔寨在以美国为首的西方国家支持下，先后推行了“两年基础经济建设计划”（1956—1958）与“五年经济建设与发展计划”（1960—1964），但从效果来看，却差强人意，其中很重要的问题就是各派权力集团特别是王室一保皇派的贪污舞弊。尽管从1955年到1968年，柬埔寨教育事业在西哈努克的努力下取得重要进展，国内就学人数增加了2.66倍，但在缺乏生产性投资的情况下，劳动力素质的提高不仅未能有效转化为生产力，反而引发了严重的城市失业问题。①

西哈努克执政后期，由于受越战影响，美国干涉柬埔寨倾向日益明显，引起西哈努克强烈不满，并于1963年宣布断绝一切美国援助，结果使得原本就捉襟见肘的政府财政面临严重困难，从而促使西哈努克在经济道路选择方面迅速“左转”。尽管西哈努克政权曾在1957年

① 陈世伦：《柬埔寨政治体制与经济结构之转型问题研究》，（台湾）成功大学政治经济学研究所，2003年，第68页。

接连三次公布外资保护、优惠办法与奖励措施，公开保证在十到三十年间绝不会将外资收归国有，并于 1960 年先后两次出台鼓励私人投资的法令；但在 1964 年，西哈努克还是下令将进出口贸易、银行、保险等行业收归国有，并于 1965 年将公路运输纳入国有化范围。

1970 年朗诺—施里玛达集团政变上台后，在形式上推动了国家经济道路"右转"，但在实质上，柬共武装力量与政府军的连年征战，使得朗诺政权根本无暇也无力顾及社会经济建设，再加上为弥补巨额军费开支亏空而滥发纸币，导致柬埔寨经济在 70 年代初期濒临崩溃，城市地区难民云集，乡村地区农田抛荒，工矿业停产，贸易萎缩，财政枯竭，通胀率居高不下。于是，尽管在 1970 年到 1975 年间，美国提供了高达 18 亿美元的援助，但对改善柬埔寨经济状况却毫无作用。

1975 年柬埔寨共产党武装夺取国家政权后，再次推动国家经济道路"左转"，并开始了跨越式的共产主义经济道路探索，试图通过极左政策彻底瓦解传统的政治、经济、社会体制，并在此基础上重构乌托邦式的共产主义图景，甚至不惜采取思想改造与肉体消灭的极端手段，结果使得柬埔寨的社会经济遭受惨重损失。①

尽管通过国家极权统制，波尔布特政权在一定程度上恢复了工农业生产，不仅使朗诺执政时期大幅下降的粮食生产有所恢复，而且使全国两百多家工厂和手工作坊的三万多工人重返工作岗位；② 但是，相较于波尔布特政权推行极左政策所产生的影响深远的破坏性后果，特别是废止土地私有制，取消货币与市场交易，禁止教育与新闻传媒，强制公务员及其家属、商人、知识分子与技术人员等非农人员离开城市接受劳动改造，以及在党政军开展大规模政治清洗等错误决策，任何建设成效都变得黯淡无光，根本无法掩饰波尔布特政权在国

① Ben Kiernan & Chanthou Boua ed., *Peasants and Politics in Kampuchea, 1942 - 1981*, London: The Macmillan Press LTD., 1982, pp. 229 - 230.

② 王士录编：《当代柬埔寨经济》，云南大学出版社 1999 年版，第 64 页。

家发展道路选择方面的彻底失败。①

（二）社会主义经济道路的市场化改革

1979 年，柬埔寨救国民族团结阵线在越南支持下武力夺取国家政权，并在更名为人民革命党后，宣布成立柬埔寨人民共和国。对人民革命党而言，巩固政权的两大挑战是在政治上“剿灭红色高棉的残余势力，并与境内其他派系展开和谈”，以及在经济上“拨乱反正”，全面恢复社会经济秩序，满足民众的基本生活需求。

人民革命党执政时期的经济道路选择，以 1984 年第五次党代会为界，可分为前期的双轨制阶段，以及后期的市场化改革阶段。作为左翼社会主义力量的政治代表，人民革命党在意识形态上受制于越南式的社会主义观念，因此在经济道路选择上所奉行的是计划经济体制。不过，鉴于执政初期的食品短缺压力与经济复苏要求，人民革命党在经济领域采取了较为务实的灵活做法。一方面，通过 1980 年宪法明确规定了社会主义的计划经济体制，并强调土地与自然资源的国有制度；但另一方面，也包容私营部门的经济活动，甚至是走私活动，并鼓励以家庭为单位的农业、手工业与商业发展，从而形成了双轨制的特殊经济形态。得益于此，柬埔寨社会经济在 80 年代初呈现明显的恢复性增长（见图 7. 1），其中事关民生的大米生产尤为明显。从 1979 年到 1983 年，柬埔寨全国大米耕种面积从 77 万公顷增至 174 万公顷，总产量从 26. 5 万吨增至 204 万吨。②

1984 年 2 月，柬埔寨、老挝、越南等三国领导人在胡志明市举行会议，达成从 1986 年起推行以改革为宗旨的五年经济建设计划的政治共识。同年 10 月，人民革命党五大通过决议，明确柬埔寨从“社会主义计划经济体制”转向“以市场经济为基础的社会主义”，并提出以五年经济计划为蓝图，推动所有制改革、市场经济建设、贸易自由化、吸引外资等相关举措。1986 年，柬埔寨国会通过了修宪决议，

① Ben Kiernan, *The Pol Pot Regime: Race, Power, and Genocide in Cambodia under the Khmer Rouge, 1975 - 1979*, New Haven, CT: Yale University Press, 1996.

② ［柬埔寨］洪森：《柬埔寨十年：柬埔寨人民重建家园的艰辛记录》，台湾顺德文化 2001 年版，第 119—126 页。

明确承认私营经济的地位。与此同时，人民革命党制定《社会经济复苏与发展（1986—1990）五年经济建设计划》也突破原有计划经济限制，将经济活动形式依法划分为国营经济、集体经济与家庭经济，并提出了具有针对性的发展规划与鼓励政策。

20 世纪 80 年代中后期，柬埔寨社会经济特别是工商业部门呈现繁荣景象。据统计，仅 1985 年一年就增加了 1000 多家小规模家庭工厂，主要从事制鞋、缝纫、自行车修理与简单日用品加工制造等行业。[①] 尽管政治解决柬埔寨问题难以取得进展，使得人民革命党在洪森领导下提出的积极招商引资政策未能取得预期效果，从而在很大程度上限制了柬埔寨工商业的发展空间，但相较于 70 年代末柬埔寨的衰败与破落，80 年代末的柬埔寨社会充满活力，并为 90 年代的经济腾飞奠定了坚实基础。

（三）全面市场经济条件下的发展瓶颈

随着 1991 年柬埔寨和平协定签署，曾经牵动地区局势与大国关系的柬埔寨问题得到政治解决，从而为柬埔寨各派力量在新形势下进行国家发展道路的重新选择提供了有利条件。在经济道路方面，柬埔寨各方就奉行全面自由化的市场经济道路达成了广泛共识，其内容主要有：农村土地全部分给农民；企业部分实行私有化，国家不控制工业企业；国家除了不出卖土地所有权之外，任何行业和领域都允许外国投资；外汇兑换自由，资金国际流动自由。[②] 1993 年颁布的宪法明确规定“柬埔寨王国施行市场经济体制”，从而标志着柬埔寨彻底摒弃了长期以来的社会主义计划经济体制。

20 世纪 90 年代以来，得益于高度自由化与外向型的市场经济体制，柬埔寨社会经济呈现持续的高增长状态。2013 年，柬埔寨人均国内生产总值首次突破 1000 美元，达到 1024 美元，相较于 1993 年的 253 美元翻了近两番。与此同时，柬埔寨产业结构也得到明显改善。1993 年，柬埔寨农业、工业与服务业在国内生产总值中所占比

---

① 王士录编著：《当代柬埔寨经济》，云南大学出版社 1999 年版，第 68 页。

② 王国平：《1993—2003 年柬埔寨的经济改革》，《东南亚》2003 年第 2 期，第 9 页。

重分别为 46.5%、13%与 40.5%；90 年代中期以来，随着工业与服务业蓬勃发展，柬埔寨农业占比逐年下降，并于 2000 年与 2015 年先后被服务业和工业所赶超。2015 年，柬埔寨三大产业占比分别为 28.3%、29.4%与 42.3%。

不过，如果认为柬埔寨的工业化进程已经起步，却是过于乐观。近年来，随着全球经济衰退，柬埔寨曾经被经济繁荣所掩饰的结构性难题正在日益凸显，并有可能成为其保持社会经济持续增长的重要瓶颈。具体来看，主要表现在以下方面：

其一是人口红利缺乏可持续的竞争优势。

20 世纪 70 年代的持续战乱与波尔布特政权的极左政策，使得柬埔寨损失了至少上百万人口。1979 年人民革命党执政时，柬埔寨总人口仅 671 万，相当于 1967 年总人口水平。随着人民革命党的稳定执政，柬埔寨人口开始呈高增长态势。从 1983 年到 1995 年，柬埔寨人口的年均增长率高达 3.3%，直到 90 年代末才开始有所放缓，并在 21 世纪初降至年均 1.6%的增长水平。2015 年，柬埔寨人口超过 1500 万，相较于 80 年代初翻了一番多，并且年龄结构相对年轻，24 岁以下人口占总人口的比重高达 54%，从而为劳动密集型产业发展提供了有利条件。

作为柬埔寨的支柱产业，20 世纪 90 年代以来制衣业与制鞋业的蓬勃发展在很大程度上得益于廉价劳动力供给的人口红利。但是，近年来政府反对派为争取城市中下层民众特别是新生代选民的政治支持，持续不断地炒作劳工工资议题，使得劳动密集型产业的平均工资持续上调。2013 年以前，制衣业最低月工资还仅为 61 美元，到 2013 年已增至 80 美元，到 2015 年更是提高到 147.5 美元。[①] 这就使得柬埔寨在劳动力成本方面的竞争优势明显下降，有可能在越南劳工及缅甸劳工的竞争下，失去对劳动密集型产业的国际资本吸引力。

其二是外向型经济缺乏有效的风险抵御能力。

---

① 梁薇：《柬埔寨：2015 年回顾与 2016 年展望》，《东南亚纵横》2016 年第 2 期，第 28 页。

对于柬埔寨而言，全面对外开放曾是其长期保持社会经济高增长的关键所在。经过 20 多年发展，柬埔寨已成为东南亚经济开放度最高的国家之一，贸易开放度超过 100%，外资存量占国内生产总值比重在中南半岛国家中居首位，金融开放度在东盟国家中仅次于作为地区性金融中心的新加坡。①

但是，随着全球经济衰退的外部风险增加，柬埔寨高度外向型经济的脆弱性也日益明显。其中，最主要的有三方面：首先是柬埔寨经济增长严重依赖外援与外资的持续流入，缺乏必要的自立能力；其次是高度依赖制衣业的产业结构过于单一化，很容易受到欧美市场变化影响；再次是美元化现象严重弱化了柬埔寨采用货币政策应对外部风险的行动能力，并在很大程度上加剧了柬埔寨国内的城乡分化与贫富分化。②

其三是产业结构升级缺乏基础设施与人才储备。

20 世纪 90 年代以来，柬埔寨在吸引外国直接投资方面推出了诸多优惠政策，并在很大程度上通过 1994 年的《投资法》与 2003 年的《投资法修正案》等法律法规为外国资本提供了国民待遇，即使是作为红线的土地权问题，也通过 2005 年的《经济土地特许权法令》以长期租赁的方式予以融通。但是，除了制衣业与制鞋业，柬埔寨在其他产业的招商引资成效差强人意。究其原因，很重要的就是水电交通等基础设施不足，以及技术劳工与研发人员匮乏，难以有效承接资本和技术密集型产业转移。③

作为柬埔寨的政治主导力量，军政家族集团对此有深刻认识，并在 2004 年提出的“四角战略”施政纲领中明确提出“恢复和重建基础设施”与“培训人才和发展人力资源”。但从国家政策的落实情况看，无论基础设施建设，还是人力资源开发，都未能取得预期成效。

① 王志刚：《开放经济下的高增长奇迹——重建后柬埔寨经济评析》，《东南亚研究》2015 年第 4 期，第 6 页。

② 同上书，第 9—10 页。

③ ［日］福地亚希：《柬埔寨经济现状与展望》，《南洋资料译丛》2014 年第 1 期，第 47—48 页。

其中很关键的原因，就在于政府财政紧张，再加上腐败盛行，难以为基建及教育部门提供发展所需资金。①

从目前来看，柬埔寨各派政治力量在坚持自由市场经济体制方面具有高度共识，特别是在左翼国家发展道路选择的痛苦历史记忆下，关于“自由化、全球化、私有化、市场化”的议题很大程度上已成为无可争议的政治正确。这就使得除非柬埔寨遭遇严重经济危机，否则必将继续保持高度开放。不过，相较于军政家族集团主张加强对华合作，依托“一带一路”建设的有利条件解决国内的基础设施建设短板，亲西方的政府反对派在对华合作方面表现出明显的疑虑与不满，从而有可能在权力博弈过程中，成为影响中柬战略合作的重要不确定因素。②

二　权力结构：协调性高·有效性低

从1953年宣布独立以来，柬埔寨的权力博弈以1991年为界，可分为冷战时期以意识形态为主，以及后冷战时期以现实利益为主的两个时期。冷战时期的权力博弈具有强烈的排他性特征，以垄断权力核心的单极自律形态为结构常态。冷战结束后，权力博弈在现实利益驱动下，开始更多地涉及“成本—收益”的利弊得失，从而使得占据权力核心的军政家族集团有可能在多元民主体制下做出政治妥协与让步，以保证其边际收益始终为正。但这并不意味着军政家族集团有可能分享核心权力，更遑论将主导地位拱手相让。因此，任何构建寡头自律形态或衡平多元形态权力结构的政治意图，都将引起军政家族集团的坚决打压。

从目前来看，对“一带一路”建设而言，柬埔寨协调性高，军政家族集团对核心权力的排他性垄断，有助于在对华合作中推进重大决策，从而形成中柬双方在战略层面的有效对接；但是，有效性低，从

① 张成霞：《柬埔寨高等教育发展历程及面临的问题》，《东南亚纵横》2011年第12期，第77页。

② 杨龙：《中国资本在柬埔寨》，《文化纵横》2014年第4期，第80—85页。

中央到地方普遍缺乏法治理念与服务意识，军政系统与官产学各界都存在严重腐败，使得洪森政府的战略决策很难得到落实，更遑论取得预期成效。

（一）冷战时期的权力博弈与意识形态冲突

1953 年柬埔寨独立后，曾试图保持政治中立，但在冷战背景下，特别是近在咫尺的越战影响下，柬埔寨无可避免地卷入了左右两翼的意识形态冲突，以及长达 20 年的动荡与战乱。

作为柬埔寨“民族独立之父”，西哈努克对左右两翼意识形态都存在强烈的质疑与不满。1955 年，西哈努克宣布将王位让与其父苏拉玛里特亲王，并以普通公民身份步入政界。对此，西哈努克表示，他之所以放弃王位是要击败“政客、富人和受教育的人”，这些人惯用知识“对民众进行欺诈，并设置各种障碍”，因此民众需要他的领导以“跨越障碍”。①

西哈努克以王室—保皇派为核心，构建了全国性政治组织“人民社会同盟”，并在赢得 1955 年国民议会选举后，依托国家暴力机器对左右两翼各派力量进行了全面打压，旨在保证王室—保皇派对国家权力的排他性垄断，以及其主张的佛教社会主义理念得到有效贯彻落实。

从 1955 年到 1970 年，柬埔寨在西哈努克威权体制下，呈现以王室—保皇派为政治主导核心的单极自律形态的权力结构，无论是极左翼的柬埔寨共产党，还是右翼的亲美派军政官僚，都被压制在边缘圈层，难以在国家政策上表达利益诉求。

1970 年的朗诺政变瓦解了王室—保皇派主导的单极自律形态，使得柬埔寨开始了新一轮的权力结构重组。尽管在 70 年代初，亲美派的右翼军政官僚曾依托“高棉共和国”的政治架构，试图构建单极自律形态的权力结构，但在西哈努克领导的王室—保皇派与极左翼的柬埔寨共产党联合组建的“柬埔寨王国民族团结政府”的武力抵抗下，其政治主导地位始终未能有效确立，从而使得柬埔寨的权力结

① David Chandler, *A History of Cambodia*, 4th ed., Westview Press, 2007, p. 230.

构在70年代初长期处于无序多元形态，并对社会经济发展产生严重影响。

1975年柬埔寨共产党攻占金边，从而以武装夺取政权的方式结束了无序多元形态的权力结构。不过，柬共掌权后，却无意与曾经的政治盟友分享权力。1976年，波尔布特政权颁布《民主柬埔寨宪法》，正式将“柬埔寨王国民族团结政府”改称“民主柬埔寨”，迫使西哈努克辞去国家元首职务，并将其长期政治软禁。[①] 通过对右翼军政官僚的镇压，以及对王室—保皇派的排斥，极左翼的柬埔寨共产党依托武力构建了单极自律形态的权力结构，并在不受约束的情况下，推行了错误的极左政策，从而对柬埔寨造成了难以挽回的惨重损失。

1979年人民革命党依托越南武力瓦解了波尔布特政权，夺取了柬埔寨权力核心的政治主导地位。尽管西哈努克领导的王室—保皇派再次与极左翼的民柬武装力量（亦称红色高棉）建立名为“民主柬埔寨联合政府”的政治联盟，但却未能对人民革命党构建的“柬埔寨人民共和国”形成实质影响，反而长期被武力压制，成为人民革命党主导的单极自律形态的权力结构下的边缘力量。

（二）多元民主转型时期的政治妥协与权力共享

随着冷战结束与越南撤军，意识形态分歧对柬埔寨政治格局的影响力显著下降，从而使得基于现实利益的政治妥协与权力分享成为可能。1991年人民革命党更名为人民党，标志着军政家族集团正式取代曾经的左翼社会主义力量，成为柬埔寨政治权力核心的主导力量（见图7.2）。

作为柬埔寨多元民主转型的制度发端，1993年首次大选的结果在很大程度上奠定了20世纪末柬埔寨的权力格局。首先，得益于西哈努克的社会权威，王室—保皇派在经历了长期政治边缘化后，不仅依托奉辛比克党通过选举重返权力核心，而且力压军政家族集团的人

① 于臻：《论西哈努克在当代柬埔寨政治演变中的作用与影响》，《南洋问题研究》2007年第2期，第37页。

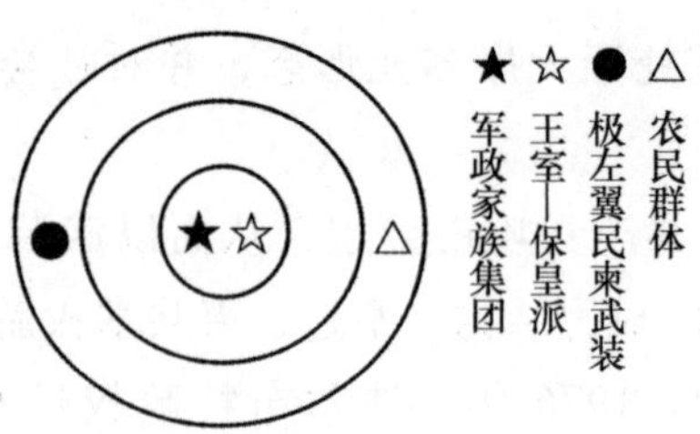

图 7.2 1993 年大选后柬埔寨权力结构的寡头自律形态

民党，成为国会第一大党。其次，军政家族集团在把持了军政商各界主导权的情况下，却未能取得相应政治权力，但在联合国及各方压力下，被迫接受了“双首相”的折中安排，形成了王室—保皇派与军政家族集团分享权力的寡头自律形态的权力结构。再次，民柬成立了柬埔寨民族团结党，但拒绝参加大选，试图以此获取更多政治优势，结果被王室—保皇派与军政家族集团联合排斥在权力核心之外，成为政治边缘力量。1994 年，柬埔寨国会全票通过决议，宣布民柬为非法组织，从而断绝了民柬重返政坛的可能性。

不过，王室—保皇派的政治根基并不足以支撑其核心主导力量的政治地位，因此在核心圈层的主导权博弈中，奉辛比克党从联合政府组建之初就落于下风。1994 年，奉党领袖拉那烈与二号人物桑兰西的关系在人民党的离间下彻底破裂，使得后者离开奉党后另组高棉民族党（后改称桑兰西党）。1995 年，人民党软禁了奉党秘书长、政府副首相兼外交大臣施里武亲王，并将其驱逐出境。1996 年，奉党要求人民党兑现承诺，将 50% 的地方政权移交奉党，但被人民党严词拒绝。1997 年，奉党试图收编民柬武装残部以增加政治筹码，但在人民党的分化打压下，不仅再次发生分裂，使其失去国会多数党地位，而且其掌握的军事力量也在与人民党的武装冲突中损失殆尽，从而彻底失去了与军政家族集团分庭抗礼的政治资本。①

尽管从议席占比来看，人民党的“一党独大”格局是在 2008 年

① 邓淑碧：《评柬埔寨大选后的政局》，《国际论坛》1999 年第 1 期，第 69—70 页。

大选后才正式出现（见表 7.1），但在权力结构层面，军政家族集团从 90 年代末就开始垄断权力核心，并依托武力威慑与行政权柄将拉那烈领导的王室—保皇派与桑兰西领导的民主派知识精英压制在边缘圈层，从而形成了相对稳定的单极自律形态的权力结构（见图 7.3）。虽然王室—保皇派的奉党与民主派知识精英的桑兰西党曾在 1998 年与 2003 年大选后两度联合抵制人民党，试图形成对军政家族集团的权力制衡，但都未能取得预期成效。①

图 7.3　1998 年大选后柬埔寨权力结构的单极自律形态

对于军政家族集团的权力垄断形成解构作用的，是在 20 世纪 90 年代以来柬埔寨社会经济发展过程中产生的华人资本集团与城市中下阶层。其中，前者是随着中国资本大规模涌入柬埔寨而形成的新兴权力集团；后者是随着劳动密集型产业特别是制衣业与制鞋业发展而产生的新兴边缘群体。

尽管从政治关系来看，华人资本集团迄今为止还在很大程度上依附于军政家族集团，并未成为完全独立的政治力量，但其作为军政家族集团最重要的政治盟友与献金来源，通过非正式渠道表达的利益诉求，通常都会得到认可与支持。② 相较于 20 世纪 90 年代，华人资本集团已经从政治边缘，依托传统庇护制关系跻身制衡圈层，开始分享

① 李晨阳等编著：《列国志·柬埔寨》，社会科学文献出版社 2010 年版，第 109—118 页。

② ［美］丹尼尔·奥尼尔：《中国对柬埔寨的 FDI》，《南洋资料译丛》2015 年第 2 期，第 68—69 页。

长期为军政家族集团所垄断的国家权力（见图7.4）。

图7.4　2013年大选后柬埔寨权力结构的单极多元形态

相较于华人资本集团作为既得利益方的权力分享，民主派知识精英与城市中下阶层的政治互动所产生的权力替代，对军政家族集团而言具有更严峻的结构性挑战。近年来，柬埔寨社会贫富分化与城乡分化现象日益严重，并引起20世纪90年代以来出生的新生代“首投族”的强烈质疑与不满。随着信息通信技术的高速发展，长期以来由于缺乏社会组织能力而呈现“散沙状”的城市中下阶层，开始依托手机与互联网形成有效的社会动员，并在民主派知识精英的西方意识形态引导下，产生了“反对人民党—洪森政权”的选举共识，从而使得民主派知识精英的救国党在2013年大选中拥有了与其社会根基并不相称的政治号召力。

从目前来看，2013年大选后呈现的单极多元形态的权力结构，还存在明显的不确定性。一方面，民主派知识精英的社会根基有待进一步巩固，方能将其与城市中下阶层的选举共识转化为政治共识，从而夯实其在制衡圈层的政治地位；另一方面，军政家族集团无意与反对派分享权力，因此有可能在正规或非正规的竞选拉票之外，动用其他国家权力特别是司法权力对反对派进行打压，以保证其排他性的政治主导地位。

尽管从中长期来看，柬埔寨有可能在后洪森时期形成较为稳定的单极多元形态或衡平多元形态，但在洪森执政期间，如果民主派知识精英提出对核心权力的政治诉求，就有可能引起军政家族集团的强力打压，使得柬埔寨权力结构再次回归单极自律形态。

（三）庇护制关系的结构性腐败

柬埔寨存在严重腐败问题（见表7.2），并且长期无法得到有效改善。早在1994年，柬埔寨政府就开始拟订《反腐败法》，但直到2009年底，《反腐败法》才在国际社会与非政府组织的强烈呼吁下得以通过。尽管洪森政府近年来高调反腐，但成效差强人意。究其原因，就在于腐败问题是根植于军政家族集团的传统庇护制关系中的结构性弊病，很难通过自律方式加以改善。

表7.2　　**柬埔寨清廉指数情况**

年份	2005	2006	2007	2008	2009	2010	2011
CPI	2.3	2.1	2.0	1.8	2.0	2.1	2.1
年份	2012	2013	2014	2015	2016	2017	
CPI	2.2	2.0	2.1	2.1	2.1	2.1	

注：从2012年起，透明国际的廉政指数开始采用百分制，为易于比较，表格中都换算为十分制。

资料来源：透明国际网站，2018年2月21日，http：//www.transparency.org/。

从形式上看，人民党具有相对完善的组织结构与决策规范，但其权力运作是建立在传统庇护制的基础之上。无论是居于顶端的洪森家族，还是位于各个层级的军政家族，都需要为效忠的追随者提供充裕的政治资源。更重要的是，军政家族集团的内部竞争，使得所有庇护者都会时刻存在不安全感，唯有攫取更多政治资源，供养更多追随者，方能保证不在派系斗争中成为下一个牺牲者。于是，不仅国家财政成为军政家族集团的“猪肉桶”，而且外援与外资也都成为政治分肥的重要目标。尽管通过庇护制关系，华人资本集团与“人民党—洪森政权”形成了积极互动，从而在一定程度上成为结构性腐败的受益者，但从中长期来看，如果柬埔寨的腐败问题始终得不到有效解决，必将成为影响中柬战略合作贯彻落实的重大障碍。

三　外交博弈：自主性较高

柬埔寨在历史上曾长期处于泰国与越南争霸中南半岛的地缘博弈夹缝之中，1953 年宣布独立后，却又深陷东西方冷战的大国地缘博弈，结果经历了长达 20 多年的动荡与战乱。① 这样的经历使得柬埔寨外交具有很强的民族独立意识，要求保持外交中立，避免再次成为大国或强国地缘博弈的牺牲品。因此，对“一带一路”建设而言，柬埔寨自主性较高。尽管由于国力较弱，并且在外援及外贸方面对西方国家有很强的依赖性，人民党—洪森政权在非原则性问题上，难免受到西方立场影响，但在事关国家利益的原则性问题上，柬埔寨政府始终坚持独立自主，从而为中柬战略合作有序推进提供了坚实基础与可靠保障。

（一）重视外援的多边外交政策

1953 年柬埔寨独立以来，其外交政策经历了五个阶段的发展变化。1953 年至 1970 年西哈努克掌权时期，柬埔寨始终奉行和平中立的外交政策。具体包括：维护柬埔寨的民族独立、生存和发展权利；在和平共处五项原则基础上建立同一切国家的友好合作关系，可以接受与中立原则不相抵触的援助，但不同任何不以平等相待的国家合作，不与任何国家缔结政治和军事同盟，不要求也不接受东南亚条约组织的保护，不允许任何国家将柬埔寨作为军事转运站；面临外来侵略，坚决进行正义的自卫战争；在国际事务中，伸张正义，主持公道，支持民主进步事业，维护和发展世界和平。

1970 年朗诺政变夺权后，柬埔寨开始推行向美国“一边倒”和坚决反共的外交政策。1975 年至 1979 年柬埔寨共产党执政时期，柬埔寨名义上“继续实行独立、和平、中立和不结盟的政治路线；反对帝国主义、新老殖民主义和一切反动势力”，但事实上奉行的是闭关锁国政策。民柬建立之初，曾得到世界上 86 个国家的承认，但民柬

① 方天建：《冷战以来柬埔寨地缘政治变动研究》，《世界地理研究》2014 年第 4 期，第 33—36 页。

仅与其中12个国家建立了外交关系，并于1977年宣布，除中国、朝鲜和老挝外，关闭其他所有驻柬使馆。1979年人民革命党在越南支持下夺取国家政权后，推行的是向苏联、越南“一边倒”的外交政策，着重发展与经互会成员的外交关系。

20世纪90年代以来，柬埔寨进入多元民主时期，人民党—洪森政权奉行独立、和平、永久中立和不结盟的外交政策，坚决反对外国侵略和干涉，并在和平共处五项原则基础上，积极同所有国家建立和发展友好关系。具体来看，其外交政策主要有两个特征：一是注重融入国际社会，大力发展经济外交，重视改善和发展与西方国家和国际组织的关系，以争取经济援助，并在争取援助和投资的同时抵制外来干涉；二是强调立足印支，依托东盟，并积极发展与中国的特殊战略关系。①

（二）美柬关系的互信缺失

1950年美柬建交以来，双边关系波折不断，甚至数次断交与复合。究其原因，就在于对美而言，柬埔寨是“小而战略地位重要的国家”②，从而使美国始终未曾放弃全面掌控柬埔寨的地缘战略诉求，试图以柬埔寨为支点，构建有利于美国的中南半岛甚至东南亚地区局势。冷战时期是为了反越反共；近年来则是为了对华进行战略遏制。这就引起了美国干涉主义与柬埔寨和平中立外交立场的分歧对立。

20世纪50年代到60年代，美国曾对西哈努克政府威逼利诱，试图迫使其就范。从1955年到1963年，美国为柬埔寨提供了高达3.56亿美元的经援和军援，数量远远超过其他国家和国际组织。但是，西哈努克始终坚持和平中立的外交政策，不仅拒绝加入东南亚条约组织，而且从1963年起不再接受美国援助，甚至在1965年美国轰炸柬埔寨鹦鹉嘴地区后，宣布与美国断交。

从70年代开始，美柬关系长期处于非正常状态。时至1991年，

① 许梅：《柬埔寨外交政策的演变与中柬关系的发展》，《当代亚太》2005年第3期，第45—47页。

② 方天建：《冷战以来柬埔寨地缘政治变动研究》，《世界地理研究》2014年第4期，第40页。

美国才再次向柬埔寨派驻大使。1993 年大选后，美柬关系有所缓和，但却始终未曾取得实质性进展。特别是美国在 1997 年人民党与奉党的武装冲突中指责洪森政府“违反民主和人权”，并随即对柬实施制裁，之后又通过“反腐败”、“审判红色高棉”、“扶持反对派”等方式对人民党—洪森政权持续施压，从而引起柬方强烈不满。①

近年来，美柬关系明显改善。其原因一方面是柬埔寨外向型经济对美国的依赖性进一步增加。作为柬埔寨的重要外援来源国，制衣业与制鞋业的主要出口市场，以及外国游客来源地，美国具有难以取代的重要经济作用，特别是在全球经济衰退的大环境下，柬埔寨迫切需要更多的美国资源，以保证柬埔寨社会经济的高增长态势。另一方面是随着中国地区影响力提升，柬埔寨在美国地缘战略中的支点作用进一步增强，从而促使美国在改善对柬关系方面，特别是军事合作方面，表现得更为积极和主动。不过，美柬双方的政治互信并未有效改善，因此从中长期看，除非是得到美国扶持的政治反对派掌权，否则两国关系很难得到根本性提升。

（三）中柬关系的战略契合

中柬两国有着悠久的传统友谊。1958 年两国正式建交。长期以来，中国几代领导人与西哈努克建立了深厚友谊，为两国关系的长期稳定发展奠定了坚实基础。20 世纪 50—60 年代，周恩来总理、刘少奇主席曾多次率团访柬，西哈努克也曾 6 次访华。70—80 年代，西哈努克两次在华长期逗留，领导柬埔寨人民反抗外来侵略、维护国家独立和主权的斗争，得到中国政府和人民的大力支持。

20 世纪 90 年代以来，中柬关系进入新的发展阶段。两国领导人互访频繁，两国在政治、经贸、文化、教育、军事等领域的友好合作不断加强，在国际和地区问题上保持良好协调和合作。2006 年，温家宝总理访问柬埔寨，双方发表《联合公报》，宣布建立“全面合作伙伴关系”。2010 年，洪森首相访华，双方宣布建立“全面战略合作

① 李轩志：《2007 年美国“重返”柬埔寨的诸因素分析》，《国际论坛》2012 年第 3 期，第 35—36 页。

伙伴关系”。

习近平主席提出“一带一路”建设倡议之后，柬埔寨予以积极响应。2014年，洪森首相赴北京参加亚太经合组织领导人会议和加强互联互通伙伴关系对话会，并在亚太经合组织工商领导人峰会上表示，“柬埔寨愿意支持中国提出的一带一路倡议”，同时指出，中国投资400亿美元的丝路基金对柬埔寨是重要契机，有助于推动柬埔寨全面发展。

近年来，中柬经贸合作取得显著成效。目前，中国不仅是柬埔寨最大的外援国，而且是最大的外资来源国，主要投资领域为制衣、农业、旅游、房地产、矿产、水电站等，以及第三大贸易伙伴。与此同时，中柬双方在互联互通、农业、信息通讯、人力资源培训、湄公河流域开发等领域也有着广泛且高效的双多边合作。

四　文化交流：包容性高

对于柬埔寨现代社会而言，一方面是缺乏传统文化内核，另一方面是缺乏官方主流意识形态，从而使得外来文化能相对自由地展示与传播，进而成为柬埔寨多元文化的组成部分。20世纪中后期的持续战乱以及波尔布特政权的极左政策，使得柬埔寨的文化传承出现明显断层，包括僧伽在内的很多与传统文化共生的既得利益集团被打压甚至瓦解，迄今未能得到恢复与重建，从而使外来文化很少受到来自传统文化集团的抵制与阻碍。与此同时，随着左翼社会主义力量蜕变为军政家族集团，柬埔寨官方主流意识形态开始变得模糊乏力，越南式社会主义观念的主导地位不复存在，但人民党又未曾建立起本土化的意识形态话语体系，从而为外来文化在意识形态领域提供了重要的发展空间。因此，对“一带一路”建设而言，柬埔寨呈高包容性特征，有可能通过民心相通的交流合作，促使其在国家主流意识形态领域更多借鉴、吸收与融合中国现代文化内核特别是“中国道路”观念，从而为中柬战略合作的可持续发展提供坚实的观念共识。

（一）柬华文化的复兴与发展

由于柬埔寨在历史上是“米粮易求，妇女易得，屋室易办，器用易足，买卖易为”的鱼米之乡，因此华人移民柬埔寨络绎不绝，并且求娶当地妇女的通婚现象相当普遍。明末清初，部分前明遗族移民柬埔寨开荒垦殖，使得柬华社会初具形态。法属殖民地时期，法国殖民政府为解决劳动力紧张，通过优惠政策招募中国劳工。20 世纪初，柬埔寨华人与当地人通婚后出生的混血儿已多达 9 万人。20 世纪前中期的中国民不聊生，大量华人移民柬埔寨。1958 年中柬建交，柬埔寨华侨华人多达 45 万人，不仅在总人口中占比高达 10% 左右，而且在社会文化与经济发展方面拥有重要影响力。①

20 世纪 60 年代，柬埔寨华文教育得到蓬勃发展，全国华校总数增至 231 所，仅首都金边就有 50 所，全国华校在校学生人数超过 5 万名，仅金边华校的中小学生就达 6 千余名。20 世纪 70 年代，柬华社会先后在亲美派的朗诺政权与极左的波尔布特政权统治下备受迫害，大批华侨华人惨遭杀害或远走他乡，华文教育被迫中断 20 年。1986 年，柬埔寨人民革命党政权受越共六大革新开放影响，开始鼓励私营经济活动，从而为华人商业复苏提供了有利条件。90 年代，随着柬埔寨问题和平解决，柬埔寨政府开始更重视华人的地位和华语商业的价值。1990 年，柬埔寨政府发布《第 248 号法令》，允许柬埔寨华人理事会成立，并允许设立华校及恢复华人庙宇和华人传统的庆祝活动，从而为柬华文化的复兴与发展提供了有利条件。近年来，柬埔寨以华文教育为重要标志的柬华文化得到蓬勃发展，开始成为中柬战略合作的重要支撑与有利条件。②

（二）华人新移民的社会融合

近年来，随着中柬经贸合作日益紧密，特别是投资大规模增加，华人新移民数量也在与日俱增。目前，柬埔寨的 70 多万华侨华人中，

① 李绍辉：《20 世纪 80 年代以来老挝、柬埔寨华人社会发展探析》，《南洋问题研究》2010 年第 2 期，第 62—63 页。

② ［日］野泽知弘：《柬埔寨的华人社会——华文教育的复兴与发展》，《南洋资料译丛》2012 年第 3 期，第 68—71 页。

有不少属于华人新移民，并且比例还在持续增加。迄今为止，华人新移民在融入柬埔寨社会方面相对顺利，不仅较少遭遇当地民众的质疑或是不满，反而形成了较为积极的交流与互动。

这一方面得益于柬埔寨当地华人与华人新移民在商业方面形成的共生关系，以及当地华人社团在此基础上与新华侨社团形成的有效对接，从而使得当地华人成为华人新移民融入柬埔寨当地社会的重要桥梁。①

另一方面得益于柬埔寨人民党—洪森政权争取中国低息贷款、无偿援助与直接投资的迫切诉求，以及在此基础上对华人新移民的支持与鼓励。与此同时，无论洪森家族，还是人民党的党政军高官，很多都拥有华人血统，从而为柬埔寨政府与新华侨社团的互动提供了有利条件。②

五　中柬合作：契合度高・执行力差

从前文分析看，柬埔寨政治环境总体呈现“开放性高・稳定性较低；协调性高・有效性低；自主性较高・包容性高”，正处于国家发展模式转型的本土性检验阶段（见图 7.5）。

对于“一带一路”建设而言，柬埔寨目前的政治环境弊大于利。短期来看，柬埔寨政府的腐败问题将会严重影响中柬战略合作的执行力；中长期来看，人民党政权的庇护制关系存在严重的系统风险，其维护单极权力结构的政治成本将日益提高，从而有可能成为中柬合作的重要负担。

从目前来看，中柬合作将在相当长时期内呈现“契合度高，执行力差”的基本特征。有鉴于此，中柬合作有必要在现有的高度政治互信基础上，进一步加强执政党交流与合作，积极支持人民党—洪森政权在反腐倡廉的基础上，努力提高各级政府部门对国家决策的执行能

① ［日］野泽知弘：《柬埔寨的华人社会——关于金边华人华侨聚居区的调查报告》，《南洋资料译丛》2012 年第 2 期，第 55 页。

② ［日］野泽知弘：《柬埔寨的华人社会——关于新华侨社会动态的考察》，《南洋资料译丛》2013 年第 1 期，第 56 页。

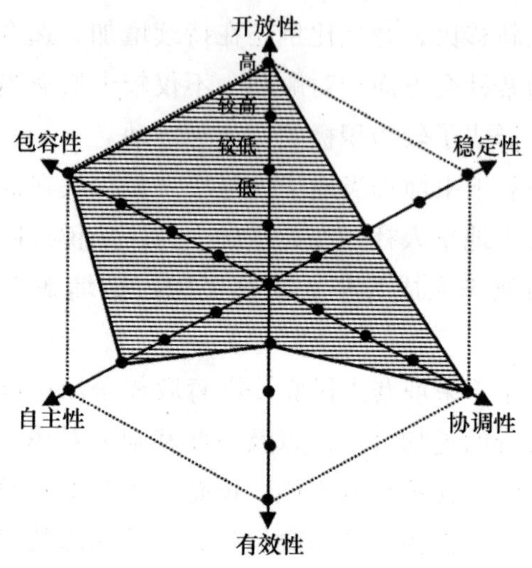

图 7.5　柬埔寨政治环境评估

力，切实巩固人民党的长期执政地位。与此同时，有必要积极扶持新华侨社团的本土化进程，促使华人新移民融入当地，并在此基础上，有序引导柬埔寨在多元文化发展过程中借鉴、吸收与融合中国现代文化内核特别是“中国道路”的意识形态理念，从而进一步夯实中柬合作的社会基础。

第八章　越南

越南位于中南半岛东部，其北部与中国云南省和广西壮族自治区接壤，两国边界长1150公里，东部和南部隔着北部湾及南海与中国雷州半岛、海南岛及南海诸岛相望，西部与老挝和柬埔寨交界。越南国土自北向南呈狭长状，两头宽中间窄，总面积32.95万平方公里，海岸线长3000多公里。

越南总人口约9370万，共有54个民族，其中京族占86%，岱依族、傣族、芒族、华人、侬族人口均超过50万；官方语言和通用语言为越南语；主要宗教有佛教、天主教、和好教与高台教。

越南经济在东盟国家中位居中下层。从1986年开始推行革新开放以来，越南经济呈现持续性的中高速增长态势，20世纪90年代的年均增长率为7.42%。2001年，越共九大确定了建立社会主义定向的市场经济体制，并确定三大经济战略重点，即以工业化和现代化为中心，发展多种经济成分、发挥国有经济主导作用，建立市场经济的配套管理体制。不过，由于内外因素影响，21世纪以来，越南经济增长有所放缓，2001年至2010年十年间的年均增长率降至6.61%。越共《2011—2020年经济社会发展战略》提出2011年至2015年经济年均增长率达到7%—7.5%，并力争2020年人均国内生产总值达到3000美元。但在全球经济衰退环境下，2011年至2015年越南年均经济增长率进一步降至5.91%。2017年，越南国内生产总值2234亿美元，人均国内生产总值2385美元，居于东南亚国家经济发展第三梯队首位。

对于“一带一路”建设而言，越南具有重要的战略节点意义。作为中国西南的重要近邻，越南在陆海通道建设方面都是“一带一路”沿途的重要节点国家。中越两国相似的政治体制与意识形态，以及越南的廉价劳动力供给和基础设施建设需求，使得中越合作具有广阔的发展空间。但是，南海争端、美越关系以及越南国内的政治博弈，却使得中越合作面临诸多不确定性。因此，在“一带一路”建设过程中，有必要进一步深化对越南政治环境的理解与把握，力求更积极主动地应对各类不确定性风险。

第一节　政治权力集团

从 19 世纪末越南沦为法属殖民地开始，新旧各派政治力量在争取民族独立的时代背景下，相继登上越南政治舞台。其中，既有试图光复阮朝统治的传统封建势力，也有主张建立资本主义共和国的民族资产阶级。尽管各派力量在越南风起云涌的反殖反帝运动中都曾发挥过重要作用，并涌现出潘佩珠等众多民族英雄，但在长期艰苦卓绝的民族独立斗争中，唯有越南共产党经受住了大浪淘沙的历史考验，最终领导越南人民建立了统一的越南社会主义国家政权，从而确立了“一党执政”的政治地位。对此，2013 年修订《宪法》第 4 条明确规定，越南共产党是“国家和社会的领导力量”，从而在国家根本大法层面为越共的执政地位提供了有力保证。

近年来，随着越南社会经济发展，特别是革新开放过程中的西方意识形态渗透，新兴社会力量开始形成，并逐步通过参选、造势、游说、行贿、示威等各类常规或非常规方式表达政治利益诉求。不过，从目前来看，无论民主派知识精英，还是私营商业资本，都还处于萌发阶段，尚未拥有独立的政治地位，因此在越南政坛，越南共产党迄今为止还是唯一的政治权力集团。

一　越共权力地位的形成过程

从形成过程来看，越南共产党的排他性政治主导地位是在近半个世纪的艰苦奋斗与浴血奋战中，经由历史与人民反复选择的最终结果。

1930 年 2 月 3 日，越南共产党成立。同年 5 月，越共在义安与河静两省发动工农运动，掀起了争取民族独立的革命高潮。同年 9 月，义安与河静两省的统治机构瓦解，当地农会在越共领导下，开始建立苏维埃政权。同年 10 月，越共中央举行第一次会议，越共更名为“印度支那共产党”，并通过了《政治论纲》，指出党在资产阶级民主革命时期的基本任务是：打倒法国帝国主义和封建主义，实现民族独立和耕者有其田。尽管在法国殖民者与地方反动势力的联合镇压下，义静苏维埃运动掀起的革命高潮在 1931 年底被迫平息，但却在很大程度上奠定了越共在越南革命斗争中的领导地位。

1935 年，印度支那共产党第一次代表大会在澳门召开，通过了《党章》和《行动纲领》，提出了主要任务是“巩固发展党的组织，广泛争取群众，进行反帝斗争”，并选举了中央委员会以及总书记，形成了更具有战斗力的领导机构，从而为共产党组织在越南的全面发展创造了有利条件。“一大”后，党员人数明显增加，群众运动蓬勃发展，不仅在 30 年代中后期组织了反法西斯的印度支那民主阵线，而且在 1940 年先后发动了北山起义、南圻起义和印支兵变。

1941 年，胡志明从中国返回越南，并以共产国际代表的身份在北坡主持召开中央会议，决定成立越南独立同盟会（简称越盟），其目的是争取民族解放，建立越南民主共和国。1944 年，越南解放军宣传队在胡志明指示下成立，成为越南人民军的最初班底。尽管宣传队仅有 34 人，但却严格贯彻了“党指挥枪”的基本原则，建立了党支部，从而为后续的军事整编与扩编奠定了坚实基础。1945 年，越南全国各地的革命武装力量统一整编为越南解放军，接受越盟领导，并在“八月革命”胜利后，进行了大规模的整军扩编。1946 年，面对卷土重来的法国殖民者，为保卫新生的越南民主共和国，胡志明号召全国抗战，抗法战争全面爆发。

1951 年，印度支那共产党召开第二次代表大会，决定更名为“越南劳动党”，并公开进行活动。与此同时，越南军队正式命名为“越南人民军”，并通过 1951 年至 1954 年的奋战取得了北部战场的主动权。1954 年，越南人民军取得了具有决定性意义的奠边府战役胜利，迫使法国签订《关于恢复印度支那和平的日内瓦协议》，从而标志着越南人民长达 80 年的抗法斗争取得彻底胜利，越南北纬 17 度线以北全部领土获得解放。

从 1954 年到 1965 年，越南劳动党开始了从革命党到执政党的角色转换。通过农村土地改革与城市工商业社会主义改造，越南劳动党有效地恢复了北方地区的国民经济生产。1960 年越南劳动党在河内召开第三次代表大会。胡志明在开幕式致辞中明确指出，“本次大会是建设北方社会主义、进行和平斗争统一家园的大会”。1961 年至 1965 年，越南劳动党推行了第一个五年计划，使得工农业的总产值分别增长了 70.6% 与 12.7%，并建成了一批轻重工业项目，其中包括钢铁、煤炭、化工、橡胶、水泥等，从而为抗美战争的胜利提供了重要保证。

与此同时，越南劳动党也从未放弃统一全国的目标。1960 年，在越南劳动党领导下，越南南方国民大会在南越解放区召开，宣布成立“越南南方民族解放阵线”，并通过十大纲领，其中包括推翻美国扶持的越南共和国吴庭艳政府，建设独立、民主、和平、中立的越南南方，以及和平统一全国等政治诉求。

1961 年，越南南方民族解放阵线通过武装斗争，基本控制了越南共和国大部分农村。美国政府为扶持吴庭艳政府，派遣美国国防军特种部队进驻越南共和国，从而拉开了越南战争序幕。1965 年，美国政府将“特种战争”升级为“局部战争”，开始直接派军参战，侵越美军迅速增加，最多时达到 50 余万人。但是，越南劳动党在承受巨大压力情况下，仍保持顽强斗志，不仅未曾败退，反而发动了 1968 年的大规模春季攻势，以军事上的惨烈牺牲赢得了精神上与宣传上的大捷，最终迫使美国政府放弃增兵。1973 年，美国签署《关于在越南结束战争、恢复和平的巴黎协定》，并开始从越南撤军，从而标志着长达 12 年的越南战争结束。

1975 年，越南劳动党发动“春季攻势”，成功解放越南南方，完成了祖国统一。1976 年 4 月，越南进行了南北统一后的首次普选，选举产生了统一国会第一届国会。同年 7 月，统一国会第一次会议宣布越南南北统一，更改国名为“越南社会主义共和国”，并成立宪法起草委员会。同年 12 月，越南劳动党在河内召开第四次代表大会，决定恢复原名“越南共产党”。

1980 年 12 月，越南第六届国会第七次会议通过了《越南社会主义共和国宪法》，其中明确规定：“越南社会主义共和国是无产阶级专政的国家”，“越南共产党是领导国家、领导社会的唯一力量”，从而在根本大法层面正式宣告了越共排他性的主导地位。尽管当时在政坛还有部分民族资产阶级、小资产阶级和知识分子的政党存在，并通过参加越共领导的统一战线组织方式参与国家事务管理，但在政治上早就彻底边缘化。1988 年，随着越南民主党和越南社会党宣布停止活动，越南政坛彻底形成越共“一党执政”的权力格局。

二　越共权力集团的创新发展

正如前文所述，作为政治权力集团，越共从 1930 年草创，到 1980 年在宪法上正式确立排他性的政治主导地位，其间经历了长达半个世纪的艰苦斗争。越共之所以能胜出，很大程度上得益于其对组织、话语与资金等权力集团三要素的有效建构，使其相较于其他各派政治力量更具有号召力、凝聚力与执行力。

不过，随着越共从革命党转变为执政党，其仿效苏联模式构建的权力集团三要素，开始表现得日益不合时宜，难以有效适应国家社会经济的发展需要。于是，1986 年越南开始革新开放进程后，越共在权力集团三要素的建设方面，也进行了相应的创新与发展。具体来看，越共在过去 30 年里，主要在以下方面取得了相应成效。

（一）组织建设方面，努力健全党的中央领导体制，推动组织运行机制的民主化

如何有效动员与整合既有政治资源进行合理决策并加以贯彻落实，始终是事关权力集团兴衰的重要内容。尽管在组织原则上，越共所遵循的民主集中制极具合理性，但要将之具体化为制度安排与行为规范，使之与时俱进地契合发展需要，却并非易事。具体而言，改革

主要包括：[①]

第一，党内选举制度改革。(1) 总书记的差额选举。2006 年越共十大，中央委员会在确定正式总书记候选人之前，进行了差额投票。(2) 中央委员的差额选举。越共十一大选举中央委员与中央候补委员的差额比例分别为 24.57% 与 144%。(3) 基层党组织书记、副书记、主要负责人直选。

第二，理顺权力关系，减少个人与中央集权，实现中央委员会对政治局的领导。2001 年取消了政治局常委会的设置，仅保留中央政治局委员作为领导集体，减少了权力层级，扩大了权力分配。近年来，越共中央全会时不时会推翻中央政治局决定，从而在一定程度上弱化了中央集权。

第三，在中央全会上建立“质询”和“检讨”制度。从 2002 年九大五中全会开始，越共中央全会引入质询制度，任何中央委员都可以对总书记、政治局委员和书记处书记在内的委员个人以及政治局、书记处、中央检查委员会等集体提出质询。

第四，建立日常“回应性”机制，让民众有渠道直接监督执政党。近年来，越共中央全会的政治工作报告草案都会提前在主要媒体公开，交由全民讨论，并在报纸开设意见专栏。

(二) 话语建设方面，始终坚定并创造性地运用马列主义和胡志明思想

意识形态话语体系是政治权力集团区分“我者”与“他者”的重要标志，因此对越共而言，如何在苏联模式没落后，构建具有本国特色的社会主义话语表述，也就成为革新开放以来的首要议题，否则将很难抵御西方民主意识形态的侵蚀。近年来，越共的话语建设主要包括：[②]

1991 年，越共七大首次明确提出了胡志明思想的概念，并将其

---

① 王若磊：《论越南的政治问责双轨制》，《科学社会主义》2015 年第 5 期，第 114—115 页。

② 马勇：《革新开放 30 年：越南社会主义建设的成就与经验》，《学术探索》2016 年第 2 期，第 19—20 页。

作为自己的思想基础和行动指南。阮文灵在越共七大总报告中强调："坚持马克思—列宁主义对我们党来说是头等的原则问题。忠诚于马克思—列宁主义意味着牢固掌握着马克思—列宁主义的革命科学本质，依据我国条件正确使用，对创造性地发展马克思—列宁主义做出贡献。我们必须对来自敌对势力、机会主义分子攻击、否定、歪曲马克思—列宁主义的论调和行径展开斗争。"并指出，"本次大会文件的新内容是在强调马克思—列宁主义的同时，突出了胡志明思想。这是理所当然的，因为胡志明思想正是在我国具体条件下创造性地运用马克思—列宁主义取得的成果，而且实际上胡志明思想已经成为党和整个民族的宝贵精神财富。"

2001 年，越共九大首次对胡志明思想进行了系统性阐述，指出："胡志明思想是关于越南革命的基本问题的全面和深刻的一系列政治理论观点，是在越南具体实践中创造性地运用和发展马列主义，继承和发扬民族的优良传统，汲取人类文化的精华的结果。这是解放民族，解放阶级，解放人类的思想；是民族独立和社会主义相结合，民族力量和时代力量相结合的思想，是人民的力量、民族大团结的力量的思想，是人民当家做主，建设一个真正的民有、民治、民享的国家的思想；是有关全民国防，建设人民武装力量的思想，是发展经济、文化，不断提高人民物质和精神生活水平的思想，是革命道德、勤劳、节约、廉洁、正直、至公无私的思想；是培养、关心革命后代；是建设廉洁、牢固的党、干部和党员既是领导又是人民的忠实公仆的思想。"

（三）资金建设方面，有序推进国有企业改制，加强国有资产管理与运作

对于越共而言，开展国民经济的社会主义改造，曾是掌握国家经济命脉，强化排他性权力地位的重要途径。20 世纪 50 年代中期到 70 年代前期，越南北方的国有化与集体化运动曾经如火如荼。经过 20 年的社会主义改造，1974 年越南北方的国有企业已经占到工业总产值的 72.2%，基本建设的 74.9%，商品资金流动总额的 92%，以及社会商品零售总额的 55.3%。1975 年南方解放后，越共四大明确提

出，要在5年内完成南方地区的社会主义改造。1980年，越南南方90%以上的私人企业都被收归国有或强行合并。[①] 不过，背离市场经济规律的社会主义改造，非但未能促进越南经济社会发展，反而引起了80年代严重的社会经济危机，并成为革新开放的重要契机。

随着经济革新的深化发展，如何有效管理国有企业与国有资产，开始成为越共在社会主义定向的市场经济体制建设过程中的重要议题。一方面，越共在经济革新过程中，始终强调“国有经济要发挥主导作用”，试图夯实其政治主导地位的经济基础，但另一方面，国有企业在管理方面长期存在的低效与腐败问题，却使得国有经济的主导地位面临严峻挑战。

革新开放以来，越南国有企业改革大体上沿着自主化—市场化—股份化—集团化的道路迈进，试图在经营方式上逐步适应现代经济发展要求。1986年，越共六大提出给予国有企业自主经营权，实行自负盈亏、自主经营，将国有企业推向市场，对长期亏损的国有企业实行兼并破产。1989年，越南国有企业开始由计划经济“包给制”向国家管理下的市场经济体制全面转轨。[②] 1991年，越共七大提出国企实行股份经营的形式，并于1992年确定了股份制试点的8家国有企业。1998年，越南政府颁布“关于推动重组和改革”的政策文件，开始加快推进国有企业股份制改革。2005年，随着越南国有资本投资与经营总公司成立，越共开始探索在政府授权下，以完全市场化原则投资与营运国有资本的新模式，力求将国有企业做大做强。其目标一是以具有一定资产规模和行业优势的总公司为依托，通过兼并重组形成一批龙头企业，并支持有条件的国有企业走集团化经营的道路；二是支持有条件的国有企业上市，通过资本市场运

① 潘金娥：《越南政治经济与中越关系前沿》，社会科学文献出版社2011年版，第2—3页。

② ［越南］阮氏庆维：《论越南国有企业产权改革的法律规制》，《现代商贸工业》2014年第23期，第152—153页。

作做大做强。[①]

三　越共权力运作的多元协商

作为越南政坛占据排他性主导地位的政治权力集团，越共在权力运作特别是重大决策过程中，呈现相当明显的多元协商特征。越共总书记并不具有绝对的政治权威，需要与党内各派力量协商，从而形成总书记、国家主席、政府总理、国会主席“四驾马车”并行的权力架构。这就使得越南政坛很大程度上表现为寡头自律形态，而不是单极自律形态的权力结构。越共在领导核心方面的缺失，很大程度上是历史发展的遗留问题，而不是党内民主建设的自我选择。

胡志明被认为是越共的精神领袖，但却从未全面掌握过党政军实权。他早年在法国轮船上打工，得以游历欧洲增长见闻，后在法国参加共产党，并于1930年受共产国际委派，赴香港整合印度支那的共产党运动。作为“莫斯科空降干部”，胡志明长期在中国和苏联活动，越南本土根基不深，因此在印度支那共产党成立后，始终未能赢得党内各派的政治效忠，甚至在20世纪30年代受到排挤，失去了领导权。

1940年底，印度支那共产党发动南圻起义失败，包括时任总书记阮文渠在内的数百名干部被捕，党中央机构受到严重破坏。于是，胡志明再次受共产国际委派，于1941年归国主持工作，组建名为“越南独立同盟”的统战组织，开始高举民族与民主旗号，引导越南解放运动。不过，直到1951年“二大”召开，胡志明都仅是共产国际派驻干部，从未担任过党的领导职务。

“二大”召开后，印度支那共产党更名为越南劳动党，并首次设置政治局，从而很大程度上改善了此前领导涣散的不利局面。“二大”政治局的“四驾马车”是：胡志明（党中央主席、国家主席）、长征（总书记，时称党中央第一书记）、黎笋（南方局第一书记）、

① 王志刚：《越南对国有资本管理体制的实践与创新——以越南国有资本投资与经营总公司为中心》，《东南亚纵横》2014年第9期，第11页。

范文同（政府总理），从而形成党主席与总书记并立，“长黎范”围绕胡为中心的高层权力结构，体现了“南北内外亲疏”的综合平衡特征。其中，长征是本土北方派的实权代表，被视为亲中派，但与胡志明并不亲近；胡志明是国际代表，拥有来自中苏的外部资源；黎笋是本土南方派的实权代表，被视为亲苏派；范文同是实务主义者，与胡志明相当亲近，性格随和，务实能干。

从“二大”开始至1969年逝世，胡志明都是越共最高领袖，但仅是最高“精神领袖”，党政军实权操纵于长征、黎笋、范文同之手，军队具体事务为武元甲等操持。1956年，长征因“土改过左”问题被迫下台，胡志明兼任总书记。不过，由于胡志明并不擅长事务工作，因此是黎笋代行总书记职能，并于1960年“六大”上正式接任总书记。

黎笋曾被视为越共历史上唯一的“强势总书记”，但其强势地位，很大程度上来自于苏联方面的政治支持。中苏关系破裂后，越共采取向苏联“一边倒”的政治方针，从而为亲苏派的黎笋赢得了重要政治资源。不过，由于苏联在后斯大林时代，不仅对“个人崇拜”相当警惕，而且在不容许采取血腥清洗解决内部矛盾的问题上形成普遍共识，因此黎笋掌权期间，虽然总书记的话语权有所增强，但并未形成绝对的政治权威，也不曾从根本上改变越共权力的多元架构。

1986年，随着黎笋逝世，以及新任总书记阮文灵在元老派长征支持下，开始推动革新开放进程，越共权力运作再次回归多元协商的传统轨道。对于越共而言，推选“弱势总书记”以保证集体领导与权力制衡，已成为党内各派的普遍共识，并对革新开放的路径选择产生重要影响。具体来看，越共派系分化与权力博弈，主要表现在以下方面。

（一）职能性的系统分化

作为长期掌握越南国家权柄的政治权力集团，越共党内派系很大程度上呈现职能性的系统分化。党政军下属各个职能部门在彼此独立的权力系统中长期运行，形成系统内的价值取向、政策偏好，以及亚文化等系统特征，并为了获得更多的国家资源与决策话语权而进行竞争甚至倾轧。目前来看，越共党内最主要的权力系统包括主管意识形态的文宣系，主管国家安全的国防—公安系，以及主管经济建设的经济系。①

意识形态工作是越共抵御西方“和平演变”最重要的思想防线，因此文宣系的重要性不言而喻。尽管在日常工作中，文宣系看似没掌握太多实权，但在国家决策特别是事关道路选择与人事安排的问题上，文宣系都有很重要的话语权。2016 年以“特殊情况”为由超龄连任越共总书记的阮富仲，即是文宣系的实权代表。阮富仲大学毕业进入《共产》杂志任职，并且一干就是 30 年，从普通编辑晋升到总编辑，1996 年调任河内副书记，分管宣教部工作，1998 年升任越共中央理论委员会副主席，2001 年升任理论委员会主席。阮富仲于 2006 年当选国会主席前，长期从事的都是意识形态工作，并在文宣系统根深蒂固。

越共靠武装斗争起家，因此军队系统即主要对外的国防系，以及公安系统即主要对内的公安系，都是越共党内举足轻重的关键派系。不过，由于越共遵循“党指挥枪”原则，因此在国家决策方面，国防—公安系通常表现得较为低调。但在国家道路选择的权力博弈中，国防—安全系作为越共权力地位的根本保证，却会表现得格外醒目。1996 年越共八大，国防—公安系在越共中央委员会中所占比重明显增大，成为道路选择分歧的直观体现。2016 年越共十二大，国防—公安系的地位再次提升，不仅公安部原部长陈大光当选国家主席，而且中央委员会中国防—公安系的人数占比高达 20%，甚至超龄的原人民军总参谋长杜伯巳也以“特殊情况”为由连任中央委员，并当选国会副主席。②

越南革新开放以来，社会经济发展的重要性日益增加，使得经济系在党内的话语权也日益提高。越共十一届中央政治局委员中，经济系高官明显占优，曾被认为是革新开放进一步深化的重要标志。不

① 房宁等:《民主与发展——亚洲工业化时代的民主政治研究》，社会科学文献出版社 2015 年版，第 199—201 页。

② 潘金娥:《越南领导层的更替与中越关系发展的前景》，《世界知识》2016 年第 9 期，第 25—26 页。

过，近年来越南经济出现的诸多问题，却使得经济系在国家道路选择方面的话语权受到明显影响。越共十二大，作为经济系领袖人物的前总理阮晋勇被迫“裸退”，越共中央委员会与政治局中经济系的人数占比明显下降，继任总理的阮春福是阮晋勇亲信，但缺乏政治权威，政治局排名仅在第六，很难保持阮晋勇在位时的经济系强势地位。

（二）地域性的南北分立

越共党内长期以来都有南北派分立的现象，其形成原因与越南特殊的地理要素与历史背景相关。越南在地理上呈现南北走向的“一条扁担挑两个箩筐”格局，北方的红河平原与南方的湄公河平原，分别形成了颇具差异性的经济与文化中心区。1834 年，越南阮朝明命帝将全国分为北、中、南三圻进行管理；1887 年，法国殖民者占领越南后，针对三圻采取了不同的殖民统治，从而使得越南人民在抗法时期，分别在三圻建立了独立的反抗组织。1929 年前后，越南北、中、南三圻地区分别出现印度支那共产党、印度支那共产主义联盟、安南共产党三个共产主义组织，并相互争夺正统地位。1930 年，胡志明以共产国际代表身份，在香港主持会议，将三个共产主义组织合并为越南共产党。这就使得越共从建立之初，就形成了北中南三派力量。1954 年越南北方解放后，为推动南方解放，设立了具有很高独立性的南方局负责南方革命，从而在很大程度上进一步强化了南北分立。

1986 年，随着“强势总书记”的南方派黎笋逝世，以及北方派长征复出，越共的权力格局再次回归“二大”后的南北制衡。革新开放以来，越共高层的“三（四）驾马车”基本都是北中南三派均分。其中，党的总书记通常是以河内为中心的北方干部担任，主管意识形态工作；国家主席通常是中部干部担任；政府总理通常是以胡志明市为中心的南方干部担任，主管经济工作。

2016 年越共十二大，南北分立格局照旧：阮富仲作为北方派代表人物，成功连任越共总书记，并作为资历最深的政治局委员，拥有更重要的话语权；陈大光当选国家主席，通常被视为北方派；作为南方派领军人物的阮晋勇被迫“裸退”，但其亲信阮春福当选政府总理，保证了南方派的话语权；阮氏金银作为首位当选的女性国家领导人，曾得到阮晋勇的支持与提携，通常被视为南方派。

（三）意识形态的保革分歧

近年来，随着革新开放的深化发展，越共党内开始形成既不同于传统的职能分化与地域分立，但又与之密切相关的派系分野，即革新开放的稳健派与激进派的保革分歧。目前来看，越共稳健派通常在地域上是北方派，在职能上是主管意识形态工作或国家安全工作，在对外关系上是亲华派；与之相对，激进派通常在地域上是南方派，在职能上是主管经济工作，在对外关系上是亲西方派。不过，随着保革分歧的意识形态特征日益明显，稳健派与激进派都在模糊传统权力分野的固有边界，特别是激进派的灵活务实观念，对越共新生代的北方派·文宣系精英具有很强的吸引力。

尽管在革新开放的必要性方面，越共党内具有普遍共识，但在革新开放的路径选择方面却始终存在明显分歧。早在 1990 年，越共中央政治局委员、书记处书记陈春柏就曾在报刊上公开发表文章，称越南革新是“半吊子”、“只革新经济，不革新政治”，他甚至呼吁越南应该考虑多党制的政治体制，效仿苏东进行“真正的”、“科学的”、“现代化”革新。“陈春柏事件”之后，越共党内关于革新开放的路线斗争开始成为权力博弈的重要内容。

作为“革新开放之父”，阮文灵在 1991 年越共七大上强调指出，越南决不接受多元化、多党制，决不接受越南社会主义道路以外的任何其他道路。但是，何谓“越南社会主义”，却旋即成为激进派与稳健派开展权力博弈的斗争重点。2011 年越共十一大，双方围绕越南社会主义的“公有制”特征展开了权力博弈，最终激进派在全体表决中胜出，从而使得“主要生产资料以公有制为基础”不再成为越南社会主义的基本特征。

2016 年越共十二大，有关新一届越共领导班子的构成问题，更是引发稳健派与激进派激烈交锋。尽管通过数轮搏杀，稳健派的阮富仲胜出，连任越共总书记，而激进派的阮晋勇败北，被迫“裸退”，但是激进派的根基却并未动摇。“四驾马车”的政府总理阮春福是阮晋勇的亲信，而国家主席陈大光与国会主席阮氏金银，都与阮晋勇立场相近，从而呈现激进派“一退三进”格局。

更重要的是，激进派的新生代力量开始跻身越共中央委员会。其中颇具代表性的是阮晋勇长子阮清谊，2011 年当选越共中央候补委员，2015 年 38 岁升任坚江省委书记，成为越共历史上最年轻的地方大员，2016 年当选越共中央委员，从而为其权力登顶提供了有利条件。

第二节　政治环境评估

一　发展模式：开放性较高 · 稳定性较高

从国家发展道路选择来看，越南曾长期照搬苏联模式，结果造成国内社会经济发展的严重困难。20 世纪 80 年代初，越南在国内外因素的共同影响下，放弃了苏联模式，开始探索具有越南特色的革新开放道路，并取得了明显成效。尽管在苏联解体东欧剧变后，越共党内稳健派与激进派的分歧日趋明显，但在推进经济革新问题上，双方始终保持着广泛共识，从而为进一步深化革新开放提供了有利条件。因

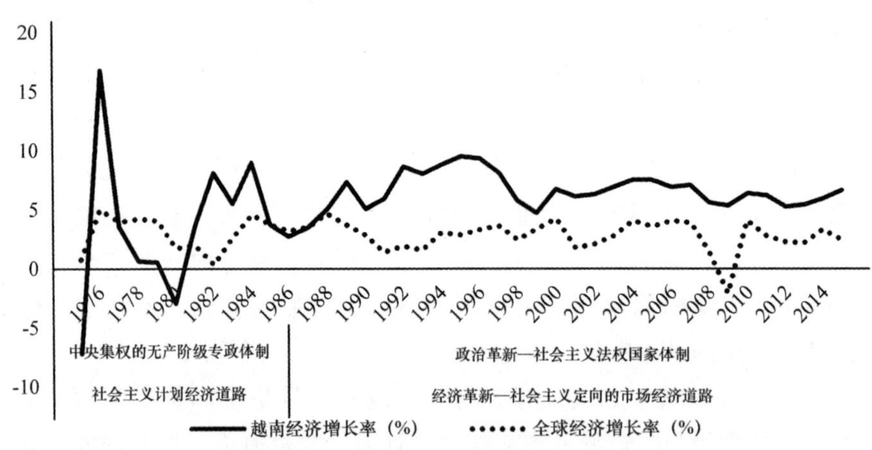

图 8.1　越南发展模式变革进程示意图

资料来源：1985 年之前的数据来自 *Monitoring the World Economy* 1820 - 1992，OECD，Paris，1995；1985 年之后的数据来自世界银行数据库（http：//data. worldbank. org）。

此，对“一带一路”建设而言，越南开放性较高，有利于进一步深化双多边的经贸合作，同时稳定性较高，有利于避免越共党内斗争对国家大政方针产生根本性影响。

（一）社会主义计划经济道路的失败

1956 年越南第一届国会第六次会议通过决议，“越南民主共和国通过发展国民经济并对其实行社会主义改造的办法，从人民民主制度逐步走上社会主义制度”①，并在 1959 年越南新宪法中明确提出了社会主义计划经济的发展要求。1960 年，越南开始施行计划经济，“国家计划委员会以及国家物价委员会决定生产什么，如何生产，谁来生产，消耗多少材料，价格多少，以及在哪里出售”②，并在此基础上形成了以公有制、中央计划、配给制为核心组成部分的社会主义计划经济体系。

从初期来看，越共推行社会主义改造与高度集权的计划经济体系，曾对越南北方的政治稳定与社会经济发展产生过积极作用。一方面，有效整合了越南北方的经济与社会资源，从而夯实了越共执政的权力根基，并为抗法、抗美与解放战争提供了坚实后方；另一方面，也在一定程度上弥补了长期以来越南北方自然经济缺乏公共基础设施特别是水利设施的明显缺陷，通过组织农村集体劳动切实改善了生产条件，使得北越成为当时东南亚地区稻谷亩产最高的地区。③

不过，随着计划经济体系的深化的发展，其背离市场经济规律的负面作用开始日益明显，特别是在越南全国解放后，强行在越南南方推进社会主义改造，更是严重挫伤了南方农民和工商业者发展生产和经营的积极性，造成大片农田抛荒，工厂停产，商业凋敝，大量拥有资金和技能的人才外流。再加上越共四大在经济路线规划上忽视农业和轻工业、过度强调重工业所引发的产业结构发展失衡，

① 米良：《东盟国家宪政制度研究》，云南大学出版社 2006 年版，第 73 页。

② ［澳大利亚］约翰·芬斯顿：《东南亚政府与政治》，北京大学出版社 2007 年版，第 344 页。

③ 梁志明等：《当代越南经济革新与发展》，鹭江出版社 1996 年版，第 4 页。

以及在对外关系上对苏联“一边倒”并悍然发动侵柬战争所引发的外交困局，使得越南经济社会发展在20世纪70年代末面临严重危机。

80年代初，越共在计划经济的框架下，针对农业生产、国有企业管理、商品流通等部分领域，进行了有限调整，提出了“新经济政策”，并取得了一定成效，但却未能从根本上解决结构性难题，反而使计划经济背离市场规律的现象更为明显。1985年越共五届八中全会做出“关于对价格、工资、货币实行同步改革的决议”，但在落实过程中却引发国内市场的大规模混乱，使得1986年的通胀率甚至高达775%，严重影响社会安定与越共政治权威。

（二）社会主义定向的市场经济建设取得显著成效

从1986年开始推行革新开放以来，越南在30年时间里坚持探索契合本国国情的国家发展道路，并取得了显著成效。从1986年到2015年，越南社会经济长期保持着中高速的增长态势，经济年均增长率为6.52%。与此同时，越南人均国内生产总值从1990年的98美元增至2015年的2011美元，从而摆脱了最不发达国家地位，跻身中等收入国家行列，并被认为可能成为东亚第五只小虎。

随着革新开放的深入发展，越共对国家发展道路的构建也在日益完善，并逐渐形成了社会主义定向的市场经济体制的建设规划。尽管在社会主义的概念界定方面，越共党内的稳健派与激进派还存在一定分歧，但在完善市场环境与坚持对外开放等问题上，双方具有普遍共识。① 越共在30年的革新开放进程中，进行了诸多改革与创新，其中最具影响力的主要有以下方面。

其一是完善农村土地承包制，努力推动农业发展，切实保证社会稳定与粮食安全。

越南地处热带与亚热带，气候炎热，适宜种植水稻等粮食作物，曾被誉为“东南亚粮仓”，但是在20世纪70年代末80年代初，由于

---

① 潘金娥：《越南政治经济与中越关系前沿》，社会科学文献出版社2011年版，第65—78页。

计划经济体制的政策失误与管理乏力，越南出现了严重的粮食短缺现象，甚至必须大量进口粮食以保证国内需求。于是，从 1980 年开始，越南首先在海防市进行了农业合作社生产承包试验，并于次年发布了《关于扩大农业合作社承包范围的第100号指示》，要求在全国推广海防经验。

1986 年越共六大后，农业改革进一步加快。1988 年，越共中央颁布旨在进一步完善土地承包制的第 10 号决议，规定向农民下放土地长期经营自主权和使用权，并用农业税替代收购制，允许农民在市场上自由销售产品，从而实现了土地所有权与使用权分离，扩大了农民的生产、经营自主权。1989 年，越南政府全面放开粮食市场，粮价随行就市。1993 年，越南国会通过立法将农民长期使用土地权固定下来，允许农民自由转让、交换、租赁和继承他们使用的土地，允许农民以土地作抵押从银行贷款，从而进一步完善了土地承包责任制，有效调动了农民的生产积极性。

从 1986 年到 2015 年，越南农业产值年均增长率为 3.54%，尽管在国内生产总值中所占比重从 40% 降至 17%，但却成为社会经济稳定的重要保证。其中最具代表性的是大米生产，不仅产量从 20 世纪 70 年代末的 1300 万吨，增加到 2015 年的 4500 万吨，而且越南从大米进口国转变为全球第二大出口国，年出口大米超过 600 万吨，成为越南重要的出口创汇产业。

其二是鼓励非公有制经济发展，依托劳动力优势，积极招商引资，促进制造业发展。

越共在 30 年革新开放进程中，逐渐调整和完善了对多种所有制经济协调发展的社会主义认知。从起初否定非公有制经济，到认可非公有制经济存在的必要性，再到鼓励非公有制经济发展，强调非公有制经济对国民经济发展的重要性，越共在话语体系建设上始终保持着与时俱进的务实立场。

20 世纪 80 年代初，越南经济中公有制经济占比曾高达 90% 以上，到 90 年代中期，公有制经济的占比已降至 50%，近年来更是进一步降至不足40%。[①] 越南公有制经济占比下降，很大程度上源于非公有制经济总量的迅速上升。特别是在1991年越共七大后，得益于越南劳动力价格的比较优势，外国直接投资显著增加，成为越南经济发展的重要动力。从1992年到1998年，外国直接投资净流入占越南国内生产总值的比重为年均8.1%；其后，由于受亚洲金融危机影响，外国直接投资有所下降，从1999年到2006年的占比为年均3.73%；近年来，虽然受全球经济危机影响，但在招商引资方面，越南却逆势上扬，从2007年到2015年的占比为年均6.61%。

更重要的是，近年来投资越南的外国资本，开始从传统的劳动密集型产业，特别是纺织、制衣、制鞋等，进一步拓展到具有更高资本与技术含量的劳动密集型产业，特别是电子、电器、计算机等。2008年，越南出口的前三大产品为原油（16.3%）、纺织品（15.8%）、鞋类（8.6%），而在2015年，前三大产品为手机及零部件（18.6%）、纺织品（14.1%）、电子产品（9.6%）。

其三是调整对外关系，积极发展外向型经济，依托全球化进程，实现跨越式发展。

越南革新开放之前，其对外经济关系主要是与各社会主义国家保持密切贸易关系，与其他国家的贸易仅占对外贸易的很小一部分，从而严重束缚了越南外向型经济发展。对此，越共总书记阮文灵在1986年的越共六大闭幕式上强调指出，“我们深刻认识到，在当今经济生活如此国际化的情况下，如果一个国家闭关自守，自给自足，不与外国进行经济交流，那就不可能存在和发展。”至此，越南开始调整对外关系，并逐渐形成了独立、自主、和平、合作与发展的对外路线，以及开放、全方位、多样化的对外政策。

对于越南外向型经济发展而言，最重要的是在有利于双多边合作的国际环境下，积极拓展外贸和吸引外资。越共从“六大”开始，就始终将增加出口作为首要经济任务。目前，越南已经与150多个国

① 潘金娥：《越南政治经济与中越关系前沿》，社会科学文献出版社2011年版，第74页。

家和地区建立了贸易关系，并与80多个国家和地区签订了贸易协定。从1986年到2015年，越南对外贸易总额占国内生产总值比重从23%增至178.8%，其中出口占比从6.6%增至89.8%，出口总额从17.4亿美元增至1738亿美元，增长近100倍，成为越南经济增长的重要动力。①

越南对外贸易增长，很大程度上得益于外资经济的蓬勃发展。1987年，越南国会颁布了第一部《外商投资法》，明确规定了外国投资组织或个人的权利、义务以及投资方式和投资保护措施。此后，越南先后于1990年、1992年与1996年三次修订《外商投资法》，并相继颁布了70多个涉外法令法规。与此同时，越南还先后于1991年和1994年分别颁布了《出口加工区规定》以及《工业园区规定》，从而为外商投资提供了更灵活的政策优惠，有力推动了招商引资工作。据统计，到2015年，越南已累计吸引外资2700亿美元，其中到位资金1350亿美元，投资项目19000个，分别来自105个国家和地区，投资范围广泛涉及越南经济各个领域。②

（三）革新开放面临结构性的发展瓶颈

越南革新开放30年以来，社会经济保持了相对平稳的增长，明显提升了国家能力与国民生活水平。但是，越南在跨越式发展过程中，长期存在对外依存度过高、产业结构失衡、国企改革滞后等问题，并在近年全球经济衰退的负面影响下日益突出，成为越南进一步深化革新开放的重要瓶颈。

对外出口是越南经济持续增长的重要动力，但由此产生的对外依存度过高也使得越南经济很难有效应对海外市场风险。近年来，越南一方面积极参与各种双多边的自由贸易合作安排，试图通过出口市场多元化的方式分散风险；另一方面努力推动产业结构调整，试图从根本上改变“两头在外”的出口加工业格局。从目前来看，出口市场多元化的成效相对明显，切实提升了越南经济的稳定性，但是产业结构

① 数据来源：世界银行数据库（http://data.worldbank.org）。

② ［越南］《经济时报》2015年10月1日。

调整却差强人意，未能达成预期目标。

越南在20世纪中后期的持续战争，使得国内工业化程度较低，未能形成较完整的基础工业体系。革新开放后，越南依托劳动力成本优势，引入纺织、制衣、制鞋等劳动密集型产业的外国直接投资，并在此基础上形成了出口导向的制造业发展模式。但是，由于国内缺乏生产配套设备与中间产品的基础工业，因此随着出口加工业的蓬勃发展，以及出口额的迅速攀升，设备与中间产品的进口额也在持续上升。从2002年到2010年，越南经常账户出现持续赤字，需要依靠外国直接投资方能保持国际收支平衡。

近年来，越南积极引入三星、西门子等跨国公司的中高端产业部门，从而在一定程度上改变了原先的低端产业出口格局，并试图依托跨国公司的技术研发与人员培训，推动越南产业结构升级。但问题在于，越南缺乏构建配套产业的资金、技术与基础设施，从而难以形成现代化的产业集群，无力承接跨国公司的配套生产。这就使得新引入的中高端产业部门，其基本模式还是“两头在外”。越南提供的仅是加工组装车间，以及部分环节的外包服务。

作为产业结构升级的前提条件，加强基础工业建设的必要性与重要性毋庸置疑，但对越南而言，要付诸实施却困难重重。基础工业建设周期长、投资大、收益低、风险高，通常是以国家投资为主，很少有私人资本或外国资本愿意参与。但是，越南国有企业的低效与腐败，却使得越共在推动基础工业建设方面，缺乏有效抓手。与此同时，越南社会相对较高的边际消费倾向，也使越共很难通过国内积累提供建设资金。从1990年到2004年，越南居民最终消费支出占国内生产总值比重为年均74.1%，2005年以来占比有所下降，但也都在65%以上，可用于国内投资的生产剩余相当有限。

对越南而言，“一带一路”建设具有很强的吸引力，将有助于从根本上解决其产业结构升级的瓶颈问题。尽管在依托中国构建基础工业是否影响经济自主性问题上，越共党内存在争议，但在推动产业结构升级必须引入中国资本与技术问题上，却具有普遍共识，分歧之处仅在于引入的路径选择、监管方式以及制衡手段。

二　权力结构：协调性较低·有效性较低

1986 年越共六大后，随着政治革新有序推进，越南政治权力结构的寡头自律形态开始变得日益规范化与制度化。通过树立“党领导、国家管理、人民当家做主的社会主义法权国家”的政改目标，越共在形式上改变了无产阶级专政体制，并为边缘圈层的新兴群体提供了参政议政的民主协商渠道，但在本质上却并未改变长期以来核心圈层的寡头博弈格局。

从目前来看，对“一带一路”建设而言，越南协调性较低，越共党内稳健派与激进派的权力博弈，使得越南很难做出对华合作的战略性决策，合作方案中的任何让步都会面临广泛质疑；同时，有效性较低，越南法治建设明显落后于社会经济发展，再加上越共党内的特权意识根深蒂固，使得“无法可依”或“有法不依”都相当普遍，严重影响越共执政能力。

（一）党政功能分离的权力博弈

1986 年革新开放以来，越共在政治领域进行了积极有序的改革试验，不仅提出以“政治系统”取代“无产阶级专政”，而且明确以“社会主义法权国家”为革新目标，并进行了诸多体制机制的创新。不过，无论在形式上如何变化，从权力结构来看，越共改革的目标相当明确，即在保持长期以来的寡头自律形态基础上，进一步推进寡头博弈的权力制衡，避免再次出现“强势总书记”的权力独断，提高越共在国家道路选择方面的纠偏能力。

革新开放初期，随着“强势总书记”黎笋去世，越共中央权力开始回归“三驾马车”传统格局，其中最为核心的就是党政功能分离，从以往的“合一型”转变为“互动型”。对此，1986 年越共六大强调党政关系存在的问题主要是“在许多场合党委仍包办代替政权的工作”。[①] 1991 年越共七大提出，“根本不存在提高党的领导地位与增强

① 吴彬康、姜士林、钟清清主编：《八十年代世界共产党代表大会重要文件选编（上）》，中国广播电视出版社 1989 年版，第 245 页。

政权机关效力之间的对立，不存在顾此失彼，唯有党的领导地位增强和国家政权管理作用之间相互补充增强实力的统一”。2006 年越共十大提出，党不但不能包办代替政府进行领导，而且要在国家和社会管理工作中，充分发挥政府主动性和创造性。[①] 2011 年越共十一大在党章修订中强调，“继续坚持党对政治系统的领导。克服党一手包办或放松对国家机关领导的现象”。[②]

尽管在话语体系建构方面，越共对党政功能分离进行了诸多阐释，但却并没改变党政权力始终掌握在越共权力精英手中的基本事实。通过“培养和输送合格干部”的传统做法，越共切实保证了政府中高级官员基本都是“久经考验”的党内精英。不过，党政功能分离也并不完全是粉饰民主或迎合改革诉求的形式主义举措，而是很大程度上顺应党内权力博弈的客观需要，有助于通过制度化的权力边界划分，切实避免党内争权引发政治动荡。

从“三驾马车”的权力划分来看，革新初期体现的主要是南北分立与系统分化的政治权力博弈。其中，北方派主要掌握以越共总书记为首的党务系统，并在意识形态领域占据主导权；南方派主要掌握以政府总理为首的政务系统，并在经济建设领域占据主导权；中部干部作为平衡与协调力量，长期占据国家主席职务。

不过，随着革新开放深入发展，越共党内稳健派与激进派的保革分歧，开始成为首要政治矛盾。2016 年越共十二大，稳健派与激进派再次展开针锋相对的权力博弈，力求在中央权力的划界问题上占据有利地位。从结果来看，双方再次形成平局，稳健派通过阮富仲的连任总书记赢得了短期优势，而激进派则通过新生代的权力精英布局获得了中长期优势。

（二）新兴群体参政与国会话语权提升

从权力结构来看，越南迄今为止并未改变长期以来的寡头自律形

① 古小松主编：《2007 年越南国情报告》，社会科学文献出版社 2007 年版，第 269 页。

② 于洪君主编：《当代世界政党文献（2011）》，党建读物出版社 2012 年版，第 385 页。

态（见图 8.2），但在经过 30 年革新开放后，曾经长期沉默的边缘圈层，随着新兴群体形成与发展，开始对核心圈层产生政治压力，并有可能进一步推动从寡头自律形态到衡平多元形态的结构性调整。

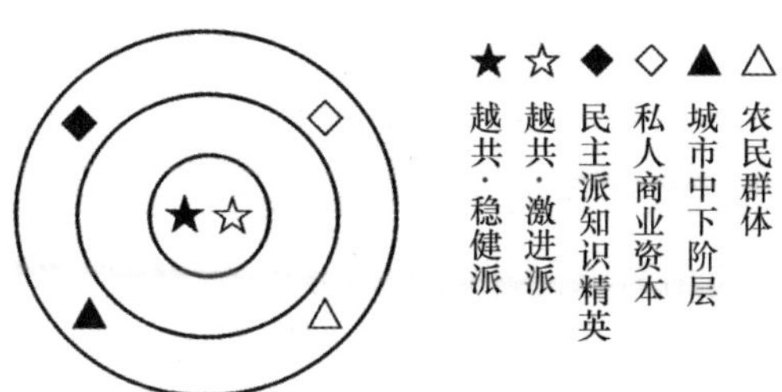

图 8.2　越共十二大后越南权力结构的寡头自律形态

越南革新开放进程中成长起来的新兴群体，主要包括三类：

其一是私人商业资本。尽管在规模上和数量上，越南的民营经济还相当有限，特别是资本和技术方面缺乏本土积累，很大程度上依赖于外国投资，但是，作为越南市场经济的重要组成部分，私人商业资本的政治共识已初步形成，并成为革新开放最积极的推动者。

其二是城市中下阶层。革新开放有力地推动了工业化与城镇化发展，大量农村富余劳动力进城，成为新兴的城市中下阶层。尽管并不存在普遍利益共识，但在现代通信技术特别是手机网络的互动沟通下，其要求公平、发展、变革的朴实政治诉求，开始日益强烈，并很容易成为民粹主义的政治策源地。

其三是民主派知识精英。尽管越共长期占据着官方层面的主流意识形态，并且与时俱进地积极调适和塑造新的话语表述，但在革新开放进程中，社会思潮难以避免地受到西方意识形态的影响，并引起不少新生代知识精英以及部分越共失意老干部的民主话语认同，并在此基础上形成政治动员与组织的行动默契。

尽管上述三类新兴群体都未形成独立的政治权力集团，但在边缘圈层却有各自强烈的利益诉求，从而会在一定程度上以非常规方式对核心圈层形成政治压力，并在特定情势下，还会形成政治合力，甚至在一定程度上影响越共中央权力的寡头博弈。

私人商业资本通常采取依附于核心圈层政治力量的方式表达利益诉求，并分享国家权力红利。对私人商业资本而言，通过“官商合作”分享特权，毫无疑问是经济转型过程中最高效的成长方式。作为越南前总理的“经济沙皇”阮晋勇，长期把持政府经济权柄，其女阮芳清执掌着投资基金公司“越南资本管理”和证券公司“越南资本证券”，其女婿阮宝黄不仅是美籍越南人，而且是流亡美国的前南越阮文绍政权内阁副部长阮邦之子。事实上，阮晋勇模式在越共激进派中并不少见，差别仅在于规模大小以及涉事深浅，并在很大程度上成为激进派与私人商业资本勾连互动，从而获得资源以满足党内权力博弈的重要手段。

城市中下阶层表达利益诉求的方式，主要是暴力或非暴力的街头政治。通过罢工和游行示威，城市中下阶层基本上都能达成其预期目标。近年来，越南劳动力的工资涨幅，明显高于其生产力的提升速度，甚至在一定程度上影响到越南在招商引资方面的国际竞争优势。与此同时，越共激进派也在有意无意借用城市中下阶层的“求变”诉求，以期形成对稳健派的政治打压。

民主派知识精英的利益诉求表达通常是进行社会舆论炒作，从而将私利掺杂在公义中借势而起，迫使核心圈层的政治力量做出让步。2013 年宪法的修订过程中，部分越南籍的海外知名知识分子、离退休政府官员及教授联合提交了所谓的“72 名知识分子宪法草案”，要求取消 1992 年宪法第四条规定，即越南共产党是国家和社会的领导力量，并要求实行多党制、三权分立、军队非政治化等。尽管越共稳健派对此进行了有力回击，并在 2013 年宪法中再次明确越共领导权，但民主派知识精英的社会舆论炒作，已对越共形成了明显政治冲击。①

针对边缘圈层新兴群体的政治化现象，越共权力精英采取了有序

① 陈新明：《越南修订 1992 年宪法引发的争论及思考》，《当代世界与社会主义》2016 年第 1 期，第 76 页。

疏导的策略选择，力求将相关利益诉求纳入国家决策的常规渠道，避免非常规方式对权力稳定运作的结构性冲击。2011 年，越共十一大修改党章，正式允许私营企业主入党，从而为私人商业资本提供了重要的政治通道。① 不过，相较于等级森严的越共党内晋升，以及松散泛化的祖国阵线参政议政，兼具开放性与约束力的国会，开始成为新兴群体表达利益诉求的重要渠道，并在很大程度上促成了国会主席晋升到越南中央权力的“四驾马车”。

越南国会曾在相当长时期内是作为“橡皮图章”的形式存在。革新开放以来，随着新兴群体的政治参与增加，国会作为“人民当家做主”的表达渠道，开始发挥核心与边缘圈层的政治沟通功能，从而拥有了现实的政治权力。具体来看，越南国会的政治革新主要体现在以下方面：②

其一，越南国会代表选举的差额直选和竞选强化了代表与选民之间的联系。1992 年，越南颁布新的《国会代表选举法》，开始在全国范围内实行国会代表的直接选举。国会代表候选人首先需要经过所在单位、居住社区和祖国阵线的三轮无记名投票，并在新闻媒体上公布其简历和财产等情况，然后再与选民直接对话、接受选民质询，最后才能通过差额直选方式当选。

其二，允许党外人士与自荐候选人当选国会代表，在一定程度上提高了国会的代表性与开放性。从 1992 年到 2016 年的历届国会中，都有一定数量的党外人士和自荐候选人当选（见表 8.1）。同时，越共推荐的候选人也有落选。其中，2007 年第十二届国会选举，越共推荐的候选人有 12 人落选；2011 年第十三届国会选举，越共推荐的候选人有 15 人落选。

---

① 胡玲：《中国与越南私营业主入党问题比较分析》，《广西社会科学》2014 年第 6 期，第 54—55 页。

② 谢小飞：《越南的国会改革与党政关系优化》，《当代世界社会主义问题》2016 年第 3 期，第 86—91 页。

表 8.1 **越南国会党外人士与自荐当选人数** （人）

	正式代表	党外人士	自荐当选
1992 年第九届	395	2	2
1997 年第十届	450	66	3
2002 年第十一届	498	51	2
2007 年第十二届	493	43	1
2011 年第十三届	500	42	4
2016 年第十四届	496	21	2

资料来源：谢小飞：《越南的国会改革与党政关系优化》，《当代世界社会主义问题》2016 年第 3 期，第 87 页。

其三，引入质询制度使国会具有了政治威慑力。1992 年颁布的《国会组织法》规定了国会代表的质询权，并于 2002 年开始实施。根据规定，国会会议期间，代表们有权对国家主席、政府总理等国家领导人及政府成员就其在任期间所负责的有关工作进行公开质询，被质询者必须如实回答，并且全程进行直播。2006 年，潘文凯总理就交通运输部的腐败事件接受质询并在任期未满的情况下，申请辞去总理职务；2010 年，阮晋勇总理接受国会公开质询，并就经济工作失误做出检讨。

其四，信任投票制的逐渐完善，使国会拥有了施加政治压力的重要手段。从 2002 年开始，越南国会在五分之一以上国会代表或国会专门委员会提议下，有权对国家和政府领导人进行不信任投票，并在三分之二国会代表投不信任票的情况下，有权罢免国家主席、国会主席和政府总理等领导人。2012 年，国会通过《对由国会、人民议会推选或批准的领导人投信任票》决议，规定每届政府都要在五年任期内进行两次表决，“低信任”票超过三分之二或连续两次“低信任”票超过半数的官员，将被进行“不信任”投票，如果“不信任”票超过半数，将请其主动辞职或由上级免除其职务。

从中长期来看，越南国会话语权还将进一步提升，并有可能成为新兴群体特别是私人商业资本与民主派知识精英跻身制衡圈层的重要路径，从而使越共在国家重大决策方面，包括对华合作方面，受到更加明显的政治掣肘。2006 年，国会在审议《劳动法》修正案时，多数代表对草案中禁止工人罢工的条款提出强烈反对，使该条款未能获得通过。2010 年，国会投票否决了政府提起的高铁提案，这是国会首次否决政府的重大项目提案。2014 年，国会召开听证会，对承办亚运会提出强烈质疑，迫使政府宣布放弃承办 2019 年亚运会。

（三）革新开放引发结构性腐败

越南存在较为严重的腐败问题（见表 8.2）。从成因来看，这在很大程度上根源于革新开放引发的双轨制结构。20 世纪 90 年代以来，越南革新开放在经济领域进展较快，并形成了依据市场规则进行资源和收益分配的自由交换体系，但在政治领域步伐较慢，从而在相当程度上保留着相对封闭的特权等级体系。双轨制的体系结构使越共从上至下普遍存在“跨体系”分享改革红利的政治诉求，并在此基础上衍生了严重的腐败问题，特别是在权力部门与国有企业表现得更为明显。

表 8.2 **越南清廉指数情况**

年份	1997	1998	1999	2000	2001	2002	2003	2004	2005	2006	2007
CPI	2.79	2.5	2.6	2.5	2.6	2.4	2.4	2.6	2.6	2.6	2.6
年份	2008	2009	2010	2011	2012	2013	2014	2015	2016	2017	
CPI	2.7	2.7	2.7	2.9	3.1	3.1	3.1	3.1	3.3	3.5	

注：从 2012 年起，透明国际的廉政指数开始采用百分制，为易于比较，表格中都换算为十分制。

资料来源：透明国际网站，2018 年 2 月 21 日，http：//www. transparency. org/。

越共对廉政建设相当重视，并先后出台诸多反腐败举措。2006 年，越南国会批准成立中央防治腐败指导委员会，政府总理阮晋勇任主任。2007 年，阮晋勇签署法令，要求国会代表、政府和国有企业处级以上官员、高级军官和警官公布其收入、房产、海外资产和账户，以及其他个人财物情况。2012 年，越共中央十一届五中全会决定成立由越共总书记任主任、中央政治局直接领导的中央防治腐败指导委员会。2013 年，阮晋勇主持工作的反腐指导小组宣布解散，总书记阮富仲亲自担任主任的中央反腐指导小组开始全面指导反腐工作。①

近年来，随着稳健派从腐败高危的激进派手中接管反腐败工作主导权，越南廉政建设初见成效，但还是很难满足市场经济建设的发展需求，腐败问题成为影响社会经济发展的重要瓶颈。② 对中越合作而言，短期来看，越南腐败问题的负面影响并不是特别明显，但在中长期，很可能成为落实重大项目合作的严重障碍。

三　外交博弈：自主性较低

对越南而言，国家独立、领土完整与民族复兴所承载的是近百年丧权辱国的历史记忆、数百万父兄同袍的流血牺牲，以及新生代对跨越式发展美好前景的殷切期望。这就使得越南在对外关系上，表现得既灵活，又敏感。尽管越南奉行独立、自主、和平、合作与发展的外交路线，并主张积极争取和平与稳定的外部发展环境，但其对国际环境的理解与认知，始终是基于斗争哲学，对大国特别是中美等国缺乏信任感，强调要“既合作又斗争”，并要“坚决坚持斗争保卫祖国独立、主权、统一和领土完整，保卫党、国家、人民和社会主义制度”。③ 因此，对“一带一路”建设而言，越南自主性较低，很容易在南海问题上受到西方国家特别是美国的误导与挑唆，从而影响中越战略合作的发展共识与政治互信，使得双方难以就重大决策达成合意并付诸实施。

（一）外交政策灵活务实

从越南外交战略发展来看，经历了外交为国家安全服务、为经济

① 古小松：《越南共产党管党治党的经验与挑战》，《当代世界与社会主义》2016 年第 5 期，第 19 页。

② 黄寒：《越南腐败对企业发展影响的研究——基于世界银行企业问卷调查的实证分析》，《东南亚研究》2015 年第 3 期，第 35—36 页。

③ 潘金娥：《越共十二大之后越南外交战略的新趋向》，《当代世界》2016 年第 11 期，第 46 页。

和社会发展服务，以及为提升国家地位和影响力服务的三个阶段。①1945 年至 1975 年，越南在抗战时期的外交以争取外援为目标。在此期间，中国与苏联为越南提供了大量经济和军事援助，并派遣了众多的专家参与援建。1976 年至 1985 年，越南施行联苏、反华、侵柬的外交政策，结果使其外交陷入孤立困境。

1986 年革新开放后，越南外交政策从对苏联“一边倒”逐步过渡为“多元化”。1988 年，越共政治局颁布了第 13 号决议《关于新形势下的对外政策与任务》，明确提出了“广交友，少树敌”的外交思想，以及调整与中国、美国、东盟的关系，为经济建设营造有利的国际环境等重大方针。1991 年越共七大，进一步提出“越南愿意与世界上所有的国家成为朋友”的外交方针。1996 年越共八大，强调指出，越南将“奉行独立自主、广泛开放、对外关系全方位、多样化的对外路线，为争取和平、独立与发展而奋斗”。

21 世纪以来，越南外交在积极融入国际经济的基础上，开始进一步要求提升国际地位与话语权。2001 年越共九大，除了重申越南要主动融入国际与地区经济，还提出要发展社会主义国家关系、周边国家关系、大国关系，以及传统友好国家关系。2006 年越共十大，进一步提出“在国际社会中成为世界各国值得信赖的朋友与合作伙伴”，并对参与国际合作提出更高要求。2011 年越共十一大，首次明确提出要成为国际社会“值得信任的合作伙伴和负责任的成员”。

2016 年越共十二大以来，越南在外交上呈现以下特征：一是坚持外交的核心任务是争取和平环境为经济发展服务；二是坚持独立自主、多样化、多边化的外交路线，建设各类不结盟“伙伴关系”；三是重视发展大国关系，推行大国平衡策略；四是采取既合作又斗争的策略和务实态度，争取国家利益最大化。②

---

① 潘金娥：《越南政治经济与中越关系前沿》，社会科学文献出版社 2011 年版，第 135 页。

② 潘金娥：《越共十二大之后越南外交战略的新趋向》，《当代世界》2016 年第 11 期，第 48—49 页。

（二）美越关系各取所需

从1975年越共武力解放全国开始，美越关系在此后十余年间始终处于非正常状态。革新开放后，随着柬埔寨问题得到和平解决，美越关系逐渐得到改善。1990年，美国国务卿贝克在纽约会见越南外交部长阮基石，成为两国间的首次部长级会谈；1991年，美国第一个官方贸易代表团访问河内；1994年，美国宣布解除对越南长达19年的贸易禁运令，从而标志着美越敌对状态结束；1995年，美越关系正常化；2001年，美越签订《双边贸易协定》；2006年，美国给予越南最惠国待遇。

近年来，美越双边关系明显加强，开始形成更密切的外交互动。2013年，越南国家主席张晋创访美期间，两国共同发表《建立全面伙伴关系的联合声明》，并承诺双边关系将“进入一个新阶段”。2015年，越共总书记阮富仲访美，成为历史上首位访美的越共最高领导人。双方会谈期间，阮富仲宣称美国是越南外交“最重要的经营领域”，并表示越南加强与美国的关系是越南共产党和国家领导人之间达成的共识。2016年，美国总统奥巴马访越，并宣布美国将全面解除对越南长达50年的武器禁运，标志着美越在军事领域的合作取得重大突破。①

从目前来看，美越关系还将进一步升温。这一方面是基于经济利益诉求，越南需要美国的资本、技术与市场，以保证国内社会经济持续增长，而美国则对越南的廉价劳动力感兴趣，试图在重构国际产业分工过程中，以越南取代中国的加工装配环节；另一方面是基于地缘政治需要，越南试图通过大国平衡策略，引入美国制衡中国，以提高其地区影响力，而美国在推行地缘战略的过程中，也需要越南作为地区支点，以进一步完善对华遏制的东亚包围圈。②

不过，美越两国在意识形态上的根本分歧，使得双方很难形成政

---

① 杨耀源：《新世纪以来越南对美“伙伴关系”政策评析》，《东南亚研究》2016年第5期，第62页。

② 李春霞：《越南对美国政策的演变及走向》，《国际论坛》2016年第4期，第3—4页。

治互信。美国从未放弃对越南的“和平演变”，而越南也始终保持着高度警惕，将美国视为“既合作又斗争”的重要对象。因此，美越关系发展存在明显局限性，很难在越共掌握政治主导权的情况下成为真正的战略盟友。

（三）中越关系纠结不定

19 世纪以来，中越爱国志士在抗击西方殖民主义与争取民族独立过程中，相互支持，共同奋斗。两国共产党人更是结下深厚友谊，双边关系被誉为“同志加兄弟”。1945 年越南民主共和国成立后，中国于 1950 年第一个与其建立外交关系。20 世纪中后期，中越关系先后经历了友好时期（50 年代至 70 年代中期）与对峙时期（70 年代中期至 80 年代末），甚至在边境地区兵戎相见。[①]

20 世纪 80 年代末，中越关系趋于改善。1991 年，越共总书记杜梅访华，双方宣布结束过去，开辟未来，两党两国关系实现正常化。此后，两党两国关系全面恢复并深入发展。两国领导人保持频繁互访和接触，双方在各领域的友好交往与互利合作不断加强。1999 年，两党总书记确定了两国在新世纪“长期稳定、面向未来、睦邻友好、全面合作”关系框架。2000 年，两国发表关于新世纪全面合作的《联合声明》，对发展双边友好合作关系做出具体规划。

2008 年，越共总书记农德孟访华，双方确定建立“全面战略合作伙伴关系”并发表《联合公报》。2013 年，李克强总理访越，双方共同发表了《新时期深化中越全面战略合作的联合声明》。2015 年，习近平总书记访越，并在越南国会发表题为“共同谱写中越友好新篇章”的重要演讲，从而有力促进了中越两国的发展共识与政治互信。

不过，近年来中越关系也面临诸多发展瓶颈，其中最明显的就是南海主权争端。21 世纪以来，中越两国先后解决了北部湾边界划分与陆地边界划分的历史遗留问题，但在南海问题上却始终未能取得实质性进展，并多次引发中越关系紧张，甚至是越南国内的反华暴乱，

① 潘金娥：《越南政治经济与中越关系前沿》，社会科学文献出版社 2011 年版，第 140 页。

对中国在越投资造成了严重的人员与财产损失。

对越南而言，理性把握中越关系趋向始终是相当纠结的选择难题。因为，越南在不同领域存在不同的甚至相反的利益诉求，使其在外交全局上面临结构张力，很容易在外部因素特别是美国因素影响下，产生对华政策的偏移和波动。

在意识形态领域，越共与中共存在高度契合性，故而党际交往始终是中越关系中最稳定的支柱，而越共稳健派也通常被视为“亲华派”。在经济领域，中国近年来保持越南第一大贸易伙伴国地位，并且对越投资也有明显增长，成为越南社会经济发展的重要动力，但是贸易逆差等问题经常受到质疑，故而不少主管经济的越共激进派更倾向于美日等西方国家，并被视为“亲美派”。在地缘政治领域，中越两国在综合国力方面的悬殊差距，在历史问题上的不同认知，以及在南海问题上的缺乏共识，使得双方明显缺乏政治互信，无论是越共稳健派，还是激进派，都主张对华保持戒备与防范。①

越南在过去相当长时期内，对华采取不同领域不同立场的灵活务实做法，从而规避了全局层面的结构张力。但是，随着中国在外交上变得更加积极进取，特别是提出“一带一路”建设的重大倡议，越南开始前所未有地面临对华关系的全局战略取舍，从而使得中越关系近年来波动明显，难以形成稳定预期。

四　文化交流：包容性较高

中越传统文化具有同源性，因此越南社会在借鉴和吸收中国现代文化特别是在传统文化基础上衍生形成的现代文化方面，并不存在明显异化感或排斥感。因此，对“一带一路”建设而言，越南包容性较高，有利于中越两国进一步拓展双边合作的深度与广度。不过，中越文化的相似性，也使得越南精英阶层存在强烈的民族主义不安全感，甚至试图通过“去中国化”对中越加以区分，以保证越南文化

① 张明亮：《“依华”还是“抑华”：析越共十二大后的越南外交》，《国际关系研究》2016年第2期，第112页。

的独立性。与此同时，随着南海问题在西方国家特别是美国挑唆下持续升温，近年来越南非理性的民族主义情绪有所上升，并在一定程度上对中越文化交流产生不利影响。

（一）中越文化的同源性与相似性

据记载，早在秦始皇统一六国时，就曾派军平定岭南，并设置南海、桂林和象郡，其范围包括现在越南的北部及中部的部分地区。此后1200多年，中越之间长期保持中央与边远地区的直辖关系。公元968年，丁部领建立“大瞿越国”，并被北宋册封为交趾郡王。此后900多年，中越之间开始形成宗藩关系，直到1885年越南沦为法国殖民地。

中越之间长达2100多年的密切往来，使得中国元素从一开始就根植于越南社会文化基因之中，并在本土化进程中与其他元素相互融合，从而形成独具特色的当地文化。作为越南主体民族的京族，其本质上就是当地世居族群与华夏移民的融合体。相较于东南亚其他国家，越南在文化上所体现的中国元素不仅更广泛，而且也更深刻。越南语中70%的词汇源于汉语，越南曾长期以汉字为官方文字；越南人姓名与中国人基本相同；越南信奉祖先崇拜，并尊崇儒学孔教；越南与中国有着如出一辙的节庆习俗和传统历法。对此，越共领袖胡志明曾指出，“越中两国，同种同文”。①

与此同时，中越两国同属社会主义阵营的意识形态相似性，也使得越南相较于其他东南亚国家更容易理解中国的社会主义话语表述，并且更容易在此基础上借鉴和吸收具有中国特色的社会主义现代文化，特别是具有传统文化背景的创新成果。

（二）“去中国化”的民族主义情绪

对于越南精英阶层而言，强调中越文化的差异性，不仅对外有助于提高越南的特殊性与代表性，从而在重视文化多元的当代国际政治中获得更多话语权，而且对内有助于通过辨识越南“我者”与中国“他者”之区别，进一步凝聚民族国家的想象共同体，并强化其社会

① 古小松：《中越如何重拾战略互信——从越南的历史传统与大国外交政策说起》，《人民论坛·学术前沿》2014年第9期，第14—16页。

权威与政治影响力。

长期以来，越南社会都存在“去中国化”的民族主义情绪。近年来，随着中国地区影响力上升，有关“去中国化”呼声再次甚嚣尘上，甚至有民主派知识精英提出以“西化”抵御“中国化”。不过，由于中国元素已经融入越南文化基因，所谓“去中国化”在本质上也就意味着“去传统化”，甚至是将意识形态阵地拱手相让的“全盘西化”，因此并未得到越南主流社会认可。

从目前来看，“去中国化”的呼声还将持续存在，并有可能在非理性的民族主义情绪影响下再次引发反华暴力事件，但在总体上并不会对中越合作大局产生根本影响。

五　中越合作：根基稳固·波折难免

从前文分析看，越南政治环境总体呈现“开放性较高·稳定性较高；协调性较低·有效性较低；自主性较低·包容性较高”，正处于国家发展模式第二轮转型的一致性妥协阶段（见图 8.3）。

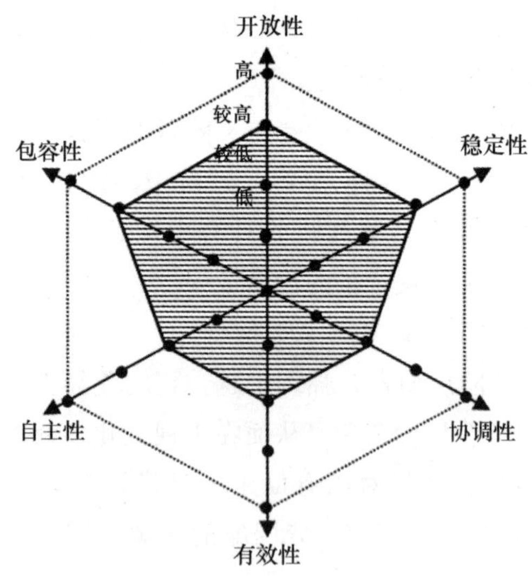

图 8.3　越南政治环境评估

对于“一带一路”建设而言，越南目前的政治环境利弊参半，存在相当明显的不确定性。从有利方面来看，越共稳健派短期内在权力博弈中占据优势，有助于中越两国依托党际交流与合作保持政治互信，从而为双边合作提供坚实的政治根基。从不利方面来看，越共激进派的政治影响力呈上升趋势，中长期有可能影响党际关系，同时在西方国家特别是美国挑唆下，南海问题持续升温，使得越南民族主义情绪高涨，短期内将很难在中越战略合作上取得实质性进展。

从目前来看，中越合作将在相当长时期内呈现“根基稳固，波折难免”的基本特征。有鉴于此，中越合作一方面要努力深化党际交流与合作，既要认真巩固与稳健派的政治互信，也要积极加强与激进派在经济建设方面的发展共识，并在此基础上构建更为深刻的利益羁绊；另一方面要积极创新中越文化交流的内容与形式，引导越南社会以本土化方式借鉴和吸收中国特色社会主义文化成果，从而在兼顾越南精英阶层舒适度的前提下，努力遏制西方国家特别是美日对越南特色社会主义文化的渗透与侵蚀，从而为中越战略合作构建更为有利的社会氛围与民意基础。

结语　政治风险评估与对策建议

基于前文相关讨论，我们可以得到如表 9.1 所示的东南亚七国政治环境的基本概况。总体来看，东南亚国家的政治环境并不理想，不仅在六项指标中，各国得到“较低”及以下评价的状况较为普遍，特别是菲律宾与缅甸的评价明显低于平均水平，而且六项指标的失衡状态较为明显，特别是柬埔寨在优势与短板的对比上表现得相当悬殊。

表 9.1　　东南亚国家政治环境的基本概况

国家	开放性	稳定性	协调性	有效性	自主性	包容性
泰国	较高	较低	较低	较低	较高	较高
印度尼西亚	较低	较高	较低	较低	高	较低
缅甸	较低	较低	低	低	较高	低
菲律宾	较低	低	较低	较低	较低	较低
马来西亚	较高	较高	较低	较低	高	较低
柬埔寨	高	较低	高	低	较高	高
越南	较高	较高	较低	较低	较低	较高

通过本书绪论中提到的“双六边形叠加法”，我们可以依托上述东南亚国家政治环境的基本概况，对“一带一路”建设的相关合作特别是重大项目合作在相关国家的潜在政治风险加以评估。恰如绪论中所言，相关项目建设自主应对不利情势的能力边界不尽相同，有必要具体项目具体分析，因此，本书将再次以绪论中的高铁建设情况

（开放性较低·稳定性高；协调性较高·有效性较高；自主性较高·包容性较高）为例进行情势分析。如果将高铁建设自主应对不利情势的能力边界代入到表9.1中，依据“双六边形叠加法”风险级差累加的计算法则，可以得到表9.2所示结果。

表9.2　**高铁建设在东南亚国家面临的潜在政治风险**

国家	开放性	稳定性	协调性	有效性	自主性	包容性	政治风险
高铁项目	较低	高	较高	较高	较高	较高	
泰 国	0级	2级	1级	1级	0级	0级	2级×1 ＋1级×2
印度尼西亚	0级	1级	1级	1级	0级	1级	1级×4
缅 甸	0级	2级	2级	2级	0级	2级	2级×4
菲律宾	0级	3级	1级	1级	1级	1级	3级×1＋1级×4
马来西亚	0级	1级	1级	1级	0级	1级	1级×4
柬埔寨	0级	2级	0级	2级	0级	0级	2级×2
越 南	0级	1级	1级	1级	1级	0级	1级×4

从表9.2可见，对高铁建设项目而言，东南亚各国面临的政治风险普遍较高，而且风险点较多。其中，除了在开放性方面各国表现都相对较好，并不存在明显风险之外，其他五项指标各国都或多或少存在潜在风险，稳定性方面更是位于高风险区间。

近年来，中国高铁“走出去”在东南亚地区面临发展瓶颈，尽管各国都表示欢迎中国高铁建设，但在合作中却始终未能取得明显进展。中—印尼高铁签约，但却迟迟未曾动工；中缅铁路被迫搁置；中泰铁路经过数年谈判却进展缓慢；中马高铁与中菲高铁还在酝酿，并面临诸多不确定性。

事实上，不仅是高铁项目，“一带一路”建设的其他合作项目在东南亚也都普遍不顺。这在很大程度上是由于我方在推进相关工作的时候，缺乏对相关国家的理解与认知，不仅未能有效监控风险来源，而且明显低估风险级别，难以形成对政治风险的有效防范与积极应对。

有鉴于此，我们认为，如果要取得“一带一路”建设成效，一是要做好项目设计，提出更具有吸引力与可行性的合作项目，尽可能扩大相关项目建设自主应对不利情势的能力边界，二是要切实做好对象国工作，引导和塑造更有利于我方的对象国政治环境。为此，有必要打破条块分割，以功能为导向，构建跨部门的专业化对外工作平台。具体来看，主要包括以下做法：

其一，构建基建工程协作平台。

设施联通特别是交通基础设施联通是“一带一路”建设的重要内容，对沿线国家有很高的吸引力，有助于提升各国发展潜力。不过，我国传统的海外工程承包做法，已经很难适应新时期的对外战略发展需要。

相较于日本以国际协力机构（JICA）为支点的综合服务平台，我国在“一带一路”建设过程中，还是受条块分割影响，通常以单个企业为工作主体，缺乏多部门多领域的有效资源整合。“一带一路”建设的沿线国家通常无力自筹资金开展基础设施建设，而且在申请世界银行或亚洲开发银行等国际机构贷款方面也存在诸多障碍。这对我国而言，既是挑战，也是机遇。

在传统的海外工程承包项目中，我国仅是其中施工环节的承包者，更多的项目难题都是由世行或亚行或其他机构负责，而在“一带一路”建设中，我方将会成为主导力量，并对西方机构都难以承担的高难度项目进行全盘负责。这就意味着，我国必须改变以往项目承包者角色，更多地从项目设计者与运营者的立场去开展工作。

我国在基建工程合作中，有必要构建打破条块分割的协作平台，改变发改委、商务部、外交部、进出口银行、开发银行，以及各大国有企业各大机构各自为政的现状，从而对项目可行性研究、融资贷款、项目担保、工程承包、材料与设备供应、项目运营及商业开发、项目公共关系等环节进行统筹安排，通过“一揽子”方案赢得沿线国家对项目合作的理解与认可。

其二，构建亲华力量培育平台。

近年来，随着我国在“一带一路”沿线国家的经贸合作与人员往来日益密切，厌华甚至反华情绪在相关国家有所抬头。其中，很重要的原因就是当地的亲西方力量通过媒体宣传、非政府组织活动以及学术研究等方式不断进行挑唆和煽动。

相较于美日等国长期在相关国家扶持亲西方力量的做法，我国在相关国家扶持亲华力量的工作明显滞后，难以满足“一带一路”建设的客观需求。

传统上，我国习惯于在对象国集中做好、做深、做透最上层高官的工作，以促使其为双边关系发展特别是重大项目合作保驾护航。这在长期稳定的威权国家相对有效，但在民主化浪潮影响下，“一带一路”沿线国家很多都采取了民主或半民主体制，从而使得我国传统上走高层路线的工作方法，开始变得不合时宜。

我国有必要将对象国中间层的知识精英作为工作重点，通过增进观念认同与利益共识的方式，扶持掌握社会主流话语权的亲华派政治力量。对此，有必要从三方面加强工作：

首先是在工作对象上，应当将主要目标集中在对象国尚未西化或保守化的新生代的知识精英，努力争取在新一轮的对美日意识形态竞争中占据有利态势。

其次是在工作方式上，应当提供多部门协调配合的培育方案。目前在对象国开展的培育工作，一方面在时间上缺乏连贯性，使得刚焐热的交心关系就被放置冷却，另一方面在领域上条块分割，难以形成资源整合与工作合力。

再次是在工作领域上，应当加强可持续的共同利益建设，使得对象国亲华派与其国家对华关系形成“一荣俱荣，一损俱损”的密切联动。

其三，构建基层公关统筹平台。

我国的海外投资项目中，有不少项目特别是资源开采型项目需要与对象国当地民众直接打交道。从目前来看，相关项目普遍面临基层公关难题，多数企业都与当地民众存在分歧与矛盾，这些问题难以得到有效解决。

美日等西方国家一直在指责我国海外企业缺乏社会责任，不仅破坏环境，而且还破坏传统文化和当地民生，并通过非政府组织挑唆当地民众进行和平抵制甚至暴力对抗，损害我国的负责任大国的国际形象。尽管我国公开承诺履行更多国际扶贫开发责任，政府和海外企业也投入庞大人力物力，但迄今为止却未能在相关对象国取得明显成效。

究其原因，一方面是相较于美日等西方国家的深耕细作，我国在基层公关方面尚处于起步阶段，还需要一定时期的持续投入方能形成从量变到质变的显著改善；另一方面是我国在基层公关方式上存在明显缺陷，缺乏统筹安排，更多的是各部门、各企业各行其是，着眼于与己有关的特定区域、项目或领域，却不顾及综合效果，结果不仅无法形成集群效应，而且很容易在对象国产生逆向激励，使得未能分享收益的基层民众在西方势力挑唆下表现出更强烈的不满和抵触情绪。

我国有必要将在对象国开展基层公关的相关资源集中使用和统筹管理，以提高资源配置的集群效应和外溢效应。对此，应从三方面加强工作：

首先要将政府和超大型国企民企的资源进行整合，集中人力物力开展“兼顾点面”的基层公关，并积极动员传媒大力宣传，以取得最大化的公关效果，切实改善我国的国家形象。

其次要积极扶持对象国的非政府组织，通过当地人做具体的基层公关，我方人员进行指导和监督。这样一来避免因语言、文化等差异影响基层公关的效果，二来有助于在当地基层培养利益共同体，从而在西方势力采取不利于我方的基层活动时，成为最有效的反制手段。

再次要积极回应中小企业在基层公关方面的现实困难，积极为其提供基层公关服务，避免由于中小企业能力不足而增加的基层公关风险。

其四，构建中国道路推介平台。

“一带一路”建设蕴涵的是强烈的道路自信，传达的是对西方普世价值的质疑与否定。随着“一带一路”建设的有序推进与深化发展，我国在沿线国家必将面临以美国为首的西方宣传机器的全面围堵，它们旨在遏制沿线国家对中国道路的理解、认可与借鉴。

从目前来看，我国在对外宣传方面的成效差强人意，难以满足“一带一路”建设的意识形态斗争需要。具体来看，缺陷体现在三方面：

一是缺乏有时代特色的“中国故事”，过多依赖于传统中国文化的代表性符号，难以引起对象国社会精英阶层的真正兴趣。尽管传统中国文化很有魅力，但对具有本国文化传承的沿线国家而言，宣传传统中国文化至多也就是增加文化多样性的非必要渠道，仅在于增进相互理解，避免普罗大众在文化上的误解；但对迫切期待现代化的社会精英而言，现代中国文化及其精神内核，才是理解中国道路的精髓所在。因此，“中国故事”有必要超脱传统文化的局限性，更多地聚焦于现代中国文化。

二是缺乏生动形象的表达手段，更多的是照本宣科的教科书式宣讲，难以引起对象国社会共鸣。从宣传角度来看，最有效的做法是引起宣传受众共鸣，使其基于亲身体验对宣传内容产生认同感；最无效的做法是迫使受众反复聆听，以期形成条件反射式的被动认同。由于对外宣传的受众并不受强制性约束，因此后者“要我听”的做法并不可行，唯有前者“我要听”的效果才能达成宣传目的。相较于美国以好莱坞大片为代表的灵活老辣的表现手段，我国在外宣工作中的表达手段相当刻板，更多的是将国内宣讲内容生硬地翻译为对象国语言，既不考虑对象国文化背景，也不考虑受众教育水平和接受能力。其结果是除了极少数的对象国学术精英，多数甚至不能理解我国外宣的核心思想。

三是缺乏有竞争力的宣传渠道，更多的是通过官方媒体的常规渠道发布消息，不仅更新较慢，而且受众相当有限，难以与依托新媒体的西方宣传机器形成竞争。近年来，西方媒体通过互联网、社交平台等新媒体，在“一带一路”沿线国家发动的宣传攻势日益频繁，损害我国国家形象。尽管对西方宣传机器的造谣中伤，我国通过对象国官方媒体的渠道加以澄清，有效降低了受损程度，但长期处于守势的被动局面，始终未能得到有效改善，面临积毁销骨的不利情势。

针对上述缺陷，我国在外宣方面，有必要在政府主导下构建学术界、文化界与传媒界联动平台，有效整合各方资源：

首先要依托学术界特别是语言学、人类学、心理学等专家以及国别研究学者，切实把握对象国受众的感性行为特征。

其次要依托文化界特别是音乐、绘画、摄影、动漫、电影等对象国受众喜闻乐见的艺术领域的工作者，挖掘和创新能代表现代中国文化的外宣作品。

再次要依托传媒界特别是新媒体人士，积极抢占对象国宣传渠道，形成多层次全方位宣传攻势，以保证对象国受众在对华认知方面能获得及时、准确、正面的相关信息。

总而言之，我们在“一带一路”建设过程中，务必秉持乐观精神、谨慎立场与谦逊态度，既要在大好形势下敏锐分辨潜在的政治风险，也要在艰难时局中把握可能的发展契机，特别是要深入对象国开展本土化工作，通过系统全面的体制机制创新，积极构建有针对性的政治风险评估与防范体系，从而为“一带一路”建设营造更好的发展环境。

参考文献

论文

白志红：《缅甸僧侣的社会网络与资本累积：一个村落寺庙住持的人类学研究》，《世界宗教文化》2015 年第 5 期。

鲍志鹏：《国家建构视域下缅甸民族问题根源探究》，《世界民族》2016 年第 1 期。

蔡仁龙：《印尼华人企业集团的发展与前景》，载萧效钦、李定国主编《世界华侨华人经济研究》，汕头大学出版社 1996 年版。

曹筱阳：《美泰同盟的合作形式、机制及其前景》，《东南亚研究》2015 年第 5 期。

曹云华：《缅甸政治体制：特点、根源及趋势》，《东南亚研究》1988 年第 2 期。

曹云华：《从族际通婚看泰国华人与当地民族的关系》，《东南亚研究》2001 年第 2 期。

陈庆鸿：《菲律宾经济起飞略论》，《国际研究参考》2013 年第 1 期。

陈庆鸿：《菲律宾对华对冲战略评析》，《当代亚太》2015 年第 6 期。

陈尚懋：《塔克辛执政前后的泰国政商关系》，（台湾）《问题与研究》2008 年第 47 卷第 2 期。

陈文献：《印尼的“主公”：苏哈托军人集团上台后的新兴印尼华人大企业家阶层》，《南洋问题研究》1983 年第 1 期。

陈晓律、王成：《马来人特权与马来西亚社会》，《历史教学》2014 年第 8 期。

陈新明：《越南修订 1992 年宪法引发的争论及思考》，《当代世界与社会主义》2016 年第 1 期。
陈莹：《马来西亚国营企业私营化问题》，《东南亚》2003 年第 4 期。
陈永、游筱群：《20 世纪末期以来东盟国家华人华侨经济发展的新特点》，《重庆工商大学学报》2004 年第 3 期。
仇朝兵：《美国与印度尼西亚“全面伙伴关系”评析》，《美国研究》2015 年第 2 期。
代帆：《脆弱性、不安全感与印度尼西亚的外交政策》，《南洋问题研究》2008 年第 1 期。
代帆、金是用：《安全与发展：菲律宾对华政策研究》，《南洋问题研究》2009 年第 3 期。
代帆：《菲律宾中国新移民研究——马尼拉中国城田野调查》，《太平洋学报》2009 年第 10 期。
邓淑碧：《评柬埔寨大选后的政局》，《国际论坛》1999 年第 1 期。
范宏伟：《奈温军政府时期缅甸华人的政治地位》，《厦门大学学报》（哲学社会科学版）2003 年第 2 期。
范宏伟：《缅甸华人的政治地位及其前景》，《国际关系学院学报》2009 年第 2 期。
范宏伟：《浅析缅甸华人的公民资格问题》，《世界民族》2012 年第 3 期。
范若兰、孟庆顺：《马来西亚伊斯兰教国理念、实践与政党政治》，《东南亚研究》2005 年第 2 期。
范若兰：《马来西亚 2013 年大选与政治发展前景分析》，《当代世界》2013 年第 10 期。
方天建：《冷战以来柬埔寨地缘政治变动研究》，《世界地理研究》2014 年第 4 期。
冯雷：《菲律宾天主教会同马科斯政权的关系》，《东南亚研究》2000 年第 4 期。
耿长娟：《马来西亚政府的改革与启示》，《东南亚纵横》2011 年第 8 期。
古小松：《中越如何重拾战略互信——从越南的历史传统与大国外交

政策说起》，《人民论坛·学术前沿》2014 年第 9 期。
古小松：《越南共产党管党治党的经验与挑战》，《当代世界与社会主义》2016 年第 5 期。
谷源洋：《大国汇聚亚洲与中国“经略周边”——对“一带一路”建设的思考》，《全球化》2014 年第 12 期。
郭惠琳：《马来西亚陷入“中等收入陷阱”的原因和政策应对》，《亚太经济》2012 年第 5 期。
郭继光：《利益集团、制度僵化与马来西亚中等收入陷阱》，《东南亚研究》2012 年第 4 期。
何爱、徐宗玲：《战后菲律宾土地改革、政策变迁与农业发展》，《汕头大学学报》（人文社会科学版）2011 年第 3 期。
贺圣达：《缅甸：军人执政的 20 年（1988—2008）的政治发展及趋势》，《东南亚纵横》2008 年第 8 期。
贺圣达：《新军人集团执政以来缅甸的经济改革和经济发展（1988—2008）》，《南洋问题研究》2009 年第 3 期。
胡玲：《中国与越南私营业主入党问题比较分析》，《广西社会科学》2014 年第 6 期。
黄寒：《越南腐败对企业发展影响的研究——基于世界银行企业问卷调查的实证分析》，《东南亚研究》2015 年第 3 期。
黄佳程：《20 世纪 80 年代马来西亚政府层面的伊斯兰复兴运动》，《东南亚南亚研究》2012 年第 2 期。
辉明：《试论马来西亚伊斯兰党的发展演变》，《世界宗教文化》2013 年第 3 期。
姜永仁：《缅甸华侨华人与缅甸社会与文化的融合》，《东南亚》2003 年第 4 期。
蒋细定：《菲律宾国营企业的发展及其私营化》，《南洋问题研究》1993 年第 2 期。
蒋玉山：《柬埔寨：2012—2013 年回顾与展望》，《东南亚纵横》2013 年第 3 期。
蒋玉山：《柬埔寨：2013 年发展回顾与 2014 年展望》，《东南亚纵横》

2014 年第 2 期。
焦佩：《族群冲突对缅甸民主转型的影响》，《东南亚研究》2014 年第 4 期。
李晨阳：《缅甸内政外交 2002 年回顾与 2003 年展望》，《东南亚纵横》2003 年第 2 期。
李晨阳：《西方国家对缅甸的制裁措施》，《国际资料信息》2010 年第 5 期。
李晨阳：《缅甸新政府的变与不变》，《世界知识》2011 年第 9 期。
李晨阳：《缅甸进入民盟主政时代》，《世界知识》2016 年第 8 期。
李春霞：《越南对美国政策的演变及走向》，《国际论坛》2016 年第 4 期。
李峰：《他信经济学及其对后他信时代泰国经济政策的影响》，《南洋问题研究》2009 年第 4 期。
李峰、郑先武：《历史承续、战略互构与南海政策——印尼佐科政府海洋强国战略探析》，《太平洋学报》2016 年第 1 期。
李枏：《奥巴马政府对缅甸政策的演变及走向》，《现代国际关系》2015 年第 12 期。
李绍辉：《20 世纪 80 年代以来老挝、柬埔寨华人社会发展探析》，《南洋问题研究》2010 年第 2 期。
李皖南、刘呈祥：《印尼佐科维政府执政绩效初评》，《东南亚研究》2016 年第 2 期。
李文俊、王坚德：《印度尼西亚中央与地方关系探究》，《文史博览》2009 年第 10 期。
李轩志：《2007 年美国“重返”柬埔寨的诸因素分析》，《国际论坛》2012 年第 3 期。
李毅：《马来西亚中小企业的发展路径与政策调整：一个制度变迁的分析》，《南洋问题研究》2003 年第 4 期。
梁薇：《柬埔寨：2015 年回顾与 2016 年展望》，《东南亚纵横》2016 年第 2 期。
廖小健：《马来西亚的马来人教育：发展与影响》，《南洋问题研究》

2007 年第 4 期。

廖小健：《马来西亚消除农民贫困的措施与启示》，《华中师范大学学报》（人文社会科学版）2010 年第 6 期。

林梅、柯文君：《苏西洛总统执政 10 年的印尼经济发展及新政府的挑战》，《南洋问题研究》2014 年第 4 期。

林锡星：《在苏貌将军治理下的缅甸》，《世界经济与政治论坛》1989 年第 12 期。

林锡星：《试析昂山素季对缅甸军政权态度的转变》，《东南亚研究》2004 年第 1 期。

林锡星：《缅甸“10 · 18”政变的真相》，《东南亚研究》2005 年第 1 期。

刘赐贵：《发展海洋合作伙伴关系推进 21 世纪海上丝绸之路建设的若干思考》，《国际问题研究》2014 年第 4 期。

刘均胜：《后危机时代印度尼西亚的发展战略及其影响》，《亚太经济》2012 年第 5 期。

刘务：《缅甸外交政策的新调整：从对华友好到大国平衡外交》，《东南亚研究》2007 年第 2 期。

刘务：《缅甸 2008 年宪法框架下的民族国家构建——兼论缅甸的边防军改编计划》，《印度洋经济体研究》2014 年第 4 期。

刘务：《1988 年以来缅甸少数民族武装民族政治目标变化初探》，《世界民族》2015 年第 4 期。

刘相骏、皮军：《后苏哈托时代印尼军队的改革》，《南洋问题研究》2008 年第 1 期。

罗圣荣：《马来西亚印度人的由来及其困境研究》，《东南亚研究》2008 年第 4 期。

罗圣荣：《马来西亚印度人的处境——兼谈马来西亚的不平等民族政策》，《世界民族》2009 年第 2 期。

骆梅芳：《柬埔寨共产党的失败及其教训》，《当代世界与社会主义》2001 年第 2 期。

骆永昆：《“一个马来西亚”政策及其启示》，《国际资料信息》2010

年第 3 期。

骆永昆:《马来西亚对华认知的演变进程》,《国际资料信息》2012 年第 5 期。

骆永昆:《浅析马来西亚外交战略的发展及其特点》,《和平与发展》2013 年第 5 期。

马燕冰:《选举暴力下的菲律宾:政治仍难正常化》,《世界知识》2009 年第 24 期。

马勇:《革新开放 30 年:越南社会主义建设的成就与经验》,《学术探索》2016 年第 2 期。

毛铖:《菲律宾土地私有制与农业规模化变迁启示》,《亚太经济》2015 年第 5 期。

潘金娥:《越南领导层的更替与中越关系发展的前景》,《世界知识》2016 年第 9 期。

潘金娥:《越共十二大之后越南外交战略的新趋向》,《当代世界》2016 年第 11 期。

裴晓睿:《从汉泰通婚看民族融合》,载北京大学泰国研究所编《现代化进程中的中泰关系》,世界知识出版社 2000 年版。

彭黎明:《苏哈托时期华人企业集团发展的政治分析》,《广州广播电视大学学报》2002 年第 2 卷。

全毅、汪洁、刘婉婷:《21 世纪海上丝绸之路的战略构想与建设方略》,《国际贸易》2014 年第 8 期。

阮金之:《民主转型环境下的当代马来西亚印度人族群抗争运动》,《东南亚研究》2010 年第 2 期。

沈红芳:《菲律宾外交政策的演变和主要对外关系》,《南洋问题》1983 年第 4 期。

沈红芳:《菲律宾农村土地关系初探》,《南洋问题研究》1993 年第 2 期。

沈红芳:《埃斯特拉达:菲律宾特色民主的产物与替罪羊》,《南洋问题研究》2001 年第 2 期。

沈红芳、李小青:《菲律宾修宪与反修宪运动探析》,《南洋问题研究》2006 年第 4 期。
沈红芳：《马来西亚工业化政策及其发展模式：从比较研究的视角》，《南洋问题研究》2007 年第 2 期。
沈红芳、冯驰：《菲律宾经济：没有发展的增长》，《亚太经济》2014 年第 3 页。
石源华：《亚洲命运共同体的文化内涵》，《世界知识》2015 年第 2 期。
宋清润：《缅甸当前对华认知特点及其走势》，《公共外交季刊》2014 年第 4 期。
宋清润：《缅甸民主转型的进展与挑战》，《国际研究参考》2014 年第 5 期。
宋清润：《从“亚太再平衡”战略看美泰军事同盟关系》，《国际研究参考》2015 年第 2 期。
宋效峰：《马来西亚的“第三条道路”：民主行动党的理念与实践》，《东南亚南亚研究》2012 年第 3 期。
王国平：《1993—2003 年柬埔寨的经济改革》，《东南亚》2003 年第 2 期。
王若磊《论越南的政治问责双轨制》，《科学社会主义》2015 年第 5 期。
王士录：《菲律宾文官制度简介》，《东南亚研究》1989 年第 4 期。
王士录：《从奉辛比克党的分裂看当前柬埔寨政党政治的发展》，《东南亚》2007 年第 1 期。
王文俊：《论伊斯兰教在马来西亚政治中的作用和影响》，《东南亚纵横》2013 年第 11 期。
王韫：《菲律宾与印尼军人政治参与的比较》，《东南亚研究》2004 年第 2 期。
王志刚：《越南对国有资本管理体制的实践与创新——以越南国有资本投资与经营总公司为中心》，《东南亚纵横》2014 年第 9 期。
王志刚：《开放经济下的高增长奇迹——重建后柬埔寨经济评析》，《东南亚研究》2015 年第 4 期。

王子昌：《缅甸民盟的胜选及其执政难题》，《东南亚研究》2016 年第 2 期。

韦朝晖：《马来西亚：2015 年回顾与 2016 年展望》，《东南亚纵横》2016 年第 3 期。

吴崇伯：《印尼国有企业发展与改革问题研究》，《南洋问题研究》2011 年第 3 期。

吴崇伯：《印尼内需主导型经济发展及其政策启示》，《亚太经济》2012 年第 2 期。

吴崇伯：《印尼新总统面临的挑战与政策趋向分析》，《厦门大学学报》（哲学社会科学版）2015 年第 1 期。

吴杰伟：《菲律宾天主教对政治的介入》，《东南亚研究》2005 年第 6 期。

吴琳：《政变喧嚣中的菲律宾》，《当代世界》2006 年第 4 期。

武传兵：《从第四届全国大选看柬埔寨主要政党兴衰变化》，《当代世界》2008 年第 10 期。

武传兵：《柬埔寨人民党着眼执政安全解决土地纠纷》，《当代世界》2012 年第 9 期。

谢小飞：《越南的国会改革与党政关系优化》，《当代世界社会主义问题》2016 年第 3 期。

邢和平：《2004 年：柬埔寨进入后西哈努克时代》，《东南亚纵横》2005 年第 2 期。

邢和平：《2008 年的柬埔寨越发成熟与自信》，《东南亚纵横》2009 年第 2 期。

徐本钦：《中缅政治经济关系：战略与经济的层面》，《南洋问题研究》2005 年第 1 期。

许红艳：《马来西亚国族建构研究》，《广西民族研究》2015 年第 1 期。

许利平：《印尼民主改革时期腐败问题探析》，《东南亚研究》2013 年第 3 期。

许梅：《泰国华人政治生活的变迁》，《东南亚研究》2002 年第 2 期。

许梅：《制约马来西亚华人政党政治发展的种族政治因素》，《世界民族》2003 年第 1 期。

许梅：《试析菲律宾华人经济发展中的政治困境》，《东南亚研究》2004 年第 3 期。

许梅：《柬埔寨外交政策的演变与中柬关系的发展》，《当代亚太》2005 年第 3 期。

闫森：《马来西亚经济转型计划的实施与成效》，《亚太经济》2012 年第 4 期。

颜武：《菲律宾：家族政治与腐败成灾》，《检察风云》2013 年第 15 期。

阳阳：《菲律宾军队现代化计划与南海问题》，《和平与发展》2014 年第 4 期。

杨保筠：《柬埔寨政党政治的发展及其特点》，《当代亚太》2007 年第 1 期。

杨凯：《菲律宾天主教会的再政治化与战后菲律宾社会转型互动机理研究》，《东南亚纵横》2013 年第 6 期。

杨龙：《中国资本在柬埔寨》，《文化纵横》2014 年第 4 期。

杨耀源：《新世纪以来越南对美“伙伴关系”政策评析》，《东南亚研究》2016 年第 5 期。

尤洪波：《冷战期间缅甸的中立主义外交政策》，《南洋问题研究》2002 年第 1 期。

于臻：《论西哈努克在当代柬埔寨政治演变中的作用与影响》，《南洋问题研究》2007 年第 2 期。

余振、葛伟：《经济一体化与产业区位效应：基于中国东盟自贸区产业层面的面板数据分析》，《财贸经济》2014 年第 12 期。

张成霞：《柬埔寨高等教育发展历程及面临的问题》，《东南亚纵横》2011 年第 12 期。

张党琼：《政治转型以来的缅甸经济改革：进展与展望》，《东南亚南亚研究》2014 年第 4 期。

张明亮：《“依华”还是“抑华”：析越共十二大后的越南外交》，

《国际关系研究》2016 年第 2 期。

张倩烨：《马来西亚政局动荡的连锁反应》，《南风窗》2015 年第 15 期。

张榕：《宪政民主化道路上的马来西亚政党制度》，《东南亚纵横》2015 年第 5 期。

张铁根：《马来西亚大选及其影响》，《亚非纵横》2008 年第 3 期。

张小倩：《二十一世纪以来印尼华人“再华化”现象研究》，《世界民族》2016 年第 1 期。

张应龙：《马来西亚国民阵线的组成与华人政党的分化》，《华侨华人历史研究》2002 年第 2 期。

张蕴岭：《中国与周边关系：命运共同体的逻辑》，《人民论坛》2014 年 2 月（下）。

张蕴岭：《打造中国—东盟自由贸易区升级版》，《东南亚纵横》2014 年第 10 期。

张蕴岭：《亚太经济一体化与合作进程解析》，《外交评论》2015 年第 2 期。

赵海立：《从白小保校运动看马来西亚华人的政治参与形态》，《东南亚研究》2005 年第 4 期。

赵海立：《马来西亚华人社团大选诉求时间探析》，《东南亚研究》2011 年第 5 期。

赵洪：《马来西亚政府在金融发展中的作用》，《南洋问题研究》2004 年第 1 期。

郑一省：《菲律宾后马科斯时期的民主政治发展》，《东南亚》2002 年第 3 期。

钟柬仁：《柬埔寨主要政党竞相启动下届大选准备工作》，《世界知识》2015 年第 4 期。

钟智翔：《缅甸的佛教及其发展》，《东南亚研究》2001 年第 2 期。

周方冶：《泰国政治格局转型中的利益冲突与城乡分化》，《亚非纵横》2008 年第 6 期。

周方冶：《全球化进程中泰国的发展道路选择——“充足经济”哲学

的理论、实践与借鉴》，《东南亚研究》2008 年第 6 期。
周方冶：《泰国宪政体制多元化的进程、动力与前景》，《南洋问题研究》2013 年第 4 期。
周方冶：《新旧利益集团的政治博弈——基于权力结构“同心圆”模型的东亚政治转型研究》，《探索》2013 年第 5 期。
周方冶：《中泰关系—东盟合作中的战略支点作用——基于 21 世纪海上丝绸之路的分析视角》，《南洋问题研究》2014 年第 3 期。
周方冶：《20 世纪中后期以来泰国发展模式变革的进程、路径与前景》，《东南亚研究》2015 年第 5 期。
周龙：《柬埔寨非政府组织的发展及其社会影响》，《东南亚纵横》2015 年第 8 期。
周荣国：《柬埔寨要走自己的路——洪森谈治国理政新思路》，《当代世界》2001 年第 3 期。
祝湘辉：《试析缅甸新商业精英阶层的崛起》，《东南亚纵横》2011 年第 5 期。
庄国土：《东南亚华侨华人数量的新估算》，《厦门大学学报》（哲学社会科学版）2009 年第 3 期。
庄国土：《华菲混血族群的形成与消融——以菲律宾前总统奥斯敏纳身世探究为例》，《世界民族》2013 年第 6 期。
庄礼伟：《多元竞争环境下的马来西亚政治生态》，《东南亚研究》2011 年第 2 期。
庄礼伟：《马来西亚竞争型威权体制的走向：以选民结构为考察视角》，《东南亚研究》2014 年第 2 期。
［马来西亚］洪丽芬：《马来西亚华人与当地马来人的交往和用语选择》，《八桂侨刊》2010 年第 1 期。
［马来西亚］林鸿海：《马来西亚公共行政改革：回顾及展望》，《公共行政评论》2009 年第 4 期。
［马来西亚］潘永强：《马来西亚华裔的社会运动（1957—2007）》，《东南亚研究》2009 年第 3 期。
［马来西亚］文平强：《马来西亚华人文化——传承与创新》，《东南

亚纵横》2013 年第 7 期。

[马来西亚] 吴益婷：《马来西亚联邦政治与砂拉越地方文教权》，《南洋问题研究》2015 年第 3 期。

[美] 戴维·沃费尔：《菲律宾变了，还是维持原状?》，《南洋资料译丛》1994 年第 Z1 期。

[美] 丹尼尔·奥尼尔：《中国对柬埔寨的 FDI》，《南洋资料译丛》2015 年第 2 期。

[美] 加里·霍斯：《马科斯、其密友和菲律宾经济发展的失败》，《南洋资料译丛》1995 年 Z2 期。

[美] 金·格洛斯霍兹：《菲律宾：马科斯往何处去?》，《南洋问题资料》1974 年第 3 期。

[美] C·尼尔·泰特：《法院与菲律宾民主的瓦解和重建：得自最高法院议程的证据》，《国际社会科学杂志（中文版)》1998 年第 2 期。

[美] 保罗·钱伯斯：《东南亚的宪法变迁与安全部队：以泰国和缅甸为鉴》，《南洋资料译丛》2015 年第 4 期。

[美] 罗伯特·海夫纳：《宗教复兴时代的民主化：印尼个案》，《南洋资料译丛》2013 年第 3 期。

[美] 威廉·J·伯梅罗伊：《在菲律宾的美国资本与其他外国资本》，《南洋资料译丛》1976 年第 3 期。

[美] 威森·梅雷迪斯·利：《烈火莫熄运动将何去何从——马来西亚种族和变化中的政治规则（上)》，《南洋资料译丛》2014 年第 1 期。

[美] 沃尔登·贝洛：《处在独裁与革命之间的菲律宾》，《南洋资料译丛》1985 年第 3 期。

[美] 亚历山大·苏利文：《在变化的环境中推动美国与马来西亚合作》，《南洋资料译丛》2016 年第 1 期。

[缅甸] 连·H. 沙空：《缅甸民族武装冲突的动力根源》，《国际资料信息》2012 年第 4 期。

[缅甸] 玛格利特·黄：《缅甸佛教与王权》，《南洋问题研究》2006

年第 2 期。

［缅甸］妙丹、密登：《缅甸的过渡性经济：现状、发展差距和未来前景》，《南洋资料译丛》2008 年第 3 期。

［缅甸］敏辛：《缅甸人对中国人的态度：中国人在当代缅甸文化和媒体中的形象》，《南洋资料译丛》2014 年第 4 期。

［缅甸］钦佐温：《佛教与民族主义——缅甸如何走出民族主义的泥淖》，《南洋问题研究》2016 年第 1 期。

［缅甸］吴奈温：《缅甸政府对非原住民的政策》，《民族译丛》1985 第 5 期。

［日］野泽知弘：《柬埔寨的华人社会——关于金边华人华侨聚居区的调查报告》，《南洋资料译丛》2012 年第 2 期。

［日］野泽知弘：《柬埔寨的华人社会——华文教育的复兴与发展》，《南洋资料译丛》2012 年第 3 期。

［日］野泽知弘：《柬埔寨的华人社会——关于新华侨社会动态的考察》，《南洋资料译丛》2013 年第 1 期。

［日］村主道美：《缅甸佛教徒与穆斯林冲突对其民主改革的影响》，《印度洋经济体研究》2014 年第 2 期。

［日］福地亚希：《柬埔寨经济现状与展望》，《南洋资料译丛》2014 年第 1 期。

［日］菊地靖：《菲律宾的双系制和巴朗盖社会》，《民族译丛》1987 年第 2 期。

［日］日本海外贸易振兴会：《菲律宾的民族资本》，《南洋资料译丛》1976 年第 2 期。

［日］森泽惠子：《现代菲律宾经济结构分析》，《南洋资料译丛》1995 年第 Z1 期。

［日］松宫美奈：《菲律宾工业化政策的课题》，《南洋资料译丛》2000 年第 3 期。

［日］潼川勉：《菲律宾土地问题的发展》，《南洋问题资料》1974 年第 3 期。

［日］梶原弘和：《菲律宾的经济开发及其经济结构》，《东南亚研究》

1991 年第 2 期。

[日] 增田笃、大重齐：《印尼经济：世界金融危机的波及及其对策》，《南洋资料译丛》2010 年第 2 期。

[苏联] 巴雷什尼科娃、列弗托诺娃：《菲律宾："新社会"的理论与实践》，《东南亚研究资料》1982 年第 1 期。

[新加坡] 任娜：《马来西亚"新经济政策"下的种族与阶级分野》，《东南学术》2003 年第 5 期。

[印尼] 米拉：《近十年来印尼华人参政情况分析》，《东南亚研究》2016 年第 2 期。

[印尼] 桑尼·塔鲁韦达加：《印尼政治伊斯兰和伊斯兰政党——伊斯兰政治衰退证据的批判性评价》，《南洋资料译丛》2010 年第 3 期。

[越南] 阮氏庆维：《论越南国有企业产权改革的法律规制》，《现代商贸工业》2014 年第 23 期。

专著：

蔡仁龙：《印尼华人企业集团研究》，香港社会科学出版社有限公司 2004 年版。

曹云华：《变异与保持——东南亚华人的文化适应》，中国华侨出版社 2001 年版。

陈世伦：《柬埔寨政治体制与经济结构之转型问题研究》，（台湾）成功大学政治经济学研究所，2003 年。

房宁等：《民主与发展——亚洲工业化时代的民主政治研究》，社会科学文献出版社 2015 年版。

古小松主编：《2007 年越南国情报告》，社会科学文献出版社 2007 年版。

郭伟伟主编：《世界主要政党规章制度文献·马来西亚》，中央编译出版社 2015 年版。

韩锋：《泰国经济的腾飞》，鹭江出版社 1995 年版。

贺圣达、李晨阳编著：《列国志·缅甸》，社科文献出版社 2010

年版。
贺圣达、王文良、何平：《战后东南亚历史发展 1945—1994》，云南大学出版社 1995 年版。
贺圣达等：《战后东南亚历史发展》，云南大学出版社 1995 年版。
黄昆章：《印尼华侨华人史》，广东高等教育出版社 2005 年版。
黄滋生、何思兵：《菲律宾华侨史》，广东高等教育出版社 2009 年版。
李晨阳：《军人政权与缅甸现代化进程研究（1962—2006）》，香港社科出版社有限公司 2009 年版。
李晨阳等编著：《列国志·柬埔寨》，社会科学文献出版社 2010 年版。
李涛：《海外菲律宾人与菲律宾的社会经济发展》，社会科学文献出版社 2012 年版。
梁敏和：《印度尼西亚文化概论》，世界图书出版公司 2014 年版。
梁志明等：《当代越南经济革新与发展》，鹭江出版社 1996 年版。
廖小健：《世纪之交　马来西亚》，世界知识出版社 2002 年版。
林锡星：《中缅友好关系研究》，暨南大学出版社 2000 年版。
米良：《东盟国家宪政制度研究》，云南大学出版社 2006 年版。
潘金娥：《越南政治经济与中越关系前沿》，社会科学文献出版社 2011 年版。
施雪琴：《菲律宾天主教研究：天主教在菲律宾的殖民扩张与文化调适（1565—1898）》，厦门大学出版社 2007 年版。
田禾、周方冶编著：《列国志·泰国》（第三版），社会科学文献出版社 2016 年版。
王士录编著：《当代柬埔寨经济》，云南大学出版社 1999 年版。
吴彬康、姜士林、钟清清主编：《八十年代世界共产党代表大会重要文件选编（上）》，中国广播电视出版社 1989 年版。
许利平等：《从贫民窟到总统府——印尼传奇总统佐科》，社会科学文献出版社 2015 年版。
杨长源等：《缅甸概览》，中国社会科学出版社 1990 年版。

于洪君主编：《当代世界政党文献（2011）》，党建读物出版社 2012 年版。

周东华：《战后菲律宾现代化进程中的威权主义起源研究》，人民出版社 2010 年版。

周方冶等：《东亚五国政治权力集团研究》，中国社会科学出版社 2015 年版。

周素勤：《美国对菲律宾外交政策中的意识形态作用研究》，世界图书出版广东有限公司 2014 年版。

［澳大利亚］约翰·芬斯顿：《东南亚政府与政治》，北京大学出版社 2007 年版。

［柬埔寨］洪森：《柬埔寨十年：柬埔寨人民重建家园的艰辛记录》，台湾顺德文化 2001 年版。

［美］芭芭拉·沃森·安达娅，伦纳德·安达娅：《马来西亚史》，中国大百科全书出版社 2010 年版。

［美］卢西恩·派伊：《东南亚政治制度》，广西人民出版社 1993 年版。

英文资料：

Ashley South, *Ethnic Politics in Burma: States of Conflict*, Routledge, 2008.

Ben Kiernan & Chanthou Boua ed., *Peasants and Politics in Kampuchea, 1942 – 1981*, London: The Macmillan Press LTD., 1982.

Ben Kiernan, *The Pol Pot Regime: Race, Power, and Genocide in Cambodia under the Khmer Rouge, 1975 – 1979*, New Haven, CT: Yale University Press, 1996.

Benedict Anderson, *The Spectre of Comparisons: Nationalism, Southeast Asia, and the World*, London and New York: VERSO, 1998.

Chi-shad Liang, *Burma's Foreign Relations: Neutralism in Theory and Practice*, Praeger Publishers, 1990.

D. G. E. Hall, *A History of South-East Asia*, Third Edition, London, Macmillan, 1968.

David Chandler, *A History of Cambodia*, 4th ed. , Westview Press, 2007.

David Wurfel, *Filipino Politics: Development and Decay*, Ithaca and London: Cornell University Press, 1988.

Eufronio M. Alip, *Ten Centuries of Philippine-Chinese Relations: Historical, Political, Social and Economic*, Manila: Alip and Sons, 1959.

F. K. Lehman, eds. , *Military Rule in Burma since 1962: A Kaleidoscope of View*, Hong Kong: Maruzen Asia, 1981.

G. William Skinner, *Chinese Society in Thailand: An Analytical History*, Cornell University Press, Ithaca, New York, 1957.

Gordon P. Means, *Malaysian Politics*, London: Hodder and Stoughton, 1976.

Harold Crouch, *The Army and Politics in Indonesia*, Ithaca: Cornell University Press, 1978.

Hussin Mutalib, *Islam and Ethnicity in Malay Politics*, Singapore: Oxford University Press, 1990.

Josef Silverstein, *Burma: Military Rule and the Politics of Stagnation*, Cornell University Press, 1977.

Leo Suryadinata, *Indonesia's Foreign Policy under Soeharto*, Singapore: Times Academic Press, 1996.

Michael Leifer, *Indonesia's Foreign Policy*, London: Allen & Unwin, 1983.

Noel M. Morada and Teresa S. Encarnacion Tadem, eds. , *Philippine Politics and Governance: An Introduction*, *Diliman*, Quezon City: University of the Philippines, 2006.

Ruth McVey, ed. , *Money and Power in Provincial Thailand*, Nordic Institute of Asian Studies, NIAS Publishing, 2000.

Patricio N. Abinales and Donna J. Amoroso, *State and Society in the Philippines*, Lanham, Boulder, New York and Oxford: Rowman & Littlefield Publisher, Inc. , 2005.

Peter Krinks, *The Economy of the Philippines: Elite, Inequalities and Economic Restructuring*, London and New York: Routledge, 2002.

Robert W. H., et al., *The Politics of Multiculturalism: Pluralism and Citizenship in Malaysia*, Honolulu: University of Hawaii Press, 2001.

Sheila S. Coronel, Yvonne T. Chua, Luz Rimban and Booma B. Cruz, *The Rulemakers: How the Wealthy and Well-Born Dominate Congress*, Quezon City, Philippines: Philippine Center for Investigative Journalism, 2004.

Steven Drakeley, *The History of Indonesia*, Greenwood Press, 2005.

后　记

书稿交付刊印，笔者却未曾释然，反而更为忐忑。对笔者而言，本书所要表达的不仅是知识或观点，更是理念与倡议，希望与学术界同仁合力构建中国视角下的国别研究范式，以中国话语全面、客观、准确、简明地描述对象国，从而切实提高社会各界对“一带一路”沿线国家的理解与认知，有效避免信息不对称引起的风险损失。

近年来，随着“一带一路”建设有序推进，长期以来在学术界被边缘化的国别研究工作开始受到重视，不仅国内高校与科研院所相继成立一大批研究中心与学术基地，而且各类智库与新闻媒体也备受追捧，涌现了不少知名的国别专家。对于长期从事国别研究的笔者而言，此情此景诚然是备感欣慰，特别是看到大批新生力量加入国别研究队伍，更有吾道不孤之感。不过，国别研究的学术短板，却在社会各界厚望中表现得日益明显，很可能影响到国别研究的可持续发展。具体来看，主要表现在三方面：

首先是通用性问题。

国别研究需要以掌握对象国语言文字为前提条件，而且越是深入研究，对语用能力的要求也就越高。这就使得国别研究通常都呈现单一性特征，很少有学者选择成为严格意义上的跨国别专家，除非所跨国别在语言上具有高度相似性，或是相关学者拥有较高语言天赋。

对国别研究而言，任何对象国都需要持之以恒地投入大量精力方能有所建树，但长期专注单一对象国，使得国别专家很容易形成线性思维，更习惯于从对象国视角进行观察与思考，更强调以对象国特性为依据进行解释。这就导致国别研究的成果普遍缺乏通用性，难以开展跨国跨领域的学术交流与沟通，无法满足“一带一路”建设对多层次全方位跨国比较研究的客观需求。

近年来，不少学者引入西方研究范式，试图在短期内拔高国别研究成果的通用性，但效果并不明显。究其原因，关键不在于解决思路，而在于选取工具有误。通过翻译西方经典学术文献，生搬硬套西方研究的视角、概念、模型等，很容易受到西方意识形态“有色眼镜”影响，既无助于理解和把握对象国现实，也不利于做出对“一带一路”建设的准确判断。对此，有必要立足于中国视角，构建中国话语的概念与模型，从而在创新中国研究范式的基础上，循序渐进地改善国别研究成果的通用性。

其次是结构性问题。

国别研究是复合研究，涵盖政治、经济、社会、文化、安全等诸多领域，因此对国别专家而言，通常情况下很难在研究中面面俱到，必须要有所取舍，甚至仅就单一主题深入研究。特别是过去相当长时期，国别研究不受重视，因此以国别专家个体为单位开展的独立研究，其局限性更为明显。这就使得相关研究很容易引起“管中窥豹”的认知难题。

即使研究获得的信息都客观准确，但如果无法把握相关信息在对象国情势中的相对地位与内在价值，那就很难发挥其应有的参考作用，并有可能引起非专业人士甚至是非对象国研究的专业人士的情势误判。族群问题对理解印尼与马来西亚局势很重要，但对泰国而言就相对次要，泰南马来穆斯林的分离主义运动看似严峻，却并不影响泰国政治社会的基本走势，如果对此缺乏认知，就可能做出背离事实的错误预判。诸如此类的认知难题并不少见，并在很大程度上影响国别研究成果的传播效果。

于是，通过跨国比较研究，区分对象国各领域相关议题的主次轻重缓急，并在此基础上为理解和把握对象国提供更准确、更全面、更具有层次感的结构性知识谱系，也就成为国别研究的当务之急。过去通常是资深专家通过言传身教的“传帮带”方式为新生代学者传授知识谱系，现在为适应“一带一路”建设的发展需要，有必要提供更为高效的知识谱系传播方式，以满足社会各界的信息需求。

再次是实用性问题。

近年来，有关基础研究与应用研究的对接问题成为学术界的讨论重点。由于国别研究长期被边缘化，通常是国别专家依据个人兴趣自选项目开展研究，虽然缺乏科研经费与条件支持，但也不受更多约束。不过，随着“一带一路”建设在对象国的风险压力上升，有关国别研究应当学以致用的呼声也在日益增强，并在科研经费与考核指挥棒的双重作用下，开始对国别研究产生显著影响，从而引起不少争议。

笔者始终认为，学以致用应当在“学”与“用”两端发力。如果在基础研究方面，缺乏源于兴趣使然的长期潜心研究，那么聚焦于对策的应用研究也很容易成为无源之水无本之木，难以保证可持续发展。但是，如果基础研究始终无法转化为应用对策，难以有效回应社会各界的殷切期望，那么相关研究再精巧也不过是学术共同体的自娱自乐，难以承载中华民族伟大复兴的吾辈学者使命。

于是，通过学术共同体的分工合作，构建从基础研究到应用研究的转化机制，从而既能保证基础研究的长周期性与兴趣导向，也能兼顾应用研究的短周期性与现实需求，并在此基础上形成互补的良性循环，这就成为国别研究当前亟待解决的重要任务。

从“一带一路”提出伊始，笔者就深刻感受到国别研究的暖春将至，但同时，国别研究成果在表述与转化等方面的压力也将随之而来。近年来，通过与社会各界特别是驻外政府机构与中资企业交流与沟通，笔者更是直观体会到国别研究时不我待的创新重任。2014 年，笔者有幸得到国家社会科学基金资助，从而有机会为国别研究的发展做些抛砖引玉的探索工作。本书以“政治环境研究”为立足点，界定了开放性、稳定性、协调性、有效性、自主性、包容性的术语概念，提出了国家发展路径选择与政治权力结构转型的通用范式，从而在“一带一路”视角下将对象国经济、政治、外交与文化研究加以整合，构建了六维度的政治环境评估体系，并在此基础上提出了“双六边形叠加法”的风险评估办法，使得国别研究成果的对策转化更具可操作性。不过，笔者才疏学浅，诸多想法与观点难免有不足之处，恳望学术界同仁与各界贤达不吝赐教，共同推进国别研究的创新与发展！

本书撰写过程中得到了众多学术界前辈、同仁好友、学术机构等方方面面的提携与帮助，承载了很多勉励和期望。期待本书能得到他们的认可与肯定，以此略表我对他们的感激之情！

感谢中国社会科学院亚太与全球战略研究院亚太政治重点学科建设的积极支持，使我能潜心研究！

感谢中国社会科学院张蕴岭学部委员、房宁研究员、王灵桂研究员、许利平研究员、董向荣研究员、潘金娥研究员、郭静研究员、汪权研究员，北京大学翟崑教授、吴杰伟教授，中国现代国际关系研究院宋清润研究员，暨南大学曹云华教授、张振江教授、邓仕超教授，厦门大学庄国土教授、李一平教授、范宏伟教授，云南大学李晨阳教授，云南社会科学院余海秋研究员，广西社会科学院陈红升研究员，泰国国家研究理事会秘书长 Sirirurg Songsivilai 教授，泰国朱拉隆功大学傅增有教授、杨葆筠教授，泰国兰实大学 Anek Laothamatas 教授，泰国国防大学 Surasit Thanadtang 上将，泰中文化经济协会邓重麟副会长，越南社会科学院中国研究所阮春强所长，缅甸战略与国际研究所 U Nyunt Maung Shein 主任，柬埔寨皇家科学院 Ly Sothyrath 秘书长，柬埔寨合作与和平研究所主任 Norodom Sirivudh 亲王，柬埔寨中国港澳侨商总会毛信勤副会长，印度尼西亚社会科学院 Ganewati Wuryandari 院长，印度尼西亚《印华日报》李卓辉总编辑，马来西亚沙巴马中联谊协会会长胡逸山太平绅士，菲律宾国立大学 Aileen S. P. Baviera 教授，菲律宾中国和平统一促进会吴建省秘书长等学术界前辈同仁与各界贤达的支持与帮助！

感谢中国社会科学出版社陈雅慧师妹在本书编辑出版过程中的辛勤付出！

感谢我的母亲！她在我苦闷彷徨时的谆谆教诲，使我能坦然面对生活，坚持在学术道路上跋涉前行。母爱无所报，人生更何求！谨以此书献给我的母亲！

周方冶

2017 年 12 月 3 日于北京